# 现代教育技术

## 实用教程

主　编　胡金频　曾陈萍　陈梅琴
副主编　吴　军　张　丹　高冬梅

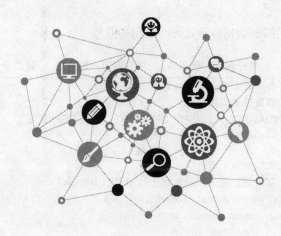

中国水利水电出版社
www.waterpub.com.cn
·北京·

# 内 容 提 要

随着信息技术的快速发展和新时代对教师提出的新要求，教育技术能力已成为教师必备的基本能力之一，是师范生培养和在职教师继续教育的必备内容。本书的主要目标是培养师范生和教师综合运用现代教育技术基本知识与技能，强调理论性与实践性并重的原则，变革和创新教学的能力，促进教师的专业发展，把课程思政与教材内容紧密结合，同时结合专业特征，使教材既具有普适性又具有针对性。

全书共 9 章，主要包括教育技术概述、现代教育技术的理论基础、现代教学环境、数字化教学资源及应用、多媒体课件的设计与应用、微课的制作、信息化教学设计与评价、信息化教学工具和教育技术新发展。

本书可作为高等师范院校学生教材，也可作为中小学教师能力提升的参考书，还可作为提升教育技术应用能力的读物。

本书配有电子课件，读者可以从中国水利水电出版社网站（www.waterpub.com.cn）或万水书苑网站（www.wsbookshow.com）免费下载。

## 图书在版编目（CIP）数据

现代教育技术实用教程 / 胡金频，曾陈萍，陈梅琴主编. -- 北京 : 中国水利水电出版社，2023.8
普通高等教育通识类课程教材
ISBN 978-7-5226-1656-8

Ⅰ. ①现… Ⅱ. ①胡… ②曾… ③陈… Ⅲ. ①教育技术学－高等学校－教材 Ⅳ. ①G40-057

中国国家版本馆CIP数据核字（2023）第134003号

策划编辑：寇文杰　　责任编辑：张玉玲　　加工编辑：赵佳琦　　封面设计：梁　燕

| | |
|---|---|
| 书　　名 | 普通高等教育通识类课程教材<br>现代教育技术实用教程<br>XIANDAI JIAOYU JISHU SHIYONG JIAOCHENG |
| 作　　者 | 主　编　胡金频　曾陈萍　陈梅琴<br>副主编　吴　军　张　丹　高冬梅 |
| 出版发行 | 中国水利水电出版社<br>（北京市海淀区玉渊潭南路 1 号 D 座　100038）<br>网址：www.waterpub.com.cn<br>E-mail：mchannel@263.net（答疑）<br>　　　　sales@mwr.gov.cn<br>电话：（010）68545888（营销中心）、82562819（组稿） |
| 经　　售 | 北京科水图书销售有限公司<br>电话：（010）68545874、63202643<br>全国各地新华书店和相关出版物销售网点 |
| 排　　版 | 北京万水电子信息有限公司 |
| 印　　刷 | 三河市鑫金马印装有限公司 |
| 规　　格 | 184mm×260mm　16 开本　19.5 印张　496 千字 |
| 版　　次 | 2023 年 8 月第 1 版　2023 年 8 月第 1 次印刷 |
| 印　　数 | 0001—1000 册 |
| 定　　价 | 56.00 元 |

# 前　言

　　"现代教育技术"是高等师范院校教师教育课程体系中一门十分重要的公共基础课程，开设"现代教育技术"公共课是帮助师范生快速、全面地获得有关现代教育技术基本理论和基本技能的有效措施。

　　以信息技术为支撑平台的现代教育技术在不断地发展变化，我们必须跟踪最新的学术成果，把握前沿信息，及时更新教材，才能保持教学内容的先进性；随着信息技术的不断发展，学校的教学环境有了较大的改善，教学内容和方法的改革以及现代教学手段的提高是当前教师面临的主要任务。强调以学生为主体，重视对学习过程和学习资源的研究，重视教学设计在教学过程中的作用，是当前教学改革的主要工作。剖析网络时代的教学本质，推进信息技术、融合课程思政元素、与课程整合的深层次发展，积极探索运用信息技术，培养学生的思维和创新能力，尤其对民族地区促进素质教育的实施具有深刻的现实意义。

　　西昌学院"现代教育技术"课程在 2007 年被评为四川省精品课程，结合多年的教学经验，课程组在 2010 年编写了《现代教育技术实用教程》，该书出版后获得了同行的认可，截至 2016 年 12 月，出版发行 3 万余册。2022 年，"现代教育技术"课程被评为四川省第三批高校省级课程思政示范课程，课程组本着"新理念、新技术、新形态"的精神在原教材的基础上进行了改版，将新理论、新技术、实践内容微课化融入教材中，力求视角新颖、内容详实、体系独特、方法灵活、实用性强。

　　本教材坚持以学生为中心，强调理论性与实践性并重的原则，注重师范生综合素质能力的培养，把课程思政与教材内容紧密结合，同时结合专业特征，使教材既具有普适性又具有针对性。全书分为 9 章，主要包括教育技术概述、现代教育技术的理论基础、现代教学环境、数字化教学资源及应用、多媒体课件的设计与应用、微课的制作、信息化教学设计与评价、信息化教学工具和教育技术新发展。

　　（1）教材内容新颖，紧跟社会对师范生的需求并以科技发展为导向。注重理论与实践的有效结合，依托案例等在潜移默化之中完成师范生的价值引领、知识传授和能力培养。瞄准世界教育信息科技前沿，通过对人工智能、大数据、5G 等技术和相关的知识加强师范生信息素养能力的提高。

　　（2）教材内容立足对师范生教育技术能力的要求，同时融合课程思政元素，聚焦当前我国教育信息化教学的现实问题，密切结合教育热点问题，在教材内容选择上注重课程思政元素的融入，通过深入浅出的案例提升学生的现代教育技术相关能力，同时关注师范生教育技术系统观的培养。

　　（3）注重师范认证背景下对教师师范技能提出的新要求，培育师范专业学生职业素养，教材充分考虑了师范生的教学环境和专业特点，选择了一些具有普适性、易获取和易操作的软件，为师范生在以后的工作岗位中更容易熟悉相应的教学环境打下基础，同时也能举一反三，触类旁通。

本教材由胡金频、曾陈萍、陈梅琴担任主编，吴军、张丹、高冬梅担任副主编。胡金频、曾陈萍负责全书的框架设计及统稿、定稿、审阅工作。各章编写分工如下：胡金频负责编写第 1 章、第 2 章、第 4 章；曾陈萍负责编写第 8 章；陈梅琴负责编写第 3 章和第 7 章；张丹负责编写第 5 章；高冬梅负责编写第 6 章；吴军负责编写第 9 章。同时，本书在编写过程中得到了西昌学院教务处、信息技术学院领导的关心与支持。在此书出版之际，特向他们致以崇高的敬意与感谢。

在本教材的编写过程中，我们参考和引用了国内外有关现代教育技术理论与技术的文献等资源，在此向相关文献资料的作者表示诚挚的谢意。

由于时间仓促、编者水平有限，而本书所涉及的内容又在快速发展和不断的更新迭代，书中难免会有错误和疏漏之处，恳请广大读者批评指正。

编 者
2023 年 4 月

# 目　录

# 第 1 章　教育技术概述

 **本章导读**

随着计算机和互联网的普及，人们的知识观、学习观等都在不断地发生着变化，技术在人类社会的进步中扮演着重要的角色。教育技术学是教育科学群体中的一门新的综合性学科，教育技术在教育教学中的应用优化了教学过程，已经成为除教师、学生、教材等传统教学过程基本要素之外的第四要素。随着现代教育科学和现代信息技术的发展，人们对教育技术的理解和认识在不断深入，它的理论、概念和方法也在不断完善中。

本章首先介绍了教育技术的基本概念，不同时期教育技术概念的变化以及相关概念之间的区别，结合教育技术的发展介绍了国外以及我国教育技术的发展历程；然后介绍信息技术给教育带来的变革以及信息技术与课程整合之间的关系，同时了解现代教育技术与教师之间的关系，为后期的相关学习打下基础。

 **学习目标**

- 了解教育技术的基本概念。
- 了解国外及我国教育技术的发展历程。
- 掌握信息技术给教育带来的变革。
- 掌握信息技术与课程整合之间的关系。
- 了解现代教育技术与教师之间的关系。

**知识地图**

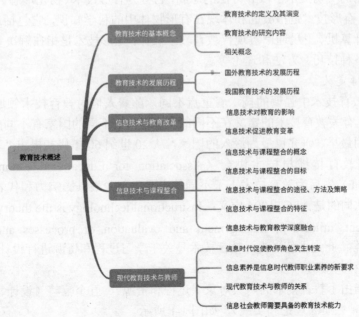

# 1.1 教育技术的基本概念

任何学科都有其自身的核心概念，它对于建立整个学科的理论体系框架具有重要意义。教育技术是教育技术学这门学科的最核心概念。理解教育技术的定义、研究内容及相关概念，对这门学科的学习具有非常重要的意义。

## 1.1.1 教育技术的定义及其演变

教育技术的历史与教育的历史一样源远流长，但作为一个领域、一门学科，教育技术还十分年轻，它是随着技术在教育中的运用而逐步发展起来的。在教育科学的发展中，有意识地把教育技术作为一个独立的领域始于 20 世纪初期。它是在视听教学、程序教学以及系统化设计教学等教学方法的基础上发展起来的，逐渐从教学方法范畴内分离出来的一门新兴的教育科学中的分支科学，作为一个概念被正式提出是在 20 世纪 70 年代初。1970 年美国教育技术委员会给国会递交的报告中第一次使用了"教育技术"一词。

### 1. 对教育技术的基本理解

从词语的构成上看，教育技术是"教育"和"技术"两个词搭配而成的一个组合词组，通常可以理解为"教育的技术""教育当中的技术"或"技术在教育中的应用"。

对于什么是"教育"，一般比较容易理解，概念的定义通常也比较一致，即教育就是按照一定的目的要求，对受教育者的德育、智育、体育、美育等方面施以影响的一种社会实践活动。

什么是"技术"呢？根据《科技词典》的解释，技术是为社会生产和文化生活需要服务的，供人类利用和改善自然的物质手段、智能手段和信息手段的总和。就技术的含义而言，它基本上包含了两个方面的核心内容：有形的物质工具手段和无形的非物质的智能方法。

用"教育"和"技术"的含义来解释"教育技术"，就可以这样认为：教育技术是人类在教育活动中所采用的一切技术手段和方法的总和，它分为有形技术（物化形态）和无形技术（智能形态）两大类。有形技术是指凝固和体现在有形物体中的科学知识，它包括从黑板、粉笔等传统教具一直到计算机、卫星通信等现代教育教学媒体；无形技术是指在解决教育教学问题的过程中运用到的各种技巧、方法和理论等。

### 2. AECT1994 定义

不同阶段的教育技术中强调的技术着重点不同，随着人们对教育技术领域中基本问题的思考越来越深入，有关教育技术的定义在不同的历史时期、不同的国家有不同的表述。美国是教育技术开发应用最早、研究也最为深入的国家，从 20 世纪 60 年代初提出"教育技术"这个术语开始，美国教育传播与技术协会（Association for Educational Communications and Technology，AECT）先后为教育技术下了不同的定义，其中最具影响力和代表性，为大部分教育技术工作者认同的是 AECT1994 定义：Instructional technology is the theory and practice of design, development, utilization, management and evaluation of processes and resources for learning。国内通常将此定义翻译为：教育技术是关于学习过程和资源进行设计、开发、应用、管理和评价的理论和实践。

该定义明确指出了教育技术的两大对象（过程和资源）、五个范畴（设计、开发、应用、管理和评价）、两种性质（理论和实践），如图 1-1 所示。

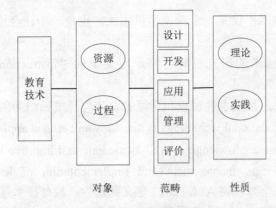

图 1-1　AECT1994 定义

两大对象：指学习过程和学习资源。学习过程是为达到一定结果的一系列操作或活动，研究人类学习新知识、掌握新技能的认知过程；学习资源是指支持学习的资源，探讨人类创建最优学习环境的条件和各种途径。

五大范畴：设计、开发、应用、管理和评价是教育技术的五个基本领域，每个领域都有其独特的功能和范围，这五大范畴涵盖了教育技术的主要实践领域。

两种性质：教育技术既是一个实践领域，又是一个理论领域。作为实践领域的教育技术就是通常所说的"电教"，作为实践领域的教育技术就是"教育技术学"，是教育技术的理论体系。

3. 教育技术定义的新发展

在 AECT1994 定义后，先后出现了不同的定义，分别是 AECT1997 定义、AECT2005 年定义、AECT2017 定义。

AECT1997 定义：Instructional technology is a field dedicated to the theory and practice of design, development, utilization, management, and evaluation of processes and resources for learning。国内通常将此定义翻译为：教学技术是把学习过程和学习资源的设计、开发、应用、管理和评价融于理论和实践的学科领域。

与 AECT1994 定义相比，AECT1997 定义把教育技术的界定点从"理论与实践"升华到了"学科领域"，它冲破了 1994 年以前定义外延的局限，从学科领域的理论高度为"教育技术"重新正名。

AECT2005 定义：Educational technology is the study and ethical practice of facilitating learning and improving performance by creating, using, and managing appropriate technological processes and resources。国内将此定义翻译为：教育技术是研究如何利用适当的技术对学习过程和学习资源进行创造、使用和管理，从而促进学习和提高绩效的学科和伦理实践。

与 AECT1997 定义相比，这一全新的定义，有以下几个方面的变化：

（1）强调学习过程与学习资源的技术性（technological）。

（2）强调了过程和资源的合理性——即适当性（appropriate）。

（3）强调了教育技术的目标——促进学习（facilitating learning）和提高绩效（improving performance）。

（4）强调了教育技术不仅是一个理论学科领域，也是一个社会伦理道德的范畴（ethical practice）。

（5）扩大了教育技术的研究范畴，将原定义中的"instructional technology"更改为"educational technology"。

（6）突出了创造性，把技术性过程和资源的设计与开发归纳为创造（creating）。

AECT2017定义：Educational technology is the study and ethical application of theory, research, and best practices to advance knowledge as well as mediate and improve learning and performance through the strategic design, management and implementation of learning and instructional processes and resources。李海峰将 AECT2017 定义翻译为：教育技术是通过对学与教的过程和资源进行策略设计、管理和实施，以提升知识、调节和促进学习与绩效的关于理论、研究和最佳方案的研究且符合伦理的应用。

在 AECT2017 定义中，提升知识（advance knowledge）的理论、策略和实践在当今已经得到了关注，如批判性思维素养、深度学习以及核心素养等，但是在线无协作、协作无建构以及建构低水平等问题仍是当前面临的主要挑战，促进高级知识的发展仍需进一步探索。调节和促进学习与绩效（mediate and improve learning and performance）旨在消除对教与学的探究不足或者割裂的弊端。近几年大规模在线学习的迅猛发展暴露了教与学的过程和资源管理问题，极低的结业率、浅层知识建构以及贫乏的参与度等使得在线学习绩效与大规模在线学习的期待极不协调，如何通过学与教管理解决这些问题，则是教育技术研究者共同面对的挑战。学与教的过程和资源（learning and instructional processes and resources）旨在"学与教"的表述更能体现教学活动中师生的基本关系，使得教学活动跳出了"教师中心论"和"学生中心论"的极端教育哲学观，走向了师生主体间、他者关照和共生关系的新阶段，探讨教育技术如何服务与支持"教的活动""学的活动""学与教的互动活动"。教育技术的价值，既体现对教师教的过程和资源的有效支持，又体现对学习者深度理解、合作交流、知识建构、反思评价以及质疑探究等学习活动的支持。

当然，按照发展的观点，教育技术是一个充满勃勃生机、理论与实践领域不断发展的新兴学科，人们对教育技术的定义及其内涵的探讨还要继续下去，认识上也将进一步深化。

### 1.1.2 教育技术的研究内容

根据教育技术的 AECT1994 定义，该定义将教育技术视为理论与实践结合的研究领域，视为教育理论与教育实践活动联系的桥梁，将教育技术分为设计、开发、应用、管理与评价等五个研究，构成了教育科学领域中一个独立的研究，如图 1-2 所示。

- 学习过程与学习资源的设计，是指为达到既定的教学目标，首先要进行学习者的特征分析和教学策略的制定，在此基础上进行教学系统及教学信息的设计，包括教学内容的确定、教学媒体的选择、教学信息与反馈信息的呈现内容和呈现方式设计等，以创造最优化的教学模式，使每个学生都成为成功的学习者。
- 学习过程与学习环境的开发，是指对音像技术、电子出版技术、计算机辅助教学技术，以及多种技术综合集成应用于教育教学过程的开发研究。也可以说，开发是教学设计结果的"物化"或"产品化"，是教学设计的具体应用。开发领域的范围可以是一节课、一个新的改进措施，也可以是一个大系统工程的具体规划和实施。

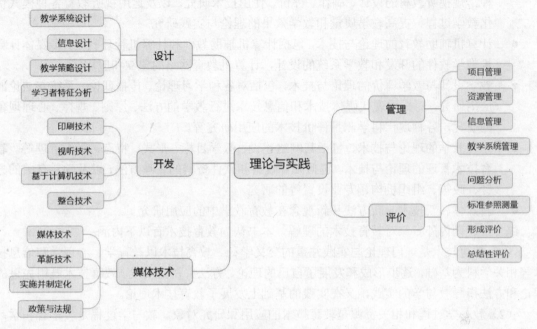

图 1-2　教育技术的研究内容

- 学习过程和学习资源的利用，应强调对新兴技术、各相关学科和最新研究成果，以及各种信息资源的利用和传播，并要设法加以制度化、法规化，以支持教育技术手段不断革新。

- 学习过程和学习资源的管理，指对所有学习资源和学习过程进行计划、组织、指挥、协调和控制。具体包括教学系统管理、教育信息及资源管理、教学研究与开发管理等。"管理出效益"，科学管理是教育技术的实施和教学过程、教学效果优化的保证。

- 学习过程和学习资源的评价，是指在注重对教育教学系统的总结性评价的同时，更要注重形成性评价，并以此作为质量监控和不断优化教学系统与教学过程的主要措施。为此，应及时对教育教学过程中存在的问题进行分析，并参照规范要求（标准）进行定量的测量与比较，向学习者提供有关学习进步的情况，以便及时调整学习进程，直到取得成功。

教育技术的这五个研究领域之间不是一种线性的逻辑关系，它们之间既相互独立又相互渗透，协同作业，如图 1-3 所示。

基于我国的实践，教育技术的研究范围包括以下方面。

- 学科基础理论的研究，如学科的性质、任务、概念、研究方法、与相关学科的关系等。

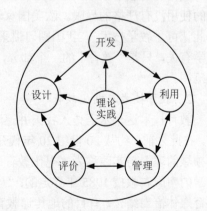

图 1-3　教育技术各研究领域之间的关系

- 视听教育的理论与技术，包括各种常规视听媒体的教育功能和组合应用技术研究，各种常规视听教材的设计、制作、评价、使用技术研究，以及运用视听教育各种模式优化教学过程、提高教学质量和教学效果的理论与实践研究。
- 计算机辅助教育的理论与技术，包括计算机辅助教学和计算机管理教学，多媒体计算机教学软件的开发和教学系统的设计，计算机教育网络的建立和应用等。
- 教学设计与教学评价的理论与技术，包括对各种学习理论、传播理论、系统方法论的应用研究，对采用现代媒体技术和信息技术进行教学的方法、原则、规律、心理现象的研究，各种现代科学测量评价技术的应用研究等。
- 远程教学的理论与技术，包括其网络建设、教学目标、形式、特点、组织管理等。教育技术管理的理论与技术，包括硬件设备和软件资料的管理方法，以及学科有关的方针、政策、组织机构、专业设置等的研究。
- 新媒体、新技术、新方法和新观念在教育教学中的应用研究。

综合上述国内外专家对教育技术的理解，本书认为教育技术有以下内涵：

（1）教育技术是一门理论与实践并重的交叉学科。教育技术以教育学、心理学和信息技术等相关学科为基础，逐步形成和发展了自己的理论、方法并付诸实践。教育技术既用先进的理论和方法指导教与学的实践，又在实践的基础上发展了教育技术理论。

（2）教与学过程和相关资源是教育技术的应用和研究对象。教与学过程是教学者和学习者借助教学环境进行互动，使学习者在知识、技能和态度等方面获得提升的过程。教与学资源指那些可以提供给教学者和学习者使用、能够帮助和促进学习者学习的信息、教材、设施、技术和环境。

（3）教育技术研究与应用的目标是实现教育教学的优化。教育技术在系统论方法的指导下，运用现代教育理论和先进的信息技术分析教与学中存在的问题，提出解决策略和方法并实施，旨在提高教与学的绩效，实现教育教学的优化。

### 1.1.3  相关概念

#### 1．教学技术与教育技术

国内外对教学技术（instruction technology）与教育技术（education technology）这两个术语的使用没有严格的界限。欧美国家较早提倡以学习者为中心的思想，习惯于采用"学习"，因此认可"教学技术"。我国则习惯采用"教育技术"这一说法。这是由于"教学"主要和教与学有关，只是"教育"的一个部分，而采用"教育技术"这一术语则可以使其拥有更为广泛的范围。

#### 2．教育技术与电化教育

教育技术这个术语传入我国并逐渐作为学科的正式名称使用是从 20 世纪 80 年代初开始的。在此之前，约从 20 世纪 20 年代开始，我国一直以视听设备在教育教学中的应用为主并把该领域的理论与实践称为"电化教育"。在我国，电化教育目前最有代表性的定义是西北师范大学的南国农教授 1985 年界定的："电化教育是根据教育理论，运用现代教育媒体，并与传统教育媒体恰当结合，有目的地传递教育信息，充分发挥多种感官的功能，以实现最优化的教育活动。"

从教育技术和电化教育的本质上说，两者是相同的，都具有应用学科属性，目的都是取得最好的教育效果,实现教育最优化;两者的特点、功能以及分析、处理问题的方式也是相同或相近的。但我们也不难看出,电化教育从概念的涵盖范围、研究的层次以及深度和广度等方面都与教育技术有一定的区别,主要体现在:

(1)在研究对象方面。教育技术研究学习资源和学习过程的设计、开发、利用、管理和评价,包括与教育有关的一切可操作的各种要素的整合和方法。电化教育研究的主要是利用新科技成果发展起来的电子教学媒体,并将这些媒体恰当地与传统教学媒体结合。

(2)在研究领域方面。教育技术的研究领域划分得比较细、广,包括所有教育媒体(所有教学设施设备、学校建筑、教室、课桌、座椅、黑板、教具等)的开发、应用与管理的研究,教学系统设计、学习者特征、学习策略和教学的评价方法等诸方面的研究,即学习资源和学习过程的设计、开发、应用、管理和评价五个领域的理论与实践。电化教育研究领域比教育技术的研究领域范围窄。它只对视听教育的理论、设备、教材、教学法、管理等进行研究。

(3)在研究方法方面。教育技术与电化教育虽然都采用系统的方法,但由于教育技术面广,它着眼于从整个教育的大系统到具体的学习活动和学习经验的个别化系统。电化教育重点放在电教媒体选择组合与教学理论、教学方法运用的系统,更多的是把教育这个大系统中其他因素作为不变因素去研究小系统的控制与变化效果。

因此,我们不能把电化教育看作游离于教育技术以外的一个学科。从今天我国在这一领域的研究和实践范围的实际来看,称之为教育技术比较符合实际,也有利于与国际交流。1993 年,我国正式将"电化教育"专业更名为"教育技术学"专业,20 世纪 50 年代以来我国高校相继将电化教育中心改为教育技术中心,中国电化教育协会于 2002 年 11 月更名为中国教育技术协会。但是目前为止,在我国专业机构、专业刊物的名称中"电化教育"和"教育技术"并存。

### 3. 教育技术与现代教育技术

现代教育技术是 20 世纪 90 年代以后在国内被大量使用的一个术语,它与一般意义上的教育技术相比并没有本质的区别,使用现代教育技术这个词的原因,可以归纳为两种情况:一是我国有一些学者认为,教育技术是在教育、教学过程中应用的一切技术方法、手段的总称。这种广义的观念把古代"口耳之术""言传身教的技能技巧"都包括在内,为了在这些自古至今就有的传统教学方法和手段与 20 世纪建立在新科学技术基础上的媒体技术、系统技术间加以区别,把后者称为现代教育技术。二是把现代教育技术概念界定为教育中的现代技术,这里所说的现代技术是指技术手段,包括卫星、电视技术、通信技术、计算机技术、网络技术、虚拟现实技术等,其含义是强调这些现代技术手段在教育中的开发与应用。两种认识都认为现代教育技术具有时期性、阶段性,显然现代教育技术是从属于教育技术的。使用现代教育技术一词的出发点或立意在于"学习和探讨更多地着眼于那些与现代科学技术有关的学习资源和现代学与教的最新科学理论和方法上。"

突出"现代"二字,就是为了强调要用现代的、发展的、全面的眼光来认识教育技术对教育改革的支持作用,强调要更多地注意那些与现代科学技术有关的课题,吸收现代科学技术特别是现代信息技术的新成果,利用系统思维方法,使教育技术更具有时代特色,更加科学化、系统化。

### 4. 教育技术与极简教育技术

随着时代变化和信息技术的飞速发展,特别是太多的新理论、新技术、新软件每天都在不断涌现，面对纷繁复杂的教育信息化浪潮，极简主义思路值得借鉴。极简教育技术的概念，源自"极简主义"在教育信息化领域的应用。极简教育技术是指在学校教学工作中，倡导师生使用方便、实用、易学、易用，能够有效提高工作学习效率的技术。极简教育技术具有以下三大特点：一是掌握简便，易学、易用、方便、省时，无学习障碍；二是解决问题，实用、有效，能够解决工作中的实际问题；三是提高效率，减轻工作强度，提高教学效率和质量。

极简教育技术不是把教育技术简单化、低级化，而是教育中应用信息技术的升华。要真正做到以应用引领教育信息化的发展，必须做到大道至简，这意味着需要少而精，在原来教育技术的基础上再整合创新，跳出原来的框架，去粗存精，抓住要害和根本，剔除那些无效的、可有可无的、非本质的东西，融合成少而精的东西。

5．教育技术与教育技术学

"教育技术"与"教育技术学"是两个比较容易混淆的概念，就像符号和符号学、信息和信息学一样，它们并不是一回事。教育技术是对教与学过程及相关资源的设计、开发、应用、管理和评价的理论与实践。教育技术学是在教育技术发展到一定阶段后才形成的学科。教育技术学作为教与学的二级学科，在本科和研究生人才培养层面有着独特的培养规格、知识体系和课程体系。

 知识拓展

国内教育技术相关研究比较具有代表性的学术期刊有《中国电化教育》《电化教育研究》《现代远程教育研究》《现代教育技术》等，相关的网站有教育部教育技术与资源发展中心（原中央电化教育馆）、中国教育技术协会、教育大数据应用技术国家工程研究中心、互联网教育智能技术及应用、未来教育高精尖创新中心等。

## 1.2　教育技术的发展历程

了解教育技术的发展历史，可以使教育技术在继承和借鉴的基础上，更好地把握现实，面向未来。教育技术发展的历史不但与教育的发展有关，而且与技术的发展有关。由于教育和信息技术发展水平的差异，教育技术在不同的国家经历了不同的发展阶段。研究历史可以有多种不同的视角，我们以美国教育技术的发展历史和中国特色的教育技术的理论与实践的发展历史为线索，回顾国内外教育技术发展的历史进程。

### 1.2.1　国外教育技术的发展历程

美国教育技术产生最早，发展脉络清晰完整，在世界上影响最大，是其他国家教育技术发展借鉴与效仿的楷模。因此可以将美国作为研究国外教育技术发展历史的典型代表。美国教育技术的形成与发展可从三个方面追溯：一是视听教学运动推动了各类学习资源在教学中的运用；二是个别化教学促进了以学习者为中心的个性化教学的形成；三是教学系统方法的发展促进了教育技术理论核心——教学设计学科的诞生。这三个方面发展的起源不同，但都与"视觉教学—视听教学—视听传播—教育技术"这一发展轨迹密切相关，发展到 20 世纪 70 年代，媒体教学技术、个别化教学技术、教学系统方法逐步交叉融合为一个系统而完整的领域和学科——教育技术学。

以美国为代表的发达国家的教育技术，大致经历了以下四个发展阶段。

1. 视觉教育阶段（20 世纪初—30 年代）

19 世纪末，科学技术的迅速发展和科技成果引进教育领域，对教育技术的发展产生了深刻的影响。照相、幻灯、无声电影等新媒体相继应用于教学，向学生提供了生动的视觉形象，使教学获得了不同以往的良好效果。1906 年美国宾夕法尼亚州一家公司出版了《视觉教育》一书，介绍照片拍摄、制作与使用幻灯片，这是最早一次使用"视觉教育"这一术语。随之，越来越多的教育工作者参与对新媒体应用的研究。1913 年，托马斯·爱迪生（Thomas Edison）宣布："不久将在学校中废弃书本……有可能利用电影来教授人类知识的每一个分支。在未来的 10 年里，我们的学校将会得到彻底的改造。" 10 年过去了，爱迪生预期的变化没有出现。然而，视觉教育活动却有了长足的发展。1923 年，美国教育协会建立了视觉教学分会（Department of Visual Instruction），视觉教育工作者开始发展他们自己的学说，并把夸美纽斯的直观教学论作为视觉教育的理论基础，1928 年出版了第一本关于视觉教育的教科书《学校中的视觉教育》，并断言"视觉经验对学习的影响比其他各种经验都强得多"。

1924 年，在美国心理学会的会议上，S.L.普莱西宣布他设计出了第一台可以教学、测验和记分的教学机器。它不仅能呈现视觉材料，还能针对学生的学习情况提供反馈信息，这是教学机器与音像媒体的主要区别。该教学机器用于个别化教学活动，于是产生了早期的个别化教学。

2. 视听教育阶段（20 世纪 30—50 年代）

20 世纪 30 年代后期，无线电广播、有声电影、录音机先后在教学中获得应用，人们开始在文章中使用视听教育的术语。1947 年美国教育协会视觉教学分会正式改名为视听教育分会。

1931 年 7 月，美国辛克斯公司在华盛顿做了一个电影教学的实验：在儿童看电影的前后，分别用 5 种测验表格考查他们的学习成绩，看电影后比看电影前成绩平均增加 88 分，学生增加知识量 35%。美国哈佛大学在麻省 3 个城市中学所进行的实验也证明，用电影教学的学生比不用电影教学的学生成绩提高 20.5%。二次世界大战期间，美国政府生产工业培训电影 457 部，为军队购买了 5.5 万部电影放映机，花费在影片上的投资达 10 亿美元，将教学电影用于作战人员和军工技术人员的培训并取得了显著成效，也提高了人们对战后学校教学使用视听媒体的兴趣和热情。

20 世纪 50 年代电视的出现为视听教育提供了更好的技术手段。与电影相比，电视具有制作周期短、传播、复制容易等优点，被迅速应用到教育领域。从 20 世纪 30 年代到 50 年代，美国掀起了一场视听教育运动。与此同时，关于视听教育理论的研究进一步推动了视听教育的发展，其中以戴尔的"经验之塔"理论最具代表性，它融合了杜威的教育理论和当时流行的心理学观点，被作为视听教育的主要理论依据。

20 世纪 50 年代中期，美国心理学家斯金纳根据行为主义学习理论设计了新一代的教学机器，称之为斯金纳程序教学机，并由试验阶段转入实用阶段，在大学和军队中得到应用。

3. 视听传播阶段（20 世纪 50—60 年代）

20 世纪 60 年代以后，教育电视的使用由实验进入实用阶段，程序教学机风靡一时。与此同时，由拉斯维尔等人在 20 世纪 40 年代创立的传播学开始影响教育领域，有学者将教学过程作为信息传播过程加以研究。上述背景推动了对教育传播的重视，提出了视听传播（audiovisual communications）的概念。1963 年，美国视听教育协会对视听传播的概念进行了描述。视听传播是教育理论和实践的分支，主要研究控制学习过程的信息的设计和使用，它包括：

（1）关于直观和抽象的信息的各自独特的和相互联系的优缺点的研究，这些信息可用于任何目的的学习过程。

（2）将教学环境中的人和设施产生的教育信息使其结构化和系统化。上述研究涉及计划、制作、选择、管理、运用各种部分和整个结构系统，其目标是有效地运用每一种传播方法和媒体来帮助发展学习者的全部潜能。

这时，比"视听媒体"概念更为广泛的"教学资源"概念崭露头角，人们逐渐将关注的焦点从原先的视听教具转向整体的教学传播过程、教学系统方面上来。美国 IBM 公司于 1958 年首次将电子计算机用于辅助教学，伊利诺斯大学于 1960 年研制出著名的 PLATO 教学系统，计算机辅助教学对个别化教学做出了重要贡献。

4. 教育技术阶段（20 世纪 70 年代至今）

20 世纪 70 年代中期，微型计算机问世，计算机教育应用进入新的阶段。1970 年，美国教育传播与技术协会（AECT）成立，首次提出教育技术的概念并对其进行了定义。此后，AECT 又在 1972 年、1977 年两次对定义进行修改，并在原有的传播理论、行为主义学习理论的基础上，把系统理论作为教育技术的理论基础。

进入 20 世纪 90 年代，互联网及其应用得到迅速发展，并逐步被应用于教育教学中，教育技术的实践进一步深入，使教育技术的内涵不断丰富，出现了网络学习、数字化学习等新概念。多媒体技术和网络技术的产生和发展为现代教育技术的又一次飞跃提供了重要的契机，使教育全民化、中心化、多样化、自主化、国际化成为可能。

### 1.2.2 我国教育技术的发展历程

我国的教育技术源于欧美的视听教育，萌芽于 20 世纪 20 年代，经历了起步阶段以及迅速发展阶段。20 世纪 90 年代以前，我国的教育技术一直称作"电化教育"。尽管我国教育技术的本质特征同世界上所有国家的教育技术是一样的，但是经过几十年的理论研究和实践探索，在概念界定、理论框架、学科建设、组织机构等方面都具有明显的中国特色。20 世纪 90 年代以后，我国和国外教育技术同行的交流开始增多，积极借鉴、吸纳了许多国外教育技术的理论和方法，不仅在名称上逐步改用"教育技术"，在研究的内容、方法和实践的领域也在逐步扩展。

1. 电化教育的兴起（1919—1948 年）

20 世纪 20 年代初期，受美国视听教育运动的影响，我国教育界开始在课堂中引入电影、幻灯和广播等媒体。南京、上海、无锡、苏州等城市最早出现了电化教育实验。20 世纪 30 年代，"电化教育"这一专有名词被正式提出。1917 年，商务印书馆开始拍电影，金陵大学理学院开展电影教育。1922 年，南京金陵大学（1952 年并入南京大学）农学院开始运用幻灯片和电影到各地宣传科学种棉知识，商务印书馆出版了我国第一本教育技术专著《有声电影教育》。1932 年，"中国教育电影协会"在南京成立。1936 年，江苏省立教育学院创办电影广播教育专修科，这是我国第一个教育技术专业。同年，《现代教育技术》周刊在上海出版。1938 年，金陵大学设立电化教育专修科，这是我国第一个用"电化教育"命名的教育技术专业。1940 年，教育部将电影教育委员会和播音教育委员会合并，成立了电化教育委员会。1948 年，原国立社会教育学院的电化教育专科改为系，学制 4 年，这是我国第一个本科层次的电教专业。

从以上简略的历史回顾可以看出，我国的电化教育于 20 世纪 20 年代诞生，一开始起步就不错，做出了不少实绩，只是由于当时政治腐败、经济落后、科学技术不发达，电化教育未能广泛地开展起来，但是它代表了我国电化教育的开端。

2. 电化教育的初步发展（1949—1965 年）

中华人民共和国成立后，从 20 世纪 50 年代到 60 年代中期，我国电化教育进入了初期发展阶段。1949 年 11 月，文化部科学普及局成立了电化教育处。1951 年，辅仁大学、西北大学开设电化教育课程。同年，教育部召开高等师范学院课程讨论会，决定将"电化教育"列为教育系的选修课。1958 年，北京市开始筹建电化教育馆。

3. 电化教育的重新起步（1978—20 世纪 90 年代中期）

20 世纪 70 年代后期至 90 年代中期，我国的电化教育重新起步，迅速发展，取得了明显的成绩。在此期间，我国一部分高等学校相继设置了电化教育专科。1978 年，教育部建立了中央电化教育馆。1983 年，华南师范大学创办了中华人民共和国成立后的第一个电化教育本科专业。1986 年，北京师范大学、河北大学、华南师范大学最先设立了电化教育硕士点，学制 3 年；1987 年，国家教委发布的普通高校本科专业目录正式确定为"电化教育"专业。1993 年，国家教委发布的普通高校本科专业目录将"电化教育"专业更名为"教育技术学"专业。

这一阶段我国电化教育发展是迅速的，无论是从组织机构、人员队伍，还是从学科建设、软硬件建设的发展速度和质量上看，都是我国历史上前所未有的，为我国现在的电化教育事业奠定了坚实的基础。但是，限于当时的历史环境，这一时期教育技术的发展也有其不足之处：一是太偏重于硬件投资和建设，忽视了软件和人才的建设；二是理论研究基本上停留在媒体技术的研究上，对于教学系统设计技术涉足不够。这些偏差都直接导致了学校教育中以"教"为中心和重"硬"轻"软"的局面。

4. 教育技术的迅速发展（20 世纪 90 年代中期至今）

当历史的车轮驶进 20 世纪 90 年代，我国的电化教育也进入了深入发展的阶段。1995 年，中国教育和科研计算机网（CERNET）开通，标志着中国网络教育应用的开始。1998 年，时任教育部部长陈至立指出，要把现代教育技术当作整个教育改革的"制高点"和"突破口"。1999 年，中共中央、国务院发布的《关于深化教育改革全面推进素质教育的决定》指出，大力提高教育技术手段的现代化水平和教育信息化程度。2000 年，教育部颁布《关于在中小学普及信息技术教育的通知》，提出从 2001 年开始用 5～10 年的时间在中小学普及信息技术教育，以信息化带动教育的现代化，努力实现我国基础教育跨越式发展。中共中央、国务院、教育部相继发布的《国家中长期教育改革和发展规划纲要（2010—2020 年）》《教育信息化十年发展规划（2011—2020 年）》《教育信息化 2.0 行动计划》《中国教育现代化 2035》等教育信息化政策文件，大大加速了教育信息化发展进程。

从组织机构上看，相对于 20 世纪 80 年代，中国电化教育的组织日趋完善，队伍日趋庞大。中央和各省市都建立了电化教育馆，各级各类学校建立了专业性的电化教育机构。1991 年中国电化教育协会（CAET）成立。经教育部、民政部批准，2002 年 11 月，中国电化教育协会改名为中国教育技术协会。

从学科建设上看，截至 2019 年，教育技术学科专业建设相对于 20 世纪 80 年代更具规模，已有 159 所高等院校设置了教育技术专业，55 所高等院校具有教育技术学硕士学位授予权，已有北京师范大学、华东师范大学、华南师范大学和西北师范大学等 27 所大学具有教育技术学博士学位授予权，从而形成了一个包括专科、本科、硕士学位研究生和博士学位研究生在内的完整的教育技术专业人才培养体系。

从教育技术的研究方面来说，中国的教育技术研究立足于中国的实际，成绩斐然，对中国的教育技术实践起到了指导作用。教育技术的研究重点从 20 世纪 90 年代以前的视听教育媒体的理论与应用研究，转向了对多种媒体组合运用和学习过程的研究，特别是对教学系统的设计、开发、应用、评价与管理的研究，开展了大量的试验研究和开发工作，具体包括：

（1）研究结合教育教学改革进行，成为深化教育改革的一项重要举措和教育改革的突破口。

（2）在教育教学中重视信息技术与课程整合的应用研究。

（3）重视教学系统设计理论和认知学习理论、建构主义理论的指导作用。

（4）研究方法和过程日益规范化。

从软硬件建设来看，首先，在硬件方面，电化教育系统工程建设在全国广泛开展，硬件设备全面由模拟向数字转变。2000 年 10 月 25 日，全国中小学信息技术教育工作会议提出要普及信息技术教育，实施"校校通"工程。教育部计划用 5～10 年时间，使全国 90%左右的独立建制的中小学校能够上网，使中小学师生都能共享网上教育资源，提高所有中小学的教育教学质量，使全体教师能普遍接受旨在提高实施素质教育水平和能力的继续教育，到 2015 年全国基本实现校校拥有网络教学和学习环境。《教育信息化"十三五"规划》提出，加快推进"宽带网络校校通"工程，结合"宽带中国项目"建设项目，基本能实现全国各级各类学校宽带网络全覆盖，并推进"无线校园"建设。其次，在软件方面，教育部推出"优质资源班班通"工程，针对基础教育阶段促进教育公平、提升教育质量的现实需求，实现优质资源共建共享，并启动"三个课堂建设"，即"专递课堂""名师课堂"和"名校网络课堂"。《教育信息化"十三五"规划》指出，大力推进"网络学习空间人人通"，网络学习空间应用普及化，基本形成与学习型社会建设需求相适应的信息化支撑服务体系。2012 年，国家教育资源公共服务平台正式上线，它为"优质资源班班通"和"网络学习空间人人通"提供技术支持和网络服务。2014年，教育部启动了"一师一优课、一课一名师"活动，让资源在课堂的实际应用中汇集，成为更广泛、系列化的优质信息化教学资源库。2020 年，"国家中小学网络云平台"提供了专题教育和课程教学资源两大类资源，各类资源全部免费使用。

从远程教育来看，目前我国的远程教育发展到一个全新的阶段，那就是以国际互联网为硬件平台的现代远程教育。随着国际互联网在中国的迅速普及，人们日益增长的学习和受教育的需求成为推动我国现代远程教育的主要动力。许多组织机构、学校和个人纷纷建立了学习或学术性的网站。这些远程教育试点、各类教学网站、学术型网站的建立使得我国目前的网络教育资源已日趋丰富，而且正在呈几何级数增长。2003 年以来，我国在线开放课程经历了"精品视频公开课""国家级精品课程资源共享课""国家精品在线开放课程""一流本科课程建设"四个阶段，陆续出现了如网易公开课、慕课网、中国大学 MOOC、爱课程、学堂在线等公开课和在线学习平台。2022 年，国家开放大学终身教育平台正式上线，面向社会免费开放。这些平台和资源的开放，致力于满足社会大众多元化和个性化学习需求。

总之，这一时期是教育技术在我国历史上发展最为迅速的时期，由于三项新技术（现代通信技术、多媒体技术、网络技术）和两种重要理论（建构主义学习理论、教学系统设计理论）介入我国教育技术领域，对教育技术的理论建设和实际应用产生了重大影响，使我国教育技术跃上了一个新的历史高度。

# 1.3　信息技术与教育改革

随着计算机和信息科学技术的发展，以及信息技术向社会生活各个方面的渗透，以计算机技术为标志的"多媒体技术"和基于宽带网的"信息化高速公路"正以惊人的速度改变着人们的学习方式、工作方式和生活方式。而基于多媒体和网络技术的教育模式正冲击着传统的教育模式。当慕课、微课、翻转课堂、云课堂、教育 App 等众多新鲜事物出现时，以互联网为核心的信息技术对教育正产生着巨大的冲击和影响，已成为教育发展和改革的强大动力。运用现代教育技术，改革传统的教育教学方法，已经成为越来越多的教育工作者的共识。现代教育技术对提高教育质量、扩大教育规模、培养创造性人才、实施素质教育、推动教育改革与发展起着十分重要的作用。

## 1.3.1　信息技术对教育的影响

### 1. 教育发展历程中的四次革命

在教育的发展历程中，一般认为经历了四次革命：第一次教育革命，是以专职教师的出现为标志；第二次教育革命，是以文字体系的出现为标志；第三次教育革命，是以印刷术的出现为标志；第四次教育革命，则是以现代教育技术的形成与快速发展为标志。信息技术（如通信技术、同步卫星技术、电视技术、计算机技术等）和系统科学方法等现代科学技术的迅速发展及其在教育领域的渗透参与，引发和推动了教育理念、方式、结构的又一次重大变革。以多媒体计算机、网络技术以及普适计算为代表的信息技术与学科教学的结合，改变了传统的课堂学习范式，正在构建一种新型的学习范式——泛在学习，其具有典型的 4A 特征，即 Anybody（任何人）、Anytime（任何时间）、Anywhere（任何地方）、Anycontent（任何内容），即任何人在任何时间、任何地点可以学习任何内容。

### 2. 信息技术对教育发展产生的影响

教育信息化是实现教育现代化的重要手段，而"互联网+教育"则是教育信息化在教育新常态背景下的重要体现。互联网作为信息技术的重要组成部分，已渗透到教育的各个领域，对当今教育产生了前所未有的影响，主要体现在以下几个方面。

（1）信息技术实现优质教育资源共享。从孔子提出的"有教无类"到现代社会中各个国家纷纷采取一系列措施促进教育公平的实现，都表明了教育公平一直是人类教育孜孜不倦追求的目标。我国幅员辽阔、人口众多，不同地区之间、城乡之间教育发展严重失衡，尤其是师资力量方面。发达地区教学资源极度丰富，优秀教师数量众多，而农村及落后地区教学资源匮乏，教师教学水平和数量都远不及发达地区，所以合理地配置师资来促进教育均衡发展是促进教育公平的关键。信息技术在实现教育资源的共享方面有自己独特的优势。它可以使碎片化的教育资源的配置达到最优化和公开化，通过互联网，可以让一位优秀老师去服务成千上万个学生，而学生只需要一个移动终端，连接到互联网，就可以挑选心仪的授课教师。它还可以使城市学校和偏远落后学校处于同一个网络平台，通过同步上课、校际互动来实现优质教育资源的共享，缩小甚至消除传统上因地域、时空和师资力量上差异所导致的教育资源上的鸿沟，使薄弱学校的学生都能接触到同等质量的优质资源，促进教育公平。同时优质教育资源的流动与共享还可以减少低重复建设的费用，使更多的老师有充足的时间钻研教学，通过与同行的交流来提高自己的专业水平。

（2）信息技术改变了知识传播和获取的方式。在人类社会发展的历程中，任何一类信息媒体技术应用于教育都对其产生过重大的影响。文字的出现突破了教育活动的开展只能靠面对面、口授耳闻和动作模仿的局限，拓展了教育的内容和形式。尤其是造纸术的出现让知识有了方便携带的载体，使知识得以广泛传播；而印刷术的发明又极大提高了书面文字的复制效率，使文字传播技术产生了革命性飞跃，印刷体的书籍、课本成了文化的主要载体，极大地推动了现代教育的普及。然而，到了20世纪90年代，以计算机技术和通信技术为基础的信息技术加速了人类文明从工业化时代向信息时代的转变，尤其是互联网技术以惊人的速度突破了人类知识的传播时空和容量的限制，人人都能够很方便快捷地获取和使用知识，知识获取的效率大幅提高，获取成本大幅降低。知识传播和获取方式的转变引发了人才观的改变。信息社会中知识不断更新拓展，知识的复杂度提高，信息以指数式增长。据美国学者 H.弗莱德里克的推算：假设公元元年人们掌握的信息量为单位 1，那么信息量的第一次倍增，花费了 1500 年；第二次倍增，花费了 250 年；第三次倍增，花费了 150 年；进入 20 世纪后的第四次信息量倍增，所需的时间进一步缩短为 50 年；在 20 世纪 70 年代，时间周期则缩短为 5 年。如果以 5 年为周期计算，意味着在今后不到 70 年的时间内，人类积累的信息量将达到我们今天信息量的 100 万倍。信息量正在以指数级的速度急剧增加，信息爆炸所产生的信息洪流以前所未有的力量冲击着传统人才的衡量标准。

（3）信息技术营造新型的教育教学环境。"如果说传统教育是一所学校、一位老师、一间教室，那么'互联网+教育'则是一张网、一个移动终端、几百万学生、学校任你挑、老师任你选。"有人认为传统的实体校园、课堂环境等将被网络架构、数字技术和智能设备所组成的新型教育环境所替代。这种说法有点绝对，但是不可否认的是在传统教室之外，学生还可以从网络公开课、慕课、各类教学视频、音频中得到学习。网络学习推倒了传统意义上的校园围墙，对已有的教育内容进行重新设计与组合，以便教育资源充分流动。只要有一个移动终端与网络相连，任何人在任何时间、任何地点都可以进入网络课堂学习，校园围墙、课程表、作息时间表等都失灵了，教育从此没有了边界。在传统教育教学环境中，学习者在固定时间、固定地点接受知识，学生只有一次聆听的机会，一旦错过就无法弥补，而自从有了大规模网络开放课程、微课、翻转课堂等在线学习方式，学生可以根据自己的能力来调控学习速度，可以随时跳过已经掌握的知识，也可以反复学习自己认为掌握不够的知识，通过循序渐进地学习，最终达成学习目标，从而使学习变得"随心所欲"。教育教学时空环境的变化使得学生学习方式发生了改变，学生自主选择知识、自主安排学习步骤得到加强。因此，学习时间的碎片化、学习空间的多样性、学习内容的离散性，使得学者的学习行为渐趋个性化、多元化。

### 1.3.2　信息技术促进教育变革

#### 1. 教育观念的变革

信息技术在教育中的应用出现许多新的复杂的教育现象，使传统的教育观念受到极大的冲击，新的教育观应运而生。

（1）现代教学观。教师不仅要传授学生知识，而且要教会学生学习，即"授人以鱼不如授人以渔"。

（2）现代师生观。学生不再被动地接受知识，而成为认知的主体、意义的主动建构者。教师也演变成了学生意义建构的指导者、帮助者、激励者和设计者，师生之间是平等的关系。

（3）现代人才观。现代教育应该培养出智慧型、创造型人才，而不是传统教育的知识型、模仿型人才。

（4）学习时空观。学习不再受时间限制、空间限制，学习者可以随时随地学习，实时或非实时地学习。这些现代教育观对于提高全民素质、推动当前教育体制改革有着重要的指导作用。

**2. 教学环境的变革**

从黑板加粉笔的教学工具到幻灯、投影、计算机等现代教育媒体，现代教育媒体的兴起不仅丰富了知识的呈现形式，而且能从感官上调动学生的积极性。置身于今天的课堂，交互式电子白板、触控式一体机、电子书包的应用已经屡见不鲜，虚拟仿真技术、虚拟现实技术也极大地促进了学生对知识的理解，提高了学生自主学习的能力。今天的学校正在发生变化，越来越多的师生将互联网作为其获取信息的主要来源，网络信息资源的开发与利用已经成为当今教学资源领域里的热点问题，网络通信技术实现了授课教师、点评专家和无数观摩者之间的异地同步视频交流、研讨，越来越多的学校正在进行智慧校园建设，以提高学校教学、管理和服务的效率。

**3. 教学内容的变革**

一方面，置身信息时代，人类的知识正在以前所未有的速度增长，其中一个十分重要的结果就是学校教育中要传授的知识和技能越来越多，每一个社会成员在其一生中需要学习的东西也越来越多，教育教学的内容也在大幅度地增长。另一方面，作为教学内容的知识和技能，在侧重点方面也发生了变化，学校不仅要注重知识的传授，更要注重培养学生的信息素养，关注收集信息的能力，积累信息环境下解决问题的方法。

**4. 教学方式的变革**

传统的班级教学是实现大规模、高效率的工业化人才培养的需要，在个性化学习方向存在缺陷，已经不能适应新的教学内容与要求。由于信息技术的应用，特别是教育数据挖掘技术的发展，使学生的个性化学习成为可能。信息时代必然以学生为中心，所有教学资源必须围绕学生的学习来进行优化配置，教师的主要任务不再是传播知识，而是教会学生在信息海洋的适应本领，帮助学生解决学习过程中的问题，使学生形成一套行之有效的学习方法，提升学生解决问题的能力。近些年，随着信息技术的不断革新，网络课程、MOOC、微课、翻转课堂等教学方式在教育领域运用发展，使传统课堂教学的变革成为必然。

**5. 教学方法的变革**

探索新的学习方式和教学方法，是教育研究亘古不变的话题。技术的迅速发展和普及，计算机网络、新媒体技术的应用延伸，使得地域差异造成的障碍被突破，远程教育使教育公平的理想成为现实。同时，多媒体交互式电子白板、触控一体机、录播教室、电子书包、数字课桌等应用，使有利于学生自主学习的教学方法迅速发展。有了技术、媒体、理念的支撑，教学方法便由传统的讲授法、演示法向案例教学法、问题驱动式教学法、讨论法等转变，突出体现了学生学习的主体地位。学习的主体地位不断激发学生学习的主动性与积极性，培养其好学善思的思维。网络教学、个性化学习、合作学习、活动学习、研究性学习、自主性学习、分布式学习、同步教学、异步学习、非正式学习以及终身学习等新的学习形式已经出现在教育界，并逐渐被绝大多数教师所接受。

### 6. 教学模式的变革

信息技术从传统学校教育的诸要素入手，打破了旧的教学模式，要求建立一种全新的教学模式。这种教学模式在教学观念、课堂活动、教师角色、学习活动等方面与传统教学模式形成了鲜明的对比，如表 1-1 所示。

表 1-1　传统教学模式与信息时代教学模式的对比

| 传统教学模式 | 信息时代教学模式 |
|---|---|
| 教师讲授为主 | 学生探究为主 |
| 说教式教学 | 交互式教学 |
| 分学科定时教学 | 真实的多学科交叉的问题解决式学习 |
| 集体化、无个性的个体学习行为 | 多样化、个性化的合作学习行为 |
| 教师作为知识的垄断和传播者 | 教师作为学习的帮助者和指导者 |
| 按年龄和成绩分班 | 异质分组 |
| 对分科知识与分离技能的评价 | 以行动为基础的综合评价 |

## 1.4　信息技术与课程整合

信息技术的飞速发展对教育提出了前所未有的挑战，同时也提供了应对这些挑战的模式和方法。信息技术为教育的变革提供了前所未有的可能性，因此，各个国家都把发展信息化教育作为国家发展的战略来抓，比如美国启动了"国家教育技术工程"，欧盟发布了"信息社会中的学习：欧洲教育创新行动规划"，新加坡在 1996 年推出全国教育信息化计划，马来西亚启动了多媒体走廊计划，我国启动了现代远程教育工程、"校校通"工程、新教育课程改革工程等。正是在这种大的发展背景下，信息技术与课程整合的概念迅速普及、深入人心。

### 1.4.1　信息技术与课程整合的概念

#### 1. 相关定义

课程整合，就是把各种技术手段完美地融合到课程中，超越不同知识体系而以关注共同要素的方式来安排学习的课程开发活动。

目前国内关于信息技术与课程整合（Integrating Information Technology into Curriculum）的定义很多。以下列举了一些比较有代表性的观点。

何克抗教授："信息技术与课程整合的本质与内涵是要求在先进的教育思想、理论，尤其是主导－主体教学理论的指导下，把计算机及网络为核心的信息技术作为促进学生自主学习的认知工具与情感激励工具、丰富的教学环境的创设工具，并将这些工具全面应用到各学科教学过程中，使各种教学资源，各个教学要素和教学环节，经过整合、组合、相互融合，在整体优化的基础上产生聚集效应，从而促进传统教学方式的根本变革，从而达到培养学生创新精神与实践能力的目标。"

李克东教授："信息技术与课程整合是指在课程教学过程中把信息技术、信息资源、信息方法、人力资源和课程内容有机结合，共同完成课程教学任务的一种新型的教学方式。"

《中小学教师教育技术能力标准（试行）》：信息技术与课程整合是指在学科教学过程中把信息技术、信息资源和课程有机结合，建构有效的教学方式，促进教学的最优化。

综观这些观点，可以从中获得一些共性的东西：信息技术与课程整合是指信息技术渗透在课程结构的各个要素中，影响各个课程结构要素，营造一种信息化教学环境，实现一种既能发挥教师主导作用又能充分体现学生主体地位的以"自主、探究、合作"为特征的教与学方式，从而把学生的主动性、积极性、创造性较充分地发挥出来，使传统的以教师为中心的课堂教学结构发生根本性变革——由以教师为中心的教学结构转变为"主导—主体相结合"的教学结构，从而实现信息技术与学科课程整合。

2. 信息技术与课程整合的内涵

"信息技术与课程整合"的内涵包括以下三个基本属性：①通过将信息技术有效地融合于各学科的教学过程来营造一种信息化教学环境；②实现新的教与学方式，即既能发挥教师主导作用又能充分体现学生主体地位的以"自主、探究、合作"为特征的教与学方式，充分发挥学生的主动性、积极性和创造性；③变革传统教学结构，即使传统的以教师为中心的课堂教学结构发生根本性变革——由以教师为中心的教学结构转变为"主导—主体相结合"的教学结构。这三个属性并非平行并列的关系，而是逐步递进的关系——信息化教学环境的营造是为了支持新型教与学方式；新型教与学方式是为了变革传统教学结构；变革传统教学结构则是为了最终达到创新精神与实践能力培养的目标（即创新人才培养的目标）。可见，"整合"的实质与落脚点是要变革传统的教学结构——改变"以教师为中心"的教学结构，创建新型的、既能发挥教师主导作用又能充分体现学生主体作用的"主导—主体相结合"教学结构。

### 1.4.2　信息技术与课程整合的目标

信息技术与课程整合的目标就是培养大批具有创新精神与实践能力的人才。我们应该认识到，信息技术与课程整合，不是把信息技术仅仅作为辅助教或辅助学的工具，而是强调要利用信息技术来营造一种信息化教学环境，该环境能够支持真实的情景创设、启发思考、信息获取、资源共享、多重交互、自主探究、合作学习等多方面要求的教学方式与学习方式——也就是实现一种既能发挥教师主导作用又能充分体现学生主体地位的以"自主、探究、合作"为特征的新型教与学方式，这样就可以把学生的主动性、积极性、创造性较充分地发挥出来，使传统的以教师为中心的课堂教学结构发生根本性变革，从而使学生的创新精神与实践能力培养的目标真正落到实处。

为了更好地把握和实现信息技术与课程整合的目标，需要从以下五个具体的方面入手：

（1）要运用创造性思维理论培养学生的创新精神与创新能力（其核心是发散思维、形象思维、直觉思维、逻辑思维、辩证思维等思维能力的培养）。

（2）要通过信息时代的新型教与学方式培养学生的合作精神与合作能力。

（3）要培养学生的信息素养，主要培养学生的信息意识、信息知识与能力、信息道德等三方面的内容，重点是要培养学生的信息知识能力，即获取、分析、加工和利用信息的知识与能力。

（4）要使学生具有终身学习的态度和能力。

（5）要培养学生的适应能力、应变能力与解决实际问题的能力。

### 1.4.3    信息技术与课程整合的途径、方法及策略

信息技术与课程整合有五条基本的途径与方法：

（1）要以先进的教育理论为指导。信息技术与课程整合的过程绝不仅仅是现代信息技术手段的运用过程，它必将伴随教育、教学领域的一场深刻变革，必须要有先进的理论做指导。建构主义的学习理论与教学理论以及建构主义学习环境下的教学设计方法可以为信息技术环境下的教学，提供最强有力的理论支持。

（2）要紧紧围绕"新型教学结构"的创建来进行整合。信息技术与课程的整合应该紧紧围绕新型教学结构的创建来进行，才有可能达到有效培养创新人才的目标，取得"整合"的实质性成效。

（3）要运用"学教并重"教学设计理论进行课程整合的教学设计。信息技术与课程整合的实质是新型教学结构的创建，课程整合的教学设计（即相关教学模式的选择与设计）必须紧紧围绕"创建新型教学结构"这一目标。

（4）要重视各学科的教学资源建设和信息化学习工具的搜集与开发。教学结构变革的实现，有赖于信息化教学环境。该环境应能支持真实的情境创设、启发思考、信息获取、资源共享、多重交互、自主探究、协作学习等多方面要求的教与学方式，从而能把学生的主动性、积极性、创造性较充分地发挥出来，使创新人才培养的目标能真正落到实处。营造信息化教学环境的核心内容则是信息化教学资源的建设。

（5）要结合不同学科的特点，建构易于实现学科课程整合的新型教学模式。新型教学结构的创建要通过相关的教学模式来实现。每位教师都应结合各自学科的特点，通过信息技术与课程的深层次整合去创建既能发挥教师主导作用又能充分体现学生主体地位的"主导—主体相结合"的新型教学结构。

信息技术与课程整合的六大优化策略：

（1）内容组织策略：通过将教学内容组织成主题单元，较好地处理了单元内容之间的共性和个性问题，将分散内容进行有意义的组织；同时能够在更大范围内将授导与探究的矛盾进行弹性协调，解决以往单课时、单课文设计的不足，优化信息技术与课程整合。

（2）思维引导策略：在课程改革背景下，从问题视角对课程进行建构，将"知识问题化"，有助于培养学生的高级思维技能；近来课程领域出现的许多新型教学模式（基于问题的学习、WebQuest 等），都反映出这种面向问题探究的课程组织方式，即在信息技术与课程整合时，无论采用什么具体模式、什么技术手段，它的重点都应该落在课程上，应该增进课程教学的有效性。

（3）教学活动设计策略：可以对各种常见的教学活动进行定位，了解它们的特性差异，如课堂讲授的社会化程度中等、反思程度低、重在传递知识，而个别辅导则社会程度偏低、反思程度中等、体验感受低；在课程整合中设计教学活动时，可以根据教学活动的特性来结合实际需要进行选定，并采用相应的技术工具作为支持。

（4）资源组织策略：通过将教学资源围绕单元进行主题组织，能够符合课程改革要求，满足学习者基本的学习需要，又保证了学习者自主探究的需要；主题与教学单元对应，能够解决各种分散、单一教学资源的有效应用问题；精简课程内容；展现学习的学科交叉性和拓展性；提高学生的兴趣和投入；将资源和教学活动相融合等。

（5）教学环境创设策略：在信息技术与课程整合时，并不是任何活动都要用信息化环境来支撑，在主题单元设计时，教学环境不要始终限于某个单一环境之中，而应该根据实际情况动态选择，使教学效果最优化；对于整个主题单元而言，从总体倾向上偏向于选择与学生现实生活相联系的真实环境，但对于单元中的不同模块、专题、课时来说，可以根据实际需要来动态选择全空间中的某种教学环境。

（6）教学评价设计策略：在信息技术与课程整合过程中，倡导采用多样化评价方法来促进整合效果，要使评价主体多元化、评价项目综合化、评价手段多样化，要避免评价功能单一、评价项目单一、评价方法单一。

### 1.4.5　信息技术与课程整合的特征

信息技术与课程整合的最基本特征是有先进的教育思想、教学理论的指导，学科交叉性和立足于能力的培养，具体表现在以下几个方面。

#### 1. 任务驱动式的教学过程

信息技术与课程整合以各种各样的主题任务进行驱动教学，有意识地开展信息技术与其他学科（甚至多学科）相联系的横向综合的教学。这些任务可以是具体学科的任务，也可以是真实性的问题情景（学科任务包含其中），使学生置身于提出问题、思考问题、解决问题的动态过程中进行学习。通过一个或几个任务，把相关的各学科知识和能力要求作为一个整体，有机地结合在一起。学生在完成任务的同时，也就完成了学习目标所要求的学习。

#### 2. 信息技术作为教师、学生的基本认知工具

在信息技术与课程整合中，强调信息技术服务于学科的内在需求、服务于具体的任务。教师和学生以一种自然的方式对待信息技术，把信息技术作为获取信息、探索问题、协作解决问题的认知工具，把各种技术手段完美、恰当地融合到课程的教学与学习中去。

#### 3. 能力培养和知识学习相结合的教学目标

信息技术与课程整合要求学生学习的重心不再仅仅放在学会知识上，而是转到学会学习、掌握方法和培养能力上，包括培养学生的"信息素养"。学生利用信息技术解决问题的过程，是一个充满想象、不断创新的过程，同时又是一个科学严谨、有计划的动手实践过程，它有助于培养学生的创新精神和实践能力，并且通过这种"任务驱动式"的不断训练，学生可以把这种解决问题的技能逐渐迁移到其他领域。

#### 4. "教师为主导、学生为主体"的教学结构

在信息技术与课程整合的教学结构中，强调学生的主体性，要求充分发挥学生在学习过程中的主动性、积极性和创造性。学生被看作知识建构过程的积极参与者，学习的许多目标和任务都需要学生主动、有目的地获取材料来实现。教师是教学过程的组织者、指导者、促进者和咨询者，教师的主导作用可以使教学过程更加优化，是教学活动中重要的一环。

#### 5. 个别化学习和协作学习的和谐统一

信息技术能够为我们提供一个开放性的实践平台，使每一位学生在这个平台上可以采用不同的方法、工具来完成同一个任务。这种个别化教学策略对于发挥学生的主动性和进行因人而异的学习是很有帮助的。社会化大生产的发展，要求人们具有协同工作的精神，除此之外，一些高级认知任务（例如复杂问题的解决、作品评价等）也要求多个学生能对同一问题发表不同的观点，并在综合评价的基础上协作完成任务。

运用现代教育技术建构新型教学结构，实现信息技术与课程整合的探索，是一项长期而艰巨的任务。在当前我国积极推进教育现代化、信息化的大背景下，倡导和探索教育技术与具体学科课程整合的教学，对于教育改革的成功进行，对于发展学生的"信息素养"，培养学生的创新精神和实践能力，提高教师树立现代教育观念和掌握现代教育技术，改变传统的教学结构，有着十分重要的现实意义。

### 1.4.6　信息技术与教育教学深度融合

2012年3月，教育部发布的《教育信息化十年发展规划（2011—2020年）》中提出了"信息技术与教育教学融合"的理念。从"信息技术与课程整合"到"信息技术与教育教学的深度融合"的观念的更新，强化了信息技术在推动教育教学改革以及教育信息化进程中的作用。

1. 信息技术与教育教学深度融合的含义

"信息技术与教育教学深度融合"是在认同和肯定"信息技术与课程整合"的基本思想与认识的基础上，针对教育实践中整合的力度不够深入、范围不够广泛的现状而提出的。"整合"侧重于信息技术作为工具和手段推动课程教学方式的变革与创新，"深度融合"则强调运用信息技术实现教育系统的结构性变革。何克抗教授提出：以前"信息技术与学科教学的整合"，只是从改变"教与学环境"或改变"教与学方式"的角度去强调信息技术在教育领域的应用，只是将信息技术应用于改进教学手段、方法这类"渐进式的修修补补"上，还没有触及教育的结构性变革。而现阶段信息技术与教育教学的深度融合是在这些层面的基础上实现本质的变革，是需要改变传统的"以教师为中心"的课堂教学结构，催生"主导-主体相结合"的现代化教育教学结构，并实现价值的最大化。

教育系统的核心是课堂教学系统，课堂教学系统是由教师、学生、教育内容和教育媒体四个要素构成的。信息技术与教育教学的深度融合改变了这四个要素的地位和作用：教师要由课堂教学的主宰和知识的灌输者，转变为课堂教学的组织者、指导者，学生建构意义的帮助者、促进者，学生良好情操的培育者；学生要由知识灌输的对象和外部刺激的被动接受者，转变为信息加工的主体、知识意义的主动建构者和情感体验与培育的主体；教学内容要由只是依赖一本教材，转变为以教材为主并有丰富的信息教学资源相配合；教学媒体要由只是辅助教师突破重点、难点的形象化教学工具，转变为既是辅助教的工具，又是促进学生自主学习的认知工具、协作交流工具和情感体验与内化的工具。

2. 信息技术与教育教学深度融合的方式

信息化教学是"信息技术与教育教学深度融合"的主要形式和途径，"深度融合"的目标指向只有通过有效的信息化教学才能够得到落实。信息技术在教学中的运用往往是多种方式融合的一种混合式学习或者教学方式。目前，主要的深度融合方式包括：

（1）一师一优课。"一师一优课，一课一名师"指每一名教师在一年中设计并展示一节优质课程，充分利用信息化手段扩大优质教育资源覆盖面。实现"以应用为导向，以资源共享为纽带，以教师课堂应用为中心，创新教育教学模式和方法，推动信息技术与教育教学深度融合，提高教育质量"。

（2）云班课。云班课是指在移动网络环境下，利用移动智能设备开展课堂内外即时反馈互动教学的云服务平台。平台以教师在云端创建的班群和班课空间为基础，为学生提供移动设备上的课程订阅、消息推送、作业、课件、视频和资料服务。以蓝墨云班课为例，它可以实现签到、课堂提问、抢答、头脑风暴、在线讨论、课件资源共享、作业提交、小组合作学习与相互评价等功能,既可以实现线上线下的混合式学习,也可以为小组合作学习的评价提供及时反馈的信息。教师可以查看学生的学习进度和学习记录,学期末教师可以得到每名学生的学习评估报告。

（3）STEAM 教育。STEAM 教育发源于美国,是在 STEM 教育的基础上发展完善而来的。STEAM 是科学（Science）、技术（Technology）、工程（Engineering）、艺术（Art）和数学（Mathematics）五门学科首字母的缩写,强调多学科的交叉融合。STEAM 教育并不是科学、技术、工程、艺术和数学教育的简单叠加,而是将五门学科内容组合形成有机整体,以更好地培养学生的创新精神与实践能力。STEAM 教育中五门学科的教学必须紧密相连,以整合的教学方式培养学生掌握知识和技能,并能进行灵活迁移应用解决真实世界的问题。融合的STEAM 教育具备跨学科、趣味性、体验性、情境性、协作性、设计性、艺术性、实证性和技术增强性等特征。

（4）创客教育。随着互联网热潮、3D 打印技术、微控制器等开源硬件平台日益成熟,创客教育（Maker Education）逐步兴起。广义的创客教育是指以培育社会大众的创客精神为导向的教育形态。狭义的创客教育是一种以培养学习者,特别是青少年学习者的创客素养为导向的教育模式。它包含正式学习,也包含贯穿学习者一生的非正式学习。创客素养是指创造性地运用各种技术和非技术手段,通过团队协作发现问题、解构问题、寻找解决方案,并通过不断的实验形成创造性的制品的能力。创客教育继承了项目教学法、做中学、探究学习等以学生为中心的教学思想,并借助与信息技术的融合,开拓了创新教育的实践场。它鼓励学生发挥自己的特长并找到适合自己的学习方式。与传统模式相比,创客教育更加尊重学生个体的差异,还能为学生提供更良好的互动和合作的空间。信息技术在外部为创客教育提供了可为环境,在内部促进了成员交流。借助信息技术的帮助,学生们能够通过网络获得更多的资源,并在不受限于空间和时间的情况下进行实时交流。创客教育所强调的创新精神和综合运用知识技能解决实际问题的能力,有助于发展学生的动手能力。

（5）翻转课堂。翻转课堂（Flipped Classroom 或 Inverted Classroom）,也称颠倒课堂或反转课堂,是教师提供以教学微视频为主要形式的学习资源,学生在课外时间完成对教学视频等学习资源的自主学习,而师生在课堂时间进行面对面一起解答疑惑、开展协作探究和互动交流等活动。翻转课堂基于"混合式"学习方式,其教学过程包括课前的在线学习和课堂面对面教学两部分。前者（在线学习）以学生自主学习为主,但并未忽视教师的启发、帮助与引导;后者（面对面教学）重视教师的指导作用,但更关注学生如何在教师的指导下,通过自主探究与小组协作交流来促进认知与情感的内化。

（6）微课。微课以阐释某一知识点为目标,以短小精悍的在线视频为表现形式,以学习或教学应用为目的的在线教学视频。它具有"短、小、精、悍"的特点。"短"体现在视频一般不超过 10 分钟;"小"体现在教学主题聚集、教学目标明确、课程资源容量小;"精"体现在教学内容精练、教学设计精细、教学活动精彩;"悍"体现在资源应用面广、适合不同对象、教学效果显著。

（7）慕课。MOOC（Massive Open Online Course,大规模开放在线课程）是一种基于高等教育资源共享的大规模网络公开课,国内一般称为"慕课"。其实质就是通过网络技术和信息技术将优质的教育教学资源分享到世界的各个角落,大规模和开放是它区别于传统的学校教育最直接的优势。任何人只要有上网的条件和独立学习的能力都可以自主地进行学习。

SPOC（Small Private Online Course，小众私密在线课程）是将 MOOC 与课堂教学相结合的一种混合式教学模式，是对 MOOC 的继承、完善与超越。由于在 MOOC 学习中师生难以实现面对面的交互，学生水平参差不齐，并且缺乏监督，存在不按时完成作业或中途退出学习的现象。SPOC 的小规模受众范围使得它更具有针对性，像传统的校园教学一样，教师可以给学生布置作业，也可以随时抽查学生的学习情况，更大程度地督促学习者，减少学习者因为不必要的外界或自身因素而放弃课程学习的概率。

# 1.5　现代教育技术与教师

人类已经进入了 21 世纪，迎来了一个崭新的信息时代，未来的社会是信息的社会，教育信息化已成为现代教育发展的必然趋势。信息时代对人才也提出更新的要求，1996 年联合国教科文组织的教育文献《教育——财富蕴藏其中》中就指出：新一代的人才要具有学会认知、学会做事、学会共同生活、学会生存的四大能力。信息技术引发了教育的变革，但技术能否真正促进教学发展，关键的因素在教师。教育信息化也对教师在教育教学理念、教育技术能力等诸多方面都提出了新的、更高的要求。在教育信息化的浪潮中，在教师专业化的背景下，教育技术能力已经成为教师专业能力结构的重要组成之一。具备一定的教育技术能力既是教师专业发展的内在需要，同时也是教育信息化的必然要求。

## 1.5.1　信息时代促使教师角色发生转变

互联网与教育逐渐深度融合，在优化教育资源配置、促进教育公平、尊重学生个体差异、满足学生个性化需求、突破学习时空限制、加快教学方式与学习方式变革的同时，给传统教育带来了一系列挑战。如何应对这种挑战？世界各国政府在教育改革和发展过程中越来越认识到教师是教育信息化的关键人物。没有信息化的教师队伍，就没有教育的信息化。正如《教育——财富蕴藏其中》所指出的，历史一次次证明，"没有教师的协助及其积极参与，任何改革都不能成功。这正是委员会建议优先关注教育工作者的社会文化和物质地位的一种理由。"互联网进入教育，传统的学校不会消失，但未来的学校教育会有机地融合虚拟的网络学校和现实的传统学校，形成一种全新的学校体系。在线学习和线下学习结合，混合学习将代替传统课堂中的教学，教学中面授交互、网络交互两大部分交织在一起，与传统的面授教学相比，教育信息化对教师的要求更加多元，教师的角色因此也必须要转变。

1. 从知识的权威者和传授者变为学生学习的支持者和引导者

在传统的教育生态中，教师、教材是知识的权威来源，学生是知识的接受者，教师因其拥有知识量的优势而获得课堂控制权。信息化的到来，打破了教师对于知识的垄断地位以及对于学生学习行为的直接控制，教师、课堂、学校不再是学生获取知识的单一渠道，学生可以通过多种方式和途径学习。教育范式正在从传统的面授教学急剧拓展，兼容在线学习、混合式学习、合作学习等方式，它改变了传统教学的时空结构和生态秩序，并促使师生关系在信息化环境下进行改造、重组，实现从以教为中心向以学为中心转变，从知识传授为主向能力培养为主转变，从课堂学习为主向多种学习方式转变。在这种新型的教育环境中，教师的"传道"不再仅仅是"布道"、传播知识，而是更加倾向于同学生一起"论道"，一起商讨知识。因此，教师更多的是创设一种能实现学生自主建构知识、交互的教学环境,激发学生学习的兴趣。教学过程从以前的传授知识转变为"创设学习环境,学生主动探索"的过程,学生由知识的被动接受者转变为主动探究发现者,教师由知识的传授者变为学生学习的支持者和引导者。

2. 从知识的呈现者变为优秀教育资源的管理者、评价者和推送者

在大量的网络课程兴起后,学生将会面对海量的教育资源,而如何在浩瀚的信息海洋中选择合适的学习内容呢?这就需要教师指导和帮助学生在信息世界中发现自我、发展自我并积极地构建个人与他人以及社会的良好互助关系。在这一过程中,教师从众多共享教育资源中,通过自己的学习,选择出更为优质的教育资源以恰当的方式呈现给学生。因此,教师要成为优秀的教学信息资源的管理者、评价者和推送者。教师需要对海量的知识信息进行甄别、挑选并转化为有效的教学资源,将可能的学习资源转化为具体的学习情境,引导学生去消化和吸收。这种新的角色较过去更具挑战性,更考验教师的教育智慧。因此,在众多的教育优质资源面前,教师既是受益者,又是挑战者。

3. 由课程教材的消费者和执行者转变为课程教材的开发者和设计者

在传统的教学中,课程作为系统的学科知识,是课程专家和学科专家设计的,教材也是统一编订的,教师往往只是课程、教材的执行者。但随着信息化的到来,这种封闭和固定的教材内容已经远远不能满足学生终身学习和个别化学习的需要,教师将不仅仅是课程教材的消费者和被动的执行者,而在某种程度上成为课程教材的开发者和设计者。目前我国中小学正在实施的新课程改革以及校本课程的开发均倡导教师参与课程的开发与设计,信息技术则有利于实现教师从课程教材消费者、执行者向课程教材开发者和设计者的转换。在信息技术与课程教学进行深度融合的过程中,在研究课程标准、教材以及学生的兴趣和学习能力的基础上,教师利用丰富的网络教育资源整合课程内容,利用相关的工具软件编写教案、制作课件,为学生创设一个生动且便于自主学习的环境,以满足学生个性化、多样化的学习需要。在这个过程中,教师实际上已经从教材的忠实消费者、执行者转变为课程教材的开发者和设计者。

### 1.5.2 信息素养是信息时代教师职业素养的新要求

角色的担当需要教师具备相应的素养,信息时代呼唤着教师角色的转换。教师要成功地实现这一角色转换,必须具有把信息技术有效地融合于各学科的教学过程来营造一种信息化教学环境的能力,从而实现一种既能充分发挥教师在教学过程中的主导作用,又能突出体现学生作为认知过程主体的以自主、探究、合作为特征的新型的教与学方式。这需要教师专业素质的信息化,即教师的信息素养。因此,信息素养正在成为教师素质结构中最重要的组成部分。信息素养的概念最早是由美国信息业协会主席保罗·泽考斯基提出来的。他认为,信息素养是利用大量的信息工具及主要信息源使问题得到解答的技术与技能。教师的信息素养具体来说,表现在以下几个方面。

1. 信息意识

信息意识是信息素养的前提,指个体对信息的敏锐度,即捕捉、分析、判断和吸收信息的自觉程度。在生活或工作中遇到不能解决的问题,知道利用什么方法、去哪里找到解决问题的办法。有应用信息的意识和动机对教师的成长具有非常重要的作用,正如托马斯·弗里德曼在《世界是平的》一书中指出的:"数字鸿沟将在不久消失,很快,几乎每个人都将拥有一个移动终端……只有那些有自我激励的决心,能够持续利用一切数字化工具去创造、合作和学习

的人，将会走在时代的最前列。"

2. 信息知识

信息知识是信息素养构成的重要组成部分，是指有关信息的本质及特征、信息运用的规律、信息系统的构成及其原则、信息技术和信息方法等方面的知识。教师在信息知识方面应该掌握以下几个方面的知识：一是了解信息技术在现代社会特别是在教育领域中的地位与作用，了解信息技术发展的历史和趋势，掌握计算机系统的结构与组成，了解信息技术有关版权与信息安全等的知识；二是掌握现代信息技术基本操作知识，能够熟练使用各种信息技术硬件，掌握常用软件的使用方法，掌握将网络的信息服务应用于教学中的方法，熟悉与计算机网络相关的其他信息技术知识；三是了解信息技术在教学中应用的模式和基本理论，具有比较先进的与信息技术相适应的教育思想和观念，掌握信息技术与学科教学整合的理论与实践知识。

3. 信息能力

信息能力是指人们有效利用信息工具和信息资源，获取信息、加工处理信息、生成新信息的能力。它是信息素养结构中的核心部分。信息能力是当今社会人类生存的最基本能力，它深深地影响着人们的生活、工作、学习的方方面面，是个人寻找职业、融入社会的一个决定性因素。对教师而言，主要包括信息搜集能力（有效搜集和教育教学相关的信息资源的能力）、信息加工处理的能力（微课、翻转课堂的出现，促使教师必须掌握一定的信息加工处理能力，如视频的编辑与剪辑、声音的加工处理能力）、信息交流能力（利用信息技术工具如 QQ、微信、钉钉、电子邮件等，进行一对一、一对多、多对多的双向交流能力）、运用信息技术解决实际问题的能力、网络环境下驾驭课堂的能力等。

4. 信息道德

信息道德是指人们在获取、使用、生成和传递信息的过程中应遵循的行为规范。教育以德为先，作为传播知识的教师，需要具备良好的信息道德。自觉遵守网络道德规范和知识产权有关的法律法规，尊重他人的隐私，信守自己的承诺，不随意发布信息，自觉抵制不良信息，不进行计算机犯罪活动。教师要对学生进行信息道德方面的教育，教会学生判断、评价信息，不断培养和提高学生利用信息和信息技术的社会责任感，引导学生不断提高自身的素养。

 知识拓展

**信息素养与计算机素养和媒体素养**

1. 信息素养与计算机素养。由于信息素养与计算机素养部分重叠，人们常常把两者混淆起来。计算机素养主要指计算机的使用能力，即如何利用计算机进行学习和工作，发挥它的工具性功能，主要包括对计算机的硬件、软件及数据库技术的学习与掌握，对计算机的熟练操作能力。计算机素养强调对技术的深入了解，从而获得越来越多的应用技能。而信息素养则更注重信息内容，注重对信息的查找、分析与评价，信息的存储、表达与交流，是一种学习能力的培养。计算机素养只是信息素养的一部分，计算机素养对信息素养起支持的作用。

2. 信息素养与媒体素养。媒体素养是传统素养（听、说、读、写）能力的延伸，它包括人们对各种形式的媒介信息的解读能力，除了现在的听、说、读、写能力外，还有批判性地观看、收听并解读影视、广播、网络、报纸、杂志、广告等媒介所传输的各种信息的能力，当然还包括使用宽泛的信息技术来制作各种媒体信息的能力。当我们把媒体素养中对于具体媒介的形式、技术以及其背后的媒介组织机构抛开时，我们看到的是由各种媒介向人们传递的信息。

因此，媒体素养包括各种各样的有关具体媒介的素养，而媒体素养的核心是信息素养。

### 1.5.3 现代教育技术与教师的关系

**1. 现代社会的教师形象**

教师的根本任务是立德树人。新时代的教师，要做学生的"四有"好老师，做学生的"四个"引路人。2018 年 1 月，中共中央、国务院颁布《关于全面深化新时代教师队伍建设改革的意见》，强调"突出师德"，提出"把提高教师思想政治素质和职业道德水平摆在首要位置"。具有良好师德师风的教师更有为民族复兴培养人才的使命感，在严格规范自身行为的同时对学生起到引领示范作用，在学生心中埋下道德的种子，帮助学生成长为具有良好品德的人。

《教师教育振兴行动计划（2018—2022 年）》提出"互联网+教师教育"创新行动，要求通过大数据、人工智能等新技术提高教师信息化教学能力，推动以自主、合作、探究为主要特征的教学方式变革。智慧体验课堂要求教师充满好奇心与创造力，将课堂看作非预设的生成性的课堂，把每次教学都当作创意设计和实施的过程，创设不同教学情境，让学生在体验中学习知识与技能。新时代的"智慧课堂"要求教师采取"对话式"的教学方式，要求师生之间建立平等的、充满温情的双向交流关系，以促进学生独立思考能力与创新能力的发展。教师不仅应学习如何与人工智能合作打造"智慧课堂"，还应具备人工智能无法取代的社会和心理属性，学习如何应对学生的个性化问题，以满足学生不同的需求。故新时代教师应是高素质、创新型、具备终身学习能力的引领者。

面对现代社会对教育的挑战，现代社会的教师和学校管理人员的知识结构要进行重新调整。要在学习已有的教育学、心理学等条件性知识和学科专业知识的同时，进一步学习和掌握与教育技术有关的专门知识，特别是信息技术的硬件、软件知识与设计、开发、应用、管理和评价等方面的基本理论、方法等。从基本的素质上看，现代社会的教师应该具有以下特点，即现代教育观念、合作精神和聪明的才智、渊博的知识、开拓精神、高尚的道德以及完善的人格、终身学习的能力等。

**2. 教师掌握现代教育技术的重要性**

信息社会对教育提出了挑战，现代社会对教师的形象提出了新的要求，教师要想顺应时代的要求，肩负起推动教育改革，为国家和社会培养更多跨世纪人才的历史重任，除了要掌握自己本学科的专业知识外，还必须学习和掌握现代教育技术的基本理论与方法，原因如下：

（1）掌握现代教育技术有助于教师教育观念的更新。我们知道，传统的教学观是教师教书本知识，学生学习书本知识，教学功能只有一个。而现代教学观则认为，教学具有多方面的功能，也就是说，它既要传授知识，又要发展学生的多种能力，而在发展能力的过程中，效率是一个决定性因素，即怎样使学生在有限的学习时间内高质量地掌握知识并具备不断更新知识、创造新知识的能力。传统的学生观把学生看作被动接受知识的客体，教师是教学的主体，而现代学生观则认为，学生既是教学的对象，又是学习活动的主体，在学习过程中，学生是主客体的统一。另外，传统的学校观认为只有全日制、面授、进行课堂教学的有围墙的学校才是正规的学校，现代学校观认为教育无时空，学校无业余，时时处处都可接受正规的教育。可见，这些现代的教学观、学生观、学校观的形成与教育技术的发展有着极为密切的关系，不掌握现代教育技术，就不能对其有更深刻的理解。

（2）掌握现代教育技术有助于未来教育教学目标的实现。教育家们指出，21 世纪的公民需要获得以下一些技能：①信息的组织、获取、操作和评价技能；②问题解决能力；③批判性思维能力；④学习能力；⑤与他人合作或协作的能力。

为实现这一目标，教育内容就必须做出相应的改革。其总的趋势是教材的难度增加、重视基本理论和强调知识的内在联系。这就要求教师按照高难度、高速度的理论化的原则重新编写教材，在课程设计上注重学科设置合理、教学内容少而精，着重使学生掌握基本原理，发展认知能力和创造能力等。这样，教育技术也就很自然地成为了实现教学目标、改革教学内容和进行教学设计的重要途径和工具。不掌握现代教育技术，教师就会在实现上述目标的过程中受到阻碍。

（3）掌握现代教育技术有助于教师适应和创造新的教学组织形式和方法。目前学校在教学组织形式和方法上，正逐步向着多样化、多元化和现代化的方向发展，教育技术的理论与实践可以为教学组织形式和教学方法的建立提供许多现实性和潜在的可能性。教师只有了解和掌握现代教育技术才能成为真正的参与者、实践者、发展者，否则就会落伍，甚至被改革的大潮淘汰。

（4）掌握现代教育技术有助于推动素质教育的真正实施。实施素质教育是一个长期的过程，就目前来看，主要的问题是要鉴别应试教育所存在的弊端，建立并实施我国进行素质教育的方案。这不仅是教育家的任务，同时也是我们广大中小学教师的任务。改善教学方法，优化教育结构，合理配置教育教学资源，从培养能力、发展智力入手，满足社会需求，提高人才培养质量和数量，是我们每一位中小学教师都要面对并深入研究的课题。依靠现代教育技术，我们能从中得到有力的支持并找到满意的答案。

总之，随着信息社会的到来，作为从事教育教学工作的广大教师，特别是从事基础教育的广大中小学教师，一定要认清自己的历史使命，认真学习和掌握现代教育技术的理论、方法和手段，不断完善自我。只有这样，才能在教育教学改革中立于不败之地。

### 1.5.4　信息社会教师需要具备的教育技术能力

**1. 信息化社会教师的能力结构**

（1）TPACK 模型。传统的教师知识结构包括学科专业知识和教学法知识，但随着信息技术的发展，有关技术的知识和技能已成为信息时代教师知识结构中的重要组成部分。"互联网+"时代，信息技术在课堂教学中的应用不仅改变了教室的形态，还促使教师行为发生了转变。为了促使教师为学生设计富有技术含量的学习体验，强化学生的经历，教师应该具备和掌握在技术支持的环境中有效实施教学活动的知识和技能。21 世纪的教师应能够适应信息时代的发展需要，具备信息技术环境下的教师专业素质，能够设计信息化的教学和学习环境，支持学生适应动态的、互动的、全球化的社会。在信息化社会中，教师需要一套稳定的、成熟的知识结构。为了适应信息时代的发展要求，美国密歇根州立大学的学者 Koehler 和 Mishra 提出了关于技术（Technology）、教学法（Pedagogy）、学科内容（Content）相互关系的教师知识理论框架，明确提出现代教育技术条件下教师掌握的知识内容，即"整合技术的学科教学知识"（TPACK❶）知识框架，如图 1-4 所示。该框架包含三个核心要素，即内容知识（CK）、教学知识（PK）和技术知识（TK）；四个复合要素，即教学内容知识（PCK）、技术内容知识（TCK）、技术教学知识（TPK）、技术教学内容知识（TPACK）。Koehler 和 Mishra 认为，TPACK 是教师使用技术

---

❶ 起初 Koehler 和 Mishra 以 TPCK 即 technological pedagogical content knowledge 的缩写命名这一模型，但鉴于该名称不好读且顺序易混，因此在一次学术会议中将其更名为 TPACK。

实施高效课堂教学的基础，TPACK 框架在于帮助教师将技术、教学法和学科内容整合起来，提高教学效果。为了有效地整合技术与教学，教师需要具备对使用技术表征概念的认识；需要具备以建构主义的方式使用技术教授内容的教学技术；需要知道什么概念难学或易学，而又如何借助技术调整学生面对的问题；需要知道学生已有的知识和认识论，以及如何使用技术在已有知识论的基础上发展新的认识论或者强化已有的认识论。

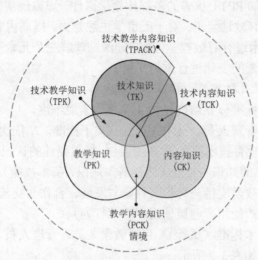

图 1-4　TPACK 知识框架

（2）信息化时代教师的能力结构。

1）掌握学科知识的能力。教师要了解所教学科内容的知识，包括核心事实、概念、理论方法，要解释观点和证明规则，对于知识本质的理解和不同学科领域进行探索。这一类知识不仅包含教材上的知识，还包括教师科研知识。教学与科研是相辅相成的两项活动，科学研究活动使教师不断丰富自己的理论和实践知识，拓宽教师的研究视野，为其教学活动注入新鲜血液，并能够向学生传授更新的学科知识。

2）掌握教学法相关知识的能力。教师要了解教学法的知识，包括所有和教与学过程、实践或方法相关的知识，如学生教学目标、教学策略、课堂管理和评价等。教学方法是指导教师"怎么教"和"如何教"的知识，不仅包括教学实践知识，还包括教育理论知识，这一类知识对教师实施教学活动、组织教学知识和内容、管理学生学习活动等具有指导作用。教学方法是评价新教师专业发展的重要标准之一，它涉及教学策略的选择与应用、教学交互的实施、课堂教学组织和管理、学生学习动机的激发等方面。教师通过实践和学习他人经验来获得教学法知识，同时需要在应用教育理论知识基础上对教学实践活动进行总结、反思。

3）掌握技术知识的能力。技术知识可以理解为数字技术知识，以及抽象的和具体的技术，如 Web 2.0、白板、计算机、互联网等具体技术实际操作方面的知识。这里也包括利用技术进行信息处理交流和有效解决教学问题等方面的应用知识，也可以理解为如何使用新兴的高科技技术。新兴的技术具体是指在一个特定情境下尚未透明的或者还未普及的技术，如全息成像技术、虚拟现实技术等。

4）整合技术的学科教学法知识的能力。此外，基于以上知识的相互交叉，教师还要具备学科教学知识、整合技术的学科内容知识、整合技术的教学法知识，三个核心元素互动交织，即形成"整合技术的学科教学法知识",学科教学法知识是学科内容知识和教学法知识的结合,是教学法应用于学科教学中的能力表现。在教学活动中,教学方法与技能的选择、应用必须与具体的学科相结合,这样才能达到良好的教学效果,这就要求教师必须了解学科内容,掌握教学方法。学科教学法知识的获取需要教师在教学实践中积累,并不断通过实践加以检验和修正。在教学内容设计方面,数字化教师需要具备使用技术有效设计、呈现、传输学科内容的能力,例如,教师能够设计优美的 PPT、优秀的多媒体教学课件、虚拟现实的学习内容等。借助技术工具使教学内容美观地、有效地呈现,对于吸引学生注意力、提高内容传输效率和效果具有一定的积极作用。要使用技术进行有效教学,就必须深刻理解三个元素及它们之间的张力和动态平衡,并不断根据三个元素的变化进行重新平衡。

2. 我国中小学教师教育技术能力标准

我国的教育技术能力标准体系结构包含 4 个能力素质维度,14 个一级指标,$N$ 个概要绩效指标(对于教学人员、管理人员、技术人员这三类子标准,$N$ 依次为 41、46、44)。4 个能力素质维度分别是:应用教育技术的意识与态度(包括重要性的认识、应用意识、评价与反思以及终身学习);教育技术的知识与技能(包括基本知识、基本技能);教育技术的应用与创新(包括教学设计与实施、教学支持与管理、科研与发展、合作与交流);应用教育技术的社会责任(包括公平利用、有效应用、健康使用、规范行为)。

《中小学教师教育技术标准(试行)》包含教学人员、管理人员、技术人员三个子标准。以教学人员子标准为例,如表 1-2 所示。

表 1-2　教学人员教育技术能力标准

| 能力维度 | 一级指标 | 绩效指标 |
| --- | --- | --- |
| 意识与态度 | 重要性的认识 | 能够认识到教育技术的有效应用对于推进教育信息化、促进教育改革和实施国家课程标准的重要作用 |
| | | 能够认识到教育技术能力是教师专业素质的必要组成部分 |
| | | 能够认识到教育技术的有效应用对于优化教学过程、培养创新型人才的重要作用 |
| | 应用意识 | 具有在教学中应用教育技术的意识 |
| | | 具有在教学中开展信息技术与课程整合、进行教学改革研究的意识 |
| | | 具有运用教育技术不断丰富学习资源的意识 |
| | | 具有关注新技术发展并尝试将新技术应用于教学的意识 |
| | 评价与反思 | 具有对教学资源的利用进行评价与反思的意识 |
| | | 具有对教学过程进行评价与反思的意识 |
| | | 具有对教学效果与效率进行评价与反思的意识 |
| | 终身学习 | 具有不断学习新知识和新技术以完善自身素质结构的意识与态度 |
| | | 具有利用教育技术进行终身学习以实现专业发展与个人发展的意识与态度 |
| 知识与技能 | 基本知识 | 了解教育技术基本概念 |
| | | 理解教育技术的主要理论基础 |
| | | 掌握教育技术理论的基本内容 |
| | | 了解基本的教育技术研究方法 |

续表

| 能力维度 | 一级指标 | 绩效指标 |
|---|---|---|
| 知识与技能 | 基本技能 | 掌握信息检索、加工与利用的方法 |
| | | 掌握常见教学媒体选择与开发的方法 |
| | | 掌握教学系统设计的一般方法 |
| | | 掌握教学资源管理、教学过程管理和项目管理的方法 |
| | | 掌握教学媒体、教学资源、教学过程与教学效果的评价方法 |
| 应用与创新 | 教学设计与实施 | 能够正确地描述教学目标、分析教学内容，并能根据学生特点和教学条件设计有效的教学活动 |
| | | 积极开展信息技术与课程的整合，探索信息技术与课程整合的有效途径 |
| | | 能为学生提供各种运用技术进行实践的机会，并进行有针对性的指导 |
| | | 能应用技术开展对学生的评价和对教学过程的评价 |
| | 教学支持与管理 | 能够收集、甄别、整合、应用与学科相关的教学资源以优化教学环境 |
| | | 能在教学中对教学资源进行有效管理 |
| | | 能在教学中对学习活动进行有效管理 |
| | | 能在教学中对教学过程进行有效管理 |
| | 科研与发展 | 能结合学科教学进行教育技术应用的研究 |
| | | 能针对学科教学中教育技术应用的效果进行研究 |
| | | 能充分利用信息技术学习业务知识，发展自身的业务能力 |
| | 合作与交流 | 能利用技术与学生的学习进行交流 |
| | | 能利用技术与家长就学生情况进行交流 |
| | | 能利用技术与同事在教学和科研方面广泛开展合作与交流 |
| | | 能利用技术与教育管理人员就教育管理工作进行沟通 |
| | | 能利用技术与技术人员在教学资源的设计、选择与开发等方面进行合作与交流 |
| | | 能利用技术与学科专家、教育技术专家就教育技术的应用进行交流与合作 |
| 社会责任 | | 公平利用，努力使不同性别、不同经济状况的学生在学习资源的利用上享有均等的机会 |
| | | 有效应用，努力使不同背景、不同性格和能力的学生均能利用学习资源得到良好发展 |
| | | 健康使用，促进学生正确地使用学习资源，以营造良好的学习环境 |
| | | 规范行为，能向学生示范并传授与技术利用有关的法律法规知识和伦理道德观念 |

**3. 我国中小学教师信息技术应用能力标准**

为进一步提升中小学教师信息技术应用能力，促进信息技术与教育教学深度融合，教育部于 2014 年 5 月颁布了《中小学教师信息技术应用能力标准（试行）》。中小学教师信息技术应用能力指中小学教师运用信息技术改进工作效能、促进学生学习成效与能力发展，以及支持其自身持续发展的教师专业能力。该标准根据我国中小学信息技术硬件设施条件的不同，师生信息技术应用情境的差异，对教师在教育教学和专业发展中应用信息技术提出了基本要求和发展性要求，包括"应用信息技术优化课堂教学的能力"和"应用信息技术转变学习方式的能力"。

其中，应用信息技术优化课堂教学的能力为基本要求，主要包括教师利用信息技术进行讲解、启发、示范、指导、评价等教学活动应具备的能力；应用信息技术转变学习方式的能力为发展性要求，主要针对教师在学生具备网络学习环境或相应设备的条件下，利用信息技术支持学生开展自主、合作、探究等学习活动所应具有的能力。主要内容如表 1-3 所示。

表 1-3  中小学教师信息技术应用能力标准（实行）

| 维度 | 应用信息技术优化课堂教学 | 应用信息技术转变学习方式 |
|---|---|---|
| 技术素养 | 1. 理解信息技术对改进课堂教学的作用，具有主动运用信息技术优化课堂教学的意识 | 1. 了解信息时代对人才培养的新要求，具有主动探索和运用信息技术变革学生学习方式的意识 |
| | 2. 了解多媒体教学环境的类型与功能，熟练操作常用设备 | 2. 掌握互联网、移动设备及其他新技术的常用操作，了解其对教育教学的支持作用 |
| | 3. 了解与教学相关的通用软件及学科软件的功能及特点，并能熟练应用 | 3. 探索使用支持学生自主、合作、探究学习的网络教学平台等技术资源 |
| | 4. 通过多种途径获取数字教育资源，掌握加工、制作和管理数字教育资源的工具与方法 | 4. 利用技术手段整合多方资源，实现学校、家庭、社会相连接，拓展学生的学习空间 |
| | 5. 具备信息道德与信息安全意识，能够以身示范 | 5. 帮助学生树立信息道德与信息安全意识，培养学生良好行为习惯 |
| 计划与准备 | 6. 依据课程标准、学习目标、学生特征和技术条件，选择适当的教学方法，找准运用信息技术解决教学问题的契合点 | 6. 依据课程标准、学习目标、学生特征和技术条件，选择适当的教学方法，确定运用信息技术培养学生综合能力的契合点 |
| | 7. 设计有效实现学习目标的信息化教学过程 | 7. 设计有助于学生进行自主、合作、探究学习的信息化教学过程与学习活动 |
| | 8. 根据教学需要，合理选择与使用技术资源 | 8. 合理选择与使用技术资源，为学生提供丰富的学习机会和个性化的学习体验 |
| | 9. 加工制作有效支持课堂教学的数字教育资源 | 9. 设计学习指导策略与方法，促进学生的合作、交流、探索、反思与创造 |
| | 10. 确保相关设备与技术资源在课堂教学环境中正常使用 | 10. 确保学生便捷、安全地访问网络和利用资源 |
| | 11. 预见信息技术应用过程中可能出现的问题，制订应对方案 | 11. 预见学生在信息化环境中进行自主、合作、探究学习可能遇到的问题，制订应对方案 |
| 组织与管理 | 12. 利用技术支持，改进教学方式，有效实施课堂教学 | 12. 利用技术支持，转变学习方式，有效开展学生自主、合作、探究学习 |
| | 13. 让每个学生平等地接触技术资源，激发学生学习兴趣，保持学生学习注意力 | 13. 让学生在集体、小组和个别学习中平等获得技术资源和参与学习活动的机会 |
| | 14. 在信息化教学过程中，观察和收集学生的课堂反馈，对教学行为进行有效调整 | 14. 有效使用技术工具收集学生学习反馈，对学习活动进行及时指导和适当干预 |
| | 15. 灵活处置课堂教学中因技术故障引发的意外状况 | 15. 灵活处置学生在信息化环境中开展学习活动发生的意外状况 |

续表

| 维度 | 应用信息技术优化课堂教学 | 应用信息技术转变学习方式 |
|---|---|---|
| 组织与管理 | 16. 鼓励学生参与教学过程，引导学生提升技术素养并发挥其技术优势 | 16. 支持学生积极探索使用新的技术资源，创造性地开展学习活动 |
| 评估与诊断 | 17. 根据学习目标科学设计并实施信息化教学评价方案 | 17. 根据学习目标科学设计并实施信息化教学评价方案，并合理选取或加工利用评价工具 |
| | 18. 尝试利用技术工具收集学生学习过程信息，并能整理与分析，发现教学问题，提出针对性的改进措施 | 18. 综合利用技术手段进行学情分析，为促进学生的个性化学习提供依据 |
| | 19. 尝试利用技术工具开展测验、练习等工作，提高评价工作效率 | 19. 引导学生利用评价工具开展自评与互评，做好过程性和终结性评价 |
| | 20. 尝试建立学生学习电子档案，为学生综合素质评价提供支持 | 20. 利用技术手段持续收集学生学习过程及结果的关键信息，建立学生学习电子档案，为学生综合素质评价提供支持 |
| 学习与发展 | 21. 理解信息技术对教师专业发展的作用，具备主动运用信息技术促进自我反思与发展的意识 | |
| | 22. 利用教师网络研修社区，积极参与技术支持的专业发展活动，养成网络学习的习惯，不断提升教育教学能力 | |
| | 23. 利用信息技术与专家和同行建立并保持业务联系，依托学习共同体，促进自身专业成长 | |
| | 24. 掌握专业发展所需的技术手段和方法，提升信息技术环境下的自主学习能力 | |
| | 25. 有效参与信息技术支持下的校本研修，实现学用结合 | |

# 思考与练习题

1. 说说你对教育技术 AECT1994 定义的理解。试比较分析 AECT1994 定义和 AECT2005 定义各有什么优点和不足。

2. 了解教育技术的研究内容，结合教学实际，你认为教育技术的各个研究范畴中，哪些与实际教学联系最紧密？

3. 教育技术的发展主要有哪几条主线，各有什么特点？我国的教育技术发展主要经历了哪些阶段，各有哪些主要特点？简述教育技术的基本特征。

4. 结合身边的实例，说明现代教育技术在教学改革中的作用。

5. 如何看待新时期师生的角色？教师是否可以完全被技术取代？

# 第 2 章　现代教育技术的理论基础

 **本章导读**

　　教育技术学是一门交叉性学科，这些学科的理论交叉渗透，形成了教育技术学学科的基础理论体系，推动着学科建设的持续发展。

　　本章首先介绍了学习理论中的行为主义、认知主义、建构主义、人本主义、多元智能的主要观点及教学意义，然后介绍了视听觉理论、传播理论和系统科学理论及其对教育技术的影响。

 **学习目标**

- 掌握行为主义、认知主义、建构主义等学习理论的主要观点。
- 了解视听觉理论。
- 掌握传播理论相关知识及原理。
- 了解系统科学中的相关理论。

**知识地图**

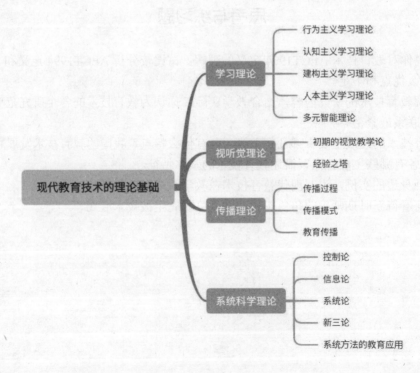

# 2.1　学　习　理　论

学习理论是探究人类学习的本质及其形成机制的心理学理论,旨在阐明学习的发生、学习的过程和规律、如何进行有效学习等问题。教育技术的根本目的是依照人类学习的心理过程,遵循人类学习的规律来设计、开发、利用、管理和评价学习过程和学习资源,达到促进学习的目的。因此,学习理论在教育技术的发展过程中起着关键性作用,当前具有重要影响的学习理论主要有行为主义学习理论、认知主义学习理论、人本主义学习理论和建构主义学习理论等。

## 2.1.1　行为主义学习理论

行为主义学习理论在 20 世纪 20 年代至 60 年代期间占有主导地位,其代表人物有华生(J.B.Watson)、桑代克(E.L.Thorndike)、巴甫洛夫(I.P.Pavlov)和斯金纳(B.F.Skinner)。这个流派的典型学习理论有巴普洛夫的经典条件反射理论、华生的行为主义理论、桑代克的尝试错误学习观、斯金纳的操作条件反射理论等。

1. 主要观点

行为主义学习理论的主要观点认为:学习是一个"刺激—反应(S-R)"的过程。它把环境视为是"刺激",把刺激后产生的具体行为看成"反应",且这种行为是可观察的;强调环境对个体的学习起着重要作用,学习者学到知识是受环境控制的,而不是自身因素决定的。在这一理论基础上,斯金纳又发展了操作性条件反射理论,提出了强化刺激在学习中的重要作用,即学习是一个"刺激—反应—强化"的过程。强化刺激是指在一定的学习信息刺激后,学习者可能会产生刺激性反应(也称应答性行为)和操作性反应,当学习者做出操作性反应后,要及时给予强化(如学习者答对时给予肯定,答错时给予指出),从而促进学习者在学习信息与自身反应之间形成联结,减少学习上的错误,顺利完成学习任务。

(1)巴甫洛夫的经典条件反射学习观。在巴甫洛夫的实验中,如图 2-1 所示。狗被置于经过严格控制的隔音实验室内,可通过遥控装置把食物送到狗面前的食物盘中,狗的唾液分泌量可通过仪器随时测量并记录。实验开始后,先向狗进行铃声刺激,铃响半分钟后便给予食物,观察并记录狗的唾液分泌情况。当铃声与食物反复配对多次以后,仅进行铃声刺激而不给予食物时,狗也会做出唾液分泌反应。实验开始时,食物可以诱发狗唾液分泌反

图 2-1　巴甫洛夫的经典条件反射实验

应,而铃声不能,这时食物叫无条件刺激,铃声叫中性刺激或无关刺激,食物诱发的唾液分泌反应称为无条件反应。在铃声与食物经过多次配对之后,单独提供铃声而没有食物时,狗也会分泌唾液。此时,中性刺激(铃声)具有了诱发原来仅受食物制约的唾液分泌反应的某些力量而变成了条件刺激,单独提供条件刺激就能引起的反应叫作条件反应。这就是经典条件反射的形成过程。

巴甫洛夫认为"所有的学习都是联系的形成",而联系的形成就是思想、思维、知识。显然,我们的一切学习和训练,一切可能的习惯都是很长系列的条件的反射。巴甫洛夫利用条件

反射的方法对人和动物的高级神经活动做了许多推测，发现了人和动物学习的最基本的规律。

1）习得律。有机体对条件刺激和无条件刺激之间联系的获得阶段称为条件反射的习得阶段。在条件作用的获得过程中，条件刺激与无条件刺激之间的时间间隔十分重要。一方面，条件刺激和无条件刺激必须同时或趋近于同时出现，间隔太久则难以建立联系；另一方面，条件刺激作为无条件刺激出现的信号必须先于无条件刺激，否则也将难以建立联系。如果条件刺激重复出现多次而没有无条件刺激相伴随，条件反应就会变得越来越弱，并最终消失。

2）泛化律。人和动物学会对某一特定的条件刺激做出条件反应以后，其他与该条件刺激相类似的刺激也能诱发其条件反应。例如，"一朝被蛇咬，十年怕井绳"就是典型的刺激泛化现象。借助于刺激泛化，我们可以把已有的学习经验扩展到新的学习情境，从而扩大学习的范围，减轻学习的负担。例如，学过英语的人再学德语比没有学过英语的人学习德语进步要快。

3）辨别律。当条件作用过程开始时，有机体需要辨别相关刺激与无关刺激。通过辨别，有机体有选择地对某些刺激做出反应，而对其他刺激不做出反应。例如，为了使狗能够区分圆形和椭圆形光圈，如果只在圆形光圈出现时才给予食物强化，而在出现椭圆形光圈时不给予强化，那么狗便可以学会只对圆形光圈做出反应而不理会椭圆形光圈。在实际的教育和教学过程中，也经常需要对刺激进行辨别，如引导学生区别勇敢和鲁莽、谦让和退缩、重力和压力、质量和重量等。

条件反射揭示了学习现象最基本的生理机制，对学习理论的发展产生了深远的影响。由于巴甫洛夫的研究有助于心理学摆脱心灵主义和内省法的束缚，因而为美国行为主义心理学所关注，条件反应成为行为主义的一个主要部分，几乎成为 20 世纪上半叶学习理论的基础。

（2）华生的行为主义学习观。美国心理学家华生于 1913 年首次打出了行为主义心理学的旗帜，他在巴甫洛夫条件反射的基础上，认为行为就是有机体用以适应环境刺激的各种躯体反应的组合，有的表现在外表，有的隐藏在内部，在他眼里人和动物没有什么差异，都遵循同样的规律。人的学习就是塑造行为的过程，这种学习可以通过"刺激—反应"（S-R）的联结来实现，"知道了反应就可以推测刺激，知道了刺激就可以预测反应"，从而形成了刺激—反应学习理论。华生认为，巴甫洛夫的条件反射模式适用于建立人类行为的科学，对巴甫洛夫的模式加以扩展，可以解释各种类型的学习和个性特征。人类出生时只有几个反射（如打喷嚏、膝跳反射）和情绪反应（如惧、爱、怒），所以其他所有行为都是通过条件反射建立新的"刺激—反应"（S-R）的联结而形成的；心理学应该摒弃意识、意象等太多主观的东西，只研究所观察到的并能客观地加以测量的刺激和反应，无须理会其中的中间环节。

华生还强调，人类的行为都是后天习得的，环境决定了一个人的行为模式，无论是正常的行为还是病态的行为都是通过学习获得的，也可以通过学习来更改、增加或消除。查明了环境刺激与行为反应之间的规律性关系，就能够根据刺激预知反应，或者根据反应推断刺激，达到预测并控制动物和人的行为的目的。

（3）桑代克的尝试错误学习观。美国著名心理学家桑代克认为，动物和人一样进行学习，只是复杂程度不同而已。因此，他通过动物实验来研究学习，他所设计的比较成功的实验之一就是"猫开门"实验，如图 2-2 所示。迷箱由木条钉成，中间有一个门，被门闩扣住。箱内有一块踏板，连着铰链。只要按下踏板，门闩就会被提起，门就会被打开。把饿得发慌的猫关进迷箱，箱外放着食物，被放进笼的猫在乱碰乱抓过程中偶然碰到踏板，门被打开了，猫吃到了食物。如此反复，猫从笼中出来吃到食物的时间会越来越短。实验表明，所有的猫的操作水平都是相对缓慢地、逐渐地改进的。由此，桑代克得出了结论，猫的学习经过多次试误，是由刺激情境与正确反应之间形成的联结构成的。

图 2-2　桑代克的"迷箱"实验

桑代克尝的尝试错误学习有以下的主要观点：

1）学习的实质是有机体建立了刺激—反应联结。所谓联结，是指某种情境或刺激能唤起某种反应或反应倾向。桑代克的迷箱实验最后的结果表明，饿猫进入迷箱（情境），就去触碰（反应）踏板，从而打开门，吃到食物。这就意味着动物获得了新的行为（打开门），学习成功。桑代克认为，学习的实质就在于形成情境与反应之间的联结，而且这种联结是直接的，不需要中介作用。鉴于动物和人的研究结果存在相似性，桑代克坚持用这一基本的学习原理来解释各种复杂的学习。在他看来，一个受过教育的成年人不过是建立了成千上万个刺激—反应联结而已。

2）学习的过程是尝试错误的过程。依据实验过程和结果可以看到，动物初次进入迷箱时，不是根据对情境性质的理解，而是冲动行事、盲目尝试。随着练习次数增加、错误反应的逐渐减少、正确反应的逐渐巩固，最终形成稳定的刺激—反应联结。桑代克认为，学习的过程是一种渐进的、盲目的尝试错误的过程。

在大量实验的基础上，桑代克提出了尝试错误学习的准备律、练习律、效果律等一系列规律。

准备律是指在尝试错误学习的过程中，事前有一种准备状态时，刺激与反应之间的联结实现会令学习者感到满意；反之，事前无准备状态时，刺激与反应之间的联结实现则会令学习者感到烦恼。

练习律是指在尝试错误学习的过程中，任何刺激与反应的联结一经练习并运用则联结逐渐增强，而如果不运用，则联结逐渐减弱。

效果律是指在尝试错误学习的过程中，如果其他条件相等，在学习者对刺激情境做出特定的反应后能够获得满意的结果时，则其联结就会增强，当得到烦恼的结果时，其联结就会削弱。

（4）斯金纳的操作条件反射学习观。斯金纳是美国著名的行为主义心理学家，他的理论也是建立在动物学习实验的基础之上的。在斯金纳以白鼠等动物为被试对象进行的精密实验研究中，他运用了一种特殊的实验装置——斯金纳箱，如图 2-3 所示。箱内有一个伸出的杠杆，下面有一个食物盘，只要箱内的动物按压杠杆，则一粒丸子滚到食物盘内，动物即可得到食物。斯金纳将饥饿的白鼠关在箱内，白鼠便在箱内乱跑，活动中偶然压到了杠杆，则一粒丸子滚到食物盘内，白鼠吃到了丸子。白鼠再次按压又可得到丸子。由于食物强化了白鼠按压杠杆的行为，因此白鼠后来按压杠杆的概率迅速上升。由此斯金纳发现，有机体做出的反应与其随后出现的刺激条件之间的关系对行为起着控制作用，它能影响以后反应发生的概率。

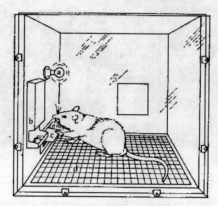

a 灯；b 食物槽；c 杠杆或木板；d 电格栅

图 2-3    斯金纳箱

美国心理学家斯金纳用"操作性条件反射"来解释笼子里动物的行为，以区别巴甫洛夫和华生等人的观点。巴甫洛夫等人的实验对象的行为是由刺激引起的反应，称为"应答性条件反射"；而斯金纳的实验对象的行为是有机体自主发出的，称为"操作性条件反射"。在应答性条件反射中，有机体是被动地对环境做出反应；而在操作性条件反射中，有机体是主动地作用于环境。经典条件反射只能用来解释基于应答性条件反射的学习，斯金纳把这类学习称为"S（刺激）类条件反射"。而操作性条件反射则可用来解释基于操作性条件反射的学习，他把这类学习称为"R（强化）类条件反射"。

斯金纳认为，人类从事的绝大多数有意义的行为都是操作性的。例如，步行上学、读书写字、回答问题等，都是操作性条件反射的例子。操作性条件反射模式认为，不管有没有刺激存在，如果一种反应之后伴随着一种强化，那么在类似环境中发生这种反应的概率就增大。而且，强化与实施强化的环境都是刺激，人们可以以此来控制反应。这样，任何作为强化结果而习得的行为，都可以被看作操作性条件反射的例子。因此人们把斯金纳的理论称为强化理论。斯金纳认为，重要的刺激是跟随反应之后的刺激（强化），而不是反应之前的刺激，因此反应之后要及时给予强化。强化有正强化（实施奖励）和负强化（撤除惩罚）之分。正强化的方法包括奖金、对成绩的认可、表扬、提升、给予学习和成长的机会等。负强化的方法包括撤销批评、处分、降级等。

2. 行为主义学习理论指导下的教学

行为主义学习理论重点关注学习者的外在行为，有利于解释简单的学习行为。在教学中对那些仅需简单认知加工的任务（如规则记忆、基本事物的关联、匹配区分等）、简单技能和动作的习得、客观事实的介绍、概念的形成与事实的获取等，行为主义都能够提供有效的学习指导，如打字练习系统、学习机等都是在行为主义学习理论的指导下研发出来的。行为主义具有很强的操作性，如奖励、惩罚、行为矫正等，都有简单、明确、具体的操作程序，便于教师、家长应用于教育实践。但是，行为主义学习理论对学习者内部状态的变化关注不够，对于复杂行为的解释显得力不从心。

（1）基于行为塑造的教学。行为主义认为，行为是后天习得的，环境决定了一个人的行为模式，可以通过学习更改、增加或消除某种行为。行为主义认为，只要查明环境与行为反应之间的规律性关系，就能够根据刺激预知反应，或者根据反应推断刺激，达到预测并控制动物和人的行为的目的，并由此认为教育就是塑造行为。正如斯金纳所说："只要安排好一种被称为强化的特殊形式的后果，我们的技术就会使我们几乎能够随意地塑造一个有机体的行为。"进行行为塑造时要注意提高强化的准确性，即在塑造行为时，学生必须在力所能及的范围内强化行为，同时这些行为又必须能够向新的行为延伸。

（2）注重科学练习的教学。素质教育的今天，虽然我们一直反对机械式的教学，但是对于一些基础知识、基本概念仍然需要让学习者掌握，这也是进一步学习智慧技能的必备条件。适当的练习与复习是必要的，我们可以通过设计多种形式的练习，提供多种刺激，让原本枯燥的活动变得生动有趣，让学习者愿意去做。

练习的次数并不是越多越好。桑代克认为练习并不会无条件地增加刺激—反应联结的强度。在实践中要根据学生的具体情况适度练习，避免机械重复。关于练习的效果，没有强化的练习是没有意义的。老师对学习者反应及时给予反馈，一方面可以指出学习者在知识上出现的错误，及时地修正自己；另一方面对学习者的正确行为表示赞赏，可以从情感上激发学习者，保持他们学习的动机。

 知识案例

## 画　　线

桑代克曾经做了这样一个试验，蒙住被试者的眼睛，让他画一英寸长的线段，但是对他画出的线段不给予评判，这样被试者画了 3000 多次，没有一点进步。因为得不到反馈信息，他没有办法完善自己的行为，所以才会出现这样的结果。

（3）基于机器的程序教学。在操作条件作用理论的直接影响下，斯金纳根据"刺激—反应—强化"原理提出了程序教学。在程序教学中，教材被分成若干小步子，学生可自定学习步调，教师让学生对所学内容进行积极反应，并给予及时强化和反馈，使错误率最低。在程序教学中应该遵循以下 5 个教学原则：

1）小步子原则。程序教学所呈现的教材被分解成多步，前一步的学习为后一步的学习作铺垫，后一步学习在前一步学习后进行，每两个步子之间的难度相差很小，学习者的学习很容易得到成功，并建立起自信。

2）积极反应原则。程序教学不主张完全以教师授课的方式进行教学，而是以问题的形式，通过教学机器或教材为学生呈现知识，使学生对每一个问题做出积极的反应，即要求学生能够通过教学机器和教材自己动脑、动手学习。

3）及时强化原则。斯金纳的操作条件反射规律认为，如果一个操作发生后，紧接着呈现一个强化刺激，那么这个操作的力量就会得到加强。当学习者对第一步（学习的前一个问题）能做出正确的反应（回答）时，可立即呈现第二步（第二个问题）以告知学习者第一步的学习结果，让学习者立即知道自己的答案正确，以树立信心、保持行为。

4）自定步调原则。以学生为中心，允许学习者按各自的学习起点和掌握材料的速度进行

学习，学习过程中不受他人的影响，有独立的思考时机，学习较容易成功。

5）低错误率原则。与小步子原则相适应，在程序教学中要尽量避免学习者出现错误反应，进而提高学习者积极强化比例，提高教学效率。

现代教育技术在教育教学过程中的作用在于：运用多种教学媒体，为学习者提供引起必要反应和形成强化刺激的材料及条件，引起学习者的多种反应，为学习者建立起刺激与反应间的牢固联结，并培养学习者的多向思维和发散思维。

### 2.1.2　认知主义学习理论

认知学习理论旨在解释学习是在原有知识之上学习新知识的历程，这一理论源于德国的格式塔学派，自 20 世纪 60 年代以后开始逐步取得了主导地位。其代表人物是维特海墨（Max Wetheimer）、苛勒（W. Kohler）、考夫卡（K.Koffka）、布鲁纳（J.S.Bruner）以及加涅（R.M. Gagne）等。

1．主要观点

认知主义理论认为，人的认识不是直接由外界刺激给予的，而是外界刺激与认知主体内部心理过程相互作用的结果。学习在于内部认知的变化，这是一个远比"刺激—反应"联结要复杂得多的过程。根据上述观点，教师的任务不是简单地向学生灌输知识，而是激发学生的学习兴趣和学习动机，然后将当前的教学内容与学生原有的认知结构有机地联系起来。学生不再是外界刺激的被动接收器，而是主动对外界刺激提供的信息进行选择性加工的主体。

认知主义理论的主要特点是：重视人在学习活动中的主体价值，充分肯定学生的自觉能动性；强调认知、意义理解、独立思考等意识活动在学习中的重要地位和作用；重视人在学习活动中的准备状态，即一个人学习的效果不仅取决于外部刺激和个体的主观努力，还取决于一个人已有的知识水平、认知结构、非认知因素。比较典型的认知主义理论包括顿悟说、认知发现说、有意义学习理论、信息加工学习论等。

（1）顿悟说。苛勒（W.Kohler）以黑猩猩为对象进行了历时 7 年的 18 个实验，在此基础上提出了顿悟说，该学说认为：

1）学习是组织和构建一种完形，而不是刺激与反应的简单联结。苛勒认为，学习不是简单的刺激—反应联结，也不是侥幸的尝试错误，而是通过对学习情境中事物之间的关系有目的、主动地了解及顿悟而组织和构建起来的一种完形。例如，在黑猩猩连接几根短棒从高处打下香蕉的实验中，黑猩猩在未解决这个难题之前，对面前情境的知觉是模糊和混乱的。它在看出连接起来的几根短棒与位于高处的香蕉之间的关系时，便产生了顿悟，从而解决了这个问题。猩猩的行为往往是针对目标，而不仅针对短棒，这就意味着猩猩领悟了目标与短棒之间的关系，构成了目标与短棒的完形，才产生了连接短棒获取香蕉的动作。因此，学习在于组织和构建一种完形，并非各部分之间的联结。

2）学习是顿悟，而不是通过尝试错误来实现的。猩猩在学会了连接几根短棒以取得位于高处的香蕉以后，在类似情境中（例如，利用一根竹竿探取笼外手臂所不能及的香蕉，将多个箱子叠起来以摘取悬在笼顶的香蕉等）将会运用已经"领悟"了的经验。苛勒把这种突然的学会称为顿悟，学习就是由于对情境整体关系进行了仔细的了解而豁然开朗，是经过"突变"学会的，学习是知觉的重新组织和构建完形的过程。总之，顿悟说重视的是刺激与反应之间的组织作用，认为这种组织表现为知觉经验中旧的组织结构的豁然改组或新结构的顿悟。

（2）认知发现说。布鲁纳（Bruner）的"认知发现说"认为，学习是一个认知过程，是学生主动形成认知结构的过程。其基本观点主要包括以下三个方面。

1）学习是主动形成认知结构的过程。认知结构是指一种反映事物之间稳定联系或关系的内部认识系统，或者是某一学生的观念的全部内容与组织。人的认识活动按照一定的顺序形成，在发展成对事物结构的认识后，就形成了认知结构。人是主动参与获得知识的过程的，是主动对进入感官的信息进行选择、转换、存储和应用的。学习在原有认知结构的基础上产生，包括三种几乎同时发生的过程：新知识的获得、知识的转化、知识的评价。上述过程实际上就是学生主动建构新认知结构的过程。

2）强调对学科的基本结构的学习。教师无论教什么学科，都要使学生理解学科的基本结构，即概括化的基本原理或思想，也就是要求学生以有意义联系起来的方式去理解事物的结构。一门学科的所有知识都具有相似的层次结构。如果把一学科的基本原理弄通了，有关这门学科的知识也就不难理解了。布鲁纳认为，教师不可能给学生讲解每个事物，要使教学真正达到目的，教师就必须使学生能够在某种程度上获得一套概括化的基本思想或原理。这些基本思想或原理，对于学生而言就构成了一种最佳的知识结构。对知识的概括水平越高，知识就越容易被理解和迁移。

3）通过主动发现形成认知结构。布鲁纳认为，教学一方面要考虑学生的已有知识结构以及教材的结构，另一方面要重视学生的主动性和学习的内在动机。学习的最好动机就是对所学材料的兴趣，而不是奖励、竞争之类的外在刺激。因此，他提倡发现法学习，以便使学生更有兴趣、更自信地主动学习。布鲁纳认为发现学习的作用有以下几点：提高智慧的潜力；使外来动因变成内在动机；学会发现；有助于对所学材料保持记忆。

综上所述，布鲁纳的认知发现说强调学习的主动性，以及已有认知结构、学科基本结构、学生独立思考等的重要作用，它对培养具有创新能力的现代化人才有着积极的意义。

（3）有意义学习理论。奥苏贝尔（Ausubel）在他的著作《教育心理学：一种认知观》扉页上写道："如果要把教育心理学的所有内容简约成一条原理的话，我会说：影响学习的最重要的因素是学生已知的内容，弄清这一点后再进行相应的教学。"在此基础上，奥苏贝尔进一步论述了有意义学习的标准与先决条件，并区分了有意义学习与机械学习、接受学习与发现学习。

所谓有意义学习，就是指符号所代表的新知识与学生认知结构中已有的适当观念建立了非人为的和实质性的联系。这里的实质性联系，是指新的符号或符号所代表的观念与学生认知结构中已有的表象、已经有意义的符号、概念或命题的联系；所谓新旧知识的非人为的联系，是指新知识与认知结构中的有关观念基于某种理论或逻辑的联系。有意义学习的产生既受学习材料性质的影响，也受学生自身因素的影响。一般称前者为有意义学习的外部条件，后者为有意义学习的内部条件。奥苏贝尔把有意义学习分为以下四种类型。

1）表征学习。表征学习是学习单个符号或一组符号的意义。它的主要内容是词汇学习。表征学习的心理机制是指符号及其所代表的事物或观念在学生认知结构中建立了对等关系。例如，"狗"这个符号，对于从未接触过狗的儿童而言是无意义的，在儿童多次同狗打交道的过程中，儿童的长辈或其他人多次指着狗（实物）说"狗"，儿童逐渐学会用"狗"（语音）代表他们实际见到的狗。也就是说，对某个儿童来说"狗"这个声音符号获得了意义。

2）概念学习。概念学习实质上是掌握同类事物的共同的关键特征。例如，学习"三角形"这一概念，就是掌握三角形有三个角和三条相连接的边这样两个共同的关键特征，而与它的大小、形状、颜色等特征无关，如果"三角形"这个符号对某个学生来说已经具有这种一般意义，那么它就成为一个概念，成为代表概念的名词。同类事物的关键特征可以由学生从大量同类事物的不同例证中独立发现，这种获得概念的方式称为概念形成；也可以通过定义的方式直接向学生呈现，学生利用认知结构中原有的有关概念理解新概念，这种获得概念的方式称为概念同化。

3）命题学习。命题是以句子的形式表达的，可以分为两类：一类命题是非概括性命题，只表示两个以上的特殊事物之间的关系，如"北京是中国的首都"，这个命题只陈述了一个具体事实；另一类命题表示若干事物或性质之间的关系，这类命题称为概括性陈述，是学习若干概念之间的关系，如"圆的直径是它的半径的两倍"。命题学习也包含表征学习。如果学生没有掌握一个命题中的有关概念，他就不可能理解这一命题。命题学习必须以概念学习为前提。

4）发现学习。奥苏贝尔认为，发现学习是指学习内容不是以定论的方式呈现给学生，而是要求学生在把最终结果并入原认知结构之前展开某些心理活动，如对学习内容进行重新排列、重新组织或转换。由此发现学习可以在前面提及的三种学习类型中发生。除此之外，他发现学习还涉及其他三种学习类型：运用、问题解决、创造。这三种学习具有不同的层次。

（4）信息加工学习论。20世纪50年代以后，计算机科学技术的兴起与发展为心理学家分析和推断心理过程提供了重要的工具，信息加工学习论应运而生。该理论认为，学习实质上是由获得信息和使用信息构成的，而人的行为是由有机体内部的信息流程决定的。因此，该理论关注两个问题：人类记忆系统的性质、人类记忆系统中知识表征和存储的方式。

1）信息加工模式。加涅根据信息加工学习论提出了学习过程的基模式。他认为学习过程就是一个信息加工的过程，即学生对来自外界环境的刺激信息进行内在的认知加工过程，如图2-4所示。

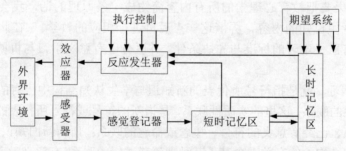

图2-4　加涅的信息加工模式

这一模式表明，来自外界环境的刺激通过学生的感受器，以映象的形式输入感觉登记器，形成短时记忆，借助注意将这些信息以语义的形式存储在短时记忆区中，在短时记忆区经过复述、精细加工、组织编码等，再进入长时记忆区。长时记忆区的信息要转变为人能够清晰意识到的信息，就需要将它们提取出来进入短时记忆区。短时记忆区是信息加工的主要场所，也称为工作记忆区，它对来自感觉登记器的信息或从长时记忆区中提取出来的信息进行处理加工，加工的结果一方面送至长时记忆区，另一方面送至反应发生器。反应发生器将信息转化成行动，也就是激起效应器的活动，作用于外界环境。在这个模式中，执行控制和期望系统是两个重要的结构，它们可以激发或改变信息流的加工。前者是已有的经验对当前学习过程的影响，起调节作用：后者是动机系统对学习的影响，起定向作用，它们可以对整个信息加工过程起调节和监督的功能。

2）信息加工的基本原理。信息加工的基本原理包括以下几个方面的内容。信息流是认知行为的基础。认知心理学家试图用计算机科学技术所使用的方法来勾勒有机体内部的信息流程。由于目前还不可能直接进入有机体内部，了解其信息加工流程，所以只能推测各种可能的信息流程，然后确定哪种信息流程更符合所观察到的行为。信息加工学习论者通常把重点放在检验各类模式上，而不是放在某种模式的具体细节上。

人类加工信息的容量是有限的。信息加工学习论者认为，人类加工信息的容量是有限的。例如，人们在某一时刻只能把注意力集中在某些刺激上，因而必然会摒弃其他刺激。而短时记忆区与长时记忆区的不同，主要是容量的差异。大量实验表明，短时记忆区一次只能记住 7±2 个组块。这里的组块是指在记忆区中把许多小单位组合成较大单位的信息加工过程。例如，让学生记忆"1491625364964"这样一个数目是很困难的，但如果告诉学生这是由 1 至 8 的平方数构成的，学生记忆起来就会很容易。

记忆取决于信息编码。记忆信息加工有点类似于档案分类系统，即要先根据外来信息的轻重缓急对其进行分类整理，而且所使用的分类方法必须始终与程序一致。信息编码是一个涉及觉察信息、从信息中抽取一种或多种分类特征，并对此形成相应的记忆痕迹的过程。信息编码方式对提取信息的能力有很大的影响。选取何种信息编码方式往往取决于学习任务的性质。如果学生知道某门学科的要求，他们就会以最能满足这一要求的方式来进行信息编码。例如，如果教师告诉学生这门课的考试形式是选择题，学生就会以便于再认的方式来进行信息编码，而不是以有助于问题解决的方式来进行信息编码。信息编码还涉及组块问题。尽管人们记忆同时出现的一系列信息的能力有限，但是如果把一些信息组织成块则可以大大提高记忆能力。

回忆部分取决于提取线索。用适当的编码进行信息存储，这仅仅是问题的一半，如果没有适当的提取信息的线索作为补充，一个人是难以回想起某一事件的。例如，人们常常有这样的体验：试图回忆某件事情，但开始时想不起来，就把它搁在一边，后来再试，似乎也没有增加什么新信息，但成功地回想起这件事来了。很显然，这方面信息是存储在记忆中的，最初回忆失败是由于提取信息失败，而第二次则成功地提取了信息，因而回想起来了。研究这类简单事件的认知心理学家观察到了同样的现象：当对被试者就同样信息进行重复测验时，常常可以看到，被试之前不能立即回想起来的信息最终被回忆起来了。

2. 认知理论指导下的教学

（1）发现教学。根据布鲁纳的观点，学习包括几乎同时发生的三个过程：习得、转化和评价。学生不是被动的知识接收者，而是积极的信息加工者。教师的角色在于塑造可以让学生自己学习的情境，而不是提供预先准备齐全的知识，因此他极力提倡使用发现教学。发现教学具有以下特征。

1）强调学习过程。在教学过程中，学生是一个积极的探索者，要让学生自己去思考、参与知识获得的过程。

2）强调直觉思维。直觉思维与分析思维不同，它不是根据规定好了的步骤，而是采取跃进、越级和走捷径的方式来思维。直觉思维的本质是映象或图像性的，在学生的探究活动中，教师要帮助学生形成丰富的想象。与其告诉学生如何做，不如让学生自己试着通过思考在做中学。

3）强调内在动机。重视学生内部动机的形成，或者把外部动机转化为内部动机，而发现活动有利于激发学生的好奇心，使他们对探究未知的结果表现出浓厚的兴趣。与其让学生把同伴之间的竞争作为主要动机，还不如让学生向自己的能力挑战。要激发学生提高自己能力的欲望，以提高他们的学习效率。

4）强调信息提取。布鲁纳认为人类记忆的首要问题不是存储，而是提取。提取信息的关键在于组织信息，知道信息如何组织才能提取信息，信息的组织方式对提取信息有很大的影响。学生进行发现学习，必然会涉及相关信息的组织，从而使记忆具有更好的效果。

（2）先行组织者教学。所谓先行组织者教学，是指当学生面临新的学习任务时，教师有意识地为学生设计并提供一个先于学习材料呈现的抽象性与包容性较强的引导性材料，该引导性材料应该有利于学生建立新旧知识之间的联系，能够对学生新学习的内容起到吸收、固定的作用。这个引导性材料称为先行组织者，这一教学过程被称为先行组织者教学。先行组织者可以是一个概念、一条定律或者一段说明文字，还可以是通俗易懂的语言或直观形象的具体模型，但是其抽象性和包容性高于要学习的材料。它的主要作用是在学生能够有意义地学习目前的知识之前，架起一座用于沟通其已经知道的东西和需要知道的东西的桥梁，同时用先前学过的材料解释、融合和联系当前学习任务中的材料，从而使学生原有的观念能够对新概念、新知识真正起到吸收、固定的作用，即实现认知结构的同化。运用先行组织者教学的关键在于确定先行组织者，设计教学内容，然后确定实施方案。确定先行组织者的前提是教师了解学生的知识基础，考察其认知结构中的新知识"固着点"是哪种类型，即确定是上位组织者、下位组织者还是并列结合组织者。此外，奥苏贝尔认为先行组织者的教学过程由呈现先行组织者、呈现学习任务和材料、扩充与完善认知结构三个阶段组成。

（3）九段教学法。在信息加工学习论的基础上，加涅认为，教学活动是一种旨在影响学生心理活动的外部刺激，教学过程应该与学习活动中学生的心理活动相吻合。据此，加涅提出了九段教学法，即把学习活动中学生的心理活动分解为九个阶段，它们与教学事件的对应关系如表 2-1 所示。

表 2-1　教学事件与学生心理活动

| 序号 | 教学事件 | 学生心理活动 |
| --- | --- | --- |
| 1 | 引起注意 | 通过感受器接受刺激 |
| 2 | 告知学生学习目标 | 形成学习动机和选择性注意，建立适当预期 |
| 3 | 刺激回忆先前学过的内容 | 把先前学过的内容从长时记忆区提取到短时记忆区 |
| 4 | 呈现刺激材料 | 形成选择性知觉 |
| 5 | 提供学习指导 | 促进语义编码，提取线索 |
| 6 | 引发行为 | 激活效应器 |
| 7 | 提供行为正确性的反馈 | 建立强化 |
| 8 | 评价行为 | 激活信息提取，使强化成为可能 |
| 9 | 促进保持和迁移 | 为信息提取提供线索和策略 |

除此之外，认知主义理论也促进了计算机辅助教学的智能化。对人类思维过程和特征的

研究，可以建立起人类认知思维活动的模型，使计算机在一定程度上能够完成人类教学专家的工作。

### 2.1.3　建构主义学习理论

建构主义（Constructivism）的提出最早可追溯到瑞士著名心理学家让·皮亚杰（Jean Piaget），早在 1952 年他就提出了"儿童的认知发展阶段论"。到 20 世纪 80 年代末，建构主义学习理论开始兴起并被称为当代教育心理学的一场革命，它是行为主义发展到认知主义以后的进一步发展。

1. 主要观点

建构主义理论创始人皮亚杰认为"学习是认知结构的获得和建构过程，学生并不是把知识从外部搬到记忆中，而是以已有的经验为基础，通过与外界的相互作用来建构新的认知结构"。也就是说，知识的获得并不是主要靠外部环境和内部因素，而是通过学生主动与外部环境的交互和建构过程来实现的。建构主义学习理论强调学生在学习过程中主动建构知识的意义，并力图更接近、更符合实际情况的情景学习活动中，以个人原有的经验、心理结构和信念为基础来建构新知识，赋予新知识以个人理解的意义。

（1）建构主义的学习观。

1）学习的主动建构性。学习不是知识由教师向学生的传递，而是学生建构自己的知识的过程。学生不是被动的信息接收者，而是信息意义的主动建构者，这种建构不可能由其他人代替。学习是个体建构自己的知识的过程。这意味着学习是主动的。学生不是被动的刺激接收者，其要对外部信息进行主动选择和加工，因此学习不是行为主义所描述的刺激—反应过程。知识或意义不是简单地由外部信息决定的，外部信息本身没有意义，意义是学习者通过新、旧知识反复、双向的相互作用过程建构而成的。其中，每个学习者都在以自己原有的知识系统为基础对新的知识进行编码，建构自己的理解，而且原有知识又会因新知识的进入而发生调整和改变。因此，学习并不是简单的信息输入、存储和提取过程，而是新、旧知识之间双向的相互作用的过程。

2）学习的社会互动性学习。学习不是每个学习者独立在头脑中进行活动，学习者也并非一个孤立的、自然的探究者，而是一个社会的人。学习者的学习总是在一定的社会文化环境下进行的，即使学习者表面上是一个人在学习，但其所用的书本、纸笔、计算机、书桌等都是人类文化的产物，积淀着人类社会的智慧和经验。建构主义理论强调，学习是通过对某种社会文化的参与而内化相关知识、技能，掌握相关工具的过程，这一过程常常需要通过一个共同体的合作互动来完成。所谓学习共同体，是指由学习者及其助学者共同构成的团体，他们彼此之间经常在学习的过程中进行沟通、交流，分享各种学习资源，共同完成一定的学习任务，从而促进自身的发展。

3）学习的情境性。传统教学观念对学习基本持去情境的观点，认为概括化的知识是学习的核心内容，这些知识可以从具体情境中抽象出来，让学生脱离具体的物理情境和社会实践情境进行学习，而所习得的概括化的知识可以自然地迁移到各种具体情境中去。但是，情境总是具体的、千变万化的，抽象的观念和规则无法灵活地适应具体情境的变化。因此，学生难以灵活应用在学校中获得的知识来解决现实世界中的真实问题，难以有效地参与各种社会实践活动。建构主义者提出了情境认知的观点，强调学习、知识、智慧的情境性，认为知识不可能脱离活动情境而抽象地存在，学习应该与情境化的社会实践活动联系在一起。

（2）建构主义的学生观。建构主义者强调，学生并不是空着脑袋走进教室的。因此，教学不能无视学生的这些经验而另起炉灶，从外部装进新知识，而是要把学生现有的知识作为新知识的"生长点"，引导学生从原有的知识中"生长"出新的知识。另外，教学不是知识的传递，而是知识的处理和转换。教师应该重视学生自己对各种现象的理解，倾听他们的想法并洞察他们这些想法的由来，然后以此为根据引导学生丰富或调整自己的理解。这不是简单的"告诉"就能奏效的，而是需要与学生共同针对某些问题进行探索，并在此过程中相互交流和质疑，了解彼此的想法并做出某些调整。另外，由于知识背景的差异，学生对问题的理解常常各异。在学生的共同体之中，这些差异本身便构成了一种宝贵的学习资源。教学就是要增进学生之间的合作，使学生看到那些与自己不同的观点，从而促进学习的进行。

（3）建构主义的教学观。由于知识的动态性和相对性，以及学习的建构过程，教学不再是传递客观而确定的现成知识，而是激活学生原有的知识，促进其知识的"生长"，促进学生的知识建构活动，以实现知识的重新组织、转换和改造。教学就是要为学生创设理想的学习情境，激发学生推理、分析、鉴别等高级思维活动，同时还要给学生提供丰富的信息资源、处理信息的工具，以及适当的帮助和支持，促进他们自身建构意义和解决问题的活动。

2. 建构主义学习理论指导下的教学

建构主义者主张教师要超越单纯的讲授式的教学方法，灵活采用随机通达教学、探究式学习、情境性教学、支架式教学、交互式教学等。

（1）随机通达教学。斯皮罗（Spiro）认为，学习可以分为两种：初级学习与高级学习。在初级学习中，教师只要求学生知道一些重要的概念和事实，在测验时只要求他们将所学的东西按照原样再生出来，其所涉及的内容主要是结构化问题。高级学习则要求学生把握概念的复杂性，并将其广泛而灵活地运用到具体情境中，其涉及大量非结构化问题。针对高级学习，斯皮罗提出了随机通达教学。随机通达教学是指同一内容的学习要在不同的时间中多次进行，每次的情境都是经过改组的，且目的不同，分别着眼于问题的不同方面，以便学习者从不同的角度建构所学知识的意义。

（2）探究式学习。探究式学习是指通过有意义的问题情境，让学生通过不断地发现和解决问题来学习与所探究问题有关的知识，掌握解决问题的技能及自主学习的能力。

（3）情境性教学。情境性教学认为，学习应在与现实情境类似的情境中发生，学习内容应选择真实性的任务，以解决学生在现实生活中遇到的问题为目标，指导学生探索非解决问题。情境性教学不需要独立于教学过程的测验，而是采用融合式测验，在学习中对具体问题的解决过程本身就反映了学习效果，或者进行与学习过程一致的情境化评估。

（4）支架式教学。支架式教学是以维果斯基的最近发展区理论为基础提出来的，强调学生通过教师的帮助（支架）去完成他们无法独立完成的任务，然后将学习的任务逐渐由教师转移给学生自己，最后撤去支架，使学生完成独立学习的目标。支架式教学包括以下环节。

1）搭建支架。围绕当前学习主题，按照"最近发展区"的要求建立概念框架。

2）进入情境。将学生引入一定的问题情境（概念框架中的某个节点）。

3）独立探索。让学生独立探索，在探索开始时要先由教师启发引导（例如，演示或介绍理解类似概念的过程），然后让学生自己去分析；在探索过程中教师要适时提示，帮助学生沿着概念框架逐步攀升。

4）协作学习。进行小组协商、讨论，在共享集体思维成果的基础上实现对当前所学概念比较全面和正确的理解，即最终完成对所学知识的意义建构。

5）效果评价。对学习效果的评价包括学生个人的自我评价和学习小组对个人的学习评价，评价内容包括自主学习能力、对小组协作学习所做的贡献、是否完成对所学知识的意义建构等。

（5）交互式教学。交互式教学是一种通过教师与学生之间相互作用，指导学生通过自我提问、总结、思考和预测等步骤监控学习的过程，并构建起对所学知识理解的教学方式。在这种教学方式中，教师先给学生进行示范，然后学生轮流充当教师角色。例如，语文阅读教学中，教师给学生示范如何根据内容提出问题、如何恰当地回答问题，然后由学生充当老师向其他同学提问。在这个过程中，学生能检测到自己对学习内容的理解水平。

除了上述几种学习理论外，还有很多学习理论对当前教育技术学的理论和实践有着重要影响，如分布式认识理论、活动学习理论、情景学习理论等。教育技术中学习理论的多样性表明教育技术作为一门新兴学科正在日趋成熟。新理论的出现并不意味着旧理论的失效，恰恰相反，它们在很大程度上是互相补充。各种理论在教育技术研究领域走向了融合，以促进人类学习而各尽其力。在教学实践中，我们应该全面地了解各种理论的应用价值，对它们加以合理地综合和利用，指导教育教学实践，提升教学质量和水平。

 **知识案例**

### 建构主义学习理论——"鱼牛"故事

不管是教育技术学专业学生还是上公共课的学生，在学习"建构主义学习理论"时很难理解其理论思想中的经验和情境对意义建构的影响，对此教师通常会引用"鱼牛"故事的案例，并配以图片（图 2-5）加强学生对经验和情境的理解。

在一个小池塘里住着鱼和青蛙，它们俩是好朋友。它们听说外面的世界很精彩，都想出去看看。鱼由于自己不能离开水而生活，只好让青蛙大哥出去看个究竟。青蛙回来了，鱼迫不及待地询问情况。青蛙告诉鱼："外面的世界非常有趣，比如说吧，外面有一种动物很奇怪，他的身体很大，头上长着两个弯弯的犄角，以吃青草为生，身上有着黑白相间的斑块，长着四条粗壮的腿……"鱼惊叫道："哇，好奇怪哦！"同时脑海里立即勾勒出了它心目中的"牛"的形象：一个大大的鱼身子，头上长着两个犄角，嘴里吃着青草……

同样地，在此经验基础之上也可以建构出"鱼鸟""鱼人"形象。人在进行意义建构时也是如此，图 2-5 中意大利人描绘的苏州就是最好的实例。试想如果鱼可以使用教学媒体来了解外部世界的话，那会是什么样的呢？

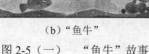

（a）外面的世界是什么样的　　　　（b）"鱼牛"　　　　（c）"鱼鸟"

图 2-5（一）　"鱼牛"故事

（d）"鱼人"　　　　　　（e）意大利人描绘的苏州　　　　（f）鱼使用教学媒体了解外部世界

图 2-5（二）　"鱼牛"故事

### 2.1.4　人本主义学习理论

人本主义心理学是 20 世纪 50—60 年代在美国兴起的一种心理学思潮，以马斯洛的"情境教学过程论"和罗杰斯的"以学习者为中心的教学模式论"为代表。

1. 主要观点

人本主义学习理论的基本观点可以归纳为：强调人的价值，重视人的意识所具有的主观性、选择能力和意愿；学习是人的自我实现，是丰满人性的形成；学习者是学习的主体，必须受到尊重，任何正常的学习者都能自己教育自己；人际关系是有效学习的重要条件，他在学与教的活动中创造了"接受"气氛。

人本主义学习理论认为每一个人都有发展自己潜力的能力和动力，真正的学习经验能够使学习者发现自己的独特品质和作为一个人的特征，实现自我。它适合培养学习者完善的个性和人格；对个性强、性格孤僻的学习者的教育也有重要意义。

（1）马斯洛的学习理论。

1）自我实现的人格发展观。人本主义心理学家认为，人的成长源于个体自我实现需要，而自我实现需要是人格形成、发展和扩充、成熟的驱动力。所谓自我实现需要，马斯洛认为是个体对自我发挥和完成的欲望，也就是一种使个体的潜力得以实现的倾向。通俗来说，自我实现需要就是一个人能够成为什么，他就必须成为什么，他必须忠于自己的本性。正是由于人有自我实现需要，有机体的潜能才得以实现、保持和增强。人格的形成就是源于人性的这种自我压力。马斯洛同时还认为，人的潜能是自我实现的，而不是教育的作用使然。因此，在教育与环境及其作用的问题上，他认为文化、环境、教育只是阳光、食物和水，但不是种子，自我潜能才是人性的种子。教育的作用只在于提供一个安全、自由、充满人情味的心理环境，使人固有的优异潜能自动地得以实现。

2）内在学习观。马斯洛认为，理想学校应反对外在学习，倡导内在学习。所谓内在学习，就是依靠学生的内在驱力，充分开发潜能，达到自我实现的学习。这是一种自觉、主动、创造性的学习模式。这种模式会促进学生自发地学习，学生自由地学想学的任何课程，可以充分发挥其想象力和创造力。外在学习是单纯依赖强化和条件作用的学习，其着眼点在于灌输而不在于理解，是一种被动、机械、传统的教育模式。

（2）罗杰斯的学习理论。

1）知情统一的教学目标观。罗杰斯认为，情感和认知是人类精神世界中两个不可分割的有机组成部分，彼此是融为一体的。因此，罗杰斯的教育理想就是要培养躯体、心智、情感、精神、心力融于一体的人，也就是既用情感的方式也用认知的方式行事的情知合一的人。他称这种情知合一的人为完人或功能完善者。当然，完人或功能完善者是理想化的。要想最终实现这一教育理想，应该有一个现实的教学目标，即促进变化和学习，培养能够适应变化和知道如何学习的人。他认为：“只有学会如何学习和学会如何适应变化的人，只有意识到没有任何可靠的知识、唯有寻求知识的过程才可靠的人，才是真正有教养的人。在现代世界中，变化是唯一可以作为确立教育目标的依据，这种变化取决于过程而不是不变的知识。”可见，人本主义重视的是教学的过程而不是教学的内容，重视的是教学的方法而不是教学的结果。

2）有意义的学习观。有意义学习不仅是一种增长知识的学习，还是一种与每个人各种经验都融合在一起的学习，也是一种使个体的行为、态度、个性，以及在未来选择行动方针时发生重大变化的学习。在这里，我们必须注意罗杰斯的有意义学习（significant learning）和奥苏贝尔的有意义学习（meaningful learning）的区别。前者关注的是学习内容与个人之间的关系，后者则强调新、旧知识之间的联系，而不涉及个人意义。对于有意义学习，罗杰斯认为其主要具有以下 4 个特征：

- 全神贯注：是指学习者整个人的认知和情感均投入学习活动之中。
- 自动自发：是指学习者由于内在的愿望主动去探索、发现和了解事件的意义。
- 全面发展：是指学习者的行为、态度、人格等获得全面发展。
- 自我评估：是指学习者自己评估自己的学习需求、学习目标是否完成等。

3）以学生为中心的教学观。罗杰斯从人本主义的学习观出发，认为教师的任务不是教学生学习知识（这是行为主义者所强调的），也不是教学生如何学习（这是认知主义者所重视的），而是为学生提供各种学习的资源，提供一种促进学习的气氛，让学生自己决定如何学习，让学生成为学习的真正主体。

2．教学启示

人本主义认为学习是对学生整个成长过程的解释，可以从中得到对教育有益的启示：

（1）贯彻“以学生为中心”的理念，努力建立新型、民主的师生关系。具体表现为在情感上要尊重学生，信任学生；在教学上要给予学生一定的自主权，充分发挥学生的积极作用，体现学生的主体地位，让学生获得自主发展的、个性张扬的教育环境。

（2）具有真诚的态度，从内心了解学生反应，尤其是对那些学习有困难的，特别需要帮助和鼓励的学生，要相信并且使学生相信每个人都有学习的潜力，帮助学生发现自己的潜力。发现并赞赏每一位学生的独特之处，包括兴趣、爱好、专长等，注重每一位学生所取得的进步，即使很微小，也就是关注学生付出的努力。

（3）重视价值、态度、情感等因素在学习中的作用，引导学生发现学习活动对他们本身的意义和对社会的价值，形成积极的态度和内部动机，进而形成自我——主动学习的意识。引导学生在学习过程中形成积极向上的自我概念、价值观和态度体系，引导学生逐步学会自我评价，从而使学生能够自己教育自己，最终成为能够充分发挥作用的人。

### 2.1.5　多元智能理论

多元智能理论是由美国哈佛大学知名教育学家及心理学家霍华德·加德纳所提出的。他根据哈佛教育研究所多年来对认知科学、神经科学和不同文化知识发展及人类潜能开发进行研究所得到的结果，提出“智力应该是在某一特定文化情境或社群中所展现出来的解决问题或制作、生产的能力"。

### 1. 主要观点

加德纳提出，人类至少存在 8 种智能，分别是语言智能、逻辑—数学智能、空间智能、肢体—动觉智能、音乐智能、人际智能、内省智能，以及他后来补充的自然观察智能。每一种智能代表着一种区别于其他智能的独特思考模式，但这些智能之间是相互依赖、相互补充的。加德纳也指出，多元智能理论所包含的 8 种智能是暂时性的，除上述 8 种智能之外，仍可能有其他智能存在。8 种智能如表 2-2 所示。

表 2-2　加德纳的多元智能

| 智力维度 | 界定 | 典型人群 |
| --- | --- | --- |
| 语言智能 | 对声音、节奏、单词的意思和语言有不同的敏感性 | 诗人、剧作家、新闻播报员、记者及演说家 |
| 逻辑—数学智能 | 能有效运用数字、推理和假设 | 科学家、会计师、工程师及程序员 |
| 空间智能 | 能以三维空间的方式思考，准确地感觉视觉空间，并把所知觉到的事物表现出来，对色彩、线条、形状及空间关系敏感 | 室内装潢师、建筑师、工程师、航海家、侦查员、向导、艺术家及飞行员 |
| 肢体—动觉智能 | 能巧妙地用身体来表达想法和感觉，能灵活运用双手生产和改造事物 | 演员、运动员、舞蹈家、外科医生及手艺人 |
| 音乐智能 | 能觉察、辨别、改变、欣赏、表达或创作音乐 | 作曲家、乐师、乐评人、歌手及善于感知的听众 |
| 人际智能 | 善于察觉并区分他人的情绪、动机、意向及感觉，能有效与人交往 | 政治家、社会工作者、教师 |
| 内省智能 | 能正确构建自我、知道如何利用这些意识规范自己的行为并进行调节，能规划、引导自己的人生 | 神学家、哲学家及心理学家 |
| 自然观察智能 | 具备对生物、事物的分辨观察力和对自然界景物敏锐的注意力 | 考古学家、收藏家、农夫、宝石鉴赏家 |

### 2. 多元智能理论的教学启示

加德纳在他的著作中指出，单纯依靠使用纸笔的标准化考试来区分学生智力的高低、考查学校教育的效果，甚至预测学生未来的成就和贡献是片面的。这样做实际上过分强调了语言智能和逻辑—数学智能，否定了其他同样为社会所需要的智能，使学生身上的许多重要潜能得不到确认和开发，出现他们当中相当数量的人虽然考试成绩优异，但在社会上却难以解决实际问题的情况。加德纳提出了一种新的教育观——"以个人为中心的教育"，该教育观从课程、活动、评估方法和教学方法上都进行了深入的实践探索，对美国各级学校有深远的影响。多元智能理论带来的教育新内涵，对我们树立正确的学生观和教育观、实行因材施教、进行素质教育、推动教育改革的发展有重要的启示。

 知识拓展

## 联 通 主 义

西蒙斯在《联通主义：数字时代的学习理论》中系统提出了联通主义的思想，指出学习

不是一个人的活动,而是链接专门节点和信息源的过程。

### 1. 联通主义理论的内涵

联通主义理论有两层含义:某种程度上,它是指利用网络来支持学习;此外,它又指在网络中如何学习。联通主义的起点是个人,个人的知识组成了一个网络,这种网络被编入各种组织与机构,反过来各组织与机构的知识又被回馈给个人网络,支持个人的继续学习。这种知识发展的循环使得学习者能够通过他们所建立的连接,在各目的领域内保持不落伍。

### 2. 联通主义理论的观点

在知识观上,学习内容分布在社会的各个角落,充斥在网络的各个环节,每个人都可以利用特定的工具对其中的知识进行加工和评论。

在学习观上,联通主义认为学习的重点不在于能学到多少知识,而在于能够将知识理解、加工、运用,从而创建一个知识网络节点。将相对独立的知识网络节点相联系时就形成了知识网络,知识网络的形成为人与人之间的交流和学习创造了条件。

在实践观上,联通主义认为理论知识的不足并不能成为学习任务难以完成的理由,而是要看你有没有去"做"。另外,个人创建的网络节点要及时地更新,这样才能用新知识、新资源引起学习者的学习兴趣,激发学习者的学习动机。

### 3. 联通主义、联结主义与新联结主义

从整个学习理论发展的过程来看,联结主义是基于行为主义的,学习发生在刺激和反应的联结之中。而新联结主义(神经和认知科学)关注的是神经网络,即把学习看成一种基于神经元联结的信息加工过程。联通主义继承了新联结主义的某些特性,即把学习看作一个网络形成过程,更加关注学习的形成过程和创建有意义的网络。

严格地说,联通主义是一种面向网络时代的"学习观",该观点仅在学习的外部联结上提出了一种视觉,并未系统关注学习的发生问题,不能很好地解释和应对当前学习实践的发展,对学习的其他特征和需求关注远远不够。

## 2.2　视听觉理论

"看"和"听"是我们获取信息的主要途径。第一次世界大战以后,随着新技术的兴起,越来越多的媒体应用到教育中来。有声电影和录音的出现最终在美国教育界促成了"视听教学运动"。以戴尔的"经验之塔"为核心的《教学中的视听方法》则是视听教学理论的代表作。

### 2.2.1　初期的视觉教学论

1928 年,韦伯在《图像在教育中的价值》一文中阐述了视觉教学的重要性:"视觉感官在教育过程中起重要作用,教育中仅仅使用语言会使同学的兴趣减弱;易导致言语主义;照相技术的改进使学生的教材环境得以扩充;实验教育已证明:视觉教具使得课程形象化,从而在学习过程中产生了显著的经济效益。"初期的视觉教学理论主要包括三个方面的内容:

(1)视觉媒体能提供具体、有效的学习经验。应用视觉教具,使学习从生动、直观向抽象思维方向发展符合人类认识发展过程的规律。

(2)视觉教具的分类应以其所能提供的学习经验的具体程度为依据。韦伯按照"具体→

抽象"连续统一体的思想对典型视觉教具的分类是：现实世界→模拟的现实→图画的现实→图解的符号→词语符号。

（3）视觉教材的使用要与课程有机结合。早期视觉教学论的基本内容在今天看来仍然是正确的。视听教学领域的"代言人"戴尔正是在这些基本概念的基础上发展了以"经验之塔"为核心的视听教学理论体系。

### 2.2.2  经验之塔

美国教育家爱德加·戴尔（Edger Dale）在 1946 年出版的《视听教学方法》（*Audio Visual Methods in Teaching*）一书中提出了著名的"经验之塔"理论。

1. "经验之塔"结构

"经验之塔"是一种关于学习经验分类的理论模型，把学习经验分成了做的经验、观察的经验和抽象的经验三类，如图 2-6 所示。

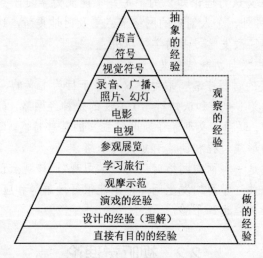

图 2-6  戴尔"经验之塔"

（1）做的经验。

1）直接有目的的经验：在实践活动中，学生用感官（即视、听、触、味、嗅）接触事物，接受事物的刺激，由此形成的感觉印象，以生动具体的形象直接反应外部世界。

2）设计的经验：是一种经过编辑的现实。为了克服直接经验的局限，学生需要通过人为设计的各类模型和模拟器学习来获得经验，它有助于学生区别对象的本质和非本质的东西，从而更好地形成概念。

3）演戏的经验：学生通过设计的实验学习，可以弥补因空间限制而无法体验、感知客观事物的某些直接经验，但学生在时间、思想、文化等方面也同样受到限制，参加演戏可以弥补这一缺憾。戴尔认为，学生通过参加演戏，可以接近某些实际情境，可以在按原样复制的情境中获得体验。

（2）观察的经验。

1）观摩示范：演示是对重要的事实、观念、过程的一种形象化的解释，积极参与可以使学生更加仔细地观察演示。

2）学习旅行：是一种突出了教学性质的旅行，它作为一种学习途径，主要目的是使学生观察在课堂上看不到的事物，包括访问、考察等活动。

3）参观展览：参观展览也是一种学习途径。举办展览，一般只包括模型、照片、图表以及一些实物等，因此，参观展览的学习经验比校外考察旅行更为抽象。

4）电视和电影：戴尔认为，电视和电影提供的仅是一种视听经验，学生在观看事物的发展时并无直接接触、品尝等体验，他们只是观察，只能以一种想象的方式参与其中，不如实地参观时身临其境、感受深刻。

5）录音、广播、照片、幻灯：它们提供的内容更加抽象了。照片和图解缺乏电影电视画面的动感，广播和录音则缺少视觉形象，但它们给学生提供的是视听刺激，故仍属一种"观察"的学习经验。

（3）抽象的经验。

1）视觉符号：包括地图、图表、示意图等提供的学习经验。在视觉符号里，人们看不到事物的真实形态，只看到一种抽象的代表物。学习中，学生所接触到的符号与自己已认识的事物往往毫无相似之处。

2）语言符号：词语符号可以是一个词、一个概念或一条原理等。它们与其所代表的事物或观念不存在任何视觉上的提示，因此，词语符号的学习是最抽象的学习经验。

2. "经验之塔"的理论要点

戴尔认为，人类学习知识一是由直接经验获得，二是通过间接经验获得。三类十个层次的经验是按照由具体到抽象向塔尖分布的。

（1）"塔"基的学习经验最具体，越向上越抽象。它根据不同教材和方法所提供的学习经验的具体程度将它们分类，是教师根据学生需求和能力，根据教学任务性质选择合适媒体的理论指南。

（2）"塔"的分类基础的具体或抽象程度与学习的难易程度无关。各类学习经验是相互联系相互渗透的，教学中应充分利用各种学习途径，使学生的直接经验与间接经验产生有机联系。

（3）教学应从具体经验入手，逐步抽象，防止"言语主义"——从概念到概念的做法。学习间接经验应尽可能以直接经验作为充实的基础。同时，也要适时引导学生向抽象思维发展。

（4）运用教学媒体提供替代经验的学习。位于"塔"腰层的视听教学媒体能为学生提供一种戴尔所谓的"替代经验"，视听媒体的学习经验比语言和视觉符号具体形象，与所代表的事物有相似之处，便于学生感知学习对象；但又比直接学习经验抽象、概括，使得具体的事物与抽象的概念产生联系，起到了中介作用，因而有助于突破时空限制，解决教学中具体经验和抽象经验的矛盾，弥补各种直接经验的不足。替代学习经验的思想是教学媒体应用于教学过程的主要理论依据。

# 2.3　传　播　理　论

教育教学活动是人类传播的一种特殊表现形式，它与大众传播有很多的共性。用传播学理论来研究教育教学过程，探索媒体在教学过程中的作用机理，对提高教育教学效果有着重要作用。

### 2.3.1　传播过程

**1. 传播**

传播（Communication）原意为通信、传达、交换（意见）、交流等，所谓"传播"，即传授信息的行为（或过程）。传播是人们通过符号、信号，传递、接受与反馈的活动，是人们彼此交换意见、思想、感情，以达到互相了解和影响的过程。传播的基本过程如图 2-7 所示。

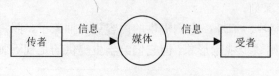

图 2-7　传播的基本过程

**2. 传播要素**

从图 2-7 可见，传播过程中至少要存在三个环节才能开展传播活动，即传者、受者、信息，早期的学者把这三个环节称为传播最基本的三要素；从定义看，传播是一种信息的交换和共享的行为，信息必须依附于某一载体（即媒体）才能被传递，传递过程中需要通过一定的反馈信息来了解其效果，即是否达到"传则通"，实现信息的交换和共享。因此，传播的要素由"三要素说"延伸到了"五要素说"，即传者、信息、媒体、受者和效果。

（1）传者。传者在传播过程中处在发送信息的一端，主要任务是提供信息并对信息进行编码以及处理反馈信息。在教学传播中，根据教学目标的要求，选择和收集适当的信息内容，并以一种能使学生容易理解的方式，组织和编排教学内容和材料，同时收集学生的反馈信息，并对其进行分析（译码）反馈给学生。

（2）信息。信息是指传播的内容和事实（包括消息、资料、知识、数据等），但内容和事实是不能被直接传递的，实际传递的是信息符号。在信息传递过程中需要将信息转换成符号，并且这种符号必须是受者能够解释的，这就要求传者和受者有着共同的编码和译码经验范围，才能实现有效的传播。例如：言语信息只有当借助语言符号说出来成为声音信号时，或用文字符号写出来成为可视信号时，才能被传送和刺激受者的感官而被接受。

（3）媒体。在教学传播过程中，不同媒体所表现出来的特性是不尽相同的。在现代科技迅速发展的今天，越来越多的经验将是间接的、抽象的。年轻人和成年人在他们的学习和训练中，将更多地依赖于媒体传递的各种教学信息。面对面的交流也将更多地为电话、传真、录音、录像、激光视盘、微型计算机以及多种文字印刷材料所取代。教学媒体在教学传播中的作用和地位将越来越受到人们的重视。

（4）受者。受者处于传播过程中接收信息的一端，对信息进行接收、解释（译码），并将接收信息后的反应、思想、行为的变化编码回送给传者。

（5）效果。教学传播的效果可以表现为学生知识的增长，以及态度、行为和能力等的变化。影响传播效果的因素很多，有来自传者和受者的生理、心理、知识水平的因素，也有来自周围环境、社会规范等多种因素。传播过程中的各个要素对传播效果都会产生影响。

### 2.3.2　传播模式

所谓模式，是对现实事物的内在机制及事物之间关系的直观和简洁的描述，它是再现现实的一种理论性的简化形式，可以向人们提供某一事物的整体形象和简明信息。对教育有较大影响的传播模式主要有以下几个。

1. 拉斯韦尔"5W"传播模式

1948 年，美国政治学家拉斯韦尔（H. D. Lasswell）提出了"5W"传播模式，清晰地揭示传播的基本过程，即：谁（who）→说了什么（says what）→通过什么渠道（in which channel）→对谁（to whom）→产生什么效果（with which effects），可以将其变为图解模式，如图 2-8 所示。

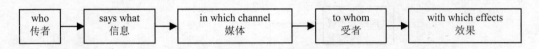

图 2-8　拉斯韦尔"5W"传播模式

拉斯韦尔"5W"传播模式建立了传播学研究的基本框架，概括了传播学研究的各个领域："who"代表控制研究，"says what"属于内容分析，"in which channel"是媒体研究，"to whom"属于受众分析，"with which effects"则是研究传者、内容及媒体对受者产生什么影响的效果分析。该模式的缺陷是，把传播过程看成线性的单向的信息传递活动，忽略了传播的动机和反馈（受者对信息做出的反应）机制的存在，也忽略了各要素之间的相互作用。教育传播是有目的有计划地传递教育信息，教学是一个双向互动的过程，师生之间并非是直线式信息传递。

2. 香农—韦弗模式

香农—韦弗模型原来是一个单向直线传播模式，用来研究电报通信过程。该模式包括 6 个组成部分，如图 2-9 所示。

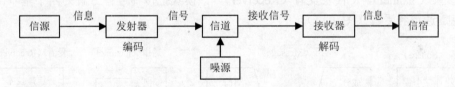

图 2-9　香农—韦弗模式

（1）信源即传者可以是个人或是社会组织，传者从许多不确定的信息中，按照某一特定目的选择有意义的信息。

（2）发射器（编码）即把有意义的信息转换成符号以便在通道中传送。

（3）信道即承载、传递信息的载体（媒介或媒体）。

（4）接收器（译码）即把接收到的信号解释还原成有意义的信息。

（5）信宿即接收信息的受者。

（6）噪源即来自本传播系统之外影响到传播效果的诸多因素，如：在收看电视节目时，天线接收功能不好，电视信号弱造成图像不清晰；教室里光线过强，影响了显示在屏幕上的投影图像的清晰度；教室外过道上的谈话声过大，影响了课堂的教学授课及学生听讲等。这些都可以看作噪源的影响。

3. 施拉姆的循环模式

施拉姆（W.Schramm）对香农的传播模式作了研究改进，加入反馈环节和共同经验领域

（图 2-10）。信息经传者（信源）编码后通过信道传递给受者（信宿），受者对信号进行接收、译码，并把对所接受信息的反应传递给传者也就是反馈环节。当然，传者也必须对反馈信号进行译码。实际上，在这种情况下，受者变成了传者，而传者变成了受者。在信息编码和译码过程中，传受双方需要依据自己的经验领域解释信息，来保证传递效果。因此双方的共同经验领域越大，在教学中可采用的方法就越多，也就更容易进行信息交流和共享。施拉姆传播模式对教学传播的重要启示：一是充分利用、努力拓展接受者或学生的经验领域；二是研究对信息所代表的意义和内容是如何被理解的，并有效地运用它。

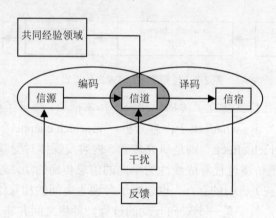

图 2-10    施拉姆传播模式

### 4. 贝罗模式

贝罗（D.Berlo）模式也叫 SMCR 模式，即 S 代表信源（Sourse），M 代表信息（Message），C 代表通道（Channel），R 代表受者（Receiver）。该模式把传播过程分解为四个基本部分：信源、信息、通道和受者（图 2-11）。

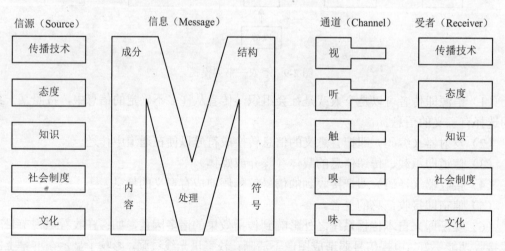

图 2-11    贝罗的传播模式

信源和受者要考虑他们的传播技术、态度、知识水平和他们所处的社会背景以及他们具备的文化背景等对传播过程的影响。

影响信息的因素有符号、内容和处理。符号包括语言、文字、图像、音乐等；内容是为达到传播目的而选取的信息的成分和结构；处理是传者对信息选择及安排符号所做的各种决定。

通道指传播信息的各种媒体，包括视觉媒体、听觉媒体、触觉媒体、嗅觉媒体、味觉媒体，如书籍、报纸、广播、录音、电话、电视、电影以及人的感官等。

### 2.3.3 教育传播

教育传播是教育信息的传播活动，它是人类传播的一种特殊表现形式。教育传播指按照专门的教学计划、教学目标和教学内容，选定合适的媒体作为信息载体，通过一定的传输通道，进行学习信息及与学习有关信息的传播活动，这种传播活动包括单向传播和双向传播两种情况。它与大众传播有很多共性，把大众传播理论运用于教育过程中，它的要素就由特定的人和物代替。表 2-3 说明了二者的对应关系。

表 2-3　大众传播与教育传播的关系

| 大众传播 | 教育传播 |
| --- | --- |
| 传者 | 教育者，即教师和教育媒体编导人员 |
| 受者 | 受教育者，即学生和一切学生 |
| 信息 | 教育信息，即传授的教学内容 |
| 媒体 | 教育媒体，包括传统的教育媒体和现代的电子媒体 |
| 效果 | 教育效果，即绩效，受教育者是否达到教育目标，媒体是否得到充分利用 |
| 反馈 | 反馈，受教育者接受教育信息后，知识结构和行为是否发生变化 |

#### 1. 教育传播过程

教育传播过程是一个连续动态的过程，为了研究方便起见，南国农、李运林将它分解为六个阶段，如图 2-12 所示。

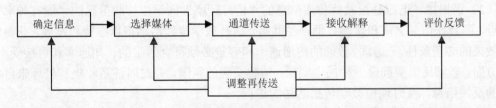

图 2-12　教育传播过程

（1）确定信息。教育传播过程的第一步是确定所要传递的教学信息。传递什么信息，要依据教学目的和课程的培养目标。一般来说，课程的文字教材是按照教学大纲由专家精心编写的，通常都体现了要传递的教学信息。因此，在这一传播阶段，教师要认真钻研文字教材，对每个单元的教学内容进行仔细分析，将内容分解成若干个知识点，并确定每个知识点要求达到的学习水平。

（2）选择媒体。选择传递信息的媒体，实际上就是信息编码的活动。某种信息该用何类符号和信号的媒体去呈现和传递？需要考虑：媒体本身的特性能否准确地呈现信息内容？是否符合学生的经验、知识水平以及兴趣爱好等？媒体的性价比是否满足最优化原则？

（3）通道传送。通道传送需要考虑两个问题：一是信号要传至多远，多大范围。要根据信号的传递要求，应用好媒体，保证信号的传递质量。二是信息内容的先后传递顺序问题。在应用媒体之前，必须做好信息传递的结构设计，在媒体运作时，有步骤地按照设计方案传递信息。媒体传递信号时应尽量减少各种干扰，确保传递质量。

（4）接收解释。学生通过各种感官接收经由各种媒体传来的信号，然后依据自身的经验和知识，将符号解释为信息意义，并随之储存在大脑中，实际上就是信息译码的活动。

（5）评价反馈。学生接收信号解释信息之后，将信息转化成知识内化到自己原有的知识结构中去，并表现出一系列的情感态度、行为技能等。可以通过观察学生的行为变化，也可通过课堂提问、课后书面作业或是阶段性的反馈信息来评价传播效果。

（6）调整再传送。将获得的反馈信息与预定的教学目的作比较，进而分析发现教学传播过程中某一环节的不足，以便调整教学信息、教学媒体和教学顺序，进行再次传递。如在课堂教学中发现问题，教师可及时对教学内容、顺序、进度等进行调整；在课后作业中发现问题，可以为学生提供学习资源，安排自学补救或者进行集体补习、个别辅导等。

2. 教育传播规律

教育传播的各要素是互相联系互相交叉的，不能将它们截然分开。教育技术人员在运用媒体和课程设计时，应该注意到各个要素的地位作用，更应该注意它们之间的联系和相互作用，综合运用传播学和教育学的理论和方法来研究和揭示教育信息传播活动的过程与规律，实现教学效果的最优化。教育传播的主要规律有：

（1）共识律。共识，即前文所述的共同经验。一方面指最大限度地挖掘和尊重学生已有的知识、技能的水平和特点，另一方面指教师根据教学目标、内容特点，通过各种方法和媒体来为学生创设相关的知识技能，传授知识，以便使学生已经具有的知识技能与即将学习的材料产生有意义的联结，从而达到有效传播的要求。在教学传播活动中，共同的知识技能基础是教师与学生之间得以交流和沟通的前提。教学信息的选择、组合和传递必须首先顾及学生已有的知识、技能的水平和特点并考虑到学生的发展潜能。

（2）谐振律。谐振是指教师传递信息的"信息频率"同学生接收信息的"固有频率"相互接近，两者在信息交流和传输方面产生共鸣，这是教学传播活动得以维持和发展，获得较优传播效果的必备条件。一方面，教师的传递速率和容量必须符合学生的认知速率和可接受水平；另一方面，教师还需要创设一种民主宽松、情感交融的氛围，并时时注意收集和处理来自学生方面的反馈信息，及时调控教学传播活动的进程。

（3）选择律。选择是指任何教学传播活动都需要对教学内容、方法和媒体等进行选择，这种选择是适应学生心理特点、较好地达到教学目标的前提并旨在以最佳的"代价与效果比"成功地实现目标，即最小代价原则。教育技术领域最为关注的是教学媒体的选择，选择媒体时要考虑尽可能降低成本，提高功效。

（4）匹配律。匹配是指在一定的教学传播活动环境中，通过剖析学生、内容、目标、方法、媒体、环境等因素，使各种因素按照各自的特性，有机和谐地对应起来，使教学传播系统处于良好的循环运转状态之中。在教学传播活动中，必然使用到多种传播媒体，而各种媒体又有着各自不同的多重功能特性，只有对他们了解熟悉、扬长避短、合理组合、科学使用，才能相得益彰。

## 2.4　系统科学理论

系统科学理论是研究一切系统的模式、原理和规律的科学，是"老三论"（控制论、信息论和系统论）和"新三论"（耗散结构论、协同论和突变论）的总称。教育技术以技术在教育领域的合理运用为出发点，把系统科学的思想渗透到教育技术的各个领域，从而促进教育技术中各个分支的融合。系统科学的思想、观点和方法对教育技术学学科的形成和发展有着广泛而深远的影响，它们是教育技术学最重要的理论基础之一。

### 2.4.1　控制论

控制论的创立者与奠基人是美国数学家维纳（N.Wiener），他于 1948 年发表《控制论（或关于在动物和机器中控制和通信的科学）》一书，在此书中首先使用了"控制论"一词，并明确表示了控制论的研究对象—生物领域和技术领域中的控制和通信过程。

**1. 控制论的基本理论**

控制论的基本任务是在理论上找到技术系统与生物系统之间存在某些功能上的相似性和统一性，以便在技术上研制出模拟智能的技术装置，即自动机或控制理论机器。它与人工智能、仿生学、电子计算机密切联系在一起，其研究对象是关于自然、社会和思维的控制和通信的共同规律的研究。概括地说，控制论是关于控制系统的规律和控制过程的科学。其控制过程都是建立在信息反馈的基础上，即运用信息反馈来调节和控制系统的行为，从而到达既定目标。

**2. 控制论的研究方法**

控制论把研究的对象看成一个整体，称为被控系统，把研究对象受周围环境的作用看成是通过特定的通道实现"信息输入"（又称给定信息），把研究对象对周围环境作用下的反应看作通过特定通道来实现的"信息输出"（又称真实信息），把给定信息作用的结果，通过真实信息反送回来，并对信息的再输入发生影响，起到调节控制作用，这种过程称为反馈（图 2-13）。这种利用信息的输入、输出的观察试验，来研究事物的方法，叫反馈方法。

图 2-13　反馈过程示意图

在教育中可以运用控制论的理论和反馈法来研究人的心理活动、教学过程和学校管理等。图 2-14 是教学反馈控制系统示意图，揭示了教学过程中信息的输入、控制和输出的闭路过程。教师在教学过程中通过反馈信息掌握教学情况，发现教学问题，调整并改进教学，提高教学效率和质量。

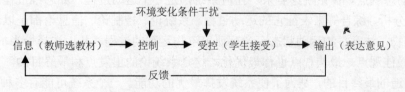

图 2-14　教学反馈控制系统示意图

### 2.4.2　信息论

#### 1. 信息论的基本理论

信息论是一门用数理统计方法来研究信息的度量、传递和变换规律的科学。它主要是研究通信和控制系统中普遍存在着信息传递的共同规律以及研究最佳解决信息的获限、度量、变换、储存和传递等问题的基础理论。香农被称为"信息论之父"，他的信息论以通信系统模型为对象，以概率和统计为工具，并从量的方面来描述信息的传递和提取方面的问题。信息论在教育中的应用形成了教育信息论，用于研究教学过程中师生间的教学关系，是关于教育信息如何传递、交换和反馈的理论。

#### 2. 信息论的基本方法

信息论研究问题的基本方法，是把系统（整体）的运动过程当作信息的输入、传递和转换过程来研究。它是通过信息输入、信息加工处理、信息输出和信息反馈等主要步骤，构成一个有秩序的科学研究过程的信息流程。通过对信息流程的分析和处理，来揭示研究对象的性质和规律，以实现科学研究的任务。

信息论研究问题的特点是，它完全撇开了研究对象的物质和能量的具体形态，而把研究对象抽象为信息及其变换的过程。信息不是物质，也不是能量，而是事物交换过程中一种特有的物质运动形式。但是，信息必须借助物质载体及其能量才能传递。

运用信息论的方法来研究问题时，不是割裂系统的联系，用孤立的、局部的、静止的方法去研究事物，而是用联系的转化的观点来研究信息的输入、加工处理、转换、传递等整个系统运动的过程。这种研究事物的方法，对于揭示事物之间的联系和相互影响、转化是有很大帮助的。

### 2.4.3　系统论

系统是指由若干相互联系、相互作用的要素（或子系统）构成的、具有特定功能和运动规律的整体。

#### 1. 系统论的基本理论

系统论是研究系统的模式、原理和规律的科学，系统论认为，整体性、关联性、等级结构性、动态平衡性、时序性等是所有系统的共同的基本特征。系统论的基本理论可以概括为这几个方面：

（1）整体的功能不等于各部分功能之总和。任何系统虽由若干部分（要素）所构成，但在功能上，各部分功能的总和不等于整体的功能。系统论的核心思想是系统的整体观念。

（2）系统的结构决定系统的功能。结构是系统内部各个要素的组织形式，功能是系统在一定环境下所能发挥的作用。系统的结构决定系统的功能，不同的结构可以发生不同的功能。

（3）动态观点。在系统论看来，任何系统都是一个运动过程，如思维过程是以感觉、知觉、记忆、分析、综合等来表征它的运动过程。系统论、控制论、信息论都是以动态的观点去分析考查事物，注意事物运动状态，考察研究事物运动的过程，从而选择恰当的过程。

（4）最佳观点。最佳观点也称最优化，这是系统论的出发点和最终目的。人们对系统进行研究和改造的最终目的，是为了使系统发挥最优的功能。一个系统可能有多种组成方案，要选择最优的方案，使系统具有最优功能。

### 2. 系统论的基本方法

系统论的基本思想方法，就是把所研究和处理的对象，当作一个系统，分析系统的结构和功能，研究系统、要素、环境三者的相互关系和变动的规律性，并优化系统观点看问题，世界上任何事物都可以看成一个系统，系统是普遍存在的。

系统论的任务是认识系统的特点和规律，利用这些特点和规律去控制、管理、改造或创造系统，使它的存在与发展合乎人的目的需要。也就是说，研究系统的目的在于调整系统结构，使系统达到优化的目标。

## 2.4.4　新三论

### 1. 耗散结构理论

耗散结构理论的基本思想是：一个开放系统在远离平衡状态的非线性区不断地与外界环境交换物质和能量，一旦某个参量变化达到一定阈值时，由于涨落，系统便可能由原来的无序状态转变为一种在时间上、空间上或功能上的新的有序状态。

### 2. 协同理论

在复杂的多元系统中，子系统间的协同作用能够产生具有一定功能的、有序的自组织结构。协同是表征系统内部各要素或子系统之间相互作用的特殊方式，而有序表征了系统形成结构的趋势及结构稳定性的程度。

### 3. 突变理论

事物的各种状态（包括稳定态和非稳定态）都是交错的，这种不同状态的变化受外部控制因素的影响。如果状态开始处于稳定区，由于受到控制因素连续变动的影响，状态就会发生连续变化。当控制因素变动到一定数值时，状态就会跳跃式地变化到某个新的稳定态，这就是突变。

## 2.4.5　系统方法的教育应用

如前所述，我们可以根据系统科学的基本方法，归纳出其基本原理：反馈原理、有序原理和整体原理。所谓反馈原理，是指任何系统只有通过反馈信息才能实现控制；所谓有序原理，是指任何系统只有开放，与外界有信息交换才能有序；所谓整体原理，是指任何系统都有结构，系统的整体功能不仅是各组成部分的功能之和，而且应再加上各部分因相互作用而形成结构所产生的新增功能。系统科学的基本原理是一个相互联系、相互作用的完整体系，可以应用到任何一种系统研究中，对指导教育技术学的研究也具有重要意义，其应用主要包括以下几个方面。

### 1. 教学设计领域

从 20 世纪 60 年代中期开始，教育技术领域着重关注系统方法分析、解决教育问题，并提出教育系统方法的概念。系统方法同时适用于教育的宏观探讨和微观探讨，宏观探讨是从整体协调的观点出发，探讨教育与经济、政治、文化结构等的基本关系，据此确定教育发展的动向，改善教育组织体制；微观探讨则偏重于在具体教育情境中课程的设置、教学过程和师生关系的分析，着眼于如何使教学活动更为有效、如何引发学习动机和改变学习行为、如何评价教学成果等。

（1）考夫曼的系统方法教育模式。考夫曼在 1972 年出版的《教育系统计划》（*Educational*

*System Planning*）一书中，把系统方法定义为解决问题的逻辑过程，逻辑过程的组成是：确认需要解决的问题，确定解决问题的必备条件，从备选方案中选择解决问题的途径（策略）并组成解决问题的方法和手段，进行实施，评价效果，对系统的整体或部分做必要的调整或修改。

按照该模式，教育系统方法可以分成确定问题和解决问题两个阶段。确定问题，要逐步进行有关的分析：使命分析、职能分析、任务分析、方法和手段的分析，如图 2-15 所示。

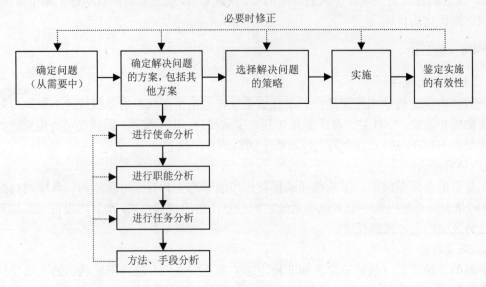

图 2-15　考夫曼的系统分析模式

使命分析的关键是决定目标是什么，使用什么标准知道自己已经达到目标，所制定的计划在从现状走向达标的过程中起了什么作用。

职能分析的作用是先把整个使命分成若干主要的职责，然后对每个职责加以分析，以便决定完成每个职责应当做些什么，需要哪些必要条件，每个主要职责还可以细分。

任务分析只需把与每一个细小职责有关的那些活动的数量单位填写在表格上。

方法、手段分析的目的是把可供选择的每一种策略和工具及其优缺点列成表格，这一工作既可在完成了对使命、职能和任务的分析之后进行，也可与上述几项分析同时进行。

（2）伊利的系统方法教学模式。曾经担任美国教育传播和技术协会主席的伊利认为，系统方法本身应该包括 5 个基本过程：分析确定问题、确认目标；选择和设计解决问题的方案；发展解决问题的方案；尝试、评价和修订解决问题的方案；实施与控制具体的解决问题的过程，如图 2-16 所示。整个过程的各个步骤之间的关系是非线性的，注意过程与过程、步骤与步骤之间的相互作用，以及在运用当中的创造性与启发性是这一系列过程的指导思想和重要特征。

2．绩效技术

伴随着教学设计的日趋成熟，系统论在教学中的应用从学校教学走向企业培训。当前教学设计人员的工作范围逐步从学校教学向社会教育、企业培训等领域，为员工的绩效改进提供了一种有效的手段——绩效技术。所谓绩效技术，就是运用分析、设计、开发、实施和评价的系统方法来提高个人和组织机构的工作业绩的研究领域。其目的是综合运用多种方法提高成绩，设计思想和方法是系统科学理论和方法。绩效技术的基本思想如图 2-17 所示。

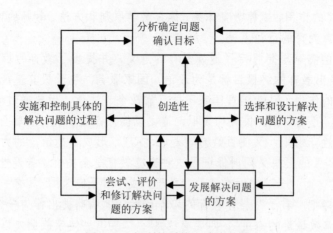

图 2-16　伊利的系统方法流程图

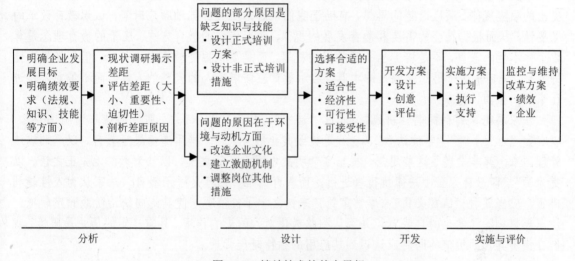

| 分析 | 设计 | 开发 | 实施与评价 |

图 2-17　绩效技术的基本思想

综上所述，我们可以清晰地看到，系统科学的理论和方法对教学、科研、生产领域产生着极为重要的意义，尤其对教育技术学的研究及其应用领域的影响越来越大。

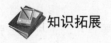知识拓展

## 中国传统育人思想——诸子百家思想

春秋战国时期私学的发展，在中国古代教育发展的历史上占有很重要的地位。私学冲破了"学在官府"的旧传统，学校从宫廷移到民间，教育对象由贵族扩大到平民，教师可以随处讲学，学生可以自由择师，教学内容与社会现实生活有了较广泛的联系。各家各派相互抗衡，又相互补充，形成了百家争鸣的盛况。这既促进了先秦时期学术思想的发展，同时又培养出了大批的人才，各家各派大师辈出。孔子、墨子、孟子、荀子、庄子、韩非子等是其中的佼佼者。春秋战国时期的私学，在中国古代教育史上的重大贡献，还在于教育理论上的成就，尤其是儒家在教育理论上的贡献。儒家后学通过《中庸》等传世书籍，总结了这一时代的教育思想和教

育经验，阐述了教育的作用、道德教育体系、德育教学原则和方法、教师的地位等方面的理论，奠定了中国古代德育教育的理论基础。

以孔子为代表的儒家思想肯定了道德教育的意义，并提出了教育的目标是培养"德"与"才"，更进一步提出教育的终极目标是为政治、国家服务。孔子极其重视道德教育的社会功能和促进个体发展的作用，认为治理国家不能只靠政令、法律，而要通过教育引导实现德政。他通过"道之以政，齐之以刑，民免而无耻；道之以德，齐之以礼，有耻且格"表明：教育可以感化人，既使百姓守规矩，又使百姓有"羞耻之心"，形成道德信念的力量，起到德治的效果。而其"有教无类"的思想又同时保证了这种道德教育是全民性、普遍性的。孔子主张的教育目的是培养"士"，而"士"的标准就是"君子"或"君子儒"，是具有一定道德标准的精神贵族的理想人格，即把"君子"当作教育的培养目标。他明确提出作为一个"君子"，一要能"修养自己，保持恭敬谦逊的态度"，即要有"德"；二要有"使亲族朋友以及老百姓都得到安乐"的治国安民之术，即要有"才"。君子德才兼备，以德为主。

以庄子为代表的道家思想强调宁静淡泊、物我两忘的人生观和道法自然的价值观。道家提出的顺应规律、顺应时势的思想，有助于我们从思想上更自觉地顺应时势，认识教育改革的必要性，从而根据社会的需要和教育发展的规律，改变传统的教育方式。庄子的教育理念是尊重个体本性的教育，不是培养出一群学习的机器，而是要挖掘受教育者的长处，倡导拓展个性的教育；同时，庄子思想强调人的本真，启示教育应该培养人的完整的人性，而不是对人性进行束缚、扭曲、摧残。

法家思想家商鞅提倡"耕战"，非议"诗书"，排斥"礼乐"，主张"燔诗书而明法令"，以官吏"为天下师""学读法令"，也就是焚毁文化教育载体、排斥道德思想教育、以严刑峻法管理国家。韩非发展了这些思想，提出了"明主之国无书简之文，以法为教；无先王之语，以吏为师"，即教育完全由法律执行者进行，而教育的唯一内容是法治教育；法家认为人性趋利避害，应当通过"信赏必罚""厚赏重罚"来树立学子价值观，使其走向统治阶级预定轨道。法家思想剔除了学生的自我意识并否认利益教化对人的影响作用，具有一定的历史局限性，我们在借鉴其正面价值的同时应认识到其应用的独特时代背景。

### 中国传统育人思想——倡导知行合一，崇尚经世致用

明清时期德育思想在知行观上强调知行合一，二者不可偏废，诚如王夫之所说："知行相资以为用。惟其各有致功，故相资以互用；则与其相互，益知其必分矣。同者不相为用，资于异者同而起功，此定理也。"他认为在生活实践、教育实践当中，知和行是一个相互包含、相互渗透的动态过程，不仅将知也纳入现实生活当中，而且肯定了行的重要作用。王夫之主张道德教育必须在生活实践中进行，"君子之学，力行而已"。明清教育思想家反对那种"平日袖手谈心性，临危一死报君王"的做法，而倡导务实、和现实生活联系紧密的实学，认为万事万物、日用伦常、应事接物都可以成为德育中学者所学、教者所教的内容，从而在生活实践中体悟本心、体悟天理，反过来，再用"心"用"理"去指导生活实践。

随着"知行合一"理念与传统的儒家忠君爱国道德精神的结合，明清教育致力于经世致用人才的培养，既立足于现实生活又有所超越，反映在人才培养上，即应试性质的八股文与实用的数学、地理知识并举，已不只限于"四书五经"等儒家经典的学习。"天下兴亡，匹夫有责。"这是对当时教育思想家反思历史与现实，探求天下存亡得失之理的写照，强调培养经世

致用的人才是他们共同的、鲜明的特点。黄宗羲特别强调仁义与事功的结合，重视对理想中人才的事功要求，即要求学者积极参与世事、建立实际功业，更为重要的是要有所超越，要培养人强烈的社会责任感，有"先天下之忧而忧，后天下之乐而乐"的胸怀，并不仅限于日常伦理。但这种超越并不是盲目无视内在思想的陶冶，也并不同道德生活化相违背，而是基于现实生活背景下的、对刻板知识内容的超越，将书本内容的教化最终服务现实生活。

# 思考与练习题

1．简述学习理论的流派及其各自的理论观点。

2．请用本章所列的学习理论解释日常教学过程中的教学行为（举例说明）。

3．根据戴尔的"经验之塔"理论，回忆你在学习过程中用得最多的是哪种经验？举例说明你如何使用学习媒体获得间接经验，效果如何？

4．用 SMCR 传播模式分析远程教育传播过程，并分析影响远程教育效果的因素。

5．将课堂作为一个系统，试分析此系统的要素及其相互关系。

# 第 3 章　现代化教学环境

 **本章导读**

　　现代化教学环境是指在教与学的实践活动中，所涉及的系统化的信息技术设施与条件，即实现教学信息呈现与教学资源共享、有利于学生主动参与和协作讨论、有利于信息反馈和教师调控的教学环境。随着多媒体技术和网络技术的发展以及校园网络的普及，学校的现代教育技术环境大为改善，为教师运用现代教育理论、教学模式和教学方法提供了优良的支持平台，十分有利于高素质、创造性人才的培育与成长。

　　本章介绍信息化教学环境的概念和特点、多媒体教室的构成和功能，网络教室的组成及功能、微格教室的概念及如何实施微格教学，以及智慧教室的类型和功能、如何利用在线学习平台开展学习。

 学习目标

- 了解信息化教学环境的概念与特点。
- 熟悉多媒体教室的基本构成及功能。
- 了解网络教室的组成及功能。
- 熟悉微格教室的使用，并能实施微格教学。
- 了解智慧教室的类型及功能。
- 了解在线学习平台，并能利用平台开展在线学习。
- 了解虚实融合学习环境。

知识地图

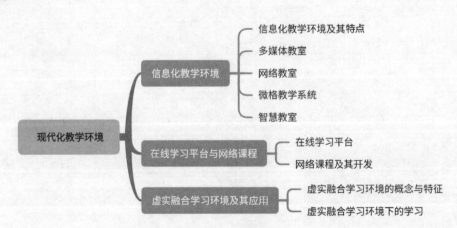

# 3.1 信息化教学环境

## 3.1.1 信息化教学环境及其特点

### 1. 信息化教学环境的含义

环境是指主体周围与其密切相关的一切要素所构成的体系。教学环境是影响教学活动的各种外部条件。教学环境一般可以看成影响教学活动的各种情况和条件的总和，包括物质基础环境、教学资源环境和人文性环境三部分。物质基础环境主要包括教学仪器、设备、教室内外等物理设施；教学资源环境包括教学资源、教学工具、教学媒体、教学网络平台、资源库和题库等；人文性环境则包括教育理念、教学氛围、习惯、规范、人际交往氛围以及心理适应等。

信息化教学环境就是在现代教育理论指导下，充分运用现代信息技术建立起来的现代教学环境，其能实现教学信息获取途径和呈现方式多样化，有利于学生开展自主学习及协作学习。信息化教学环境是开展多媒体教学、网络化教学的基础条件。随着新技术的普及与应用，新型的教育教学环境不断涌现。例如，借助物联网传感设备等技术，形成能够为教学过程提供更加人性化与智能化的智慧教室、智慧校园，能够提供虚拟仿真、增强现实教学功能的实验室，等等。

### 2. 信息化教学环境的特点

信息化教学环境不仅提供了现代化的教学手段、教学工具，还赋予了教学实践活动新的内涵与特征，变革了教学内容呈现、教学进程、师生互动、教学组织管理等环节。信息化教学环境具有以下基本特点。

（1）教学内容呈现多媒体化。信息化教学环境中的教学资源种类丰富，除文本信息外，还包括大量的非文本信息，如图形、图像、音频、视频和动画等。它们以非线性方式有效地整合在一起，为教师提供更加生动、直观和形象的教学。

（2）师生互动多样化。信息化教学环境能够为师生提供多种渠道、多种方式的交互途径。通过网络交流工具，学生可以在学习过程中与教师进行实时交流或非实时交流，交流方式还可以是除文字以外的语音或视听等。

（3）教学时空网络化。网络化的教学空间让教学活动不再局限于课堂和学校，师生可以随时随地地开展教学与互动。网络化教学空间的建设，为学习者提供了一个基于建构主义的学习环境，有利于创设学习情境、加强协商与对话、促进知识建构。因此，教育部在推进教育信息化工作中明确提出，各中小学的信息化环境建设要做到"网络学习空间人人通"，即每位师生都要享有个性化、多元化、资源丰富的网络学习空间，以推动学生转变学习方式。

（4）教学资源高度共享。信息化教学资源能够通过网络实现快速、方便高效地复制与共享，为教育信息的传播提供前所未有的便利。目前，很多中小学都已建立了教学资源库，教师集体备课的网络共享空间、课程的网络教学平台等，有效地推动了信息化教学资源的共建共享，提高了资源的利用率。

（5）教学组织方式多元化。各种新型的课程教学方式，将突破学校教学时空的局限，推动学校的教学模式由封闭走向开放。在课程教学组织方式上，从结构化良好的封闭式课堂教学逐步发展到半开放的混合式课程、完全开放的社会化课程教学，教学时空、师生关系进一步多元化。例如，翻转课堂拓宽了课堂的教学时空，构建了一个"半开放式"的教学系统；基于 MOOC 的学习则是完全依赖网络的社会化学习，也是基于自组织的深度协作式、开放式学习。

（6）管理过程信息化。信息化教学环境能够利用各种过程感知与数据采集技术，辅助教育管理者和教学者对学生进行自动化监控、自动化管理和智能化服务。同时，信息化教学环境可以有效地融入数据感知技术、数据挖掘技术、专家系统和智能代理等技术，通过模拟教育者进行自动化分析、判断和决策，使整个教育管理更加高效。

### 3.1.2 多媒体教室

多媒体教室是指将多种教学媒体播放、控制、管理的技术与设备集成在教室内，以利于开展多媒体组合教学活动的教学环境，它是当前许多学校开展课堂教学活动的主要场所。学校中的多媒体教室一般既包括传统教学媒体（如黑板、白板、书本、挂图、模型、标本等），也包括各种现代教学媒体（如幻灯、投影、扩音、录音、多媒体计算机等），教师根据一定的教学设计理念，将多媒体教室中的各种教学媒体按照媒体特性优化组合，组织开展教学活动。

目前一般的多媒体教室主要由交互智能平板一体机或电子白板系统、多媒体讲台、扩音设备、视频展台等设备组成，常见的多媒体教室设备及其主要功能如表 3-1 所示。

表 3-1　常见的多媒体教室设备及其主要功能

| 设备 | 主要功能 |
| --- | --- |
| 交互智能平板一体机或电子白板系统 | 交互智能平板一体机由内嵌计算机和触摸屏显示器构成，可通过触摸屏对内嵌计算机进行操作与控制；电子白板系统由投影机、可触控的白板和计算机构成，具有页面操作功能，鼠标控制功能、画笔功能、对象编辑功能；具有嵌入演示文稿，屏幕录制、自定义快捷键、软键盘、几何图形插入，自定义图库拼接拓展显示宽度，白板的远程共享等功能；可实现多种格式的多媒体课件播放 |
| 多媒体讲台 | 可将讲台与多媒体控制系统、视频展台、音频设备、音视频转换器等电子产品集合为一体 |
| 扩音设备 | 可实现课堂教学扩音、多媒体设备扩音，远程互动扩音应用 |
| 视频展台 | 可丰富课堂教学场景应用，帮助进行教材、教具、学生作业的实时展示、存储、传输；可快速对焦，具有大范围的图像放大功能；高清画面、高速录制；支持多幅画面存储和再现、亮度调节、色彩调节等实用功能 |

多媒体教室是学校进行课堂教学的主阵地，利用音视频多媒体的优势，以丰富的多媒体信息刺激学生的各种感官，有助于把握教学重点、突破难点，优化教学过程，提高教学质量和效率。多媒体教室也常常用于示范课观摩与研讨，为教师改进教学与提升能力提供环境支持。

### 3.1.3 网络教室

网络教室也称为网络机房，这是目前广泛应用于国内各类学校，尤其在中小学校中广泛应用的一种网络教学系统。网络教室通常由计算机网络和网络教学系统两部分构成，它集普通的计算机机房、语音室、视听室、多媒体演示室等功能于一体，利用网络技术和多媒体技术将多台计算机及相关的网络设备互联起来，是一个小型教学网络。它为提高教学质量、构建协作化学习环境创造了良好的技术基础。

1. 计算机网络构成与布局

网络教室是一个小型局域网络，该网络可以通过代理服务器与校园网或 Internet 连接。计算机网络硬件的基本配置包括学生机、教师机、集线器或交换机、服务器等设备，并通过双绞线连接。可以用高性能的个人计算机作为计算机网络中的服务器，也可以用普通的 PC 服务器作为计算机网络中的服务器。计算机网络中的学生机除常规个人计算机的配置外还需要配网卡、耳机和话筒。由于教师机经常处于多任务工作状态，所以教师机在中央处理器、内存等方面的配置要高些。有条件的情况下还可以配置功率放大器、投影仪等多媒体演示设备。

计算机网络中学生机和教师机的操作系统一般选用 Windows 系统，服务器的操作系统可以选择 Windows Server 的相应版本，它除了存放本地的一些教学资源外，还提供简单的万维网、文件传输、电子邮件等常见的 Internet 应用服务。此外，服务器还要安装代理软件，使学生机用户可以通过服务器访问校园网或 Internet，这样既可以增强网络的安全性能，还可以进行数据流监控、过滤、记录和报告等网络管理工作。

在网络教室中，学生机、教师机等网络设备的布局通常有普通教室型、U 字型、小组协作型、综合型等，如图 3-1 所示。具体实施时可以依据教室空间结构、学生群体特征以及教学活动的内容和模式等因素设计布局，以满足实际教学的需求。

2. 网络教学系统

网络教学系统是指在计算机网络的基础上为开展网络多媒体教学而提供的控制系统，这类教学系统在中小学校的网络教室中使用比较广泛，它包括多媒体控制与教学过程管理两部分。

（1）多媒体控制部分。该部分以计算机网络为基础，在教师机和学生机上增加了相应的硬件控制和软件控制，它的核心技术是音频、视频信号和控制信号的传输。按照控制信号传输方式的不同，可以将多媒体网络教学系统分为以下几种类型。

1）基于软件方式的多媒体控制。它是在计算机局域网的基础上，利用专用软件进行教学控制和数据传输，是网络教学系统的发展方向，这种方式无须额外的硬件设备，成本低，容易升级。但是由于系统太依赖操作系统及网络性能，因此在稳定性方面稍有欠缺。

2）基于硬件方式的多媒体控制。这种方式需要给每台计算机安装多媒体数据传输卡，在各台计算机之间直接铺设通信线路（非计算机网络）传输音视频信息。另外，还需要配置专用的控制面板，用于教学控制。基于硬件方式的多媒体控制成本较高，存在安装复杂、不易升级等缺点，目前已逐渐被软件方式所取代。

（2）教学过程管理部分。该部分直接支持网络教室的教学活动，它通常包含以下功能。

1）教学。可以利用教师视频、教师音频、外部视频、外部音频等多媒体节目源，对全部、部分或个别学生实施教学。

2）示范。可以将指定学生机的屏幕画面、话音及声音广播给全体、部分或个别学生以进行示范。

3）交互控制。教师可以利用键盘、鼠标对选定的学生机进行遥控操作；学生也可以利用键盘和鼠标对教师机或其他学生机进行遥控操作。遥控过程的控制与交互可以通过相应的开关来设定。

4）过程监视。教师可以利用手动的方式对指定学生机的屏幕画面或话音进行监视，也可以利用自动的方式对全体或部分学生机的屏幕画面和话音进行扫描监视。监视功能不影响被监视者正在进行的操作，也不会被其察觉；自动监视的时间间隔可以调节。

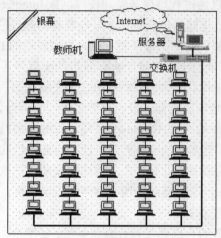

（a）普通教室型　　　　　　　　　　（b）U字型

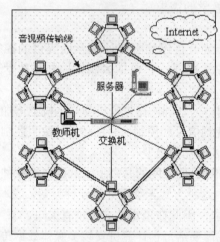

（c）小组协作型

（d）综合型

图 3-1　网络教室设备布局图

5）学生控制。教师可以对全体、部分或个别学生机进行锁键、黑屏、重新启动等控制操作。

6）分组讨论。教师可以任意指定每个小组人数，将全体学生分为多组进行分组讨论，教师可以加入任何一组参加讨论。

7）电子举手。学生有问题提出或需要帮助时，可以按功能键进行电子举手。

8）快速抢答。教师开启快速抢答功能后学生按功能键抢答，并显示最先按键的学生。

9）学籍信息管理。可以对学生的姓名、学号、班级、年龄等学籍信息进行管理并显示在屏幕上。

10）联机考试。这是一个很重要的教学反馈功能，教师选择此功能后，可以先指定一个正确答案，再通过屏幕或声音将试题发送给学生，学生在自己的学生机上进行回答，收卷后计算机立即自动批卷，教师可以立即了解学生对所学知识的掌握情况，从而对教学效果做出正确的评估。

11）在线讨论。内部有多个语音聊天室，教师可以指定哪些学生加入哪个聊天室，每个学生也有权选择加入某个特定的聊天室参加讨论。

12）网络联机考试。支持统一发卷、统一收卷功能，试卷内包含多道试题；支持单选、多选和复选等多种类型题目；支持自动批卷，自动评分；包含考试结果评估与分析系统。

13）媒体控制。可以直接在控制界面或控制台上对录像机、影碟机等媒体设备进行控制。

14）数码录音。运行数码录音软件后，录音机既可由教师控制，又可由学生控制。

15）自动辅导。教师可以按照电子举手的先后顺序对学生逐一进行辅导。

### 3.1.4　微格教学系统

**1. 微格教学系统概述**

微格教学，曾被译为"微型教学""微观教学""小型教学"等，对其表述也有多种。微格教学的创始人之一阿伦说它是"一个有控制的实习系统，它使师范生有可能集中解决某一特定的教学行为，或在有控制的条件下进行学习"。麦克里斯和恩文说它是"一个缩减的教学实践，它在班级大小、课程长度和教学复杂程度上都被缩减了"。也有学者认为，微格教学是针对师范教育的特点，以教学控制论、教育目标分类学和教育评价学为理论依据，在现代化教学理论指导下，利用视听技术进行实践活动，使师范生有可能集中解决某一特定的教学行为，并在有控制的条件下进行学习和训练，从而达到提高教学技能的目标。

微格教学系统是一个融微格教学、多媒体存储、视频点播、数字化现场直播为一体的数字化网络系统。观摩和评价系统均采用计算机设备，并通过交换机连接校园网或 Internet。信息记录方式采用硬盘存储，或刻录成光盘，广大师生可以随时随地通过网络或光盘进行点播、测评与观摩。

**2. 微格教学系统构成**

微格教学系统通常由微格教室、控制室和观摩研讨室等组成。

（1）微格教室。如图 3-2 所示，微格教室是一个小型的教室，是受训者进行角色扮演的模拟教室，教室中除配备了常用的教学设备，还配备了摄像系统，可以对微格教室的声音和图像进行录制，以便对模拟授课的情况进行分析和评价。在微格教室中，可以呼叫控制室，与控制室进行对话。

图 3-2　微格教室

（2）控制室。控制室是教育技术人员遥控操作摄像设备进行现场录像的场所，安装有视频特技机、录像机、视频分配器、监视器等设备。从微格教室送来的"模拟教师"和"模拟学生"的两路教学活动视频信号，经视频特技机控制，一路送到数字视频刻录机进行视频光盘刻录，另一路则可经视频分配器把教学实况信号直接送到观摩研讨室，供同步评述分析，如图3-3所示。

图 3-3　微格控制室

（3）观摩研讨室。观摩研讨室是参加培训的师生们观看示范音像教材和存放现场视频并进行反馈评价的教室。它是一个装有显示器的普通教室，可同步播放教学训练的实况，供较多的学生观摩分析。

微格教室、控制室、观摩研讨室构成了完整的微格教学系统，它为培训教师职业技能提供了完善的教学环境。

3. 微格教学系统的功能

微格教学系统具备 5 个常用功能：①多媒体微格教学功能；②教育技术技能操作与实训功能；③微格教室之间交互学习以及视频广播功能；④基于网络的评价与监控功能；⑤基于校园网络的微格系统管理平台。

4. 微格教学的实施

微格教学的实施是以微格教学理论为指导，以训练教学技能为目标的教学实践过程。微格教学一般包括以下几个步骤。

（1）理论指导。进行微格教学前，首先要使受训练者了解微格教学的基本理论、微格教学的训练方法、各项教学技能的教育理论基础、教学技能和行为模式。

（2）观摩示范。首先观摩微格教学示范录像，遵循两条原则，一是水平要高，二是针对性要强。示范水平越高，学习的起点就越高；针对性越强，该技能的展现就越具体、越明确。在观看示范录像的时候，指导教师应首先提出具体要求，明确目标、突出重点，边观看边提示，提示时要画龙点睛，以免影响学生观察和思考。然后组织学习、讨论，谈观后感，哪些方面做得好、值得学习，提示自己在教学中应注意的问题。示范的目的是使受训者进行模仿，对受训者理解教学技能会起到十分重要的作用。通过大家相互交流、沟通，酝酿在这一课题教学中应用该教学技能的最佳方案，为下一步编写教案做准备。

（3）确定培训技能和编写教案。当被培训的教学技能和教学课题确定之后，受培训者根据教学目标、教学内容、教学对象、教学条件进行教学设计、编写详细的教案，每次训练只集中培训一两项技能，以便使师范生容易掌握这种技能；指导教师引导学习者在熟悉教材的基础上钻研教学技能的理论。重点考虑教学技能的运用，根据要求由学员自己备课，编写出教案，在指导教师的指导下学员交流备课情况，取人之长、补己之短。

（4）角色扮演。角色扮演是微格教学的中心环节，是受训者训练教学技能的具体教学实践活动，在活动中每个受训者都要扮演一个角色，模拟进行教学。在微型课堂中，十几名师范生或进修教师轮流扮演教师角色、学生角色和评价员角色，由微格教学系统的课程录制系统将此过程记录下来。

（5）反馈评价。扮演教师角色的学员通过观看自己的教学录像，自我进行分析、评价教学技能应用的方式和效果，是否达到了预期目标，再由指导教师和其他学员一起组织讨论评议，学习者对指导教师的评价是十分看重的，指导教师的意见举足轻重。因此，指导教师的评价应尽量客观、全面、准确。对于扮演者的成绩和优点要讲足，缺点和不足要讲主要的，要注意保护学习者的自尊心和积极性，以讨论者的身份出现，讨论"应该怎样做和怎样做更好"，效果会更好。

（6）修改方案再实践。根据指导教师的反馈评价和意见，对教学方案进行修改，并再次进行教学实践，逐步提高技能。

### 3.1.5　智慧教室

#### 1. 智慧教室的组成与形态

智慧教室（Smart Classroom）是近年来一些学校开始探索建设的新型教学环境，它是多媒体和网络教室的高端形态，是将创新型教育形式和现代化教学手段进行有机融合，为课堂参与者提供丰富教学体验、即时教学反馈、个性资源匹配、科学评价的完整教学系统。

智慧教室通过整合人工智能感知、视频录播、物联网管控等技术，能够自动感知学习情境、识别学习者特征、提供合适的资源及便利的互动工具、自动记录教学过程和评测学习结果。通过智慧教室，学校可以开展各种新型教学模式的探索与实践。

智慧教室一般由智慧黑板（或大屏一机体）、高清摄像机、录播主机、中控系统、互动课堂主机、传感设备、学习终端等组成，配备可移动的拼接桌椅，并根据教学需要灵活调整教室布局，如图 3-4 所示。

图 3-4　智慧教室

智慧教室通过网络教学平台、互动课堂主机、学习终端等支撑手段，形成覆盖课前、课中、课后，打通校内、校外，广泛连接教育管理者、教师、学生、家长的数字化教学生态。

当前学校常见的智慧教室有多终端互动型智慧教室、小组研讨型智慧教室以及跨区授课型智慧教室等。表 3-2 是三种智慧教室在教学模式、教室空间布局、终端构成、课堂交互以及应用特色方面的区别。

表 3-2    智慧教室的典型形态

| 类型 | 维度 | | | | |
|---|---|---|---|---|---|
| | 教学模式 | 教室空间布局 | 终端构成 | 课堂交互 | 应用特色 |
| 多终端互动型智慧教室 | 班级授课 | 秧田式布局 | 智慧黑板；教师教学终端；学生学习终端（每人 1 台） | 教师与内容、教师与学生、学生与内容的交互 | 支持多种主流设备混用 多样化的课堂交互方式 及时的数据统计便捷的学习反馈 |
| 小组研讨型智慧教室 | 小组协作 | 圆桌、U 形桌式灵活布局 | 智慧黑板；教师教学终端；多个小组展示屏；学生学习终端（每人 1 台） | 教师与内容、教师与学生、学生与内容、学生与学生的交互 | 快捷分组 小组研讨 小组展示 |
| 跨区授课型智慧教室 | 异地同步授课 | 跨校区或跨学校布局 | 智慧黑板（每校区 1 块）；教师教学终端；学生学习终端（每人 1 台） | 教师与内容、教师与学生、学生与学生、学生与内容的异地交互 | 跨校同步授课 跨校网络教研 |

### 2. 多终端互动型智慧教室

多终端互动型智慧教室是智慧教室最基本的形态，依托智慧黑板（或大屏一体机）、学习终端等设备，融合互动课堂主机、录播主机，能够为课堂活动提供拍照上传、屏幕广播、截屏提问、即时统计答题结果、资源共享等教学功能，实现师生"课前预习与学情分析—课中教学深度互动—课后个性化辅导答疑"教学全过程的智慧教学支持。图 3-5 是一个典型的多终端互动型智慧教室。

图 3-5    多终端互动型智慧教室

多终端互动智慧型教室主要有以下特点：

第一，以面对面的讲授式教学为主要应用场景，应用新兴技术丰富课堂教学手段，为教师提供多样化的教学工具和教学资源，提供更全面的教学支持。

第二，以提供智能的课堂管理、多样化的课堂交互方式、即时的数据统计、便捷的学习反馈为特色。通过截屏提问、随机答题、抢答、拍照上传等功能支持师生之间、生生之间以及学生与内容之间的交互，活跃课堂气氛，调动学生课堂学习的积极性，营造良好的课堂氛围。此外，教师可以使用即时统计功能查看学生的答题情况，学生也可以即时通过学习终端获得学习反馈，这有利于提高教学效率。

第三，配备丰富、多样的教学资源。智慧教室配备的平台软件往往汇聚了大量的优质教学资源，支持翻转课堂、混合式学习等学习活动的开展。同时，平台还能通过记录、分析师生的资源获取和资源浏览行为，为师生提供个性化的资源推送服务。

第四，基于教学全过程数据的采集和分析，实现客观、科学的教学评价、教学治理和教学决策。平台软件能够实时、动态地收集并分析学生在学习中的过程性数据和结果性数据，为教师进行教学评价、课堂管理、教学决策提供参考。

3. 小组研讨型智慧教室

小组研讨型智慧教室依托智慧黑板（或大屏一体机）学习终端，借助智慧教室配备的平台软件，为"小组分组—小组研讨交流—小组成果展示"等学习过程提供全方位的支持，是一个集交流研讨、多屏互动、成果展示、多元评价等教学功能于一体的智慧化教学环境。

小组研讨型智慧教室主要有以下特点：

第一，以小组协作为主要应用场景。空间布局多以圆桌式、U 形桌为主，教室中的桌椅可以快速灵活移动，每个小组可以享有独立的研讨空间。每个小组各配备一个中屏交互式显示设备、若干个平板电脑学习终端，学生在小组研讨中可以便捷地呈现、展示研讨内容、讨论画面、研讨成果。

第二，以便捷的分组方式、多样化的研讨内容呈现为主要特色。教师可以依据实际教学需求对学生进行随机分组或选择分组，学生也可以自由组合；教师可以向各个小组的学习终端发送不同的研讨主题内容，并支持终端间内容的相互批注；学习小组通过互动交流、研讨探究等深度学习活动完成小组任务。

第三，基于大、中、小三种屏幕（学习终端）实现课堂交互。智慧教室的大屏指的是智慧黑板（或大屏一体机），中屏指的是小组共享的屏幕，小屏指的是学生个人学习终端。在传统课堂中，小组研讨多依托简单的笔+纸呈现内容；智慧教室支撑的研讨型课堂具有小组分组、主题分发、演示对比、小组投屏、动态预览、动态批注、视频录制和下载等功能，学生可以更便捷地呈现内容，更加高效地进行研讨；教师可以在教师端全局掌握各小组的研讨情况，比较分析各小组学生的研讨进度，同时，还可以便捷地调取和展示任意小组的研讨画面，方便教师对各小组的研讨成果进行点评。

第四，提供多元化的评价方式。面向小组研讨的智慧教室可以实现多元化的评价，如学生的自我评价和学生之间的互相评价、小组组内的互评及小组间的互评。此外，学习小组的学习与研讨过程细节变得可记录、可回溯，教师能够更加便捷地观察学生的学习研讨，并对各小组提供针对性的指导意见。

4. 跨区授课型智慧教室

跨区授课型智慧教室是指在网络的支持下，依托智慧黑板（或大屏一体机）、学习终端、录播主机、互动课堂主机等，实现跨区域同步授课的教学环境。跨区授课型智慧教室能够满足不同学校、不同校区之间开展同步教学的需要，有利于实现校际间的师资与教学资源共享，为区域间的"教育帮扶""精准扶智""集团式办学"等教学实践提供环境支撑。跨区授课型智慧教室如图 3-6 所示。

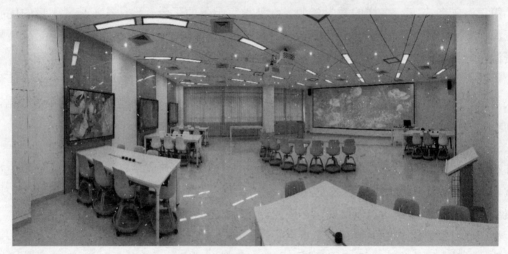

图 3-6　跨区授课型智慧教室

跨区授课型智慧教室主要有以下特点：

第一，以跨区的同步课堂或者直播课堂为主要应用场景，通过互联网、录播主机、互动课堂主机等技术手段，突破地域限制，将各地区的师生连接到一起，实现教师同步授课，让优质的教育资源得到充分利用和共享，提升优质师资和教学资源的效益。

第二，以两地或多地课堂教学活动同步互动为主要特色。在课堂互动主机及学习终端的支持下，不同学校之间、不同教室的学生之间可以在网络环境下实时互动，形成校际间的教学共同体。

## 3.2　在线学习平台与网络课程

### 3.2.1　在线学习平台

1. 在线学习平台概述

在线学习平台是一种虚拟学习环境，即基于计算机网络的学习与管理系统，主要用来支持网络学习的内容传递，促进师生间的交互、学习评价和管理等活动。一般情况下，虚拟学习环境是一个整合计算机通信软件功能（电子邮件、BBS、新闻组等）和在线课程材料传递方法

（如万维网）的学习管理软件系统，它不以简单地在网上重现课堂环境为目的，而是应用技术为学生提供促进其学习的各种新工具。虚拟学习环境能够使网络教学的组织变得更为容易，也能够更好地满足学生不同的学习风格和目标要求，同时它也允许资源的广泛共享和重复使用，鼓励协作学习和基于资源的学习。

英国联合信息系统委员会（Joint Information Systems Committee，ISC）认为虚拟学习环境一般包含以下组成部分：通知栏/电子公告牌、课程提要（课程结构、任务、评价期限）、电子邮件、协商工具（异步协商或讨论组）、学生主页、元数据（创建关键字的资源系统，以易于检索）、任务分配、评价工具、同步协作工具（如共享白板、在线聊天和视频会议）、多媒体资源（用于访问和创建资源）、文件上载区、日历等。

当然，并不是所有被称为虚拟学习环境的系统都具备上述功能，而一些上述并未提及的功能模块也可能被置于虚拟学习环境中。例如，追踪学生的学习情况就需要相应的管理模块，包括学分管理和选课系统等。这些功能模块也往往被包含在一些更大的系统中。

当前在教育软件市场上已有在线学习平台，国外的如 Blackboard、Moodle、Sakai 等，国内的面向基础教育的有爱学堂、国家中小学智慧教育平台等。

2. Moodle

（1）Moodle 介绍。Moodle（Modular object-oriented dynamiclearning environment，模块化面向对象的动态学习环境）是一个由澳大利亚 Martin Dougiamas 博士主持开发的免费、开放源代码软件。就整体功能而言，Moodle 较好地体现了建构主义理论的教育理念，允许师生、生生共同思考，合作解决问题，让学生从与他人互动的过程中自然地获得知识。Moodle 具有简单、精巧、高效、易用的界面，几乎可以在任何支持 PHP 的平台上安装，支持几乎所有的主流数据库，设置也十分简单。虽然 Moodle 是在 LibHX 下基于 Apache+MySQL+PHP 环境（称为 LAMP 平台）开发完成的，但其同样适用于其他操作系统环境。

Moodle 课程既可作为完全的在线课程，也可作为传统课程的补充。Moodle 的官网为各类 Moodle 用户（包括系统管理员、教师、研究者和教导员，乃至开发者）提供了一个发布信息、讨论和协作的场所，如图 3-7 所示。

（2）Moodle 功能模块。严格说来，Moodle 是一个基于 Web 的课程管理系统（Course Management System，CMS），它由以下模块构成。

网站管理模块：本模块供管理员使用，可以在安装过程或使用中定义和加入各种插件。例如，定义网站的颜色、字体、字库和布局加入活动模块插件；定义语言包插件等。

用户管理模块：用户管理模块对每个账号赋予不同的权限：管理员账号控制课程的建立；教师账号有给课程增加"选课密钥"的权限，教师可以根据需要手工添加和注销学生；学生账号允许建立个人档案，包括照片和个人描述。

课程管理模块：教师可以在该模块选择课程的格式为星期、主题或社区讨论，并配置论坛、测验、资源、投票、问卷调查、作业、聊天、专题讨论等课程活动。

作业模块：学生上传作业提交到服务器，教师可以指定作业的截止日期和最高分。教师评阅作业和反馈信息显示在每个学生的作业页面上。教师还可以选择打分后是否让学生重新提交作业和打分。

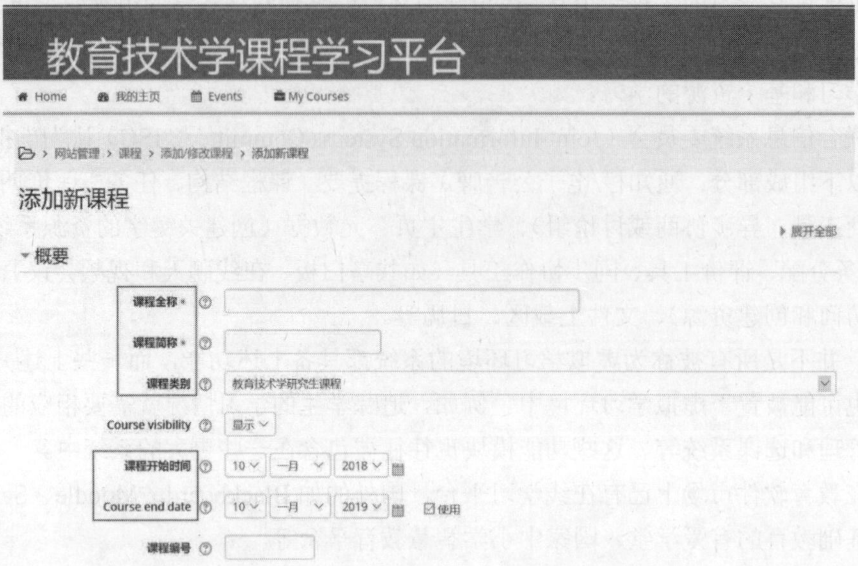

图 3-7　一个基于 Moodle 的课程学习平台

聊天模块：该模块支持同步的文本交互，并具备笑脸、嵌入 HTML 和图片等功能，对所有的谈话都有记录。

投票模块：用来为某件事表决，或者从每个学生处得到反馈。教师可以直观地在表格里看到谁选择了什么，并允许学生看到即时更新的投票结果。

论坛模块：本模块有多种类型的论坛可供选择，如教师专用论坛、课程新闻论坛等。每个用户都可以订阅指定论坛，并以电子邮件方式收阅帖子内容。

测验模块：教师可以自定义题库，为测验指定开放时间、测验可被尝试的次数。教师也可以分类保存题目，供同一网站的其他课程使用。

资源模块：支持任何电子文档、PPT、Flash、视频和声音等的上传，可以连接 Web 上的其他外部资源，也可以用链接将数据传递给外部的 Web 应用。

问卷调查模块：作为分析在线课程的工具，教师和学生可以随时查看在线问卷的报告，并以 Excel 电子表格的格式下载。

专题讨论模块：支持多种评分级别，学生可以根据教师提供的示例文档对给定的内容进行评价和打分，教师对评价情况进行管理。

3. 爱学堂

（1）爱学堂介绍。爱学堂是慕华成志旗下的教育软件，是清华大学发起的 MOOC 平台学堂在线的基础教育频道，是教育部在线教育研究中心基础教育部的研究交流和成果应用平台。依托清华基础教育资源，集合腾讯、百度等互联网团队，同教师团队创新性地将课堂教学和互联网结合，打破了学习的空间和时间约束，从在线评估、微课慕课、智能题库到个性化学习平台，爱学堂采用互联网科技为教师学堂和学生提供全新的学习体验，助力国内中小学完成课堂内外的持续创新，给孩子更好的学习体验，如图 3-8 所示。

图 3-8　爱学堂网页

（2）爱学堂功能模块。

注册登录模块：目前的爱学堂无法实现老师的自主注册，系统主要与学校对接，老师的信息由学校传送过来后等待一段时间，实现学校与教学平台的对接，才可以使用到相关的教学资源。当平台与学校合作之后，教师会拥有属于自己的工号和密码，登录即可使用相关的教学资源。首先登录爱学堂网站并找到右上角的"教师登录"，单击可进入相关的登录界面。初次登录，教师需要使用分配的工号并配合初始密码进行登录，首次登录后需要尽快更改密码，以保护教师的隐私不外泄。若觉得工号太长不便记忆，可以前往个人中心绑定手机号，设置之后登录的时候以手机、邮箱或者用户名配合密码来登录。学生注册和登录也可在网页页面右上角单击"学生注册/登录"完成。

创建课程模块：教师可以创建自己课程。

教师备课模块：教师可以在网站内查找备课资料，下载备课资料并归档管理。

课前预习模块：教师可以布置预习，检查学生预习，预习的历史记录也可供查看。

教师上课模块：教师可以发布上课内容，查看上课内容和使用上课内容。

发布作业模块：教师可发布作业，查看作业和检查作业。

建立题库模块：教师可在网内查找试题，手动或智能组卷，建立题库。

班级管理模块：教师可开展班级学生管理，查看学生学习情况。

### 3.2.2　网络课程及其开发

1. 网络课程及其特点

网络课程不等同于通常意义上的"课件"，教育部现代远程教育资源建设委员会制定的《现代远程教育资源建设技术规范》（试行）中对它做了界定：网络课程也称为在线课程（Online Course），它是通过网络表现的某门学科的教学内容及实施的教学活动的总和，它包括两个组成部分：一个组成部分是按照一定的教学目标、教学策略组织起来的教学内容，它们通常以多媒体课件的形式来表现；另一个组成部分是网络教学支撑环境，它主要由支持网络教学的软件工具、多媒体课件和其他教学资源以及网络教学活动等构成。

网络课程能够充分发挥网络教学的优势,信息更新与发布十分迅速,并具备开放性、交互性、共享性、协作性、自主性等特点。

(1)开放性。教师能够方便地对网络课程的体系和内容进行调整和更新。

(2)交互性。网络课程不仅可以进行人机交互,更重要的是教师与学生之间、学生与学生之间也可以通过网络实现人与人之间的交互。

(3)共享性。网络课程通过链接等多种方式引入丰富的动态学习资源,从而可以实现最大范围内的、跨时空的资源共享。

(4)协作性。网络课程可以让教师、学生通过讨论、合作、竞争和角色扮演等多种形式完成一个确定的学习任务。

(5)自主性。网络课程以学生自主学习、自主探索为主。

2. 网络课程的开发

网络课程的开发要比传统多媒体课件的设计和开发复杂得多,网络课程包含一门完整的课程而不仅是一个个具体的知识点。课程开发(curriculum development)是指通过需求分析确定课程目标,再根据这一目标选择某一个学科(或多个学科)的教学内容和相关教学活动进行计划、组织、实施、评价、修订,以最终达到课程目标的整个工作过程。图3-9所示的是一个在现代远程教育工程中普遍采用的网络课程开发流程图,从中可以看出它与传统课件开发过程的联系与差异。

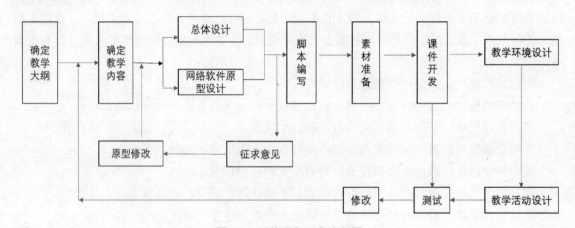

图 3-9　网络课程开发流程图

## 3.3　虚实融合学习环境及其应用

### 3.3.1　虚实融合学习环境的概念与特征

随着网络技术和虚拟现实技术的发展,基于网络和多媒体的虚拟学习环境逐步走入人们的视野。早在 1999 年就有研究者讨论了学习环境由实变虚的历程,具体表现在学习伙伴、学习资源与学习方法三个方面。随着技术的革新、教学理念的转变,现实的物理教学环境与虚拟的网络教学平台都暴露出各自的不足之处，为了支持开展有效的教学活动，需要将二者进行融合。

1. 概念界定

所谓虚实融合学习环境，是指一类通过传感器设备识别、获取真实环境中与学习活动相关的客观信息，通过互联网将基于课堂和社会的真实学习环境与基于网络和多媒体的虚拟学习环境融为一体的新型学习环境。虚实融合学习环境主要借助于传感器，通过互联网连接现实世界与虚拟世界。传感器设备作为物联网的重要组成部分，识别、获取真实世界中对促进学习活动开展起重要作用的信息，经过数字化处理直接为学生所采用。网络和多媒体技术的应用，主要表现在虚拟学习环境和数字化学习资源的构建，学生通过个性化学习环境获得学习主题相关的资源，避免了在海量的网上资源中迷航，提高了学习效率，并有效支持了协作学习活动的开展。

2. 特征与意义

从学习的视角看，虚实融合的学习环境具有以下基本特征：

（1）基于传感器与互联网技术，实现了真实学习环境与虚拟学习环境的有机结合。

（2）通过虚拟环境向学生提供真实环境中难以获取的信息，可以将校内的正式学习活动与社会化的非正式学习活动有机结合起来。

（3）支持现实环境中的问题解决型教学活动，借助虚拟化的工具和手段开展科学探究，通过协作与互动解决现实世界中的真实问题。

（4）通过传感器和网络实时获取和传递现实环境中的信息，拥有虚拟环境中海量的数字化学习资源，有利于开展跨时空的自主学习。

基于课堂的"现实"学习环境、基于网络和多媒体的"虚拟"学习环境，以及"虚实融合"学习环境三者虽然在促进学生有效学习的根本目标上是一致的，但是在理论基础、技术支持等方面均有所不同，如表 3-3 所示。

表 3-3 三类学习环境的比较

| 比较项目 | 基于课堂的"现实"学习环境 | 基于网络和多媒体的"虚拟"学习环境 | "虚实融合"学习环境 |
|---|---|---|---|
| 硬件设施 | 传统课堂内/外的物理设施 | 多媒体设备<br>计算机网络 | 通过传感器相连接的物理设施<br>多媒体设备<br>互联网 |
| 主要技术 | 传统的教学技术 | 网络技术<br>多媒体技术 | 物联网技术<br>虚拟现实技术 |
| 学习资源 | 以纸质资源为主 | 纸质和多媒体资源<br>网络资源 | 纸质和多媒体资源<br>网络资源<br>来自真实环境的实时信息资源 |
| 学习方式 | 面对面学习与交流 | 分布式的在线协作学习 | 在线/面对面的混合式学习 |
| 活动场景 | 现实环境中的真实情境 | 网络和多媒体构筑的虚拟环境 | 借助传感器和网络获取实时信息，学习情境由真实和虚拟混合而成 |

续表

| 比较项目 | 基于课堂的"现实"学习环境 | 基于网络和多媒体的"虚拟"学习环境 | "虚实融合"学习环境 |
|---|---|---|---|
| 互动方式 | 以师生互动为主，较少有生生交流 | 以生生交流为主，教师辅助指导 | 由教师、学生、家长或社会公众构成社会网络，在此基础上的互动学习 |
| 主要理论 | 建构主义 | 情境认知理论<br>分布式认知论 | 联通主义学习观 |

虚实融合学习环境能够充分发挥真实环境和虚拟环境各自的优势，并可以弥补二者在培养学生协作创新与满足学生真实体验等方面的不足。在虚实融合学习环境下开展教学的意义或价值主要表现在：

（1）虚实融合学习环境将现实世界中的真实情境融入虚拟环境，真实数据的不可预设性可以强化学生的真实感受与动手能力，而虚拟环境中的海量资源与技术工具的使用，又可以大大提升学生的创新思维。

（2）在虚实融合学习环境下开展的学习具有融合性、个性化、开放性、智能性等特点，可以更好地实现因材施教、个性发展的现代人才培养理念。近年来，人们已经开始关注虚实融合学习环境的实际应用，并有了一些典型的案例，也有学者对基于网络的适应性学习开展研究。但是，人们对于上述两个方面的结合点，即虚实融合学习环境下的适应性学习问题的重视还远远不够，这方面的研究还需要进一步展开。

### 3.3.2 虚实融合学习环境下的学习

近年来，虚实融合学习环境已经逐步从理论研究走向实际应用，先后出现了一些利用虚实融合学习环境开展学习活动的例子。例如，我国台湾台北市的校园数字气象站就是一个较早将传感设备应用于中小学气象数据观测和教学活动的典型案例。此外，台湾科技大学研究团队围绕科学探究主题构建的情境感知泛在学习环境、浙江大学的校园环境观测与环境教育系统等，都是较为典型的案例。

1. 数字化探究实验

我国基础教育的理科实验教学十分重视"做中学""科学学习与生活结合"的理念，学生需要通过亲自动手，在探究实验中发现规律，总结经验。然而，传统的中小学理科实验室存在较多问题，如仪器的分辨率不高，手工数据记录有局限，以及学生的数据分析和处理能力不足，因而导致了实验效果不佳、学习兴趣下降等现象的发生。现代传感器与多媒体技术的发展，为克服上述问题提供了强有力的技术支持，数字化探究实验室应运而生。

数字化探究实验室的主要组成部分由采集外部实验数据的传感器，连接传感器与计算机接口的采集器，以及用来分析、处理实验数据的专用软件三部分组成。与传统的理科实验室相比，数字化探究实验室具有高精确度、快速采集以及智能化的数据分析等特征。如图 3-10 所示，学生亲自操作实验过程，传感器采集数据，采集器将数据通过计算机接口传输给计算机，在计算机上即时生成数据分析图。在整个实验过程中，学生不仅能够掌握实验操作的技巧，还能够通过分析软件即时生成的结果调整实验操作，既激发了学生进一步探究的兴趣，又促进了其对实验本质的理解。

图 3-10　数字化探究实验——中学化学中和反应反应热的测定

## 2. 虚实融合的机器人教育

基础教育阶段的机器人教育，通常是指学习机器人的基本知识与基本技能，或者利用教育机器人优化教育教学效果的理论与实践，这是信息技术教育的一个分支领域，近年来已成为培养学生编程能力、创新技能的重要载体。由于传统的机器人教育大都基于实体机器人开展教学与实践活动，设备成本比较高，加之地区之间在经济和师资水平等方面的差异，难以大面积推广，在较大程度上制约了机器人教育活动的开展。

虚拟机器人的出现不仅解决了实体机器人教育中存在的一些问题，而且已有研究发现，在信息技术课程中利用虚拟机器人教学可以起到一举两得的作用，使学生不仅能够学习程序设计的基本知识，还能够学习机器人相关的实践技能。以机器人足球比赛为例，由于真实的足球机器人比赛所需的硬件设备比较昂贵，为了降低成本，人们开发了虚拟的足球机器人仿真平台，如图 3-11 所示，能够完全模拟实际足球机器人和比赛场地的尺寸、比例关系，调节摩擦、反弹、线性阻尼、能量消耗等物理参数，能够使仿真平台具有很高的仿真度。

图 3-11　虚拟足球机器人仿真平台

近年来，将虚拟机器人和实体机器人结合而成的虚实融合机器人的教学环境逐步受到人们的重视，在学校的机器人教育中具有十分广阔的前景。

## 思考与练习题

1. 谈谈你对教学环境及其类型的理解。
2. 简述多媒体教室系统的基本构成。
3. 简述网络教室的基本构成，并说明网络教学系统能够实现哪些功能。
4. 在网络教室环境的设计中应该注意哪些问题？
5. 什么是虚拟学习环境？
6. 一个典型的在线学习平台应该具备哪些基本功能？
7. 什么是网络课程？它具有哪些基本特征？
8. 简述虚实融合学习环境的主要优势。
9. 列举虚实融合学习环境的典型应用。

# 第4章 数字化教学资源及应用

 **本章导读**

随着信息技术的不断发展，信息技术在教育领域得到广泛的应用，而数字化教学资源是信息技术应用于教学必不可少的部分，熟练收集、检索和使用数字化教学资源是信息时代的学生必须掌握的技能之一。

本章主要介绍了数字化教学资源的概念和分类、网络资源的检索方法、数字资源的编辑和处理，以及数字化教学的管理方法。

**学习目标**

- 了解数字化教学资源的概念和分类。
- 掌握网络数字资源的检索方法。
- 掌握数字教学资源的编辑与处理。
- 掌握数字化资源的管理方法。

**知识地图**

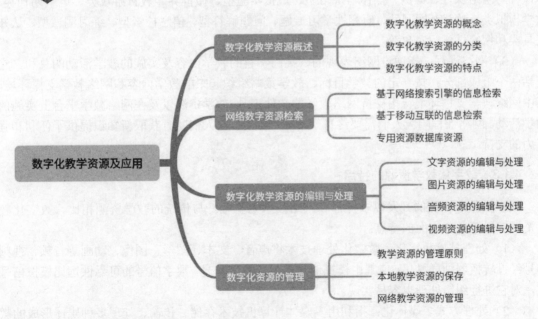

在信息社会中，互联网中的信息每天都在数以万计地增加，因此在学习、工作和生活中查找、筛选、利用这些信息变得尤为重要。

# 4.1   数字化教学资源概述

随着信息技术和移动技术的发展，掌握信息化教育资源成了人们在信息化社会必备的技能之一。了解数字化教育资源的概念和分类，为以后的学习和资源的加工处理打下基础。

### 4.1.1   数字化教学资源的概念

数字化教学资源是一种特殊的信息资源，是经过选取、组织，使之有序化的，适合学习者发展自身的有用信息的集合，经过数字化处理，可以在多媒体计算机及网络环境下运行的多媒体教学材料。

### 4.1.2   数字化教学资源的分类

根据《教育资源建设技术规范（征求意见稿）》，我国目前可建设的数字化资源主要包括 9 类，分别是：媒体素材（包括文本、图形/图像、音频、视频和动画）、试题库、试卷、课件与网络课件、案例、文献资料、常见问题解答、资源目录索引和网络课程。另外，还可根据实际需求，增加其他类型的资源，如电子图书、工具软件和影片等。

也可将以上这些数字化教学资源概括成三大类型：

（1）素材类教学资源：主要包括文本、图形/图像、音频、视频和动画等媒体素材。

（2）集成型教学资源：根据特定的教学目的和应用目的，将多媒体素材和资源进行有效的组织，是一种"复合型"的资源。按照这些资源的实际应用形态，又可以将其分为以下类别，即课件与网络课件、案例、操作与练习型、虚拟实验型、微世界、教育游戏类、电子期刊类、教学模拟类、教育专题网站、研究性学习专题、问题解答型、信息检索型、练习测试型、认知工具类和探究性学习对象等。

（3）网络课程：指通过网络表现的、某门学科的教学内容及实施的教学活动的总和，它包括两个组成部分：按一定的教学目标、教学策略组织起来的教学内容和网络教学支撑环境，其中网络教学支撑环境特指支持网络教学的软件工具、教学资源以及在网络教学平台上实施的教学活动。网络课程顺应人们需要终身学习这一趋势，给人们随时获取新知识提供了便利和强有力的支持。

### 4.1.3   数字化教学资源的特点

数字化教学资源的开发以多媒体和网络技术为基础。与传统的教学资源相比，数字化教学资源有以下几个方面的特点：

（1）处理技术数字化：数字化处理技术将声音、文本、图形、图像、动画等音频、视频信号经过转换器抽样量化，使其由模拟信号转换成数字信号。数字信号的可靠性远比模拟信号高，对它进行纠错处理也容易实现。

（2）处理方式多媒体化：指利用多媒体计算机技术存储、传输、处理多种媒体形成的教学资源。与传统的纯文字或图片处理信息的方式相比，经多媒体计算机处理的教学资源更加丰富多彩。

（3）信息传输网络化：数字化教学资源可以通过网络实现远程传输，学习者可以在异地任何一台可上网的计算机上获取自己需要的信息。

（4）学习资源系列化：指数字化教学资源可由资源管理人员或教学人员对其进行系统分类，在教学过程中向不同的学习者提供不同系列的教学信息。

（5）使用过程智能化：指教学资源可根据不同学生的特点选择最恰当的教学内容和教学方法，并对学生进行有针对性的个别指导。

（6）资源建设可操作化：指教学资源允许学生和教师运用多种信息处理方式对其进行运用和再创造，师生还可将自己制作的资源（如电子作业）加入数字化资源库中。

## 4.2　网络数字资源检索

随着 Internet 和计算机的普及，网络拓展了人们共享信息的空间。信息资源丰富化、多样化和复杂化，怎样才能从繁多复杂的信息资源中获取我们需要的信息，快速检索需要的信息显得尤为重要。

### 4.2.1　基于网络搜索引擎的信息检索

1. 搜索引擎类型

互联网为我们提供了丰富的资源，我们如何快速地获取相应的资源呢？最常用的就是搜索引擎技术。搜索引擎是 Web 服务中使用频率最高的一项技术，它将各个网站中的信息搜集起来并按某种方式加工处理后建立信息数据库和索引数据库。然后根据用户的检索词条在提供的搜索服务器上搜索并将结果反馈给用户。搜索引擎目前有三大类：元搜索引擎、目录型搜索引擎、全文搜索引擎。

（1）元搜索引擎依据用户的检索词条同时在多个搜索引擎中进行检索，提高了网络搜索的效率，国内比较具有代表性的元数据搜索引擎是 360 搜索。

（2）目录型搜索引擎是通过人工或半人工的方式将获取的网络信息按信息类别进行分类整理，形成分门别类的网站目录的链接索引。目录搜索引擎虽然有搜索功能，但严格意义上不能称为真正的搜索引擎，只是按目录分类的网站链接列表。该类搜索引擎因为加入了人的智能，所以信息准确、导航质量高，缺点是需要人工介入、维护量大、信息量少、信息更新不及时。目前目录型搜索引擎在一些学术性网站中用得比较多，比如知网数字图书馆、谷粉学术等。

（3）全文搜索引擎是目前广泛应用的主流搜索引擎，它是通过蜘蛛（Spider）程序或机器人（Robot）程序，根据网站链接自动获取网页信息内容，并按某种规则加工整理成实时更新的数据库，检索与用户关键词相匹配的记录并将检索结果返回给用户。比较具有代表性的全文搜索引擎有谷歌（Google）、百度（Baidu）。

2. 网络资源检索

可以搜索网络信息的各类搜索引擎很多，比如百度、必应、搜狗、360 搜索等，它们的搜索方式都比较类似。以百度为例，在搜索之前先确定好需要搜索的关键词。关键词可以是一个也可以是多个，通过多个关键词可以缩小检索范围，使检索结果更有效，关键词之间以空格隔开。在浏览器的地址栏输入 http://www.baidu.com，如图 4-1 所示。例如：搜索人工智能智能在教育技术中的应用，那么我们可以提炼出两个关键词——人工智能和教育技术。然后在搜索框中输入"人工智能 教育技术"，点击"百度一下"，即可检索出我们需要的结果。如果我们要搜索相关的学术论文，可以点击"更多"，选择其中的"学术"，输入关键词，如图 4-2 所示，即可搜索相关论文。

图 4-1　百度界面

图 4-2　百度学术搜索界面

在图 4-1 的"更多"中，我们可以根据需要去进行分类搜索，比如翻译、学术、文库、百科、知道、健康、音乐等。点击"设置"，我们可以进行搜索设置、高级搜索、开启热搜等，如通过高级检索，可以设置包含哪些关键词，不包含哪些关键词，以此来缩小检索范围。

3. 按文件格式检索资料

（1）"filetype"格式搜索。如果我们希望搜索教案、论文或者演示文稿，如 doc、docx、pptx、pdf 等格式的文件。以百度为例：在搜索框输入"人工智能教育技术"，然后输入一个空格，再输入 filetype:doc，就可以

按文件格式检索资料

搜索出与检索词相关的 Word 文档。这种搜索方法适合各类搜索引擎，如百度、搜狗、360 浏览器等。

（2）搜索图片资源。在制作教学相关资料的过程中，图片是一个必不可少的元素，我们如何结合教学内容，去找到与内容相匹配的图片素材呢？

1）使用各大搜索引擎。目前，各大搜索引擎（百度、搜狗、360 搜索）的图片搜索功能都能进行图片的检索。在查找图片时，设定的关键词很重要，可以根据查找图片内容来设置相应的关键词进行检索。

2）使用专业化的图库检索。在百度、360 搜索等搜索引擎中搜索关键词"图库"，可以检索到网上较流行的一些图库网站，如昵图网、千图网等。在这些图库网中可以找到相关的图片，但是在使用时应遵守网站中关于使用相关图片的版权问题。网上也有一些免费的图片网站，如全球最大的三个免费图片网站：Pixabay、Pexels、Unsplash。

3）以图搜图。当现有的图片分辨率太低、不清晰的情况下，我们要查找与现有图片类似

的图片时，可以通过"以图搜图"来实现。在百度、必应可视化搜索、搜狗图片搜索都可以实现以图搜图。以百度为例，点击搜索框旁边的 📷，输入现有图片的网址或者上传已有的图片，即可搜索到相类似的图片及图片的相关信息。

4）动态图片搜索。在教学中为了生动地展示某一个教学内容，如化学的分子模型、物理中的一些物理现象、数学中的图形动态分析、体育运用中的一些动作演示。我们在百度图片搜索框中输入关键词，然后输入一个空格，再加上"动图"，即可搜索相关的动态图片。

5）3D 图片搜索。在教学资料的准备过程中，我们为了使内容更形象，有些会需要一些立体的图像。在百度图片检索中，输入关键词，然后输入一个空格，再加上"3D"，即可搜索相关的立体图片。

（3）音乐资源检索。音乐类的网站很多，比如我们常使用百度音乐、QQ 音乐、酷狗音乐等。我们可以根据需要下载相关的音乐。在使用音乐时我们也注意到音乐的版权问题。在"爱给网"中，为用户提供了大量的免费音乐和视频供用户下载。

4. 视频资源及获取

21 世纪是数字化、网络化的时代。随着网络宽带的不断提速，流媒体技术、视频压缩技术的快速发展，网络环境下的视频传输难题已被迎刃而解。

视频资源的获取

（1）教学课程视频资源。随着视频公开课、微课、慕课的出现，诞生了一批专门用于教学的网站，如网易公开课、中国大学慕课、爱课程、国家中小学智慧教育平台、国家智慧教育公共平台、K12 教学空间、TED 等教学网站。

（2）常用的视频网站。常用的视频网站有优酷、爱奇艺、腾讯视频、哔哩哔哩、抖音、西瓜视频、人民视频等。随着网络速度的快速提升，短视频的迅速传播和普及，使得人人都可以是视频的制作者和传播者，诞生了一批视频网站，从这些视频网站中可以获取用于我们学习和教学的视频素材。

（3）利用视频网站的客户端软件获取。目前各大平台（如腾讯视频、优酷、土豆网、爱奇艺）拥有很多与教育有关的教育视频资源，有效地运用教学视频资源丰富我们的课堂教学非常有必要，这些平台都有自己的客户端软件，通过客户端软件可以把需要的视频下载到电脑的客户端。

（4）利用第三方软件获取视频。由于各视频网站的客户端软件并不兼容，这给我们下载不同视频网站的资源带来了不便，我们可以借助第三方软件来下载视频。常用的第三方视频下载软件有维棠、迅雷等。维棠支持 200 多个网站视频的下载，并提供下载合并转换一站式服务。

进入维棠官方网站下载并安装维棠软件，打开软件，如图 4-3 所示。在维棠支持下载的网站中找到要下载的视频并复制视频网址，单击软件界面的"下载"页面中的"新建"，出现如图 4-4 所示的界面，将视频网址复制到"下载链接"，然后单击"立即下载"即可。

另外可以安装维棠的浏览器插件，在官网上下载插件并安装后，在浏览器中出现维棠的插件图标，进入维棠支持的视频网站，找到需要下载的视频，在视频播放过程中将鼠标移到播放的视频中，即可出现"维棠下载"，如图 4-5 所示。单击"维棠下载"，在弹出的窗口中单击"打开维棠视频"，进入到"新建任务"界面，单击"立即下载"即可。

（5）使用火狐浏览器下载视频。在火狐浏览器中安装 Video Download Hepler 插件，安装之后该插件会自动检测网页中是否有视频。当检测到有视频时，该插件会转动，点击转动图标的下拉箭头下载视频即可。

图 4-3　维棠界面

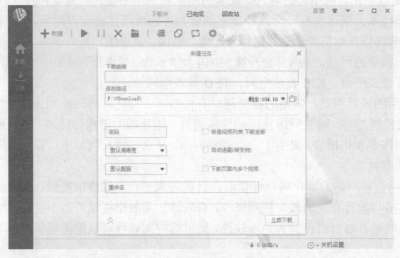

图 4-4　维棠"新建任务"下载界面

图 4-5　用维棠插件下载视频

### 4.2.2　基于移动互联的信息检索

移动端的信息检索

手机已成为人们生活、学习、工作中的一部分，利用手机检索信息也成了人们一种常用的方式。

**1. 手机上的微信搜索功能**

微信是我们目前交流的一种主要通信工具，也是我们可以获取资源的一个工具。通过微信的搜索，我们不仅可以搜索与联系人的聊天记录，还可以搜索包括朋友圈及其他公众号中的相关信息。

（1）搜索文章或视频。例如：搜索"一村一幼政策"。打开微信中的搜索栏，输入"一村一幼政策"以后，首先呈现的是你的聊天记录以及你关注的公众号内的关于该关键词的信息内容，点击"搜索"，出现如图 4-6 所示的内容，与检索内容相关的视频、文章、公众号、小程序等即呈现出来，即可找到需要的内容。

（2）搜索聊天记录。同时我们也可以某个朋友、微信群的信息进行检索。打开朋友或微信群的聊天界面，点击右上角的"…"图标，然后点击"查看聊天记录"，在出现的搜索界面输入关键词即可进行搜索，同时可以根据聊天记录的类型进行搜索，比如图片、视频、文件、链接等。

（3）搜索小程序。启动微信，在微信界面，用手往下滑动，即可出现最近使用的小程序界面，如图 4-7 所示。在搜索框中输入小程序的名字即可找到相应的小程序。

图 4-6　"一村一幼政策"搜索

图 4-7　小程序搜索界面

2. 浏览器搜索

使用浏览器搜索相关资源是一种主要的途径，在手机端我们也可以使用手机上的浏览器实现资源的检索，使用方式与电脑端的浏览器相类似。在手机端使用浏览器进行检索，我们不仅可以通过语音检索，也可以通过"扫一扫"进行检索。

### 4.2.3　专用资源数据库资源

1. 数字化图书馆

将数字化技术运用到图书馆的各项业务中，实现了电子图书的数字化查询、阅读，克服了传统图书印刷的限制，不再受时空的约束，极大地方便了读者的阅读和使用，扩大了知识的传播范围。数字图书馆除了电子图书外，还有电子期刊、报纸、论文、古籍等其他类别的数字资源。常见的数字化图书馆有中国国家数字化图书馆、超星数字图书馆、世界数字图书馆等。在浏览器中输入中国国家数字图书馆的网址（http://www.nlc.cn），如图 4-8 所示。在搜索框中输入关键词，点击"检索"即可，在出现的检索结果界面可以再点击"高级检索"，设置条件，缩小检索范围。

图 4-8　中国国家数字图书馆

2. 数字化学术期刊库

学术期刊是知识传播和科研成果展示的重要平台，便捷的数字学术期刊资源库使我们查阅相关资料变得更加便利。数字化学术期刊是一种将数字化技术运用于期刊的各项服务，按一定规则组织、存储的便于读者查询与使用文献的一种网络数据库。比较具有代表性数字化学术期刊数据库有中国知网、万方、维普、超星、国家哲学社会科学学术期刊数据库、读秀、人大复印报刊资料等资源库。

中国知网（CNKI）始建于 1999 年 6 月，知网是国家知识基础设施（National Knowledge Infrastructure，NKI）的概念，由世界银行于 1998 年提出。CNKI 工程是以实现全社会知识资源传播共享与增值利用为目标的信息化建设项目。中国知网已经发展成为集期刊、博士论文、硕士论文、会议论文、报纸、工具书、年鉴、专利、标准、国学、海外文献资源为一体的、具有国际领先水平的网络出版平台。在浏览器中输入中国知网的网址，进入知网首页。中国知网首页根据读者检索需求不同，提供文献检索、知识元检索、引文检索三种检索功能，其中，文献检索功能提供单库检索、跨库检索、简单检索、高级检索、出版物检索等多种检索方式入口。另外，通过单库检索、高级检索页面读者可进入专业检索页面。

　　点击"高级检索"，再点击"学术期刊"，进入如图4-9所示界面。通过"+"或者"-"可以增加检索的关键词，检索的主题可以是作者、期刊名称、通讯作者、篇名等，可以设置检索论文发表的时间范围，也可以筛选论文的来源类别，以此来缩小检索范围。

图 4-9　中国知网高级检索界面

　　以检索"人工智能在教育技术中的运用"为例，在中国知网中检索相关论文。在主题中输入检索词"人工智能教育技术"，点击"检索"。在检索的结果中进行数据处理。

　　（1）批量下载。选择需要下载的文章，点击批量下载，结合知网的"知网研学"（原 E-study）客户端，即可将 CNKI 检索导出的题录批量导入知网研学桌面端，在本地进行管理和阅读，如图 4-10 所示。

图 4-10　知网研学中导入下载的文献

（2）导出与分析。

1）导出文献。可以对查阅的文献直接导出，点击"导出与分析"中的"导出文献"，选择需要导出的格式，即可导出查询的相关文献。

2）可视化分析。可以对查询的文献进行分析，点击"导出与分析"中的"可视化分析"，选择"全部检索结果分析"，即可得到该检索结果的总体趋势、主要主题、次要主题、学科、研究层次、期刊等的数据分析，如图 4-11 所示。

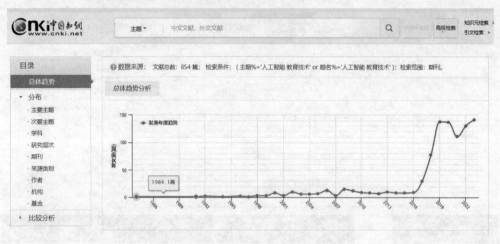

图 4-11　可视化分析界面

## 4.3　数字化教学资源的编辑与处理

文字、声音、视频、动画构成了我们的教学资源，下面将对这些资源的格式、获取及处理进行介绍。

### 4.3.1　文字资源的编辑与处理

1. 文字资源概述

文本呈现有多种形式，如电子书、Word 文本、记事本文档等，它们承载教学、研究、生活与学习等多方面信息。常用的文本格式包括 txt、docx、wps、wri、rtf、pdf 等。获取文字的主要方式有键盘直接输入、采用 OCR 等识别技术将图像文本转换为文本文字（如 QQ 的屏幕识图、手机相机的 AI 文字识别等）、将 PDF 文件转换成 Word 文档（Adobe AcrobatPro）、利用语音录入技术输入文字素材、复制其他文件或者网络中的资源等。

2. 文字资源处理

常用的文字资源处理工具有 Word、WPS，我们经常用 Word、WPS 来编辑教案和学术论文。对文字的基本输入、修改在此不再做过多的阐述，下面将着重讲如何对我们的教案或学术论文的样式、目录的自动生成、页眉/页脚等功能以 Word 软件为例进行简单的介绍。

（1）样式设置。在 Word 中根据需要设置相应的样式可以使我们对文字的处理达到事半功倍的效果，尤其在处理较长篇幅的文字时。对标题和正文设置相应的样式格式，可以使后期正文格式的修改变得更简单。

1）打开"样式"的设置版面，如果显示的只是部分样式，点击"选项"，选择要显示的样式中的"所有样式"，如图 4-12 所示，点击"确定"按钮。

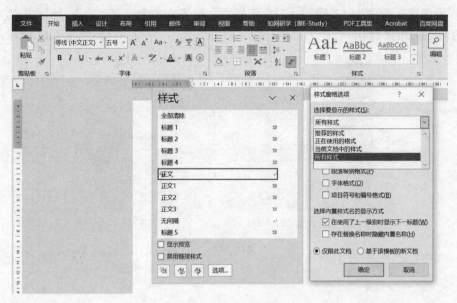

图 4-12　样式窗格

2）设置多级列表。点击"开始"→"段落"→"多级列表"→"定义新的多级列表"，在弹出的窗口分别设置 1、2、3 级列表为"第 1 章""1.1.""1.1.1"，同时设置编号级别、位置及显示的格式，如图 4-13 所示。

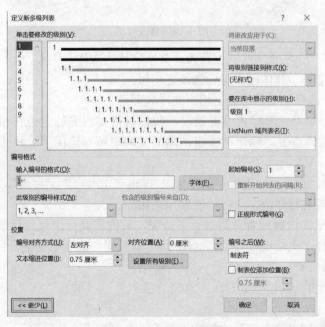

图 4-13　多级列表设置

3）设置标题 1、标题 2、标题 3 的样式。将光标移到"样式"中的"标题 1"，右击并在弹出的快捷菜单中选择"修改"，在弹出的"修改样式"对话框中设置标题 1 的字体为黑体、大小为 3 号、段前段后距离为 12 磅、行距为 1.5 倍，对齐方式为"居中"；标题 2 的字体大小为 4 号，段前段后距离为 12 磅、行距单倍行距、对齐方式为"左对齐"；标题 3 的字体为 4 号，段前段后的距离为 0，行距为单倍行距、对齐方式为"左对齐"，如图 4-14 所示。

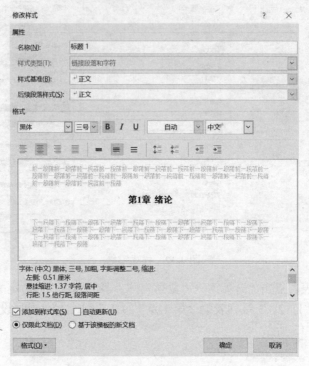

图 4-14　修改样式

4）设置正文样式。将正文样式设置为：文字字体为宋体、字号为小四号、行距为单倍行距、首行缩进 2 个字符。具体操作与标题设置相似。

5）运用样式。选择文字，再点击相应的样式即可。

6）修改样式。如果发现样式设置错误，我们只需要将光标定位在相应的样式，右击并选择"修改"，修改后点击"确定"按钮，然后文章中所有运用了此样式的文字的样式都被修改了。

（2）插入目录。点击"引用"中的"目录"，再点击"自定义目录"，如图 4-15 所示，并对格式、显示级别等进行修改，点击"确定"按钮。

如果后期对文章的内容或者页码进行了改变，只需将光标定位到目录，然后右击并在弹出的快捷菜单中选择"更新域"，然后选择"只更新页码"或者更新整个目录即可。

（3）设置页眉页脚。

1）设置页眉。将光标定位到目录，点击"插入"→"页眉"→"编辑页眉"，在页眉输入"目录"。

然后将光标定位到"第 1 章"的句首，点击"布局"→"分隔符"→"下一页"。

双击"页眉"，点击如图 4-16 所示中的"链接到前一节"，取消与上一节的链接。然后将"目录"修改为"第 1 章绪论"。后面章节的页眉设置步骤类似。

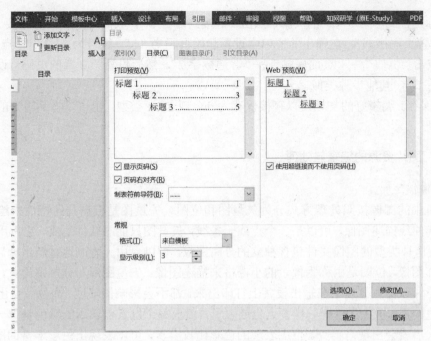

图 4-15 插入目录

图 4-16 取消"链接到前一节"

2)设置页脚。将光标定位到目录,点击"插入"→"页眉"→"编辑页脚",再点击"页码"→"设置页码格式",设置如图 4-17 所示,点击"确定"按钮。再点击"页码"→"页面底端"→"普通数字 2"。

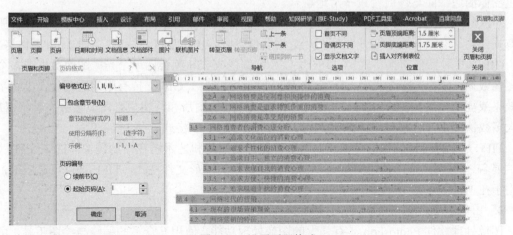

图 4-17 设置页码格式

将光标定位到"第1章"的页脚,点击"链接到前一节",取消与上一节的链接。点击"页码"→"设置页码格式",在弹出的窗口中设置起始页码为"1",编号为"1,2,3",点击"确定"按钮。再点击"页码"→"页面底端"→"普通数字2"。然后设置第2章的页码,设置页码编号为"续前节",其他步骤类似。

(4)保存。编辑好的文档可以直接保存为doc或docx类型,也可以将编辑好的文档导出为pdf类型。

### 4.3.2 图片资源的编辑与处理

1. 图像概述

计算机中的图像按照处理方式分为矢量图和位图。矢量图是根据几何特性来绘制图形,是用线段和曲线描述图像,可以是一个点或一条线,矢量图只能靠软件生成,它占用内在空间较小,因为这种类型的图像文件包含独立的分离图像,可以自由无限制地重新组合。位图图像也称为点阵图像,位图是由称为像素的小栅格来描述图像。矢量图形与分辨率无关,将它缩放到任意大小和以任意分辨率在输出设备上打印出来,都不会影响清晰度,而位图是由一个一个像素点产生的,在放大图像时,像素点也放大了,由于每个像素点表示的颜色是单一的,所以在位图放大后就会出现马赛克。位图表现的色彩比较丰富,可以表现出色彩丰富的图像,可逼真表现自然界各类实物;而矢量图形色彩不丰富,因此矢量图常常用来表示标识、图标、Logo等简单直接的图像。

图像资源我们可以通过网络中的检索、图库等获取,也可以利用相机、手机拍摄图片,还可以通过截图等方式来获取图像。例如:利用键盘上的PrtSc键或者Alt+PrtSc组合键截屏,使用红蜻蜓抓图精灵或Snagit等专业的抓图软件。

2. 图像文件的类型

我们常用的位图文件类型有BMP、PNG、JPEG、JPG、GIF、TIFF等。

BMP(全称Bitmap)是Windows操作系统中的标准图像文件格式,它与其他Microsoft Windows程序兼容。它不支持文件压缩,文件比较大。BMP文件不受Web浏览器支持。

PNG是一种可移植网络图形,它支持高级别无损耗压缩,体积小,支持透明效果,使得彩色图像的边缘能与任何背景平滑地融合。

JPEG即联合摄影专家组,它是与平台无关的格式,支持最高级别的压缩,不过这种压缩是有损耗的,有损耗压缩会使原始图片数据质量下降。JPG是目前使用广泛的一种图像格式。

GIF是一种图形交换格式,GIF图片以8位颜色或256色存储单个光栅图像数据或多个光栅图像数据。GIF支持透明度、压缩、交错和多图像图片。GIF支持有限的透明度,没有半透明效果或褪色效果。GIF只支持256色调色板,详细的图片和写实摄影图像会丢失颜色信息,在大多数情况下,无损耗压缩效果不如JPEG格式或PNG格式。

TIFF是一种标记图像文件格式,用来存储包括照片和艺术图在内的图像,TIFF文件以.tif为扩展名。TIFF被认为是印刷行业中受到支持最广的图形文件格式。TIFF支持可选压缩,不适用于在Web浏览器中查看。

3. 图像资源的处理

图像处理软件Photoshop具有强大的图像处理功能,使用其众多的编修与绘图工具,可以有效地进行图片编辑工作,能够完成图像合成、图像绘制、图像色彩校正等。

（1）图层的使用。通俗地讲，图层就像是含有文字或图形等元素的胶片，一张张按顺序叠放在一起，组合起来形成的最终效果。各图层之间相互独立，对一个图层的操作不会影响其他图层。

图层的使用

 **知识案例**

将图 4-18、图 4-19 通过适当处理，把花和蝴蝶整合在一张图片中，效果如图 4-20 所示。

图 4-18　素材"花"　　　　图 4-19　素材"蝴蝶"　　　　图 4-20　完成效果图

1）运行 Photoshop，单击"文件"→"打开"，打开素材"花"。

2）将图片"花"作为当前图层，按 Ctrl+A 组合键选择，按 Ctrl+C 组合键复制图片。

3）点击"文件"中的"新建"，新建一个文档，新建的文档会有一个默认的锁定背景图层。

4）按 Ctrl+V 组合键粘贴图片，会增加一个图层"图层 1"，然后以同样的方法将"蝴蝶"复制并粘贴到新建的文档中，这时会增加一个图层"图层 2"，如图 4-21 所示。双击"图层 1"，将"图层 1"改为"花"，将"图层 2"改为"蝴蝶"。

图 4-21　增加图层

5）让"蝴蝶"处于当前图层，并删除"蝴蝶"的背景。选择"魔棒"工具，点击"蝴蝶"中的白色部分，按 Delete 键，删除白色。

6）调整"蝴蝶大小"。选择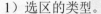移动图标，拖动"蝴蝶"到合适的位置。点击"编辑"中的"缩放"，适当放大"蝴蝶"。

7）复制"蝴蝶"层。选中"蝴蝶"层，按住鼠标左键不放，拖动到 创建新图层图标，松开鼠标左键，创建"蝴蝶"的拷贝层。点击"编辑"→"缩放"，适当缩小"蝴蝶"，然后再点击"编辑"→"变换"→"水平翻转"，然后再适当调整蝴蝶的位置，最后如图 4-22 所示。

图 4-22　合成效果图

8）保存文档。为了便于后期修改，建议将文件分别保存为 PSD 格式和 JPG 或 PNG 格式。PSD 格式便于后期对图片进行修改，JPG 便于我们后期的使用。点击"文件"→"存储"，输入文件名的格式为 PSD。再点击"文件"→"存储为"，输入文件名，保存为 JPG 格式。

（2）选区的操作。在图片处理过程中，我们经常会根据需要对图片进行选择操作，由于图片不同，比如有的边界清晰、有的背景颜色单一等因素，我们在面对不同的选择对象时可以根据需要选择不同的工具来实现。

1）选区的类型。

选框工具。选框工具包含矩形选框工具、椭圆选框工具、单行选框工具和单列选框工具。对于规则的图像我们可以使用矩形选框或者椭圆选框工具。矩形选框工具在选择过程中按住 Shift 键，可以建立正方形选区，按住 Alt 键可以从中心开始绘制选区。椭圆选框工具在选择过程中按住 Shift 键，可以建立圆形选区，按住 Alt 键可以从中心开始绘制选区。单行和单列选框工具可以建立一个像素宽的水平或垂直选区，这两个工具一般用来添加直线。

套索工具。套索工具包含套索工具、多边形套索工具和磁性套索工具。套索工具对选区要求精度不高的情况下可以建立任意不规则的选区，起点与终点闭合即创建了一个选区。多边形套索工具是用于创建棱角分明的多边形规则选区，在使用过程中按住 Alt 键可以实现在套索工具之间转换。磁性套索工具用于精确选择任意不规则选区，是一种能自动识别边缘的套索工具，使用方法为在图像上单击选区的起点，然后在选区的边缘拖动鼠标，选框线会自动吸附到图案的边缘，当回到起点时，出现表示汇合的小圆圈时，单击即创建了选区，在选择过程中如果有误，可以通过按 Delete 键删除已选择的边缘，通过按 Alt 键可以实现与多边形选择工具进行切换。如图 4-23 所示，用磁性套索工具快速选择边缘比较清晰的花朵。

图 4-23　用磁性套索工具选择花朵

魔棒工具。魔棒工具适用于选区背景色为纯色或比较单一的颜色，并且被选图像与背景色具有较大反差的图像。可以通过魔棒工具选项中的"容差"来设置色彩的选区范围，通过"连续"选项来设置是选择图片中一个区域的颜色还是当前图层图片中的相同颜色，通过"对所有图层取样"选项来设置是否选择整个图层中相同的颜色。通过"选择"中的"反向"可以实现背景与图像之间选区的切换。

快速选择工具。快速选择工具的功能非常强大，给用户提供了快速创建选区的方法。快速选择工具与魔棒工具归为一组，可以快速创建选区对象，比魔棒工具的使用范围更广。只要选择该工具，在被选对象内随意勾画，即可初步做出选区。快速选择工具是基于画笔的，如果选取离边缘比较远的较大区域，可以把画笔的大小设置大一些。

色彩范围。通过"选择"菜单中的"色彩范围"也可以来定义选区范围，范围是根据容差的设定来增加或者减少选区。

2）选区的组合方式。选区的组合方式有新选区、添加到选区、从选区中减去、与选区相交四种。

● "新选区"选项█：选中此选项后，原有选区被取消，只保留新建的选区。

● "添加到选区"选项█：新旧选区组合在一起，形成新的选区。

● "从选区中减去"选项█：从原有选区中减去新旧选区重叠的部分。

● "与选区相交"选项█：只保留新旧选区重叠的部分。

在选区操作时，按住 Shift 键是选区相加，按住 Alt 键是选区相减，按住 Shift+Alt 组合键是选区相交。

3）羽化。羽化的作用是柔化和朦胧选区边缘，令选区内外衔接部分虚化，起到渐变的作用，使对象与背景较好的融合。羽化值是 0～255 之间的数字，羽化值越大，虚化范围越宽，渐变越柔和；羽化值越小，虚化范围越窄，渐变越生硬。如图 4-24 所示。左边是羽化值为 0 的效果，右边是羽化值为 50 的效果。

图 4-24　羽化值为 0 与羽化值为 50 的对比

4）案例运用。

知识案例

把如图 4-25 所示素材图片中的云和草地分割出来，并且保存为不带背景的 PNG 格式的图片。

通过分析我们可以看出这张图片中的云的颜色相对单一，选择快速选择工具比较合适。打开图片，双击"图层"面板中的"背景"，将"背景"图层转成"图层 0"。

选择"快速选择工具"，适当调整画笔的大小，在图片中云的任意位置拖动鼠标指针，形成选择区域，如图 4-26 所示。

图 4-25　"快速选择工具"素材

图 4-26　快速建立选区

通过选区相加或者相减修改选区。由于快速建立选区不是很准确，需要进行适当的删减。选择"套索"工具，按住 Alt 键删除多余的选区，按住 Shift 键添加少选的部分。

按 Ctrl+C 组合键，复制选择的云。点击"文件"中的"新建"，在"新建文档"窗口中将"背景"设置为透明，点击"创建"。按 Ctrl+V 组合键粘贴。然后点击"文件"中的"存储为"，在弹出的窗口中设置保存类型为 PNG，如图 4-27 所示，点击"保存"。

然后通过"反向"选取"草地"，以同样的方式保存即可。

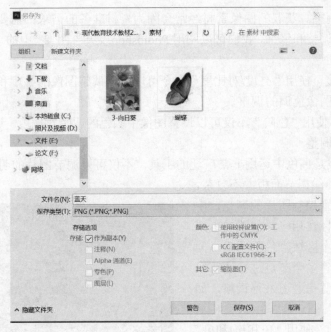

图 4-27 "另存为"对话框

 **知识案例**

改变如图 4-28 所示集装箱的颜色。

因为需要选择的物体过于复杂，这时我们使用"色彩范围"来选择比较合适。

打开图片，点击"选择"中的"色彩范围"，弹出"色彩范围"对话框，将光标移到图片上，光标变成吸管，点击要选取的颜色。

添加颜色范围。如果选择的色彩范围不够，可以通过"添加取样"或"减少取样"来实现选取，如图 4-29 所示。点击"确定"，即可建立选区。

图 4-28 "色彩范围"素材

图 4-29 "色彩范围"对话框

再通过"图像"中"调整"的"色相/饱和度"，即可修改选区的颜色。

（3）图像的调整。获取的图像素材经常会因为素材准备的需求，需要对图片的颜色等进行调整和修饰，我们可以利用 Photoshop 菜单"图像"中的"调整"来实现。

图像的调整

1）亮度/对比度。使用"亮度/对比度"命令可以整体调整图像的亮度和对比度，从而实现对图像色调的调整。

2）色阶命令。使用"色阶"不仅可以调整图像中颜色的明暗对比度，还能对图像的阴影、中间调和高光进行调整。

3）曲线。曲线是调色中运用非常广泛的工具。不仅可以调节图片的明暗，还可以用来调色、校正颜色等。曲线调节面板并不复杂，它可以由上至下分别控制图片的高光，中间调和暗部，用鼠标在相应的位置向上或向下就可以改变某个区域颜色的明暗。同时这条曲线可以创建多个节点进行调节。也可以对红、绿、蓝三通道进行调整，如图 4-30 所示。

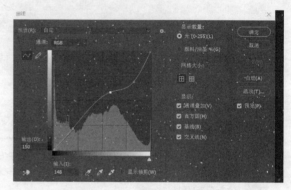

图 4-30　"曲线"对话框

4）色相/饱和度。使用"色相/饱和度"可以调整图像中特定颜色范围的色相、饱和度和明度，或者同时调整图像中的所有颜色。

5）案例应用。

知识案例

将素材"百合花"中花的颜色调整为紫色，并适当调整亮度。

打开素材"百合花"，点击"图像"→"调整"→"色相/饱和度"，如图 4-31 所示。

图 4-31　"色相/饱和度"对话框

　　拖动"色相"的滑块和"饱和度"的滑块，即可实现对百合花颜色的调整。如果只想改变图像中某些颜色，可以选择"红""黄""绿""青""蓝""洋红"和吸管来选择相应的范围设置颜色。

　　点击"图像"→"调整"→"曲线"，进行适当的调整，如图 4-32 所示。

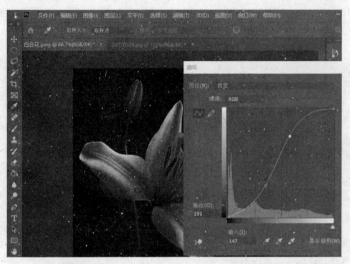

图 4-32　"百合花"曲线调整

　　（4）蒙版的使用。利用 Photoshop 的蒙版，我们可以将多张素材图片无缝拼接在一张图像中。

蒙版的使用

**知识案例**

　　利用蒙版将如图 4-33 所示的池塘 1、池塘 2、荷花、蓝天共 4 张图片组合成一张新的图片，效果如图 4-34 所示。

图 4-33　蒙版素材

图 4-34　效果图

1）打开 4 张素材图，将"池塘 2"复制到"池塘 1"中。

2）将"池塘 2"作为当前图层，在图层面板中点击添加矢量蒙版，点击图层蒙版缩略览图（缩略览图中白色为显示，黑色为不显示）。选择画笔工具，并设置画笔大小，将硬度调整为 0，把前景色设置为"黑色"，在画面上进行涂抹。

3）依次复制荷花和蓝天并创建蒙版，通过画笔设置显示部分，然后复制蓝天图层，适当调整蓝天的位置，最后如图 4-35 所示。

图 4-35　利用蒙版合成图片

4）保存图片。通过"文件"中的"存储为"将合成图片保存为文件类型为 JPG 格式的图像文件。

### 4.3.3　音频资源的编辑与处理

**1. 数字化音频概述**

数字化音频是一种利用数字化手段对声音进行录制、存放、编辑、压缩或播放的技术，它是随着数字信号处理技术、计算机技术、多媒体技术的发展而形成的一种全新的声音处理手段。计算机数据的存储是以 0、1 的形式进行的，那么数字音频就是首先将音频文件转化，接着将这些电频信号转化成二进制数据保存，播放的时候就把这些数据转换为模拟的电频信号，再送到喇叭播出。数字声音和一般磁带、广播、电视中的声音就存储播放方式而言有着本质区别。相比而言，它具有存储方便、存储成本低廉、存储和传输的过程中没有声音的失真、编辑和处理非常方便等特点。关于数字化音频的几个专业术语如下：

（1）采样率：简单地说就是通过波形采样的方法记录 1 秒钟长度的声音，需要多少个数据。44kHz 采样率的声音就是要花费 44000 个数据来描述 1 秒钟的声音波形。原则上采样率越高，声音的质量越好。

（2）压缩率：通常指音乐文件压缩前和压缩后大小的比值，用来简单描述数字声音的压缩效率。

（3）比特率：是另一种数字音乐压缩效率的参考性指标，表示记录音频数据每秒钟所需要的平均比特值（比特是电脑中最小的数据单位，指一个 0 或者 1 的数），通常我们使用 Kbps（通俗地讲就是每秒钟 1024 比特）作为单位。CD 中的数字音乐比特率为 1411.2Kbps（也就是记录 1 秒钟的 CD 音乐，需要 1411.2024 比特的数据），近乎 CD 音质的 MP3 数字音乐需要的比特率是 112～128Kbps。

（4）量化级：简单地说就是描述声音波形的数据是多少位的二进制数据，通常用 bit 做单位，如 16bit、24bit。16bit 量化级记录声音的数据是用 16 位的二进制数，因此，量化级也是数字声音质量的重要指标。我们形容数字声音的质量，通常就描述为 24bit（量化级）、48kHz 采样，比如标准 CD 音乐的质量就是 16bit、44.1kHz 采样。

2．音频类型

我们常见的音频类型有 WAV、MP3、MIDI 等。

WAV：微软公司专门为 Windows 开发的一种标准数字音频文件。该文件能记录各种单声道或立体声的声音信息，并能保证声音不失真。因为 WAVE 文件是以声音的波形来表示声音的，体积大，所以在大多数情况下应把它转换为其他格式。

MP3：MP3 是 MPEG-1 LAYER3 的简写，MP3 是利用人耳对高频声音信号不敏感的特性，将时域波形信号转换成频域信号，并划分成多个频段，对不同的频段使用不同的压缩率，对高频加大压缩比，对低频信号使用小压缩比，保证信号不失真。其优点是压缩后占用空间小，适用于移动设备的存储和使用。

MIDI：乐器数字接口（Musical Instrument Digital Interface）的缩写。MIDI 是编曲界最广泛的音乐标准格式，可称为"计算机能理解的乐谱"。它用音符的数字控制信号来记录音乐。一首完整的 MIDI 音乐只有几十 KB 大，而能包含数十条音乐轨道。MIDI 传输的不是声音信号，而是音符、控制参数等指令。

各种格式之间都可以通过各种软件相互转化。但要注意转化过程可能会损失声音的质量。

3．音频资源的获取

音频资源可以从多种渠道获得，如从 Internet 上下载，用话筒录制，利用软件通过文字转换，将 CD、VCD、DVD 中的声音转换成课件中可以使用的音频素材。

4．音频资源的处理

我们通过各种方式获得音频文件，有时还需要对文件进行编辑，比如删减、插入、混入等声音处理。编辑音频文件的软件很多，如 Windows 的录音机、Cool Edit Pro、Cakewalk、Goldwave、Sound Forge、格式工厂等。在这

音频资源的处理

里，主要介绍 Cool Edit Pro 软件处理音频。Cool Edit Pro 是一款强大的音频编辑处理软件，它拥有效果出色的多轨录音功能，支持可选的插件，同时支持各种主流音频格式的互相转换，提供放大、降低噪音、压缩、扩展、回声、失真、延迟等多种特效。可以在普通声卡上同时处理多达 64 轨的音频信号，并能进行实时预览和多轨音频的混编合成。

知识案例

网上搜索《红船，从南湖起航》的演讲稿，录制一段音频文件，并对音频文件进行编辑，加入背景音乐。

（1）启动 Cool Edit Pro，如图 4-36 所示。

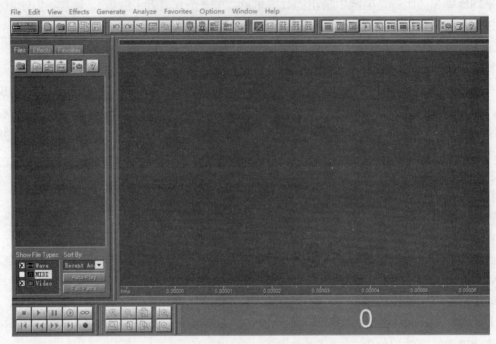

图 4-36　Cool Edit Pro 界面

（2）点击"File"中的"New"，点击录制按钮 ，录制一段音频文件。将录制的音频文件拖动到轨道 1 上，如图 4-37 所示。

图 4-37　插入配音界面

（3）编辑录制的音频文件。双击波形即可以进入声音的编辑。通过"Effect"可以对录制的声音进行放大、降噪等处理，如图 4-38 所示。

（4）插入背景音乐。点击图标 ，切换到多路视图。在轨道 2 上右击，在弹出的快捷菜单中选择"Insert"→"Wave from File"，插入背景音乐，如图 4-39 所示。

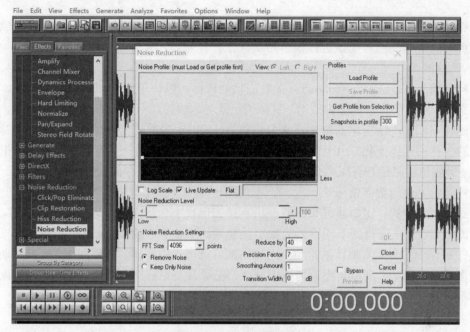

图 4-38　音频降噪界面

图 4-39　插入背景音乐

（5）编辑背景音乐。切换到背景音乐的编辑界面，根据配音的时间长短调整背景音乐的时长，删除多余部分。然后设置通过"Favorite"设置声音的淡入（Fidein）和淡出（Fideout）。

（6）保存文件。点击"File"中的"Save Fix down As"，在弹出的对话框中选择文件的保存类型为 mp3，点击"保存"。

### 4.3.4　视频资源的编辑与处理

随着翻转课堂、微课、慕课在教学中的广泛应用，视频已成为一种重要的教学呈现方式。将课程录制成视频并能对视频进行编辑是现代社会教师必须具备的一种能力。

1. 视频概述

视频（Video）泛指将一切动态影像静态化处理后，以图形形式加以捕捉、记录、存储、传输、处理，并进行动态重现的技术。视频的记录分为模拟信号记录和数字信号记录。模拟信号是由连续不断且不断变化的物理量来表示信息，其电信号的幅度、频率或相位都会随着时间和数值的变化而连续变化。由于这一特征，任何干扰都会使信号失真；数字信号与模拟信号不同，其波形幅值被限定在有限数值之内，其抗干扰能力强，便于存储、处理和传输，安全性高。数字化视频就是使用数字信号来记录、存储、编辑的视频数据。数字化视频有不同的产生方式、存储方式和播出方式。比如通过数字摄像机直接产生数字化视频信号，存储在数字带、P2卡、蓝光盘或磁盘上，从而得到不同格式的数字化视频。视频作为多媒体家族中的成员之一，在多媒体课件制作中占有非常重要的地位。因为它本身就可以由文本、图形图像、声音、动画中的一种或多种组合而成。利用其声音与画面同步、表现力强的特点，能大大提高多媒体课件的直观性和形象性。

2. 视频文件格式

常见的数字化视频文件有 AVI、MOV、FLV、WMV、MP4、RM 格式等。

AVI：英文全称为 Audio Video Interleaved，即音频视频交错格式。是将语音和影像同步组合在一起的文件格式。它对视频文件采用了一种有损压缩方式，压缩比较高。

MOV：即 QuickTime 封装格式（也叫影片格式），它是 Apple 公司开发的一种音频、视频文件封装，用于存储常用数字媒体类型。

FLV：Flash Video 的简称，FLV 流媒体格式是随着 Flash MX 的推出发展而来的视频格式。由于它形成的文件极小、加载速度极快，使得网络观看视频文件成为可能，它的出现有效地解决了视频文件导入 Flash 后，使导出的 SWF 文件体积庞大，不能在网络上很好的使用等问题。FLV 是被众多新一代视频分享网站所采用，是目前增长最快、最为广泛的视频传播格式。

WMV：Windows Media Video 的简称。是微软开发的一系列视频编解码和其相关的视频编码格式的统称，是微软 Windows 媒体框架的一部分，WMV 格式的文件可以边下载边播放，适合在网上播放和传输。

MP4：全称为 MPEG-4 Part 14，是一种使用 MPEG-4 的多媒体电脑档案格式，以储存数字音频及数字视频为主。

RM：RM 格式是 RealNetworks 公司开发的一种流媒体视频文件格式，可以根据网络数据传输的不同速率制定不同的压缩比率，从而实现低速率的 Internet 上进行视频文件的实时传送和播放。它主要包含 RealAudio、RealVideo 和 RealFlash 三部分。

3. 视频资源的获取

视频资源可以通过摄像机、手机、摄像头以及一些录屏软件来获取。另外可以借助网络已有的视频资源通过检索来获取，比如通过目前比较流行的一些视频网站如优酷、爱奇艺、腾讯视频、哔哩哔哩、抖音等来获取。另外还有很多在线学习平台如中国大学慕课、爱课程、网易公开课、国家智慧教育公共平台、学习强国等来获取优质的教学视频资源。

#### 4. 视频资源格式的转换

在进行多媒体课件制作、视频资源后期处理的过程中，为了保证其编辑软件对相应格式的支持，以及减小视频插入课件中视频数据的大小，需要对视频的格式进行转换与压缩。目前，视频格式转化的软件非常多，比如格式工厂、狸窝全能视频转换器、艾奇全能视频转换器等。

视频资源格式的转换

格式工厂是一款免费的、功能全面的格式转换软件，支持几乎所有主流媒体文件格式的转换，包括视频、音频、图片、文档等，如图 4-40 所示。对于视频文件，可以实现格式转换，也可以进行视频的合并、快速剪辑及去除水印等。

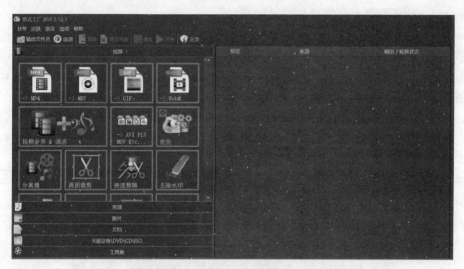

图 4-40　格式工厂界面

在进行格式转换时，可以为视频插入背景音乐。点击要转换的视频格式，在弹出的界面中点击"添加文件"，对添加的视频文件可以根据实际需要进行裁剪。点击"添加音乐"可以为视频增加背景音乐，同时可以设置背景音乐的音量大小，如图 4-41 所示。

图 4-41　格式转换界面

文件添加好后点击"确定"。然后点击开始按钮，视频格式开始转换。

5. 视频的编辑处理

对于视频的编辑，有专业级的视频编辑系统，常用的视频编辑处理软件有 Adobe Premiere、Windows Movie Maker、绘声绘影（Ulead Video Studio）、Camtasia Studio、万彩动画大师等。使用最为简单的是 Windows 系统中自带的 Windows Movie Maker。如果我们需要对视频进行字幕、特效的一些处理，可以使用 Adobe Premiere 来进行编辑，同时也可以选择绘声绘影（Ulead Video Studio）来处理和编辑。如果我们要制作用于创建慕课的视频则可使用 Camtasia Studio 来进行视频的编辑和处理。下面以 Camtasia Studio 软件为例来介绍视频的录制和处理。

Camtasia Studio 是美国 TechSmith 公司出品的屏幕录像和编辑的软件套装。软件提供了强大的屏幕录像（Camtasia Recorder）、视频的剪辑和编辑（Camtasia Studio），用户可以方便地进行屏幕操作的录制和配音、视频的剪辑和过场动画、添加测验、添加说明字幕和水印、视频压缩和播放。

（1）视频录制。使用 Camtasia Recorder 能在任何颜色模式下轻松地记录屏幕动作，包括光标的运动、菜单的选择、弹出窗口、层叠窗口、打字和其他在屏幕上看得见的所有内容。除了录制屏幕，Camtasia Record 还能够允许你在录制的时候在屏幕上画图和添加效果，以便标记出想要录制的重点内容。打开 Camtasia Recorder 或者启动 Camtasia 点击录制图标🔴，进入视频录制设置界面，如图 4-42 所示。

图 4-42　Camtasia Recorder 界面

我们需要设置录屏的范围，选择是否开启摄像头，设置声音，设置好点击录制图标█，录制结束后可以通过快捷键 F10 结束视频录制。结束录制后视频直接进入到 Camtasia 中的媒体箱中，可以对录制的视频进行编辑。

（2）视频编辑。打开软件 Camtasia，如图 4-43 所示，在素材箱中添加需要的媒体素材，如视频、图像、声音。

导入素材。将加入的素材根据需要拖到轨道中。Camtasia 中默认有 2 个轨道，可以根据需要点击添加轨道图标█，同时可以对轨道实现删除、改名或锁定轨道等。

分离声音。当视频的声音不满足我们的需求或者想对视频声音进行编辑，我们可以将视频中的声音分离出来，在轨道上选择要分离的视频并右键，在弹出的快捷菜单中选择"分离音频和视频"，如图 4-44 所示。分离后的视频放在轨道 2 中。

改变视频的时间长。视频的长度可以根据需要延长或者压缩，也可以延长图片的呈现时间。选择轨道中的视频，将鼠标指针移动到视频文件的左边或者右边，出现水平方向的箭头，按住鼠标往左或往右拖动即可延长或者缩短视频的长度。

分割视频。把时间针移动到需要分割的地方，选择视频，点击分割图标█即可实现视频的分割。

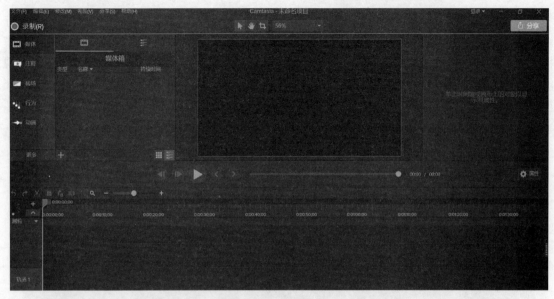

图 4-43　Camtasia 界面

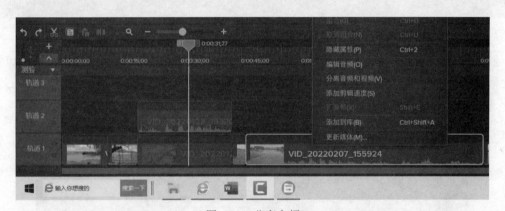

图 4-44　分离音频

剪切视频。对于拍摄的视频，其中一段我们需要删除，在时间针的左边有个绿色的滑块，点击绿色的滑块，确定删除视频的起点，按住红色滑块拖动，确定删除视频的终点，如图 4-45 所示。蓝色的区域即是被选中的视频片段，然后鼠标右键，在弹出的菜单中点击"删除"或"剪切"。如果不想对选择的区域操作，在绿色滑块与红色滑块之间的空白处双击即可。

图 4-45　选择要删除的视频

　　给视频添加注释。注释中包含标注、箭头与线条、模糊与高亮、草图运动图标、按键标注。我们可以根据需要在视频中添加相关的元素。比如我们要对视频中的某个人物画面进行模糊处理，点击"模糊与高亮"，拖动模糊图标到相应的轨道，可以根据需要调整模糊图标出现的时长，在预览窗口中将模糊图像拖到需要遮住的对象，并调整模糊图像的大小，如图 4-46 所示。在右边的属性框中可以进行相应的设置。

图 4-46　给视频添加模糊效果

　　添加视频转场效果。为了让视频从上一段视频向下一段视频平稳地过渡，我们可以在视频之间使用一些转场效果。选择要转场的效果，按住鼠标拖动到视频之间，则添加了转场效果，如图 4-47 所示。

图 4-47　给视频添加转场效果

　　给视频添加行为。给视频添加行为可以给相应的视频增加比如缩放、弹跳这样的播放效果，使视频更加生动形象。比如要给视频增加滑动的行为，拖动"滑动"到相应的视频，在右边的属性窗口中进行设置，如图 4-48 所示。

图 4-48　给视频添加行为

给视频添加动画。通过给视频添加动画，可以使动画更加生动形象，比如动画中的缩放功能，通过调整画面中的不同对象进行放大，使视频更加形象。如图 4-49 所示，通过移动缩放和平移缩略图中的矩形框，可以调整缩放的画面，同时调整轨道中视频的时间针来实现画面中的缩放。图中的箭头代表了缩放的时长。

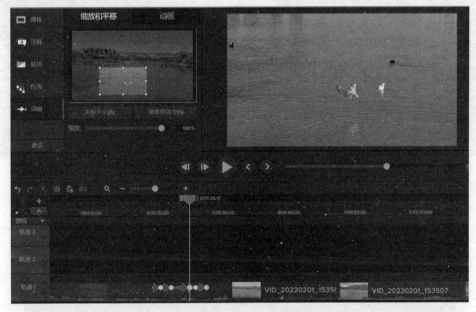

图 4-49　给视频添加动画

给视频添加指针效果。如果在视频中有鼠标的操作过程，则可以设置鼠标动作效果，比如右键、左键等。

给视频增加视觉效果。可以根据需要添加视频效果，其中的"删除颜色"可以实现给视频抠图，为了保证抠图效果，建议在录制时背景使用绿色幕布。

给视频添加交互式功能。在制作慕课过程中，我们可以在视频中添加选择题、判断题、问答题等，这样有助于学生对知识的掌握，如图 4-50 所示。在属性中设置问题、答案。在"显示反馈"中可以设置学生回答正确的反馈和学生回答错误的反馈，有助于加强学生的学习效果。

给视频添加字幕。第一种方式是直接添加字幕，将时间针定位到需要插入字幕的地方，然后点击"添加字幕"，并在"输入字幕文本"中输入文字，如图 4-51 所示，然后调整字幕出现的时间。第二种方式是听音同步。将时间针定位到需要插入字幕的地方，点击"添加字幕"，并在"输入字幕文本"中一次性输入所有的文本内容，然后点击脚本选项图标⚙，选择同步字幕，在出现的对话框中点击"继续"，视频就会开始播放，在播放过程中，当听到一句话结束后，用鼠标指针在字幕文本框中单击下一句开始的单词，就会创建一个新的字幕。重复这样的操作就会把全部文本分割为若干个新的字幕，并实现字幕与画面、音频同步。第三种方式是自动语音文本识别。点击脚本选项图标⚙，选择"语音转文字"，第一次使用时会弹出进行语音训练的界面，通过训练使计算机更准确地识别讲话的内容，设置好后点击"继续"，开始进行语音到文字的转化，当转化完成后，字幕就会出现在轨道中。后期可以对字幕内容进行修改。

图 4-50　给视频添加交互式功能

图 4-51　添加字幕

　　给视频添加背景音乐。对于制作好的视频我们可以增加背景音乐，选择背景音乐，将其拖放在轨道上，并根据视频的时间设置音乐的长度即可。

　　发布视频。视频制作好后就可以进行发布了，点击菜单中的"分享"，根据需要选择类型，一般情况下选择"本地文件"，出现一个"生成导向"对话框，根据提示进行相应设置，设置生成的视频格式，点击"完成"即可。

### 人眼的视觉惰性

当有光脉冲刺激人眼时，视觉的建立和消失都需要一定的过程，即具有一定的惰性。光源消失以后，景物影像会在视觉中保留一段时间，称为视觉暂留或视觉惰性现象。视觉暂留时间为 0.05～0.2 秒。实验表明，若景物以间歇性光亮重复呈现，只要重复频率大于 20Hz，视觉上始终保留景物存在的印象。该重复频率称为融合频率。人眼感觉的连续性是活动画面有连续感的前提。在荧光屏上，电视图像是几十万个像素按顺序轮流发光形成的，然后人们看到的是每幅完整的画面在整体发光，获得一幅幅连续画面印象的感觉，这正是视觉暂留效应的结果。

## 4.4　数字化资源的管理

随着知识爆炸时代的到来，教学资源也与日俱增，面对数量巨大的教学资源，当获取、加工或处理资源后，如何对其进行鉴别和保存，是教学资源利用的首要问题。这里的保存，不是简单的文件保存，而是要考虑如何进行有效的管理，在使用时可以快速地找到。事实上，凡是资源，都会涉及管理的问题。因此，本节主要就本地教学资源的管理和网络教学资源这两个方面进行介绍。

### 4.4.1　教学资源的管理原则

教师和学生都拥有丰富的、个性化的各种形式的教学资源。不论其来源如何，教师或学生对个人的教学资源进行有效的管理和利用，将极大地促进教/学的效果。

管理是组织的管理者在特定的环境中，应用一定的方法和原理，引导组织中的被管理者有序的行动，从而使有限的资源得到合理的配置并发挥作用，以达到预期的目标。在教学资源的管理中，同样也有一些重要的原则。

#### 1. 系统性

教学资源分为不同的种类，因而在教学中可能会有不同种类的教学资源，如文本资源（课本、教参、辅导书）、视频图像资源（幻灯、投影、录像、课件）、综合资源（网络课程、其他网上下载的电子资料）。

种类繁多的教学资源需要进行系统的管理，否则查找会比较麻烦。对各种资源进行分类管理，是教学资源管理的重要方法。对于非电子资源，可以贴标签标识；对于电子资源，要注意设置好自己的硬盘目录结构，以便在用资源管理器进行目录浏览时一目了然。进行分类管理，有助于我们迅速检索出需要的资源。当然，分类的依据没有统一的标准，可以根据实际情况确定，可能不同的系统之间、不同的人之间有不同的分类标准。比如，对专门的资源管理系统，可以把资源按学段、学科以及媒体类型进行分类存储；对于专题性的资源可以结合专题中的问题，按其具体的要求和专题开展的进程分类。

#### 2. 安全性

除了考虑教学资源管理的系统性外，教学资源的安全性同样不可忽视。教学资源的获取，有的时候是很不容易的，还有一些资源可能丢失或遭到破坏后将无法修复。因此，在教学资源的管理过程中，要特别注意资源的安全性。首先应该防止丢失，再就是对一些重要的电子资源，最好做备份，以防止计算机系统出现故障，造成资源丢失。

### 3. 时效性

信息社会的知识更新速度非常快。过去，知识量翻番要经过几百年、几十年，现在，知识量两三年就会翻一番。现在，教材的编写速度远远跟不上知识的更新速度。这些改变对教学资源的时效性会产生直接的影响。在不同的时期，教师会慢慢积累一些教学资源，用于不同的教学目的。教师除了对这些教学资源进行系统的管理、保证教学资源的安全性以外，还有一个重要方面就是必须要关注这些教学资源的时效性。比如，有的教学资源可能过了一段时间就不再适用，而需要新的教学资源来替代；原有的教学资源分类体系可能不能满足现有的实践需要，而必须调整。教师应该定期对教学资源进行整理，判断哪些资源需要修改或删除，或者对资源进行重新分类。

### 4. 尊重知识产权

知识产权问题已经成为世界性话题，尤其是网络资源的知识产权问题日益突出。教师在获取和利用教学资源时，应该特别注意尊重著作者的知识产权，不要擅自修改、复制和传播别人的资源，尤其不能擅自用于商业用途，否则将被追究法律责任。

### 4.4.2  本地教学资源的保存

由于教学资源形式的多样性和数量的无限性，我们在检索和下载网络资源，为了充分有效地利用这些资源，要对资源进行及时评估、分类和保存。为了提高工作效率和方便利用，学习者应有目的地创建个人的教学资源中心，教学资源中心的存储目录要有清晰的分层结构，对于下载的信息资源能分门别类地存放到相应的文件夹下，确定保存有序存放，切忌随意乱存，以保证需要时可进行高效地检索和提取。对于下载时不便当场归类的文件，建议在个人教学资源中心建立一个"临时文件夹"用于过渡，但也应尽快对其进行归类清理，以确保资源的可利用性和管理的高效性。

在常用的计算机的硬盘上可以创建一个围绕学科教学的个人教学资源中心，如图 4-52 所示。

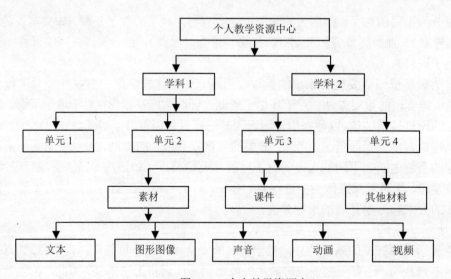

图 4-52  个人教学资源中心

在个人教学资源中心的根目录下，根据拟收藏的学科、单元、资源性质等依次创建相应的子目录，以便分类收藏相关资源，这样在需要时更加方便资源的检索。

### 4.4.3　网络教学资源的管理

网络化教学资源类型丰富多样，有限的磁盘空间使我们无法将资源都保存到本地电脑。网络化教学资源如何存储、管理，成为网络时代人们考虑的现实问题。那么如何通过快捷、便利的方式保存网络资源便于以后教学中的查找和使用呢？

1. 利用网盘存储学习资源

网盘，又称网络 U 盘、网络硬盘，是由互联网公司推出的在线存储服务，服务器机房为用户划分一定的磁盘空间，为用户免费或收费提供文件的存储、访问、备份、共享等文件管理等功能，并且拥有世界各地的容灾备份。用户可以把网盘看成一个放在网络上的硬盘或 U 盘，不管你是在家中、单位或其他任何地方，只要你连接到因特网，你就可以管理、编辑网盘里的文件。不需要随身携带，更不怕丢失。目前，网盘有多个版本，有网页版的，不用安装其他软件，只通过网页便能实现文件的各种操作，但是效率较低；有客户端版本的，需要网盘用户下载并安装客户端软件，通过客户端能快速实现文件的各种操作，在手机端可以安装相应的 App 软件来实现资源的管理。目前，国内可以使用的网盘有"百度云盘""360 云盘""金山快盘""华为网盘""腾讯微云"等。用户在存储、共享相关资源时一定要合法使用。

2. 利用网络收藏夹收藏资源

我们在浏览网页时，有时会发现一些很有价值、有意义的网站，如何保存它们便于随时随地访问呢？

每一款浏览器都有收藏夹，但是本地收藏夹不能在其他电脑中的同款浏览器中进行访问，本地收藏夹只能在当前计算机中使用，即便是同一办公室的两台计算机都安装同一款浏览器，但是在其中一台计算机收藏的网站在另一台计算机的收藏夹中却找不到；计算机重装系统后，原收藏夹保存的网站会全部丢失，因此有了网络收藏夹。网络收藏夹又称网络书签，是针对系统收藏夹的不便应运而生的链接存储工具。利用账号系统管理，既安全，又方便，它可以对资源进行个性化描述，也可以与浏览器进行整合应用：可将浏览器事先收藏的网站导入网络收藏夹中，也可将网络收藏夹中的地址导出，还可以对收藏的网址进行分类管理。

# 思考与练习题

1. 熟练地使用百度搜索、360 搜索。

2. 以"脱贫攻坚中的感人事迹"为题材，使用 Photoshop 制作一个关于脱贫攻坚的海报。

3. 以"长津湖战役"为题材，搜索相关文字资料和影片，使用 Camtasia Studio 制作一段不少于 10 分钟的电影片段。

4. 利用网络收藏夹，收藏中国大学 MOOC、爱课程、国家中小学智慧教育平台等网站。

# 第5章　多媒体课件的设计与应用

**本章导读**

随着现代化教学在学校的普及，计算机辅助教学已成为一种广泛应用的教学手段。因此师范生掌握多媒体课件的设计、制作和使用多媒体课件的能力成为了师范生必备的技能之一。

本章主要介绍了多媒体课件的概念、多媒体课件的设计要求、多媒体课件的开发过程，以及多媒体课件的编辑工具。

**学习目标**

- 了解多媒体课件。
- 了解多媒体课件的设计要求。
- 掌握多媒体课件的开发过程。
- 掌握多媒体课件编辑工具。
- 能够运用多媒体课件开发工具制作教学课件。

**知识地图**

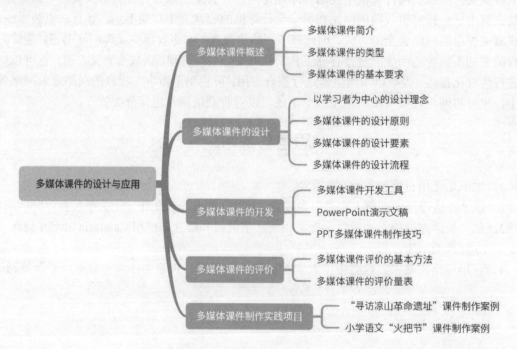

# 5.1　多媒体课件概述

## 5.1.1　多媒体课件简介

### 1. 多媒体课件的内涵

课件（Courseware）是在一定的学习理论指导下，根据教学目的设计的，反映某种教学内容与教学策略的计算机软件。多媒体课件是根据课程教学大纲的培养目标要求，用文本、图形图像、音频、视频、动画等多种媒体与超文本结构展现教学内容，并且用计算机技术进行记录、存储和运行的一种教学软件。多媒体课件就是通过计算机将教师要传授的知识生动、形象、智能地表现出来，使学习者轻松有效地接受知识。

多媒体课件在教学中的作用可以概括为以下几点。

（1）清晰地呈现教学内容。在课堂教学中，完成传统教具所不能完成的任务，如比较抽象的知识以及人类肉眼不能接触的微观世界等，教师在讲解时会感到力不从心，多媒体课件则可以解决这个问题。

（2）提高学习兴趣，调动学习积极性。多媒体课件图文声像并茂，能呈现形象的视听觉多种感官的综合刺激，激发学生的学习兴趣，集中学生注意力，加深对学习内容的印象和理解。丰富的画面增加了学生的学习兴趣，会提高听课效率，也就提高了教学效率。

（3）提高学习效率，突出重点难点。多媒体课件能够将授课内容以图、表的形式呈现出来，这样在一定程度上能够节省教师书写板书的时间，以便有更多时间进行讲解、与学生交流，教师可以很容易地使用和支配更多的信息资源，增大教师对教学资源的控制范围，使教学内容一目了然，使学生很容易抓住重点、难点。

（4）丰富了教学资源，扩大了学生的知识面。多媒体课件能够提供大量的多媒体信息和资料，创造丰富的教学活动，有利于学生对知识的获取和保持，扩充了学生的知识面。

（5）提供多种学习路径，适合个别化学习。多媒体课件的非线性结构使学生可以按照自己的目的和认知特点组织学习信息，使知识的传播不受时间、地点的限制，学习的时间和内容可以根据个人情况加以选择。根据学生的不同反应，采用不同的教学方法和教学内容，有的放矢地进行教学，能使不同水平的学生均有所得，让每个学生的潜能都得到充分的发挥。

### 2. 多媒体课件的基本构成

多媒体课件是服务于教学的计算机软件，通常既有一般计算机软件的结构和组成，同时又具有一般教材的结构和组成。

（1）封面：标明课件的名称、著作者、出版者、版权等。形象生动的封面会引起学生的兴趣，并能自动进入教学部分。

（2）教学内容：课件要完成的主要学习内容。

（3）教学内容各部分的连接关系：各知识单元之间、知识点与知识单元之间、相关知识点之间等各种跳转关系，如屏幕各要素的跳转控制、屏幕与屏幕之间的跳转控制、各屏幕向主菜单的返回控制等。

（4）人机交互界面：与一般的软件一样，需要设计用户与计算机的交互界面，通常包括菜单、按钮、对话框、音响、屏幕的图形、色彩、动画等。

（5）导航策略：在设计复杂的多媒体课件时，要为学习者提供引导措施，这就是课件的导航系统。常用的导航系统有检索导航、线索导航、导航图导航、书签导航、帮助导航等。

### 5.1.2 多媒体课件的类型

根据不同的分类标准可以将多媒体课件划分为不同的类型。比如按照学科、学段来进行分类，这种分类方式常见于多媒体课件资源专题网站。在专业研究中，会根据使用方式的不同、运行环境的不同或者具备的教学功能不同来对多媒体课件进行分类。

1. 根据运行环境分类

根据运行环境的不同，多媒体课件可以分为单机版多媒体课件和网络版多媒体课件。

单机版多媒体课件是以光盘、U 盘等媒介存储、交流发布的教学辅助软件，通常是基于 Windows 平台、光盘自动运行的个人自制课件。

网络版多媒体课件就是在网络环境下运行的用于辅助教学或学习而开发制作的软件。网络版多媒体课件安装在 Web 服务器上，所以又称为 Web 课件，学习者在客户机上通过浏览器随意访问。

2. 根据使用方式分类

（1）课堂演示型。课堂演示型的多媒体课件是为了解决某一课程的教学重点与教学难点而开发的，知识点可以不连续，主要用于课堂演示教学，所以也称助教型多媒体课件，如图 5-1 所示。这类课件注重对学生的启发和提示，可以帮助学生理解，促进学生记忆，引发学生兴趣，有利于学生变被动学习为主动学习。此类课件继承了多媒体组合教学的优秀成果，具有直观形象、生动有趣等特点。

（2）自主学习型。自主学习型多媒体课件通过体现在界面上的交互式设计，让学生进行人机交互操作，可以让学生自主地进行学习，所以也称助学型多媒体课件，如图 5-2 所示。这类课件具有完整的知识结构，反映一定的教学过程和教学策略，提供相应的练习供学生进行学习评价。

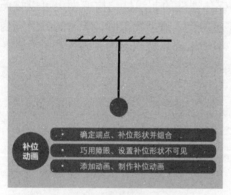

图 5-1　课堂演示型课件示例

图 5-2　自主学习型课件示例

自主学习型多媒体课件以非线性网状结构为基础，学生通过选择链接或根据导航提示来选择信息，而由于超媒体结构容易使学生在信息浏览中迷失方向，偏离学习目标，因此，还需要综合采用多种导航，构成一个完整、清晰的导航系统，使学生能够准确、便捷地找到相应的信息。

（3）教学游戏型。寓教于乐，教学游戏型课件通过游戏的形式，教会学生掌握学科的知识和能力，并引发学生对学习的兴趣。游戏型课件实际上是学生使用课件玩游戏的过程，获胜即达到了游戏教学的教学目标，能极大地激发学生的学习兴趣，可用于教学过程的多个阶段，特别适合以学生为主体的发现式学习。

（4）模拟实验型。模拟实验型多媒体课件是利用计算机仿真技术，提供可更改参数的指示项，供学生进行模拟实验或操作使用。学生使用实验型多媒体课件，可以在接近真实的情境中，扮演角色，模拟操作做出决策，当输入不同的参数时，能随时真实地模拟对象的状态和特征，观察事物演变的过程与结果，从而认识和理解这些现象的本质。模拟实验型课件在教学活动中应用的方法多种多样，常见的有四种：演示模拟、操作模拟、实验模拟、管理模拟。

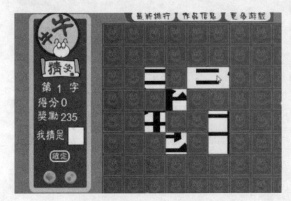 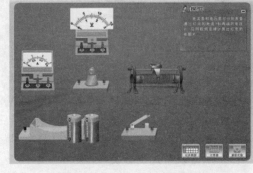

图 5-3　教学游戏型课件示例　　　　　　　图 5-4　模拟实验型课件示例

（5）练习测验型。练习测验型课件主要通过练习和测验的形式，训练、强化学习者某方面的知识和能力。课件中显示的教学信息主要由数据库来提供。这种类型的课件在设计时要保证具有一定比例的知识点覆盖率，以便全面地训练和考核学生的能力水平。此类课件的特点是反馈及时，能够激发学生的学习动机，能够提供学生操练与练习的成绩记录，强化学习内容。

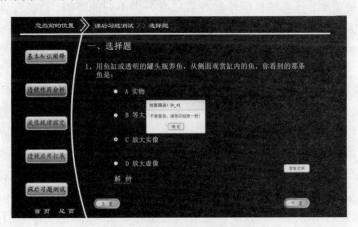

图 5-5　练习测验型课件示例

（6）资料工具型。这类教学软件提供大量资料供学习者检索和浏览，包括各种电子书、词典和积件式课件，一般仅提供某种教学功能和某类教学资料，不反映具体的教学过程。这类课件可以供学生和教师进行资料查阅，也可以根据教学需要，对其中的资料进行编辑和集成，形成新的更加适用的多媒体课件。

（7）问题解决型课件。问题解决型课件所包含的知识不是直接的灌输，强迫学习者接受，而是通过某一情节间接、潜移默化地影响学习者。该类课件在教学中运用计算机作为工具，给学习者提供创造性解决问题的机会，让学习者自己去解决那些与实际背景较接近的问题，通过解决问题的过程来应用、检验和提炼已经掌握了的概念和知识，主要目的是培养学生解决实际问题的能力。

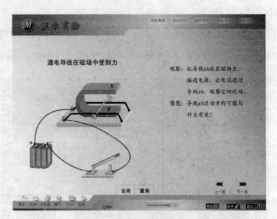

图 5-6　模拟实验型课件示例　　　　　　图 5-7　问题解决型课件示例

### 3. 根据教学范围分类

根据课件在教学中的应用范围和属性等方面的特点，大体上可以将课件分为自学课件、理论课件、实验课件和网络课件四种类型。

（1）自学课件。也称自主学习型课件，使用的主体为教学对象。这种类型的教学课件一般都具有相对完整的知识结构，提供相应的形成性练习供学生进行学习评价。有的课件甚至就是专门用于训练、强化和测试学习者的水平和能力，故这种类型的课件在设计时要保证具有一定比例的知识点覆盖率，且考核目标根据难易程度分为不同的等级。这类课件结构通常比较复杂，大多分为几大模块，如具体的专业内容模块、帮助模块、自测模块、作者及版本信息等。课件设计者在内容安排上虽有一个总的学习进程，但具体的进度却可由学习者自己掌握，故适合于自学。

（2）理论课件。也称为大课课件，用于理论课教学，使用的主体为教师，根据教师的授课安排，可设计必要的链接和跳转，故有一定的交互性。课件流程通常为线性结构，大课教学通常是在教师主导下按时间安排进行的。课件的链接关系一般不太复杂，画面大多简洁明快。课件进程由授课教师支配，适用于学校按计划进行的理论课教学。由于每个教师都有自己的风格特点，因而做的课件也会各有千秋。同时由于要经常更新教学内容、完善课件，故教师通常倾向于选择易学易用的软件制作理论课件。

（3）实验课件。用于实验课教学，使用的主体为参加实验的学生。由于不同学科的实验教学过程和方式差异很大，故此类课件可表现为多种类型，有的以演示为主，有的以交互性为主，有的以虚拟实验为主。

（4）网络课件。网络课件以网络作为载体，使用的主体为教学对象，强调交互性、可随意跳转。网络课件一般由专业人员设计，页面的设计和内容安排可表现出不同网站风格。在网页中可安排设计庞大的学习内容，甚至全套的课程。学习进程与安排在给定的网页内容中由学习者支配，并可在网上做作业、参加考试和在线讨论，网站还可安排教师网上授课和答疑。因此，网络课件是所有课件中交互性最好的。学习者除了可得到学习的内容本身，还可检索并下载大量的相关资料，极大地扩展学习内容，学习主动性好。

### 5.1.3　多媒体课件的基本要求

多媒体课件设计要遵循教育教学规律，体现专业培养目标，应当具有教学性、科学性、技术性和艺术性等特点。

1．教学性

课件选题适当，内容紧扣课程标准。课件教学目标明确，教学重点突出，通过多媒体教学，有助于讲明重点、突破难点。课件能够体现多媒体教学的辅助性、形象性、启发性等原则。课件表现形式合理、新颖，符合学生认知规律。课件适应教学需要，教学效果突出，能够起到传统教学手段所不能起到的作用，充分体现多媒体教学的优势。

2．科学性

课件内容正确，逻辑严谨，层次清晰，无教学内容方面的政治性、科学性错误。场景设置、素材选取、术语应用、操作示范等符合相关标准。模拟仿真符合教学规律，各种教学媒体能为学生理解教学内容、完成教学目标服务。课件展示时机恰当，展示时间适中，符合学生认知心理。

3．技术性

课件界面人性化，操作方便灵活，没有导航、链接错误，启动、链接转换时间短；具有良好的稳定性与安全性。课件能根据需要选用最适当的技术手段，应用效果好。课件能充分利用视频、音频、动画等多媒体技术，并具有相应的控制技术。课件框架结构完整、规范、合理。

4．艺术性

课件界面布局合理，整体风格统一，色彩搭配协调，界面及界面内容简洁、美观，符合视觉心理。文字、图片、音频、视频、动画等配合恰当，符合课件主题，制作精细，吸引力、感染力强，能激发学生学习兴趣。

## 5.2　多媒体课件的设计

### 5.2.1　以学习者为中心的设计理念

以学习者为中心的设计理念就是要强调以学习者为中心，以学习者的学为中心，重视学习者的学习，为他们的学习提供指导与帮助，调动学习者学习的积极性、自主性和创造性。

教师在多媒体课件的设计过程中，由"教"到"学"的转变突出了学生的主体地位，强调学习过程不是教师的灌输，而应是学生的自主建构。多媒体课件应改变简单的演示型模式，真正成为学习者探索和发现学习的认知工具。

设计、制作、使用多媒体课件的目的，不仅是为了辅助教师的教学，更加重要的是促进学生的学习。多媒体课件应具有完整的知识结构，反映一定的教学过程和教学策略，可以让学习者进行人机交互操作，进行自主学习，并提供相应的练习供学习者进行学习效果的检测。

### 5.2.2 多媒体课件的设计原则

**1. 教育性与科学性相结合原则**

多媒体课件应用的目的是优化课堂教学结构，提高课堂教学效率，既要有利于教师的教，又要有利于学习者的学，它要求设计者根据课程内容和学习者的身心特点来设计多媒体课件。

因此，多媒体课件的设计要体现其良好的教育性，充分体现教学规律，以教学大纲为依据，并根据教学目的与要求，发挥多媒体图文并茂、形声并举的优势来表达教学内容。多媒体课件应能对学习者获取知识、发展能力、培养品德和保持健康起到良好的促进作用，有利于学习者的个性发展。

科学性原则是指教学目的明确、内容准确、表述规范，文本、图形、动画、音频、视频等各种媒体使用合理，搭配得当，屏幕设计清晰高雅，生动活泼而又不失严肃，注重引导式启发，要充分利用计算机的交互特性，恰到好处地穿插学与教的信息交流。

**2. 内容针对性、正确性、相关性、完整性原则**

一个好的课件结构无论是对于设计者的设计，还是对于使用者的操作都是非常有益的。在设计时应该考虑这个课件主要分成几个部分、每一个部分有哪些分支、部分与部分之间应该怎样联系。教师设计的课件应做到内容具有针对性、正确性、相关性及完整性。

**3. 充分体现学生学习主体的原则**

多媒体课件图文并茂、内容丰富多彩，能够更好地建构学习者的学习环境，方便学习者的学习。同时多媒体课件对于教学内容全方位地阐述，能激发学习者的学习兴趣，充分发挥学习者的主动性与积极性，真正体现学习者认知主体的地位。

**4. 灵活多样的交互性原则**

多媒体课件必须具有友好的人机交互界面。要想在多媒体课件中体现交互性与多样性，应充分地利用人机交互的功能，实现教与学双方信息实时和有效的交互，不断帮助和鼓励学习者学习，给学习者提供广阔的思维空间，发挥他们的创造性，保证学习者积极主动地参与学习。

**5. 重视信息表征方式合理性原则**

在课件制作过程中，既要表现教学内容，又要体现教学过程，需事先确定其结构与布局、界面风格的表现形式、素材的选取等。制作课件时，界面不要繁复花哨、内容华而不实，也不要枯燥呆板、单调无味。在课件的设计过程中，教师就是一名导演，怎样把"演员"（即素材）放到合适的位置，最终把这些合理的信息传递给学习者，全都依赖于教师的水平。

**6. 有利于学生主动建构知识、探索知识的原则**

建构主义学习观认为，知识不是通过教师传授而获得的，而是学习者在一定的情境之下，借助他人的帮助，利用必要的学习资料，通过自己意义建构的方式而获得的。制作课件时要根据学习者的认知规律来组织教学内容，有利于学习者自主建构知识，通过积极探索来发现问题，课件要体现出"是什么""为什么""怎么做"，要能激发学习者的思维，调动学习者学习的积极性与主动性。

**7. 提高学生的学习兴趣、激发学生学习动机的原则**

在多媒体课件的制作过程中要积极创设问题情境，情境的创设要联系学习者已有的生活经验，从学习者了解或熟悉的人、事、物等方面去引导，提供鲜明、生动和清晰的画面，激发和维持学习者的学习兴趣，调动他们的学习动机，让学习者以积极的态度参与到学习活动中，进而促使其不断提出问题、发现问题，再经过积极思考、探讨去解决问题。

### 5.2.3　多媒体课件的设计要素

- Why——为什么要用此类多媒体课件（即用来创设情境、渲染气氛、抽象内容、示范技能等）？
- Who——使用对象是谁（是教师使用还是学生使用）？
- What——基本目标是什么（想解决什么问题？拟用什么内容？何种表现形式（图片、文字、声音、制作工具等）？
- When——什么时候用（是用于教学过程中，还是用于学习者的课后学习）？
- Where——在什么地方使用？在使用的过程中配合什么内容，以达到教学效果的最优化。
- Which——哪一种资源最合适教师的"教"以及学生的"学"？素材来源何处？

### 5.2.4　多媒体课件的设计流程

多媒体课件的
设计流程

多媒体在教学中的主要优势是多媒体展示的集成性、超文本链接的选取性、大容量存储的丰富性、高速传输的便捷性、人机交互的操作性、超时空交流的共享性。多媒体课件的设计流程一般以传统开发模型——迪克—凯瑞模型为基础，并依据多媒体课件开发的特殊要求而建立，如图 5-8 所示。

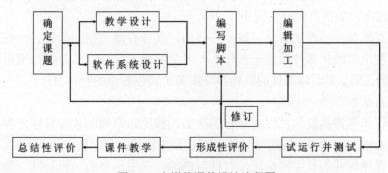

图 5-8　多媒体课件设计流程图

#### 1. 确定课题

多媒体教学课件的选题，主要是指选择教学课题，确定教学目标。选题就是决定哪些内容需要用多媒体教学课件来表现，哪些不需要制作成多媒体教学课件。只有根据教学目的、教材和学生实际设计制作的多媒体教学课件，才能在课堂教学中发挥它的积极作用，展现出独特的魅力。选题原则是制作多媒体课件不可或缺的关键和首要任务。多媒体教学课件的选题原则主要依据必要性、可行性和突出性。

（1）必要性。一般来说，使用多媒体教学课件的目的是用它来解决传统教学中用文字和语言不易阐述清楚，或者看不见、摸不着的微观世界；有效地解决或突破教学重点和难点，达到最好的教学效果，而对那些用常规教法就能较好地实现的教学目标，就没有必要浪费人力、物力和财力制作多媒体教学课件来授课。

（2）可行性。制作多媒体教学课件不仅要求教师有较强的计算机操作能力，而且还要求教师有充足的时间和充沛的精力。为了充分考虑课堂的教学气氛和教学效果，有时需要其他学科的教师协作完成，因此制作一个优秀的多媒体教学课件往往需要投入大量的人力、物力、财力和时间。所以制作多媒体教学课件，要根据制作的可行性来确定选题，保证多媒体教学课件的后续制作过程在一定时间内高质量地完成。

（3）突出性。多媒体教学课件的课题要选择能突出多媒体特点、充分发挥多媒体优势并适用多媒体来表现的内容。例如：在高中语文《荷塘月色》教学中，利用多媒体课件可以整合声音、视频，精心设计以荷塘为背景的视频，加以古筝乐为背景音乐，使二者巧妙地配合，创设一种声情并茂的情景，使学生完全沉浸在一种妙不可言的课堂氛围中。这种效果不是单凭教师讲学生听所能达到的。

2. 教学设计

多媒体课件的教学设计就是应用系统的观点和方法，分析学生特征，确定教学内容与教学目标，选择与设计多媒体信息，建立教学内容知识结构，设计形成性练习与学习评价的过程。

通过教学设计，可以回答三方面的问题：期望学生学到什么知识，掌握什么技能，获得何种能力的培养？怎样教学才能达到预期目标？如何及时评定和强化学习效果？

确定教学目标、选定策略、选择设计信息媒体和制定学习评价标准是多媒体课件设计的基本问题。

（1）确定教学目标。教学目标是对学生应达到的学习成果或最终行为的描述，为每个教学单元或每节课的教学活动规定方向，是形成学生学习动机的主要基础。教学目标的确定是十分重要的，要用准确的语言向学生阐明。

首先，多媒体课件的教学目标应该是具体的，具体有两方面的含义。一是指目标的表述应围绕学生在使用多媒体课件后能干些什么？学生将学习什么？二是指必须明确多媒体课件与整个课程间的关系。多媒体课件的目标必须服务于课程教学的整体目标，课件的设计要融于课堂教学过程的整体设计。

然后，多媒体课件的教学目标应是有层次的。按照布卢姆的教育目标分类法，认知领域的教学目标分为知识、理解、应用、分析、综合和评价等六个层次。

最后，多媒体课件的教学目标应是有针对性的。学生已有的知识基础、能力水平、学习和生活经验乃至社会文化背景等，要在目标确定时认真加以研究和分析，使多媒体教学课件具有促进有效学习的作用。

（2）确定教学策略。教学策略的选择是根据具体教学目标、学生学习特点及选题内容综合考虑，选择多媒体课件的教学方法和教学模式。要在了解整个课堂教学设想的基础上进行，如果采用启发式教学，那么多媒体课件就应配合这种教学方法，可以利用多媒体教学课件创设一种问题情景，以便教师对学生进行启发和引导，这时的多媒体课件不给出结论性的内容，只给出启发思维或思考的线索、场景等；如果采用讲解法，为了要突出重点、化解难点或深化学生的思考与理解，或者提供感知教材以便建立学生的共同经验等，就可以采用演示和模拟的教学模式，生动形象地对事物对象进行演示，展示其过程，揭示其规律，提供观察的材料和思考的问题情景等。当教学策略确定后，可以形成多媒体课件的总体结构模型。

（3）多媒体信息选择与呈现方式。根据选题过程的分析、教学目标制定的情况和教学策略选择的结果，确定知识点采用何种信息媒体来表达。在多媒体课件中，表达信息的媒体主要有文字、图形、动画、图像、影像、音频等。应根据学科特点、内容特点、按照教学目标和教学对象的特点来选择媒体，合理地设计多媒体课件中文、声、图、像、动画等各种信息媒体的运用形式，恰当地表现各种教学信息，以促进教学目标的达成。

（4）制定评价标准。要获得对学生学习效果的及时评定和强化，必须根据教学目标制定评定目标到达程度的标准和评定的方法。学习者学习结束后，要用教学目标和评价标准来衡量是否完成学习任务。在多媒体教学课件中使用适当的评价，既可强化学生对新知识的理解，又可促进学生有效达到学习目标。

3. 软件系统设计

多媒体课件的软件系统设计就是根据教学设计的结构，对组成多媒体课件的各个要素、功能和框架进行系统地规划，从而确定多媒体课件的整体组织结构、浏览顺序间的跳转关系，以及组成多媒体课件的页面结构、交互方式及导航策略。总体来说，多媒体课件的系统设计主要包括知识结构设计、导航设计和界面设计。

（1）知识结构设计。知识结构是指知识点之间的关系与联系，知识结构通常可分为并列结构、层次结构和网状结构等几种类型。进行知识结构的设计，要注意体现知识内容的关系、学科教学的规律以及知识结构的功能。

1）并列知识结构：指知识点之间是并列的、同级的关系。

2）层次知识结构：指知识点之间是不同级的关系。这种不同级的关系可以是递进关系、因果关系、条件关系等，后一层知识的学习要在前一层知识的基础上才能进行。

3）网状知识结构：指以上两种结构的综合体，知识点之间形成一种复杂的网状结构。网状结构也就是超文本结构，学生可在内容单元间自由跳转，没有路径的约束。

多媒体课件的知识结构设计中既要注意教师的教学过程，也要重视学生的认知结构，通过超文本结构组织信息，启发学生的联想思维。超文本结构可以实现教学信息的灵活获取以及教学过程的重新组织，适合个别化及个性化的学习需求，有利于因材施教。

（2）导航设计。导航是引导学习者利用多媒体课件学习的措施，是教学策略的体现。导航策略的设计是指在为学生提供丰富的多媒体信息资源、创设有意义的学习情景的同时，对学生自主学习进行引导和帮助。多媒体课件中导航策略设计的重要作用在于引导学生围绕教学目标，提高学习效率，进行有效的学习。在设计中要注意以下基本要求。

1）明确性：导航的设计应该明确，让学生一目了然。具体表现为，能让学生明确自己的学习路径，包含过去的和未来的；能让学生清楚了解自己所处的位置等。只有明确的导航才能真正发挥"引导"的作用，引导学习者高效地进行学习。

2）可理解性：导航对学生应是易于理解的。在表达形式上，要使用清楚、简洁的示意图、表格及图像，尽可能少地使用文本，更要避免使用无效字句。

3）完整性：要求软件所提供的导航具体、完整，可以让学生获得整个课件范围内的领域性导航，能涉及课件中全部的教学信息及其关系，尽可能解决学生的所有问题。

4）易用性：导航系统应该容易启动，同时也要容易退出，或让学生以简单的方式跳转到想要去的部分。对于弹出式的导航窗口，可以定义按钮、快捷键等作为导航信息的启动事件，同时设计相应的事件来完成离开或关闭导航窗口的操作，做到随时进入、随时退出。

（3）界面设计。界面是学生与多媒体课件交互的窗口，学生通过界面向计算机输入信息，以对其进行控制、查询和操作，多媒体课件则通过界面向学生提供信息以供阅读，分析与判断。一般多媒体课件所传递的信息有两类：交互控制类信息和教学内容信息。交互控制类信息的表达方式有菜单、按钮、图标、热点、热区等，学生通过使用它们实现对多媒体教学课件的控制操作，例如查看前页、播放、退出等；教学内容信息表达方式有文本、图形、图像、影像及动画，主要用来呈现知识内容、演示说明、举例验证、显示问题等。

1）界面整体设计。

第一，内容简洁。多媒体课件的操作界面应避免烦琐，内容力求准确、简洁、明了。准确就是要求表达的意思明确，不要使用意思含混、模棱两可的词汇或句子；简洁就是尽可能用较少的文字或简单的图表来表达所需的信息。

第二，前后一致。将相同类型的信息使用一致的相似方式显示，包括显示风格、布局、位置、所使用的颜色等的一致性以及相似的人机操作方式。

第三，色彩搭配协调。色调要鲜明，要为塑造的形象、创造的意境和表现的主题服务。不同的主题、不同的内容应用不同的色调来表现。色彩如果使用不合理，就会对人产生视觉疲劳等方面的心理影响，过分渲染则会分散人的注意力。

2）交互界面设计。多媒体课件中的交互功能是通过菜单、窗口、图标、按钮等实现的，其界面设计原则如下：

第一，象征性。使用熟悉的象征物做菜单、图标、按钮，学生能较快地了解其功能，节省熟悉界面的时间。设计时提供一些生活中的象征物，如阅读课件内容，以"书"作为背景象征物；搜索、查询，用图书馆、博物馆或放大镜作象征物等。

第二，一致性。菜单、图标、窗口、按钮等界面在课件中的位置、大小、功能和出现的时机要一致，保持相对固定，整体画面协调，用语前后一致。操作程序标准化，功能键使用一致，信息提示有固定的位置。

第三，可用性。一些基本的搜索或换页功能如前页、后页、返回主菜单等最好一直留在页面上，并有对应的文字菜单，学习者无须记住指令，即可使用菜单，也可使用图标、按钮。

3）教学信息设计。

第一，多媒体文字的设计应该用尽量少的文字来表明事实的含义，尽量不要将文字排列成锥体形状。文本中必须选用容易阅读的字体，除了大型标题可选择一些带有美术色彩的字体外，文本通常选择易读的字体，文字的颜色也要认真设计，不同内容的文字，颜色应设计不同。

第二，随着各种绘图软件的出现，图形扫描仪的不断改进，在很多多媒体课件的框面都加入了图片，教学内容呈现在图片上，比如底图的颜色较深或底图画面较为突出。这样，一方面阅读教学内容较为困难，另一方面喧宾夺主。建议不要用底图，或将底色设置为白色或淡色，或只在框面的左上角、右下角加入小块修饰用图（如小花、小草之类的），起平衡画面之用。

第三，声音包含语音、音乐、音效等，多媒体课件中的声音设计一定要根据声音的功能来设计，其声音功能是：引起注意、舒缓等候、提示反应、表示事件进程、提供情景音效、提供反馈等。

第四，适量的视频有助于学习者对知识的理解，仅为增加趣味性或展示编程技术而过多地加入视频图像则会使课件运行速度减慢，而且某些格式的视频需要特殊的驱动程序，否则容易死机，使课件的兼容性降低。如果确需加入视频则应对其做必要的处理。

4. 脚本编写

脚本是在教学设计基础上所做出的关于计算机与学生交互过程方案设计的详细报告，是下一阶段进行软件编写的直接蓝本，是多媒体课件设计与实现的重要依据。因此，脚本设计也是多媒体课件开发过程中由面向教学策略的设计到面向计算机软件的实现的过渡阶段。

从脚本所描述的内容来看，多媒体课件的脚本可以分为文字脚本和制作脚本两种。前者是由教师按照教学要求对多媒体课件所要表达的内容进行的文字描述；后者则犹如影视制作中的分镜头脚本，是在文字脚本基础上改写而成的体现软件结构和教学功能，并作为软件编写直接依据的一种具体描述。换言之，文字脚本是对多媒体课件"教什么""如何教"和"学什么""如何学"的文字描述，它包括教学目标分析、教学内容和知识点确定、学习者特征分析、学习模式选择、教学策略制定、媒体选择等内容。

制作脚本是在文字脚本的基础上，依据教育科学理论和教学设计思想进行多媒体课件交互式界面以及媒体表现方式的设计，将文字脚本进一步改编成适合计算机实现的形式。

在多媒体课件的设计中，计算机屏幕布局的合理与否在一定程度上反映了课件的质量。在脚本设计过程中，要根据多媒体课件的具体情况精心设计和划分多媒体课件界面的功能区，尽量使得同一个多媒体课件中各种类型的信息都能够呈现在相对固定的位置，以避免学生因每次都需要在屏幕上寻找信息而分散注意力。

5. 编辑加工

（1）素材的搜集与加工处理。多媒体课件设计中包含文本、图形、图像、动画、音频、视频等，我们习惯将这些媒体信息称为"素材"，素材的准备工作一般主要包括文本的录入，图形、图像的制作与后期处理，动画的编制以及视频的截取等。

素材的获取与处理是多媒体课件制作中最重要的一环。当各类课件素材制作完成后，课件开发设计人员和美工人员就可以按照制作脚本对课件的界面风格、内容表现及链接导航等方面的要求设计和制作课件，将各种素材有机地结合在一起，制作成交互性强、操作灵活、视听效果好的多媒体课件。

（2）编辑合成。多媒体教学课件最核心的环节是编辑合成。主要任务是根据设计的要求和意向，利用合成软件，将搜集和编辑过的各种多媒体素材编辑合成，制作成多媒体教学课件，使得多媒体课件在辅助教学时起到意想不到的效果，大大调动学生学习的积极性，让学生从身心上有更形象生动的体验，更好地开展情景教学、体验教学。制作课件时，要考虑课件制作的技术选择等问题。

1）选择制作技术。课件结合网络技术或者多媒体技术将教学内容及教学活动以多姿多彩的形式呈现在教学过程中。其制作技术不必局限于某种创作工具，要根据实际需要采用最简单、最实用的一种，比如 Flash、Dreamweaver 等工具，还有 ASP、JSP 动态网页实现技术以及近年来出现的流媒体合成等技术。

2）制作课件样例。课件开发人员依据制作脚本，首先制作一两套课件样例，然后让教师、教学顾问、教学设计等相关人员审查。如果大家一致赞同该样例方案，开发人员再按照课件样例完成整个课件的制作；否则，就要依据审查意见进行修改，直到审查通过为止。

3）注意色彩的合理应用。色彩的应用可以增强课件的感染力，但运用要适度，以不分散学生的注意力为原则。例如，色彩搭配要合理，色彩配置要真实，动、静物体颜色要分开，前景、背景颜色要分开，每个画面的颜色不宜过多。

4）尽量加入人机交互练习。设计多媒体课件时，适当地加入人机交互方式下的练习，既可请学生上台操作并回答，也可在学生回答后由教师操作，这样做能活跃课堂气氛，引导学生积极参与到教学活动中。

5）注意字、图、声的混合。例如，对于一些动画，由于其自身不带声音，设计时，应为动画配上适当的音乐或音响效果，这样可以同时调动学生的视听觉功能，有利于学生记忆，提高教学质量。对于一些重点的字、词、句，除了采用不同的字号、字体和字形加以强调外，也可以运用动画、闪烁等技术，引起学生特别注意。

**6. 试运行与测评**

课件的试运行与测评主要是发现课件中存在的缺陷和不足，不断对课件进行修改、补充、完善，直到达到最好的教学辅助效果。在多媒体课件集成完毕后，由课件的设计者与开发者通过运行课件来进行调试，其目的是检验课件的功能、技术质量、教学性能，发现缺陷和问题，并根据问题的严重程度等确定修改或使用。为了充分检验课件的功能，在调试中要检查每一个按钮、链接、菜单等，设想使用者使用时可能进行的各种正常的和反常的操作，以保证调试的彻底性和完整性。

**7. 形成性评价**

多媒体课件的形成性评价就是在开发过程中收集方方面面的有效数据，并对数据做出分析判断，向课件开发者提供反馈信息，帮助他们改进和完善开发工作，以获得价值较高的课件，这种评价贯穿于整个课件的开发过程中。

**8. 课件教学**

经过对前面各项工作的反复执行，之后进行的就是课件的发布与应用，以供学习者学习，课件应融合教育性、科学性、艺术性、技术性于一体，这样才能最大限度地发挥学习者的潜能，强化教学效果，提高教学质量，从而实现优秀课件的推广与共享。

**9. 总结性评价**

总结性评价是在课件开发过程结束以后，通过课件之间的比较，或者课件与某种标准的比较，对于课件的价值做出判断、划分等级，并给课件流通过程中的决策者提出建议，帮助他们做出关于课件的选择和推广应用等方面的各种决策。

# 5.3  多媒体课件的开发

## 5.3.1  多媒体课件开发工具

一般说来，多媒体课件开发工具能够提供一个"所见即所得"的编辑环境，所有的多媒体素材均可以直接引入该环境并根据需要设置其属性。在多媒体课件开发工具的编辑环境中，可以从课件的总体结构上对相关多媒体素材进行删除、复制、粘贴等操作，因而大大提高了多媒体课件的制作效率。

1. 基于页面（Page-Based）的多媒体课件开发工具

（1）幻灯片多媒体课件开发工具。这类多媒体课件开发工具，采用类似幻灯片或书本中的页的形式组织信息。在幻灯片多媒体创作工具中，"页"是"书"（即多媒体课件）中的基本单位，一页就是显示于屏幕上的一个窗口，可以是一个前景和一个背景的组合，也可以包括文本、按钮、视频等对象。这类多媒体创作工具的优点是简单易学，适合初级用户制作简单的多媒体课件。

微软 Office 系列办公软件中的 PowerPoint 就是一个简单实用的基于页面的多媒体创作工具，也称为演示文稿制作工具。在 PowerPoint 中，一页也被称为一张幻灯片（slide）。此外，国产多媒体创作工具方正奥思（Founder Author Tool）也是一个基于页面的多媒体创作工具，它通过层次结构管理器来安排页之间的逻辑关系，其基本制作单位是一个具有时间属性的动态页。

（2）网页多媒体课件开发工具。网页是常见的多媒体课件或在线课程的表现形式，目前有不少用于网页多媒体创作的工具。例如，Dreamweaver 是美国 Macromedia 公司（2005 年被 Adobe 公司收购）开发的集网页制作和网站管理于一体的所见即所得网页编辑工具，利用它可以制作跨平台和跨浏览器的富有动感的网页。该软件在网络多媒体课件的制作中得到广泛应用。

2. 基于图标（Icon-Based）的多媒体课件开发工具

基于图标的多媒体课件开发工具通过流程图将各种文字、图片、声音、动画和视频等信息用形象的图标方式依次连接在流程图中，从而形成一个完整的多媒体课件。Authorware 就是一款典型的基于图标的多媒体课件开发工具，它有强大、丰富的函数和变量，不需要复杂的编程用户就可在各类图标中加入各种媒体素材，并且很容易加上按钮以便交互控制。

3. 基于时间轴（Time-Based）的多媒体课件开发工具

基于时间轴的多媒体创作工具，对于各种多媒体信息的管理是以时间顺序来决定的。Flash 是基于时间轴的多媒体课件开发工具的典型代表。事实上，Flash 是一个动画创作工具，它涉及帧、舞台、时间轴等概念。其中，一帧就是一幅静态画面，舞台是编辑各个帧内容的地方，制作完成的各个帧可以按照时间轴上设定的顺序进行播放。而且 Flash 是由交互式矢量图形组成的，可以随用户的屏幕大小缩放而不影响播放质量。

4. 基于 HTML5 的移动设备多媒体课件开发工具

超文本标记语言（Hypertext Markup Language，HTML）是一种广泛运用于 Web 网页设计的通用型标准语言。HTML5 则是 HTML 的第 5 次重大修改版本，推出 HTML5 是为了可以在移动设备上支持多媒体。使用 HTML5 可以进行自适应网页的设计，让同一个 Web 网页自动识别个人计算机显示器、手机或平板电脑屏幕的尺寸并加载相应的样式表，自动调整网页布局。

随着 HTML5 的推广和应用，相应的网页开发工具也陆续出现，这些工具可以同时用于个人计算机和移动设备上的多媒体课件开发。例如，2015 年版本 DreamweaverCC 已经开始支持 HTML5 的使用，让开发者可以在个人计算机、移动设备上同时预览和测试即将发布的网页，甚至调试其交互功能，而无须安装任何移动设备的应用程序或将移动设备物理连接到个人计算机上。又如，Google 公司推出的 Google Web Designer 也是一个适用于 HTML5 网页开发的工具，提供了设计与代码两种视图、可视化绘图工具及制作动画的时间轴。它制作的网页动画无须 Flash 支持就能够在个人计算机或移动设备的 Web 浏览器中运行。

### 5.3.2 PowerPoint 演示文稿

**1. PowerPoint 简介**

演示文稿是当今信息社会中人们相互交流的一个重要工具。PowerPoint 是 Microsoft 公司 Office 系列办公软件中的一种功能强大的制作演示文稿的工具，由若干幻灯片组成的一个演示文稿，可用于教学、企业宣传、项目竞标、公司产品宣传、公司的培训、演讲、讲座、毕业答辩、动画贺卡、动画相册或旅游景点介绍等。

PowerPoint 2016 的操作界面如图 5-9 所示。

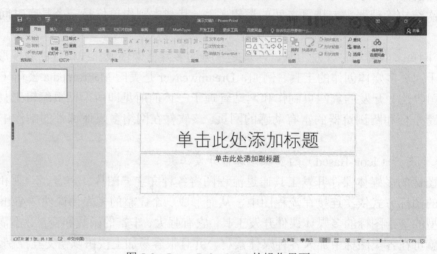

图 5-9　PowerPoint 2016 的操作界面

演讲者把自己要演示的内容组织在一起就构成一个演示文稿，实际上，一个演示文稿就是一个 PowerPoint 文件，其扩展名为 pptx。在一个演示文稿中，往往包含了多张幻灯片，因此，演示文稿的核心部分就是幻灯片，除此之外，演示文稿还包括大纲、备注、讲义等组成部分。在每一张幻灯片中，可以便捷地插入文本、图形、图像、音频、视频、动画、表格、图表、超链接等多种对象。使用 PowerPoint 可以增加文稿演示的信息量，增强文稿演示的生动、直观性，增强文稿演示的效果。

**2. 基本操作**

（1）创建演示文稿。单击"Office 2016"，在打开的菜单上单击"新建"→"新建演示文稿"→"空白演示文稿"，然后单击右下角"创建"按钮即可创建一个新的演示文稿。

（2）添加复制、移动、删除幻灯片。

1）添加幻灯片：在功能区单击"新建幻灯片"即可。

2）复制幻灯片：右击要选的幻灯片并选择"复制"，在目标插入点右击并选择"粘贴"即可。

3）移动幻灯片：选中要移动的幻灯片，按住鼠标左键移动，在目的地处松开鼠标即可。

4）删除幻灯片：选择要删除的幻灯片，然后单击功能区中的"删除幻灯片"按钮，或者直接右击要删除的幻灯片，选择"删除幻灯片"即可。

（3）幻灯片主题设计。首先，启动软件，单击"设计"选项卡切换到"设计"功能区，如图 5-10 所示。然后，在设计功能区中可以看见软件提供的主题缩略图，单击"竖直滚动"按钮即可看到全部主题缩略图，用鼠标指针指向某个主题时，可以显示主题名称。最后，单击某主题缩略图，就可将这个主题应用到当前幻灯片上。

图 5-10　设计功能区

（4）幻灯片背景设计。单击"设计"→"自定义"→"设置背景格式"，界面右侧弹出"设置背景格式"面板，如图 5-11 所示，选择"图片或纹理填充"→"文件"按钮，如图 5-12 所示，找到要选择的背景图片即可。

图 5-11　设置背景格式

图 5-12　图片或纹理背景格式

3．插入对象

（1）文字。

1）一般文字。单击"插入"→"文本框"，弹出下拉菜单，其中有横排文本和竖排文本两个命令。选择其中之一，在幻灯片既定位置处单击或者拖放鼠标，即可插入相应的文本。

2）设置文本外观和文字格式。单击"开始"功能区可以设置文字格式、段落格式、文字外观，如图 5-13 所示。

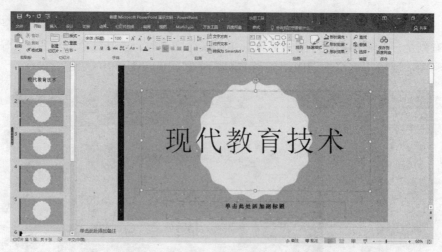

图 5-13　设置文本框

3）特殊文字。特殊文字包括插入公式和艺术字。PowerPoint 中可以插入一些专业软件编辑过的公式。首先，将光标放在要插入特殊文字的位置，单击"插入"→"公式"，如图 5-14 所示，利用公式设计功能区中的按钮，再输入要写的公式即可。

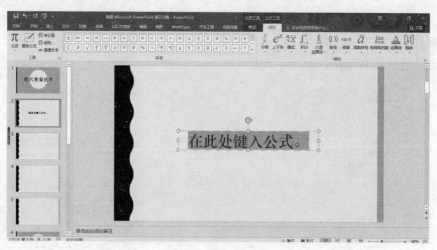

图 5-14　公式编辑界面

此外，特殊文字还包括艺术字，单击"插入"→"艺术字"，选择合适的艺术字样式后自动出现文本框，在出现的文本框中输入需要的字即可。

编辑艺术字：双击艺术字即可自动增加一项"格式"功能区，包括艺术字选项，如图 5-15 所示，在此选项内可实现文本填充、文本轮廓和文本效果的相应设置。

（2）形状。PowerPoint 中提供插入现有形状的功能区，单击"插入"→"形状"，选择需要的形状在编辑区中拖动即可。

（3）图像。

1）插入屏幕截图：单击"插入"→"屏幕截图"，可直接截取屏幕上任意一部分截图插入到幻灯片中。

2）插入外部图像：单击"插入"→"图片"，选择相应的图片，单击"插入"即可。

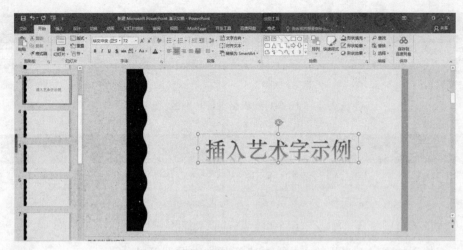

图 5-15　插入艺术字界面

3）图像的编辑。选择要编辑的图片，功能区自动增加一项"格式"功能区，如图 5-16 所示，在此功能区内包括了各种对图片进行编辑的功能，可实现图片的尺寸、颜色、对比度、亮度、剪裁、加边框、特殊艺术效果等相应设置。

图 5-16　图像编辑界面

此外，还可以通过右击要编辑的图片并选择"设置图片格式"命令，或者选择"大小和位置"命令，弹出相应对话框，对图片进行相应设置。

（4）表格。在幻灯片中插入表格可以用三种方法：自动生成表格、插入表格和绘制表格。

1）自动生成表格：单击"插入"→"表格"，在其中的模拟表格上用鼠标指针移动。模拟表格区域就可出现变色小方框，同时在幻灯片上会显示相应表格。另外，单击"插入表格"和"绘制表格"也可生成表格。

2）编辑表格：绘制好表格后会马上出现一个"设计"功能区（图 5-17）和一个"布局"功能区（图 5-18），在这两个功能区中可以对表格进行表格样式、边框效果、填充效果、外观效果、对齐方式、单元格大小、拆分和合并等编辑。

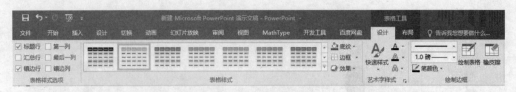

图 5-17　表格设计功能区

图 5-18　表格布局功能区

3）为表格添加文字：直接输入文字或者添加文本框都可以。

（5）图表。

1）插入图表：单击"插入"→"图表"，弹出"插入图表"对话框，如图 5-19 所示，选择左侧窗格中的图形，单击"确定"按钮即可插入一个图表，同时会打开一个对应的"数据表"，如图 5-20 所示。

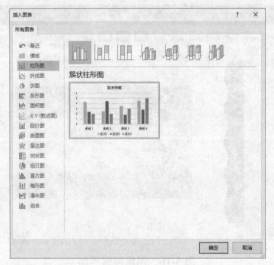

图 5-19　"插入图表"对话框

| | A | B | C | D | E | F | G | H | I |
|---|---|---|---|---|---|---|---|---|---|
| 1 | | 系列 1 | 系列 2 | 系列 3 | | | | | |
| 2 | 类别 1 | 4.3 | 2.4 | 2 | | | | | |
| 3 | 类别 2 | 2.5 | 4.4 | 2 | | | | | |
| 4 | 类别 3 | 3.5 | 1.8 | 3 | | | | | |
| 5 | 类别 4 | 4.5 | 2.8 | 5 | | | | | |
| 6 | | | | | | | | | |
| 7 | | | | | | | | | |

图 5-20　图表数据表

2）编辑图表：通过编辑"数据表"对"数据"进行修改，选择图表会出现一个"设计"

功能区和一个"布局"功能区，在这两个功能区中可以对图表的颜色、数据标签、布局类型等进行编辑。

（6）组织结构图。

1）插入组织结构图：单击"插入"→"SmartArt 图形"，弹出"选择 SmartArt 图形"对话框，选择一个组织结构图，单击"确定"按钮，如图 5-21 所示，在工作栏中输入相应文字即可。

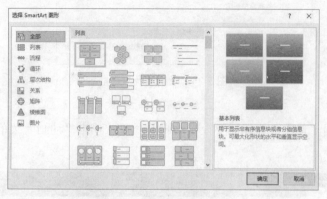

图 5-21　插入组织结构图

2）编辑组织结构图：可通过简单地选中，然后按"删除"键即可删除；通过右击组织结构图可完成"添加"等操作，也可选择组织结构图，之后会出现一个"设计"功能区，如图 5-22 所示，完成相应的编辑工作。

图 5-22　组织结构图功能设计区

（7）声音和视频。PowerPoint 2016 中支持 WAV、MID、MP3 等十多种音乐格式插入方法：单击"插入"→"媒体"→"音频"→"PC 机上的音频"，弹出"插入音频"对话框，如图 5-23 所示，选择编辑好的声音文件并单击"确定"后，即可将声音插入到幻灯片中。插入后幻灯片上会出现一个声音图表（小喇叭），表示声音文件已经插入幻灯片中。

图 5-23　插入声音对话框

此外 PowerPoint 2016 还可以录制声音，录制方法：单击"插入"→"媒体"→"音频"→"录制音频"，弹出"录制声音"对话框，如图 5-24 所示，点击红色圆点按钮即可开始录制声音。视频的插入操作与插入声音相同，在此不再做介绍。

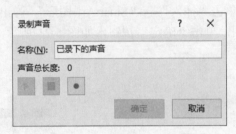

图 5-24　录制声音对话框

4. 动画设置

（1）添加动画。首先，选择需要设置动画的对象，单击"动画"菜单转到动画功能区，如图 5-25 所示。

图 5-25　动画功能区

然后，单击"添加动画"按钮选择要添加的动画类型（进入、强调、退出和动作路径四种），如图 5-26 所示，然后选定要设置的"动画效果"即可。例如，选择"更多进入效果"弹出如图 5-27 所示对话框，选择要设置的动画类型，当鼠标指针停留在某种动画类型，会自动预览该动画效果。

图 5-26　添加动画

图 5-27　添加进入效果

（2）编辑动画。添加动画效果完成后，右侧"动画窗格"（如果没有可到功能区中单击"动画窗格"）中可以看到已经添加动画效果，如图 5-28 所示，单击下三角按钮，选择"效果选项"，可以对开始方式、方向、速度等进行编辑，如图 5-29、图 5-30 所示，也可在"动画功能区"选择"效果选项"，如图 5-24 所示，做进一步调整。

图 5-28　动画窗格　　　　图 5-29　编辑动画　　　　图 5-30　效果选项

**5. 幻灯片切换**

（1）设置幻灯片之间的切换效果。单击"切换"进入切换功能区，如图 5-31 所示，单击"切换到此幻灯片"的下三角按钮，出现各种类型切换效果，如图 5-32 所示。

图 5-31　切换功能区

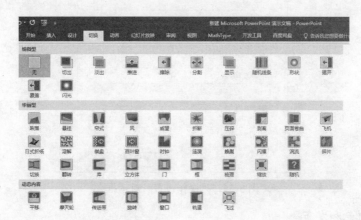

图 5-32　切换效果

（2）编辑切换效果。设置切换后，可通过功能区中的"效果选项"编辑切换效果，也可设置持续时间、是否应用到所有幻灯片、换片方式，如图 5-31 所示。

**6. 实现交互**

（1）使用超链接交互。选中要链接的文字或图像，单击"插入"→"超链接"，打开"插入超链接"对话框，如图 5-33 所示，选择要链接的文件即可。如果需链接的文件也是 PowerPoint 的文件，还可单击"书签"，选择链接的起始页。此外，还可以链接到当前操作的幻灯片文件的其他页码。具体操作同上。

图 5-33　"插入超链接"对话框

（2）使用动作按钮交互。单击"插入"→"形状"，在弹出的列表框中可以看到"动作按钮"类别，单击其中某个动作按钮后，将鼠标指针移动到幻灯片的编辑区，拖动鼠标绘制"动作按钮"，同时会弹出一个"操作设置"对话框，如图 5-34 所示，即可选择相应的链接对象。

图 5-34　"操作设置"对话框

7. 播放、打包和发布

（1）利用菜单播放。选择"幻灯片放映"→"从头放映"即可开始放映，如图 5-35 所示。

图 5-35　幻灯片放映

（2）利用放映按钮播放。在幻灯片右下角的幻灯片的视图切换区中，通过小图标进行切换，图 5-36 所示。

| 幻灯片 第 8 张, 共 19 张　🔲 中文(中国)　≙ 备注　🗩 批注　🔳 🔠 🔳 🖵 — ▮—— + 50% 🔲 |

图 5-36　视图切换区

### 5.3.3　PPT 多媒体课件制作技巧

1. PPT 多媒体课件的设计原则

PowerPoint 的英文原意是"重点""要点"。利用 PPT 设计多媒体课件需要注意的是，PPT 不是稿本的替代，不是板书的替代！

PPT 多媒体课件的首要目标是促进学习者的认知，激发学习者的学习兴趣，帮助学习者自主建构知识。利用 PPT 设计多媒体课件主要遵循以下三条原则：逻辑清晰原则、KISS 原则、可视化原则。

（1）逻辑清晰原则。设计 PPT 多媒体课件时要尽量做到结构化的思考和图形化的表达，考虑这个课件主要分成几个部分、每一个部分有哪些分支、部分与部分之间应该怎样联系，保证课件内容正确、逻辑严谨、层次清晰。

PPT 多媒体课件要形成清晰的逻辑结构和逻辑表达，包括篇章逻辑、页面逻辑和文字逻辑。形成 PPT 的篇章逻辑需要列出教学课件的内容提纲，确定 PPT 的逻辑结构图、将构思好的提纲转换成封面、目录、标题页。PPT 的页面逻辑是指每页 PPT 内容的整体逻辑，也就是按照何种逻辑将资料和素材添加到对应的 PPT 页面。常见的页面逻辑包括并列、因果、总分、转折等。文句逻辑是指 PPT 页面当中每段文字和段落之间的逻辑，不要犯逻辑错误，不要出现"模棱两可"的语句。

（2）KISS 原则。KISS（Keep It Simple & Stupid）原则，又称懒人原则，是指 PPT 的设计越简单越好，任何没有必要的复杂都是需要避免的。在 PPT 设计中应以简约、简单为标准，因为简约、简单，所以易于开发，易于理解，易于维护，易于操作。

KISS 设计原则的要求包括：保持简单版式布局、简明风格是第一原则；尽量少的文字，充分借助图表；母版背景切忌用图片，空白或淡底是首选，可以凸显图文。

（3）可视化原则。人类在长期进化过程中，视觉拥有对信息处理速度、容量和记忆力等方面的绝对优势。70%人是视觉思维型大脑偏爱图形，83%的信息是通过视觉来获取的。无论是板书，还是 PPT 设计，其本质都是要充分发挥视觉的这种优势。视觉的介入可以有效降低认知负荷，快速传递大容量的信息，而且还更加容易回忆。

知识可视化的最基本原理是信息的呈现方式会影响信息的传递效果。PPT 可视化设计的目标是知识表达清晰、画面呈现舒适。可视化设计的口诀是"字不如表，表不如图"。因此，对应于 PPT 页面中文字、形状和图片这三种最基本的元素，文字部分要做到重点突出、信息简洁，形状部分要做到层次分明、版式恰当，图片部分要做到激发右脑、善用图片。

2. PPT 多媒体课件的排版原则

● 对齐——对齐包括文本对齐和图像对齐，具体的对齐方式包括左对齐、居中对齐和右对齐。

- 统一——统一是指 PPT 课件要使用一致的模板、一致的排版、一致的字体和一致的配色。
- 聚拢——相关的内容汇聚，无关内容分离，相关主题的段间距要大于主题内的行间距。
- 对比——增加视觉差异与视觉冲击力，有助于集中注意某一信息，同时起到清晰区分的作用。具体的对比方式包括改变大小、改变颜色和改变形状。
- 降噪——降噪是指简化不必要的修饰，不用复杂的图案做背景，不用过多的字体与色彩，不滥用动画。
- 留白——简洁是一种力量，留白产生美！

3. PPT 多媒体课件的实战技巧

（1）文本设计技巧。PPT 文本设计技巧主要包括字号的选择、字体样式的选择和文本排版的方法，如表 5-1 所示。

表 5-1　PPT 文本设计技巧

| 字号选择 | 字体样式 | 文本排版 |
| --- | --- | --- |
| 主题：40～86 号 | 标题：微软雅黑加粗、黑体 | 提炼关键词，划分段落 |
| 目录：32～36 号 | 正文：微软雅黑、华文细黑、楷体 | 改变字体颜色，突出重点 |
| 标题：28～32 号 | 英文：impact、Arail、Tahoma | 拆成多个页面 |
| 正文：20～28 号 | 一般不超过三种字体 | 文本对齐，图文对齐 |

（2）图像处理技巧。在 PPT 多媒体课件中，有时图像是信息内容的一部分，有时图像用来辅助主题或内容的表达，因此课件中要使用与主题相关的图像。

表 5-2　PPT 图像处理技巧

| 图文对齐 | 图像位置 | 视觉效果 | 图像排版 |
| --- | --- | --- | --- |
| 上下对齐 | 三等分原则 | 视线相对 | 小图点缀、中图排列美、 |
| 左右对齐 | 均衡原则 | 视线引导 | 大图冲击力 |

（3）色彩搭配技巧。

1）PPT 用色基本原则。

- 符合视觉感受，舒适、不突兀、不刺眼。
- 符合颜色的象征意义，绿色青春、红色喜庆、蓝色科技等。
- 整体风格统一，相同级别的标题用相同的颜色。
- 色彩不超三种，一般主色、副色、强调色，避免花哨。
- 用相邻色表达风格，用对比色体现差异。

2）PPT 色彩搭配技巧主要包括背景色、文本色、强调色和图表色配色方案。

表 5-3　PPT 色彩搭配技巧

| 背景色 | 文本色 | 强调色 | 图表色 |
| --- | --- | --- | --- |
| 纯色填充干净 | 背景极深文本色极浅 | 正向观点风格色 | 同色搭配和谐 |
| 渐变色艺感强 | 景极浅文本色极深 | 反向观点对比色 | 多色搭配鲜艳 |
| 拟物填充亲切 | 一般超过 3 种颜色 | 警示加粗红色 | 透明度增强艺感 |

# 5.4　多媒体课件的评价

多媒体课件广泛应用于课堂教学中，建立和完善多媒体课件在教学评价体系中非常重要。对多媒体课件的评价，应该注意：无政治性错误，无知识性错误，打包后系统无病毒，链接正确，运行流畅，有一定的教育性、科学性，使用环境通用化、大众化。在此基础上，有以下几种评价方法。

## 5.4.1　多媒体课件评价的基本方法

目前国内常用评价方法有自我评价、组织评价、使用中评价、过程评价。国外常用评价方法有分析式评价、指标体系评价、实验法评价。在评价过程中我们应该遵循科学性、教育性、技术性、艺术性和辅助性等原则。

1. 国内常用评价方法

（1）自我评价。自身对内容的整体性评价，根据自己的理解对教学软件进行判断修改和完善。自我评价是自我行为的主要调节器，自我评价较高的人往往具有远大的抱负，可以取得较高的成就。广义上来说，积极地自我评价有助于提高自身专业水准。

（2）组织评价。通过系统地收集信息，按照严格的程序和科学的方法，有计划、有组织地进行的一种关于对象的较为深刻的价值判断过程。

（3）使用中评价。该方法是在使用的过程中对教学课件进行分析评价，然后根据信息反馈调整教学，以达到改善提高的目的。

（4）过程评价。过程评价是以不断完善教学软件为目的，根据组织评价的过程、多媒体教学软件应用过程及其开发过程中存在的问题加以分析，从而反映出组织评价的改进、自我评价的丰富以及使用中评价的完善的评价方法，这是一种合理的、明确化的、科学的评价方法。这种评价方法使评价结果更能体现出客观性，便于发现开发过程中存在的问题，以达到评价的根本目的。

2. 国外常用评价方法

（1）分析式评价。要求教学软件专业评估人员根据课件开发的目标对产品进行分析，最终根据评价人员的经验撰写一份总体评价报告。这种方法要求评价人员有较高的素质和丰富的经验，需要进行专门的培训对其工作进行评价。

（2）指标体系评价。由权威机构经过科学的研究提出一整套对教学软件评价的指标，这种指标细分为若干可操作的描述和问题，评价人员根据指标体系对多媒体课件进行测试分析，然后按照评价指标体系进行评分，最后给出总的评价意见。

（3）实验法评价。评价人员根据多媒体课件设计的目标，对使用者进行实验研究，通过抽样选取课件设计针对的教学对象——学习者进行前测、后测、记忆保持测试等，然后分析学习者使用多媒体课件辅助教学后掌握教学知识点的情况，并与对照组进行差异显著性检验，从而保证评价课件的作用和有效性。

## 5.4.2　多媒体课件的评价量表

表 5-4 是全国多媒体课件大赛评价标准，对多媒体课件做了非常详细的评审，从中我们

可以清晰地感受到评价中应该遵循的一些原则，比如科学性、教育性、技术性、艺术性和辅助性等。

表 5-4　全国多媒体课件大赛评价标准

| 一级指标<br>（分值） | 二级指标<br>（分值） | 三级指标<br>（分值） | 指标说明 |
| --- | --- | --- | --- |
| 教学内容（20） | 科学性规范性（10） | 科学性（5） | 教学内容正确，具有时效性、前瞻性；无科学错误、政治性错误；无错误导向（注：出现严重科学错误取消参赛资格） |
| | | 规范性（5） | 文字、符号、单位和公式符合国家标准，符合出版规范，无侵犯著作权行为 |
| | 知识体系（10） | 知识覆盖（5） | 在课件标定范围内知识内容范围完整，知识体系结构合理 |
| | | 逻辑结构（5） | 逻辑结构清晰，层次性强，具有内聚性 |
| 教学设计（40） | 教学理念及设计（20） | 教育理念（10） | 充分发挥教师主导、学生主体的作用，注重培养学生解决问题、创新和批判能力 |
| | | 目标设计（5） | 教学目标清晰、定位准确、表述规范，适应于相应认知水平的学生 |
| | | 内容设计（5） | 重点难点突出，启发引导性强，符合认知规律，有利于激发学生主动学习 |
| | 教学策略与评价（20） | 教学交互（5） | 较好的人机交互，有教师和学生、学生和学生的交互、讨论 |
| | | 活动设计（5） | 根据学习内容设计研究性或探究性实践问题，培养学生创新精神与实践能力 |
| | | 资源形式与引用（5） | 有和教学内容配合的各种资料、学习辅助材料或资源链接，引用的资源形式新颖 |
| | | 学习评价（5） | 有对习题的评判或学生自主学习效果的评价 |
| 技术性（25） | 运行状况（10） | 运行环境（5） | 运行可靠，没有"死机"现象，没有导航、链接错误，容错性好，尽可能兼容各种运行平台 |
| | | 操作情况（5） | 操作方便、灵活，交互性强，启动时间、链接转换时间短 |
| | 设计效果（15） | 软件使用（5） | 采用了和教学内容及设计相适应的软件，或自行设计了适合于课件制作的软件 |
| | | 设计水平（5） | 设计工作量大，软件应用有较高的技术水准，用户环境友好，使用可靠、安全，素材资源符合相关技术规范 |
| | | 媒体应用（5） | 合理使用多媒体技术，技术表现符合多媒体认知的基本原理 |
| 艺术性（15） | 界面设计（7） | 界面效果（3） | 界面布局合理、新颖、活泼、有创意，整体风格统一，导航清晰简洁 |
| | | 美工效果（4） | 色彩搭配协调，视觉效果好，符合视觉心理 |

续表

| 一级指标<br>（分值） | 二级指标<br>（分值） | 三级指标<br>（分值） | 指标说明 |
| --- | --- | --- | --- |
| 艺术性（15） | 媒体效果（8） | 媒体选择（4） | 文字、图片、音、视频、动画切合教学主题，和谐协调，配合适当 |
| | | 媒体设计（4） | 各种媒体制作精细，吸引力强，激发学习兴趣 |
| 加分（2） | 应用效果（1） | | 已经得到广泛应用，取得了良好的应用效果，有较大推广价值 |
| | 现场答辩（1） | | 表述清晰、语言规范、材料充实、重点突出；快速准确回答问题，熟练演示课件 |

## 5.5　多媒体课件制作实践项目

"寻访凉山革命遗址"
课件制作

### 5.5.1　"寻访凉山革命遗址"课件制作案例

在制作 PPT 课件时，需要根据学科的性质来确定演示文稿的主题，以便将学生带入教学氛围。本例将制作"寻访凉山革命遗址"，最终效果如图 5-37 所示。

图 5-37　"寻访凉山革命遗址"课件效果图

制作"寻访凉山革命遗址"课件涉及新建与保存演示文稿、新建幻灯片、设置背景、输入与编辑文本、插入形状、插入图片、设置切换效果等方面的操作。本例将从第 1 张幻灯片开的，依次完成所有幻灯片的制作。其具体操作如下所示。

步骤 1：启动 PowerPoint，进入 PowerPoint 演示工作界面，新建空白演示文稿，将其保存为"寻访凉山革命遗址.pptx"。

步骤 2：单击"新建"→"新建演示文稿"→"空白演示文稿"，如图 5-38 所示。新建空白幻灯片后，按 Ctrl+M 组合键，快速新建 8 张幻灯片。

步骤 3：选择第 1 张幻灯片，单击"设计"→"设置背景格式"，右侧弹出"设置背景格式"面板，如图 5-39 所示，选择"图片或纹理填充"，单击"文件"按钮。

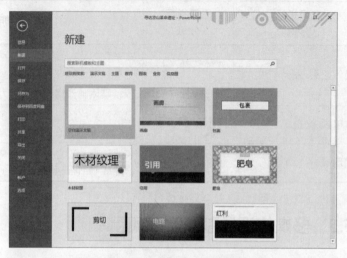

图 5-38　新建空白幻灯片

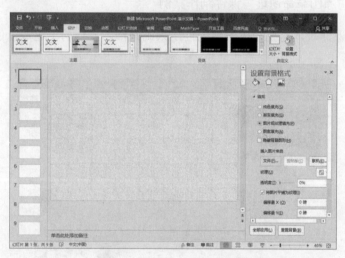

图 5-39　选择背景填充方式

步骤 4：打开"插入图片"对话框，在地址栏中选择图片的保存位置，选择"背景 1.jpg"选项，单击"插入"按钮，如图 5-40 所示。

步骤 5：选择第 9 张幻灯片，使用相同方法，为第 9 张幻灯片的背景应用图片"背景 1.jpg"。

步骤 6：选择第 2 张幻灯片，单击"设计"功能区的"自定义"选项卡里选择"设置背景格式"，右侧弹出"设置背景格式"面板，选择"纯色填充"按钮，颜色设置为"橙色，个性色 2，淡色 80%"，如图 5-41 所示。

步骤 7：使用相同方法，将第 2 张到第 8 张幻灯片的背景设置为"橙色，个性色 2，淡色 80%"。

步骤 8：选择第一张幻灯片，在"插入"功能区中单击"文本框"下三角按钮，在打开的列表中选择"横向文本框"。将鼠标指针移到第 1 张幻灯片编辑区，拖动鼠标，绘制横向文本框 1，并添加文字"寻访凉山"。

图 5-40　插入图片

图 5-41　设置纯色背景

步骤 9：使用相同方法，继续在第 1 张幻灯片里添加 2 个横向文本框，分别添加文字"革命遗址""见证动人红色历史"。

步骤 10：选择横向文本框 1"寻访凉山"，在"开始"功能区"字体"选项卡里设置字体为"华文行楷"，字号为"96"，颜色为"白色"。

步骤 11：使用相同方法，将横向文本框 2"革命遗址"设置为"微软雅黑、加粗、96、黄色"，将横向文本框 3"见证动人红色历史"设置为"华为行楷、60、白色"，如图 5-42 所示。

步骤 12：选择第 2 张幻灯片，在"开始"功能区"幻灯片"选项卡里，设置幻灯片版式为"标题和内容"，如图 5-43 所示。

步骤 13：在第 2 张幻灯片的标题框和文本框内输入相应文字，在"开始"功能区"字体"选项卡里将标题字体设置"华文行楷、66、红色"，将文本字体设置"华文行楷、36、红色"。

步骤 14：选择第 2 张幻灯片文本框，在"格式"功能区"形状样式"选项卡里，单击"形状填充"按钮，在弹出的下拉列表框里选择"纹理"→"新闻纸"，如图 5-44 所示。

图 5-42　设置文字格式

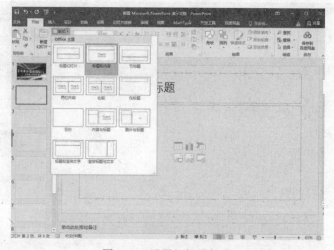

图 5-43　设置幻灯片版式

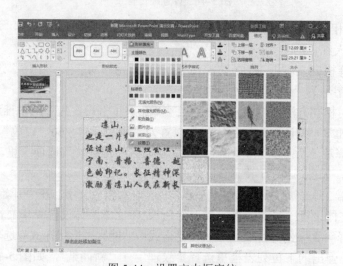

图 5-44　设置文本框底纹

步骤 15：选择第 3 张幻灯片，在"插入"功能区中单击"形状"下三角按钮，在打开的列表中选择"矩形"。将鼠标指针移到幻灯片编辑区，拖动鼠标，绘制矩形框，如图 5-45 所示。

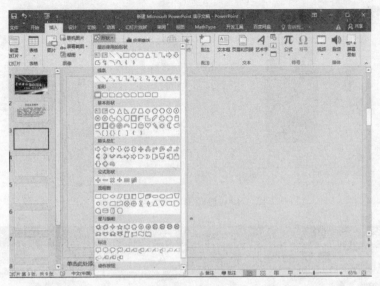

图 5-45　绘制形状

步骤 16：右击矩形框，在弹出的快捷菜单中选择"编辑文字"，并添加文字"路线总览"。

步骤 17：再次右击矩形框，在快捷菜单中选择"设置形状格式"，在"设置形状格式"面板中选择"文本选项"，在"文字方向"下拉列表框中选择"竖排"，如图 5-46 所示。

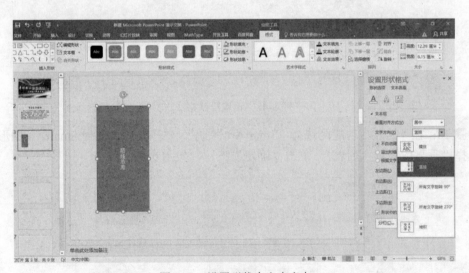

图 5-46　设置形状内文字方向

步骤 18：单击矩形框，在"开始"功能区"字体"选项卡里将矩形框内文字设置为"华文行楷、72、红色"，如图 5-47 所示。

步骤 19：再次单击矩形框，在"设置形状格式"→"形状选项"→"填充"，选择"无填充"，单击"线条"，选择"无线条"，如图 5-48 所示。

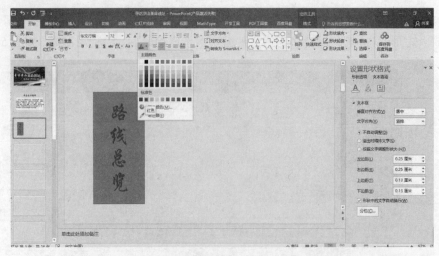

图 5-47　设置形状内文字格式

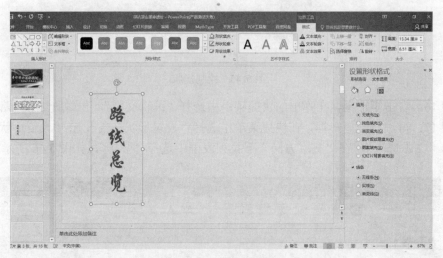

图 5-48　设置形状格式

步骤 20：在"插入"功能区选择"SmartArt 图形"，在弹出的"选择 SmartArt 图形"对话框内选择"垂直图片重点列表"，单击"确定"按钮，如图 5-49 所示。

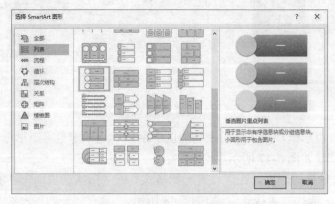

图 5-49　插入 SmartArt 图形

步骤 21：单击编辑区内"垂直图片重点列表"图形，在"设计"功能区的"创建图形"选项卡里选择"添加形状"→"在后面添加形状"，如图 5-50 所示。

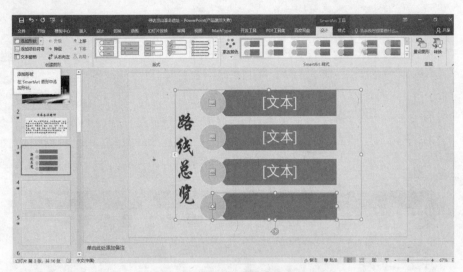

图 5-50　SmartArt 图形添加形状

步骤 22：在"设计"功能区的"创建图形"选项卡里选择"文本窗格"，在编辑区的文本窗格里输入文字，如图 5-51 所示。

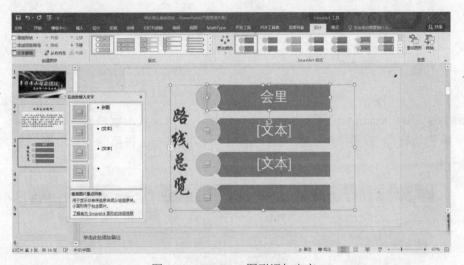

图 5-51　SmartArt 图形添加文字

步骤 23：单击编辑区内"垂直图片重点列表"图形的第一个图片按钮，弹出"插入图片"对话框，选择"从文件"→"浏览"。下一个"插入图片"对话框的地址栏中选择图片的保存位置，选择"会里.jpg"选项，单击"插入"按钮，如图 5-52 所示。

步骤 24：使用相同方法，依次将"西昌.jpg""冕宁.jpg""越西.jpg"的图片添加到 SmartArt 图形相应位置处。

步骤 25：再次 SmartArt 图形，在"设计"功能区的"SmartArt 样式"选项卡里选择"更改颜色"，下拉列表里选择"彩色|个性色"，如图 5-53 所示。

图 5-52　SmartArt 图形添加图片

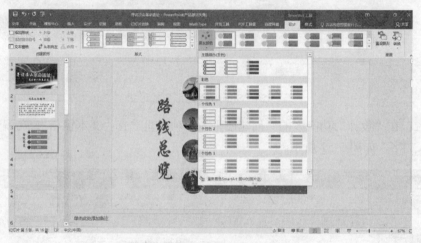

图 5-53　SmartArt 图形更改颜色

步骤 26：选择 SmartArt 图形中第二个矩形框，在"设置形状格式"面板选择"形状选项"→"纯色填充"，设置"颜色"为红色。使用相同的方法将第四个矩形框设置为绿色，如图 5-54 所示。

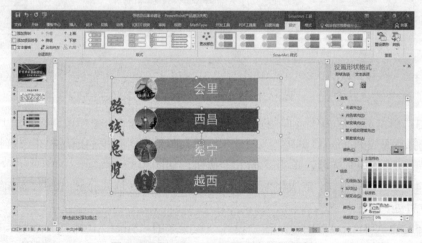

图 5-54　更改 SmartArt 图形中形状颜色

步骤 27：选择第 4 张幻灯片，在"开始"功能区的"幻灯片"选项卡里选择"版式"，在下拉列表里选择"两栏内容"，如图 5-55 所示。

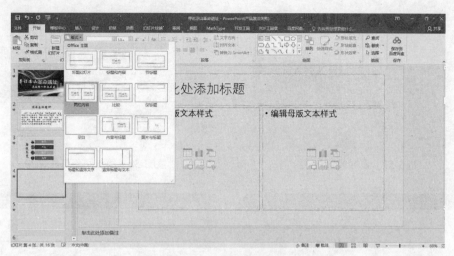

图 5-55　更改幻灯片版式

步骤 28：在幻灯片标题栏处输入文本，并设置标题文字格式为"微软雅黑、加粗、48 号、红色"。

步骤 29：在幻灯片左侧文本框处输入文本，并设置文字格式为"楷体、28 号、红色"。

步骤 30：选择幻灯片左侧文本框，单击"开始"功能区的"段落"选项卡底部小箭头，打开"段落"对话框，如图 5-56 所示。在对话框内设置文本的段落格式为"首行缩进 2 字符、段前间距 6 磅、段后间距 6 磅、1.5 倍行距"。

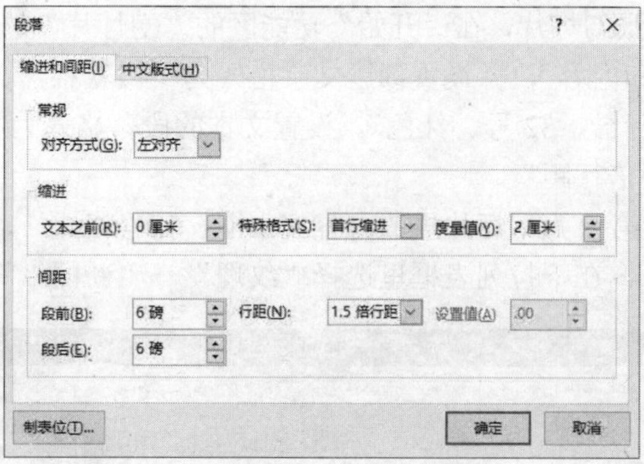

图 5-56　设置段落格式

步骤 31：单击幻灯片右侧文本框内的图片图标，打开"插入图片"对话框，插入图片"会理 1.jpg"，如图 5-57 所示。

步骤 32：使用相同的方法为第 5、6、7 张幻灯片添加相应的文本和图片，并设置标题文字格式为"微软雅黑、加粗、48 号、红色"，设置文本格式为"楷体、28 号、红色"，设置文本的段落格式为"首行缩进 2 字符、段前间距 6 磅、段后间距 6 磅、1.5 倍行距"，如图 5-58、图 5-59、图 5-60 所示。

图 5-57 设置段落格式

图 5-58 第 5 页幻灯片效果

图 5-59 第 6 页幻灯片效果

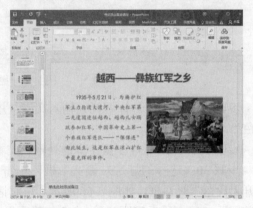

图 5-60 第 7 页幻灯片效果

步骤 33：选择第 8 张幻灯片，在"开始"功能区的"幻灯片"选项卡里选择"版式"，在下拉列表里选择"标题和内容"，并设置标题文字格式为"微软雅黑、加粗、48 号、红色"，设置文字格式为"华文行楷、32 号、红色"。设置文本的段落格式为"居中对齐、段前间距 6 磅、段后间距 6 磅、1.5 倍行距"。

步骤 34：单击选择第 8 张幻灯片里的内容文本框，在"格式"功能区的"形状样式"选项卡里选择"形状填充"，在下拉列表框里选择"纹理"→"新闻纸"，如图 5-61 所示。

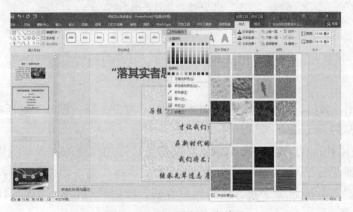

图 5-61 第 7 页幻灯片效果

步骤 35：选择第 9 张幻灯片，在"插入"功能区中单击"形状"按钮下方的下拉按钮，在打开的列表中选择"椭圆"。将鼠标指针移到幻灯片编辑区，拖动鼠标，绘制椭圆。

步骤 36：单击椭圆形状，在"格式"功能区的"大小"选项卡里设置高度和宽度均为"3.6 厘米"，在"形状样式"选项卡里设置"形状颜色"为黄色，设置"形状轮廓"为无轮廓。复制该圆形，并在幻灯片编辑区粘贴三个圆形，并拖拽至合适的位置。

步骤 37：右击第一个圆形，在弹出的快捷菜单中选择"编辑文字"，输入"会理"，并在"开始"功能区的"字体"选项卡设置文字为"微软雅黑加粗、28 号、红色"。

步骤 38：使用同样的方法，为其他三个圆形添加相应文字，并设置文字格式，如图 5-62 所示。

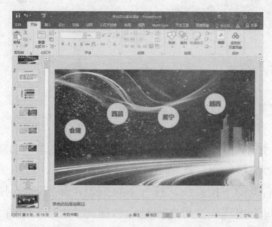

图 5-62　第 8 页幻灯片效果

步骤 39：选择第 9 张幻灯片，在"插入"功能区"形状样式"选项卡里，在弹出的下拉列表框里选项卡中单击"形状"按钮下方的下拉按钮，在打开的列表中选择"矩形"。

步骤 40：右击矩形，在弹出的快捷菜单中选择"编辑文字"，输入相应文本，并在"开始"功能区的"字体"选项卡设置文字为"微软雅黑加粗、48 号、黄色"。

步骤 41：单击矩形，在"格式"功能区单击"形状填充"按钮，在"形状样式"选项卡里设置"形状颜色"为无颜色，设置"形状轮廓"为无轮廓，如图 5-63 所示。

图 5-63　第 9 页幻灯片效果

步骤 42：选择第 3 页幻灯片，选中"会理"文本，在"插入"功能区单击"超链接"按钮，打开编辑超链接对话框，在对话框里选择"本文当中的位置"，单击列表中的"4.会理"，单击"确定"按钮，如图 5-64 所示。

步骤 43：使用相同的方法，依次为"西昌""冕宁""越西"插入超链接，如图 5-65 所示。

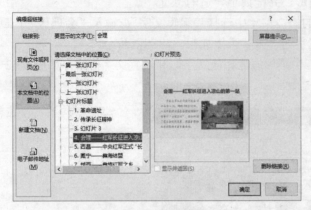

图 5-64　插入超链接

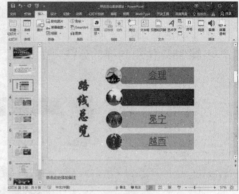

图 5-65　插入超链接效果图

步骤 44：选择第 2 张幻灯片，单击内容文本框，在"动画"功能区"动画"选项卡内单击"出现"按钮，单击"高级动画"选项卡内的"动画窗格"，在右侧出现的"动画窗格"面板上，单击第一个动画右侧的下拉箭头，打开下拉列表，如图 5-66 所示，在"出现"对话框里设置动画文本"按字母"出现，字母之间延迟秒数为"0.2"，如图 5-67 所示。

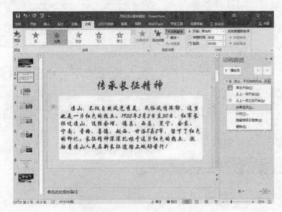

图 5-66　动画窗格面板

图 5-67　"出现"对话框

步骤 45：选择第 9 张幻灯片，使用相同的方法，为幻灯片内的四个圆形框和一个矩形框依次添加"出现"动画，并为矩形框内文本设置"按字母"出现，字母之间延迟秒数为"0.2"，如图 5-68 所示。

步骤 46：选择第 1 张幻灯片，在"切换"功能区的"切换到此幻灯片"选项卡列表框中选择"随机"选项，单击"应用到全部"按钮，如图 5-69 所示。

步骤 47：按 F5 键，从头开始放映幻灯片。单击鼠标左键，依次放映幻灯片，当放映至第 3 张幻灯时，单击"西昌"超链接，跳转到第 5 张幻灯片，然后继续放映幻灯片，所有幻灯片放映结束后，按 Esc 键退出放映状态。

图 5-68　多个对象添加动画

图 5-69　为所有幻灯片设置切换效果

### 5.5.2　小学语文"火把节"课件制作案例

"火把节"课件编辑制作

1. "火把节"课件选题

本课件表现的是语文出版社小学《语文（第十册）》第一单元的一篇精读课文。课文描写了彝族火把节的热烈场面和彝家火把节的来历，展现了彝族特有的民族风情和彝族人民勇于战胜恶势力，战胜灾难的勇敢坚强、不屈不挠的品德。

由于小学生对火把节的有关知识和彝族特有的民族风情缺乏了解，而课本中的情景图片匮乏，很难让学生体会彝族人民欢度节日时无比欢乐的心情。为了解决这个问题，本课件插入了大量的图片，通过软件强大的展示和交互功能使学生身临其境地感受彝族火把节的热烈场面，感受彝族人民热情奔放、充满民族自豪感，从而感受到我国丰富多彩的民族文化的无穷魅力。

2. "火把节"教学设计

（1）学习内容分析。"火把节"是语文出版社小学《语文（第十册）》第一单元的一篇精读课文。全文共分三部分。

第一部分（第 1～4 自然段），描写欢迎人们到大凉山和彝家人一起欢度火把节。这部分是以第一人称的口吻写的，一开始读这篇文章就感受到彝家人的热情好客，使人倍感亲切，实际上也巧妙地交代了彝家人怎样准备过节。

第二部分（第 5～10 自然段），描写火把节是激情四溢的盛典。这部分描写了火把节的盛况，按时间顺序重点描写了一天中几个主要活动的场面，可以看出彝家人是如何在自己盛大的节日里，释放着自己的激情，我们可以感受到彝族是一个热情奔放的民族，感受到彝族人民对生活的热爱，对美好未来的向往。

第三部分（第 11～14 自然段），描写了关于火把节的来历。彝族火把节是彝家人勤劳勇敢、不屈不挠的象征，是极具纪念意义的节日，我们可以感受到彝族人民勇于战胜恶势力，战胜灾难的勇敢坚强、不屈不挠的品德。

全文中"来吧，到我们大凉山来吧，来和我们彝家人一起……"的四次出现把全文各部分内容串联起来，向我们展现了激情四溢的彝族火把节这一盛典，不仅让我们看到了彝族的民族风情，更感受到了彝族人民勤劳勇敢、热情豪放、热爱生活的特点。

（2）学习者分析。学习者是小学五年级的学生，初步具备语言表达能力和合作学习的基本技能。由于他们生活中对于传统节日的期待，而且对民间传说比较感兴趣，因此学习《火把节》一文已有认知基础。但是，学习者对节日意义和传说寓意的深入理解还有一定的难度。

（3）教学目标。

1）知识和技能。认识和学会"蒿、寨、矫、犄、蝗"5 个生字；会写"帕、披、毡、宰、寨、矫、跤、熊、嫉、妒、蝗"11 个生字；掌握"头帕、披毡、山寨、矫健、摔跤、嫉妒、蝗虫"等词语。

2）过程和方法。指导学生正确、流利、有感情地朗读课文，帮助学生在自读、品读、有感情朗读中加深对课文内容的感知、理解。

3）情感和态度。理解课文内容，了解彝族火把节的来历，想象课文描写的彝族火把节的热烈场面，感受彝族特有的民族风情。

4）教学重、难点。理解课文内容，想象课文描写的彝族火把节的热烈场面，感受彝族特有的民族风情。了解火把节的来历，理解火把节的纪念意义，赞扬彝族人民勇于战胜恶势力，战胜灾难的勇敢、坚强、不屈不挠的优良美德。

（4）教学模式和策略。

教学模式和策略为五环节教学模式、讲授法。

（5）教具和媒体使用。

PPT 多媒体课件。

（6）教学过程。

1）"火把节"教学流程如图 5-70 所示。

2）教学过程简介。

【导入新课】

同学们都喜欢哪些节日？说说过节的情况和心情。我国有 56 个民族，很多民族都有自己特有节日，我们今天就去参加彝族的火把节吧（播放 PPT、板书课题）。

【初读课文】

朗读课文。讲解课后"读读写写"词语。说说课文写了哪几部分内容。课文写了火把节的哪几个场面？你最喜欢哪些场面，说说自己的感受。

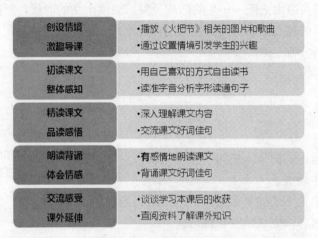

图 5-70 　《火把节》教学流程

识字："蒿"读"hāo"，不要读成"gāo"；"矫"读"jiǎo"，不要读成"jiāo"。

写字："毡"是半包围结构，"毛"的最后一笔要托住部件"占"，还要注意写紧凑；"嫉"字读"jí"，不要读成"jì"，这个字的右半部分是"疾病"的"疾"，不要丢掉"疒"左边的两点。

【精读课文】

学习课文第一部分。为了欢度火把节，人们要做好充分准备。彝家人做了什么准备？请同学们用横线画出来读一读。有感情地朗读第一部分。（指导读出热情、盼望、兴奋的语气）

以第一人称的口吻，在文章的开头写道："来吧，到大凉山来吧，来和我们彝家人一起欢度火把节！"似乎是在面对即将到来的客人发出盛情邀请，表达了彝家人过节的欢快心情和热情邀请客人参加自己民族盛大节日的那种自豪，很有感染力。

学习课文第二部分。课文描写了火把节哪几个场面？你最喜欢哪一个？画出来读一读，想象当时的情景，说说自己的感受。课文描写了彝家人在过火把节时穿上节日盛装，准备节日饭菜、斗牛、摔跤、点火把、围着篝火跳舞等五个场面，让我们感受到了彝族的民族风情。

第二部分脉络清晰，按时间顺序写了一天的庆典活动。在读这一部分时，要注意引导学生身临其境地感受从清晨到夜晚、从一天到三天的节日气氛，从而感受到我国丰富多彩的民族文化的无穷魅力。

学习课文第三部分。默读课文第三部分，讲一讲这个传说。从关于火把节的传说中想到什么？火把节不是一个普通的节日，它是彝族人民勤劳勇敢、不屈不挠精神的象征。

在阅读第三部分时，要引导学生理解有关火把节的传说。在大量的民间故事中，大多数鬼神都是恶势力的象征，而人民以及他们拥戴的英雄都代表了勇敢、正义、善良。英雄战胜恶魔，正义战胜邪恶，则是人民群众共同的理想。这个关于火把节的传说正是表达了这种思想感情。通过阅读感悟，进一步加深学生对民间故事这种文学体裁的认识。

【体会情感】

课文多处语言很有韵律，节奏感强。例如：第一部分（第 1～4 自然段）和第二部分的第

10 自然段，都要通过反复朗读、体会，去感受那热烈的场面，去感受彝家人的那种激情。尤其是"来吧，到我们大凉山来吧……"的四次反复，朗读全文的时候，要在这四句话的引领下读出节奏，从火把节的精心准备，到火把节的盛况展现，再到火把节的纪念意义，使学生的理解逐步加深，感情逐步加强。

【拓展练习】

● 辨字组词。

怕（　） 毡（　） 熊（　） 蝗（　）

帕（　） 毯（　） 能（　） 煌（　）

● 根据课文描述的情景，把句子补充完整。

日上三竿，斗牛场成了＿＿＿＿＿＿。

夜幕降临了天上数不清的星星眨着，地上的火把犹如＿＿＿＿。

● 根据课文内容，完成填空和练习。

火把节是在每年农历的＿＿月＿＿日。到了那天，人们游行，举行＿＿＿、＿＿＿、＿＿＿等纪念活动。

火把节不是一个简简单单的节日，它更是＿＿＿＿＿＿＿＿的象征。

● 写法点拨

场面描写是指在一定时间、一定环境中以人物活动为中心的生活画面。

本文重点记叙了火把节的盛况，向我们展现了火把节的盛大场面。文章描写的有顺序、有气势，场面壮观，主题鲜明。场面描写必须描写人物的活动和气氛。

● 课外积累

你是什么民族？你们过节时有什么活动？本文的场面描写很有特色，请你学习作者的写作方法，写一个片段。

（7）教学评价。

课堂提问、书面练习。

（8）课堂板书。

课堂板书设计如图 5-71 所示。

准备：扎火把、民族服饰、准备节日饭菜

场面：美酒佳肴、斗牛摔跤

点燃火把、围着篝火跳舞

来历：人们用火把消灭"天虫"

火把节是彝族人民勤劳勇敢、不屈不挠的象征

图 5-71　《火把节》板书

3.《火把节》课件软件系统设计

本课件所采用的开发工具为 PowerPoint 演示文稿，课件的功能导航包括资料宝袋、预习检查、课文详解、概括主题和拓展练习。具体知识结构设计如图 5-72 所示。

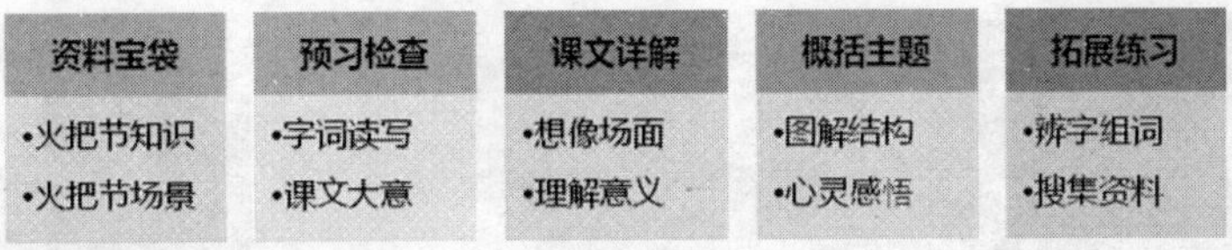

图 5-72 《火把节》软件系统设计

### 4. 《火把节》课件脚本编写

依据《火把节》教学设计和软件系统设计，课件的文字脚本如表 5-5 所示。

表 5-5 《火把节》文字脚本

| 序号 | 内容 | 步骤 | 媒体类型 | 呈现方式 |
|---|---|---|---|---|
| 1 | 展示火把节情境 | 导入新课 | PPT | 图片 |
| 2 | 播放火把节视频片段 | | MP4 | 视频 |
| 3 | 用自己喜欢的方式自由读书 | 初读课文 | PPT | 图片 |
| 4 | 读准字音 | | PPT | 文字 |
| 5 | 分析字形 | | PPT | 文字 |
| 6 | 读通句子 | | PPT | 文字 |
| 7 | 梳理段落大意 | 精读课文 | PPT | 文字 |
| 8 | 设置问题文中找答案 | | PPT | 文字 |
| 9 | 填空梳理课文结构 | | PPT | 动画 |
| 10 | 有感情地朗读课文 | | PPT | 文字 |
| 11 | 想象火把节场面 | 体会情感 | PPT | 图片 |
| 12 | 理解火把节意义 | | PPT | 文字 |
| 13 | 辨字组词 | 拓展练习 | PPT | 文字 |
| 14 | 课文填空 | | PPT | 动画 |
| 15 | 交流分享 | | PPT | 图片 |

### 5. 《火把节》课件编辑制作

在制作 PPT 课件时，需要根据学科的性质来确定演示文稿的主题，以便将学生带入教学氛围。《火把节》课件的教学重点是理解课文内容，想象课文描写彝族火把节的热烈场面，感受彝族特有的民族风情。因此，本课件插入了大量的图片，帮助学生身临其境地感受彝族火把节的热烈场面，体会彝族人民欢度节日时无比欢乐的心情。本课件最终效果图如图 5-73 所示。

制作《火把节》课件涉及新建幻灯片、设置背景、选择版式、输入与编辑文本、插入形状、插入图片、插入视频、添加动作按钮、插入超链接、设置动画、设置切换效果等方面的操作。

本例将从第 1 张幻灯片开的，依次完成所有幻灯片的制作。其具体操作如下所示。

步骤 1：启动 PowerPoint，进入 PowerPoint 演示工作界面，新建空白演示文稿，将其保存为"小学语文《火把节》课件.pptx"。

步骤 2：单击"新建"→"新建演示文稿"→"空白演示文稿"。新建空白幻灯片后，按 Ctrl+M 组合键，快速新建 20 张幻灯片。

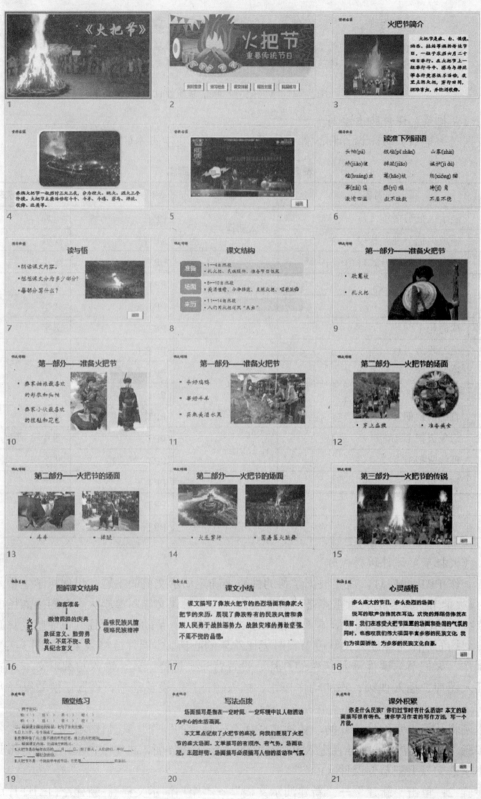

图 5-73 　《火把节》课件效果图

步骤 3：选择第 1 张幻灯片，单击"设计"功能区的"自定义"选项卡里选择"设置背景格式"，右侧弹出"设置背景格式"面板，选择"图片或纹理填充"，单击"文件"按钮。打开"插入图片"对话框，在地址栏中选择图片的保存位置，选择"火把节封面.jpg"，单击"插入"按钮，如图 5-74 所示。

图 5-74　新建空白幻灯片

步骤 4：选择第 2 张幻灯片，单击"设计"功能区的"自定义"选项卡里选择"设置背景格式"，右侧弹出"设置背景格式"面板，选择"纯色填充"按钮，颜色为"浅橙色"，如图 5-75 所示。使用相同方法，将第 2 张到第 21 张幻灯片的背景设置为"浅橙色"。

图 5-75　设置背景格式

步骤 5：选择第一张幻灯片，在"插入"功能区中单击"文本框"下三角按钮，在打开的列表中选择"横向文本框"。将鼠标指针移到第 1 张幻灯片编辑区，拖动鼠标，绘制横向文本框，并添加文字"火把节"。选择横向文本框"火把节"，在"开始"功能区"字体"选项卡里设置字体为"华文行楷""加粗"，字号为"100"，颜色为"橙色"，如图 5-76 所示。

步骤 6：选择第 2 张幻灯片，在"开始"功能区"幻灯片"选项卡里，设置幻灯片版式为"空白"，如图 5-77 所示。

图 5-76　设置文字格式

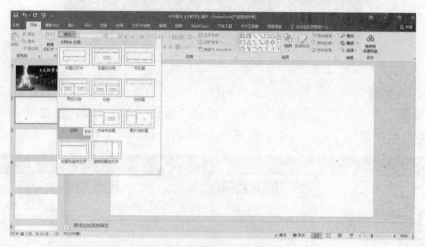

图 5-77　设置幻灯片版式

步骤 7：单击"插入"功能区的"图片"按钮，打开"插入图片"对话框，在地址栏中选择图片的保存位置，选择"火把节 2.jpg"选项，单击"插入"按钮，如图 5-78 所示。

图 5-78　插入图片

步骤 8：单击插入的"火把节 2.jpg"图片，拖拽放大并移动到合适的位置，如图 5-79 所示。

图 5-79 调整图片

步骤 9：在"插入"功能区中单击"形状"下三角按钮，在打开的列表中选择"矩形"。将鼠标指针移到图片下方，拖动鼠标，绘制矩形框，如图 5-80 所示。

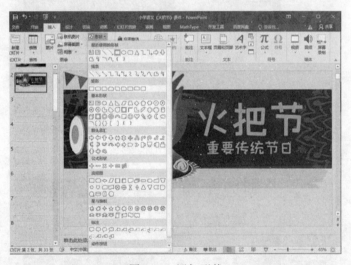

图 5-80 添加形状

步骤 10：单击矩形框，在"格式"功能区的"大小"选项卡里设置高度为"1.7 厘米"，宽度为"4.7 厘米"，在"形状样式"选项卡里设置"形状填充"为"蓝色、个性色 1、淡色 80%"，设置"形状轮廓"为无轮廓，如图 5-81 所示。

步骤 11：单击矩形框，在"格式"功能区的"形状样式"选项卡里设置"形状效果"为"棱台-艺术样式"，如图 5-82 所示。

步骤 12：复制 4 个矩形框，拖拽调整到合适的位置。右击第 1 个矩形框，在弹出的快捷菜单中选择"编辑文字"，如图 5-83 所示，添加文字为"资料宝袋"。

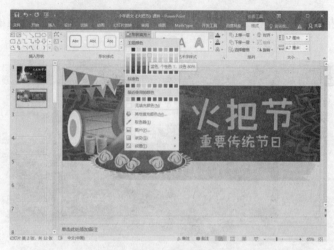

图 5-81 设置形状颜色

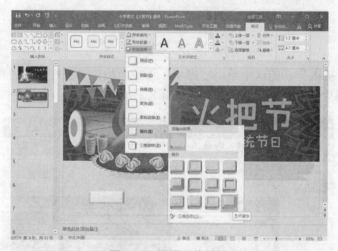

图 5-82 设置形状效果

图 5-83 添加文字

步骤 13：单击第 1 个矩形框，在"开始"功能区"字体"选项卡里设置字体为"微软雅黑""加粗"，字号为"24"，颜色为"橙色，个性色 2，深色 50%"。依次为其他 4 个矩形框添加文字"预习检查""课文详解""概括主题""拓展练习"，并设置与第 1 个形状相同的文字格式，如图 5-84 所示。

图 5-84　第 2 张幻灯片效果

步骤 14：按住 Ctrl 键，依次单击 5 个矩形框，右击任意矩形框，在弹出的快捷菜单中选择"组合"，如图 5-85 所示，将 5 个矩形框组合。

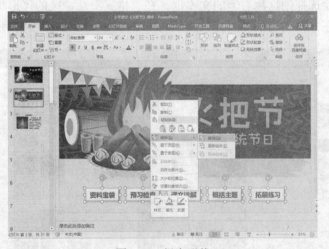

图 5-85　组合形状

步骤 15：选择第 3 张幻灯片，在"插入"功能区中单击"文本框"按钮下方的下拉按钮，在打开的列表中选择"横向文本框"。将鼠标指针移到第 3 张幻灯片左上角，拖动鼠标，绘制横向文本框，并添加文字"资料宝袋"，在"开始"功能区"字体"选项卡里设置字体为"华文行楷""加粗"，字号为"24"，颜色为"橙色，个性色 2，深色 50%"，并将文本框复制到第 4、第 5 张幻灯片左上角。

步骤 16：选择第 3 张幻灯片，在"开始"功能区"幻灯片"选项卡里，设置幻灯片版式为"两栏内容"，在标题栏输入文字"火把节简介"，在"开始"功能区"字体"选项卡里设置字体为"微软雅黑""加粗",字号为"48",颜色为"黑色"。

步骤 17:单击第 3 张幻灯片左侧文本框内的图片图标,打开"插入图片"对话框,插入图片"火把节 3.jpg",并拖拽调整图片的位置和大小。在右侧文本框内输入相应的文字,并设置字体为"楷体""加粗",字号为"32",颜色为"黑色"。

步骤 18:选择右侧文本框,单击"开始"功能区的"段落"选项卡底部小箭头,打开"段落"对话框,如图 5-86 所示。在对话框内设置文本的段落格式为"首行缩进 2 字符、行距固定值 48 磅"。

图 5-86　设置段落格式

步骤 19:再次选择幻灯片右侧的文本框,在"格式"功能区的"形状样式"选项卡里选择"形状填充",在下拉列表框里选择"纹理"→"羊皮纸",如图 5-87 所示。

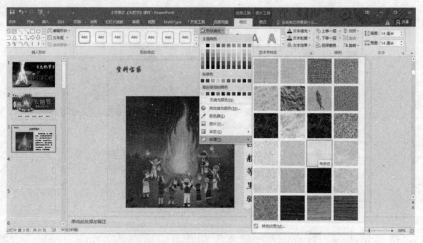

图 5-87　设置文本框纹理填充

步骤 20:再次选择幻灯片右侧的文本框,在"格式"功能区的"形状样式"选项卡里选择"形状填充",在下拉列表框里选择"纹理"→"羊皮纸",如图 5-87 所示。

步骤 21:选择第 4 张幻灯片,单击"插入"功能区的"图片"按钮,打开"插入图片"对话框,在地址栏中选择图片的保存位置,选择"火把节动图.gif"并拖拽调整动图的位置和大小。

步骤 22：在动图下方添加文本框，输入相应文字，采用上述相同的方法，设置文字字体为"楷体""加粗"，字号为"32"，颜色为"黑色"，段落格式为"首行缩进 2 字符、行距固定值 48 磅"，并设置文本框纹理填充为"羊皮纸"，如图 5-88 所示。

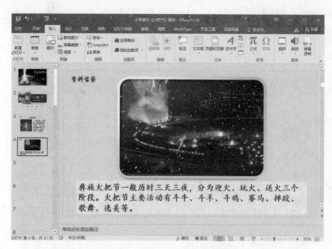

图 5-88　第 4 张幻灯片效果

步骤 23：选择第 5 张幻灯片，单击"插入"功能区的"媒体"选项卡上的"视频"按钮，选择"PC 机上的视频"，如图 5-89 所示。在"插入视频文件"对话框中选择"火把节视频.MP4"，并拖拽调整视频的位置和大小。如图 5-90 所示。

图 5-89　插入视频

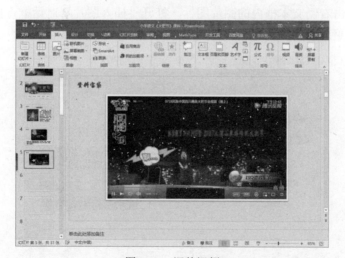

图 5-90　调整视频

步骤 24：复制第 4 张幻灯片左上角的"资料宝袋"文本框到第 6、第 7 张幻灯片，并修改第 6、第 7 张幻灯片"资料宝袋"为"预习检查"。

步骤 25：选择第 6 张幻灯片，在"开始"功能区"幻灯片"选项卡里，设置幻灯片版式为"标题和内容"，在标题栏输入文字"读准下列词语"，在"开始"功能区"字体"选项卡里设置字体为"微软雅黑""加粗"，字号为"48"，颜色为"黑色"，在内容文本框内输入相应的文本，设置字体为"楷体"，字号为"38"，颜色为"黑色"，段落格式为"段前 10 磅、1.5 倍行距"，如图 5-91 所示。

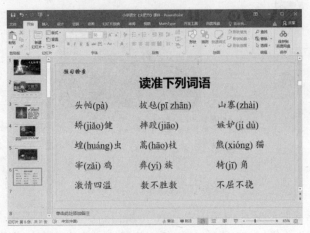

图 5-91　第 6 张幻灯片效果

步骤 26：选择第 7 张幻灯片，在"开始"功能区"幻灯片"选项卡里，设置幻灯片版式为"两栏内容"，在标题栏输入文字"读与悟"，设置字体为"微软雅黑""加粗"，字号为"48"，颜色为"黑色"，在左侧文本框内输入相应的文字，并设置字体为"楷体""加粗"，字号为"38"，颜色为"黑色"，段落格式为"段前 10 磅、1.5 倍行距"。

步骤 27：选择左侧文本框，单击"开始"功能区的"段落"选项卡上的"项目符号"下三角按钮，选择"带填充效果的圆形项目符号"。

步骤 28：单击右侧文本框内的图片图标，打开"插入图片"对话框，插入图片"火把节4.jpg"，并拖拽调整图片的位置和大小，如图 5-92 所示。

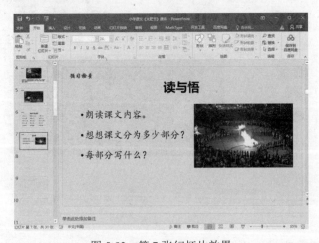

图 5-92　第 7 张幻灯片效果

步骤 29：复制第 7 张幻灯片左上角的"预习检查"文本框到第 8～15 张幻灯片，并修改第 8～15 张幻灯片"预习检查"为"课文详解"。

步骤 30：选择第 8 张幻灯片，设置幻灯片版式为"标题和内容"，在标题栏输入文字"课文结构"，设置文字为"微软雅黑、加粗、48、黑色"。

步骤 31：在"插入"功能区选择"SmartArt 图形"，在弹出的"选择 SmartArt 图形"对话框内，选择"垂直块列表"，单击"确定"按钮，如图 5-93 所示。

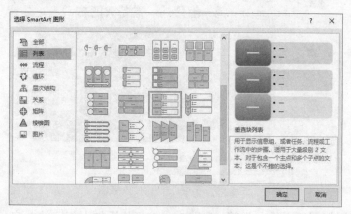

图 5-93　插入 SmartArt 图形

步骤 32：在"垂直块列表"的矩形框里分别输入相应的文本，并调整矩形块大小，在"设计"功能区的"SmartArt 样式"选项卡里选择"更改颜色"，下拉列表里选择"彩色范围-个性色 5 至 6"，如图 5-94 所示。

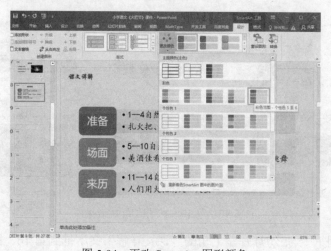

图 5-94　更改 SmartArt 图形颜色

步骤 33：选择第 9 张幻灯片，设置幻灯片版式为"两栏内容"，在标题栏输入文字"第一部分——准备火把节"，设置文字为"微软雅黑、加粗、48、黑色"。

步骤 34：选择左侧文本框，在左侧文本框内输入相应的文字，并设置文字为"楷体、加粗、38、黑色"，段落格式为"段前 10 磅、1.5 倍行距"，并设置项目符号为"带填充效果的圆形项目符号"。

步骤 35：单击右侧文本框内的图片图标，打开"插入图片"对话框，插入图片"砍蒿枝.jpg"，并拖拽调整图片的位置和大小，如图 5-95 所示。

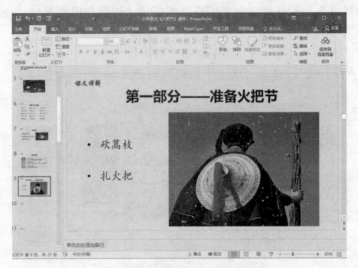

图 5-95　第 9 张幻灯片效果图

步骤 36：使用相同的方法，为第 10～15 张幻灯片添加上相应的文字和图片，如图 5-96 所示。

图 5-96　第 10～15 张幻灯片效果图

步骤 37：复制第 15 张幻灯片左上角的"课文详解"文本框到第 16、第 17 张幻灯片，并修改第 16、第 17 张幻灯片"课文详解"为"概括主题"。

步骤 38：选择第 16 张幻灯片，设置幻灯片版式为"仅标题"，在标题栏输入文字"图解课文结构"，设置文字为"微软雅黑、加粗、48、黑色"。

步骤 39：添加 3 个文本框，输入相应的文本，设置文本的格式为"宋体、40、加粗、黑色"，并调整文本框的大小和位置。

步骤 40：在"插入"功能区中单击"形状"下三角按钮，在打开的列表中选择"双大括号"。将鼠标指针移到文本区域，拖动鼠标，绘制大括号，并调整大括号的位置和大小。

步骤 41：选择大括号，在"格式"功能区的"形状轮廓"选项卡里选择"粗细"，在下拉列表框里选择"6 磅"，如图 5-97 所示。

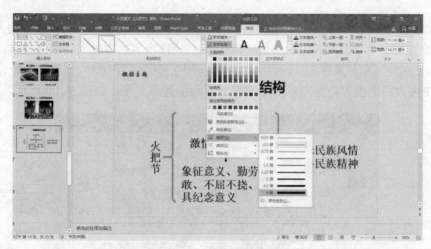

图 5-97　设置形状轮廓

步骤 42：选择第 17 张幻灯片，设置幻灯片版式为"标题和内容"，在标题栏输入文字"课文小结"，设置文字为"微软雅黑、加粗、48、黑色"。在内容栏内输入相应的文字，并设置文字为"楷体、加粗、38、黑色"，段落格式为"段前 10 磅、1.5 倍行距"。

步骤 43：再次选择内容栏，在"格式"功能区的"形状样式"选项卡里选择"形状填充"，在下拉列表框里选择"纹理"→"羊皮纸"，如图 5-98 所示。使用相同的方法，为第 18 张幻灯片添加文本，并设置相应的格式，如图 5-99 所示。

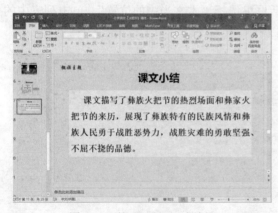

图 5-98　第 17 页幻灯片效果

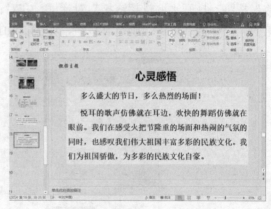

图 5-99　第 18 页幻灯片效果

步骤 44：复制第 18 张幻灯片左上角的"概括主题"文本框到第 19～21 张幻灯片，并修改第 19～21 幻灯片概括主题为"拓展练习"。

步骤 45：选择第 19 张幻灯片，设置幻灯片版式为"标题和内容"，在标题栏输入文字"随堂练习"，设置文字为"微软雅黑、加粗、48、黑色"。在内容栏内输入相应的文字，并设置文字为"宋体、加粗、24、黑色"，段落格式为"行距固定值 38 磅"。

步骤 46：选择第 20 张幻灯片，设置幻灯片版式为"标题和内容"，在标题栏输入文字"写法点拨"，设置文字为"微软雅黑、加粗、48、黑色"。在内容栏内输入相应的文字，并设置文字为"宋体、加粗、36、黑色"，段落格式为"段前 10 磅、段后 10 磅、1.5 倍行距、首行缩进2 字符"。

步骤 47：选择第 21 张幻灯片，设置幻灯片版式为"标题和内容"，在标题栏输入文字"课外积累"，设置文字为"微软雅黑、加粗、48、黑色"。在内容栏内输入相应的文字，并设置文字为"宋体、加粗、36、黑色"，段落格式为"段前 10 磅、段后 10 磅、1.5 倍行距、首行缩进2 字符"。在内容栏下插入两张图片，并调整图片的位置和大小，如图 5-100 所示。

图 5-100　第 21 页幻灯片效果

步骤 48：选择第 2 张幻灯片的第 2 个矩形框"预习检查"，在"插入"功能区单击"超链接"按钮，打开"编辑超链接"对话框，在对话框里选择"本文当中的位置"，单击列表中的第 6 张幻灯片，单击"确定"按钮，如图 5-101 所示。

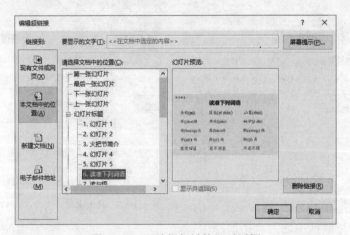

图 5-101　"编辑超链接"对话框

步骤 49：使用相同的方法，依次为"课文详解""概括主题""拓展练习"插入超链接，分别连接到"本文当中的位置"的第 8、第 16、第 19 张幻灯片。

步骤 50：选择第 5 张幻灯片，在右下角插入矩形框，并设置矩形框格式为"高度 1.7 厘米、宽度为 2 厘米，颜色为蓝色、个性色 1、淡色 80%，无轮廓，艺术装饰棱台"，并添加文字"返回"。

步骤 51：选择"返回"矩形框，插入超链接，连接到"本文当中的位置"的第 2 张幻灯片。并将"返回"矩形框复制到第 7、第 15、第 18 张幻灯片。

步骤 52：选择第 1 张幻灯片，在"切换"功能区的"切换到此幻灯片"选项卡列表框中选择"随机"选项，单击"应用到全部"按钮，如图 5-102 所示。

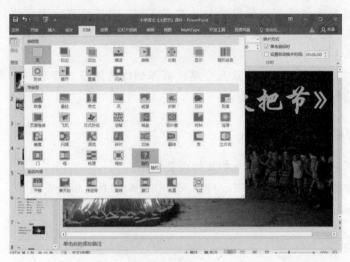

图 5-102 设置幻灯片切换

# 思考与练习题

1. 什么是多媒体课件？它的功能是什么？
2. 多媒体课件的基本组成有哪些？
3. 多媒体课件的设计要求是什么？
4. 多媒体课件的系统设计是什么？它包含哪些部分？
5. 多媒体课件的基本类型有哪些？
6. 多媒体课件的设计流程是什么？

# 第 6 章　微课的制作

 **本章导读**

　　"微课"既有别于传统单一资源类型的教学课例、教学课件、教学设计、教学反思等教学资源，又是在其基础上继承和发展起来的一种新型教学资源。作为现代化的教师，掌握微课的制作是非常有必要的。

　　本章主要介绍微课的定义、特点及分类，微课制作的流程、步骤，以及微课制作过程中需要遵循的技术指标。

**学习目标**

- 了解微课的定义、特点、分类及构成要素等。
- 了解制作微课的流程与步骤，对涉及的相关知识点能融会贯通。
- 了解微课的技术指标。

**知识地图**

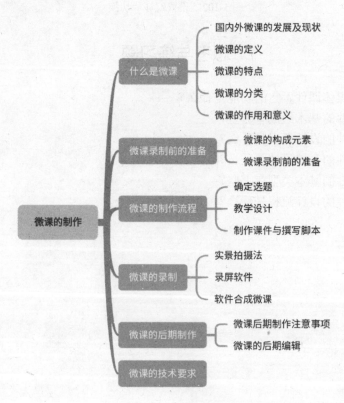

# 6.1　什么是微课

提到微课，我们肯定不会感到陌生，不管是学校还是企业的培训中，都有各式各样的微课，但是对于微课的定义，好像每个人的见解都不一样。那么到底什么是微课？微课有哪些特征？又有哪些形式？开发微课的价值和意义又在哪里？

### 6.1.1　国内外微课的发展及现状

国内外微课的发展及现状

#### 1．国外微课发展情况

在国外，"微课程"（Microlecture）概念最早是由美国新墨西哥州圣胡安学院的高级教学设计师、学院在线服务经理戴维·彭罗斯（David Penrose）于 2008 年秋首创的。戴维·彭罗斯认为微型的知识脉冲只要在相应的作业与讨论的支持下，能够与传统的长时间授课取得相同的效果。他提出了建设微课的五个步骤，罗列课堂教学中师徒传递的核心概念，这些核心概念将构成微课程的核心；写出一份 15～30 秒的介绍和总结，为核心概念提供上下文背景；用麦克风或网络摄像头录制以上内容，最终的节目长度为 1～3 分钟；设计学生阅读或探索的课后任务，帮助学生学习课程材料的内容。将教学视频与课程任务上传到课程管理系统。而在逐渐发展过程中，人们对于"微课程"研究取向完全不同，美国阿依化大学附属学校于 1960 年首先提出微型课程（Minicourse）也可称为短期课程或课程单元；新加坡教育部于 1998 年实施的 MicroLESSONS 研究项目，涉及多门课程领域，其主要目的是培训教师可以构建微型课程，其课程一般为 30 分钟至 1 个小时，教学目标单纯集中，重视学习情境、资源和活动的创设，为学生提供有效的学习支架，同时也为教师提供一系列支架，帮助其进行具体的教学设计；2004 年 7 月，英国启动教师电视频道，每个节目视频时长 15 分钟，频道开播后得到教师的普遍认可，资源的积累达到 35 万分钟的微课视频节目；以可汗学院和 TED 为代表的微型网络教学视频的出现进一步触发了教育研究者对初步运用于课堂教学的可行性进行了探索。在 2008 年秋，戴维·彭罗斯因首创了影响广泛的"一分钟的微视频"的"微课程"而声名远播，其核心理念是要求教师把教学内容与教学目标紧密地联系起来，以产生一种"更加聚焦的学习体验"。

#### 2．国内微课发展现状

在我国，2011 年佛山市教育局信息中心教师胡铁生最先提出微课这一概念。同年，佛山市教育局在全国开展首届全市中小学优秀微型教学视频课例征集活动，改变传统教学 40～45 分钟的全程实录式的制作成本高、交互性差、评审难度大、应用效率低下等问题，要求参赛教师只针对教学内容中的某个重要知识点或重要教学环节进行教学设计并录制课例，并要求参赛教师提供全程教学材料和相关学习资源，参赛作品同步发布在网络上供广大师生随时点播、交流和评论，活动效果竟出乎意料的好，广大教师和学生对这种内容少、价值大、针对性强、数量多的微型课例好评如潮。此后，佛山市连续组织了三届微课作品大赛，并开展了基于微课的教学改革研究。随着四个全国性的微课大赛先后举办——教育部信息管理中心举办的全国中小学微课大赛和第 13 届全国多媒体课件大赛微课程组比赛，全国高校教师网络培训中心举办首届高校微课大赛，中国教育技术协会联合举办首届全国微课大赛，与微课相关的研究课题和论文数量呈现井喷之势，2013 年堪称"中国微课元年"。

虽然国外的起源与发展都早于我国，但是我国教育学者并未直接挪用国外的理念和概念，而是根据我国的教育特点，形成了具有中国特色的微课发展道路。

### 6.1.2　微课的定义

首届中小学微课大赛文件中对微课的定义是："微课"全称"微型视频课程"，是以教学视频为主要呈现方式，围绕学科知识点、例题练习、疑难问题、实验操作等进行的教学过程及相关资源的有机结合体。

高校微课大赛官方文件对微课定义为：微课是指以视频为主要载体记录教师围绕某个知识点或教学环节开展的简短完整的教学活动。

中国微课程创始人之一的李玉平专家对微课的定义为：微课是介于文本和电影之间的一种新的阅读方式，是一种在线教学视频文件。长度在 5 分钟左右，由文字、音乐、画面三部分组成。胡铁生认为微课又名微课程，是基于学科知识点而构建生成的新型网络课程资源，以"微视频"为核心，包含与教学相配套的"微教案""微练习""微课件""微反思"及"微点评"等支持性和扩展性资源，从而形成一个半结构化、网页化、开放性、情景化的资源动态生成与交互教学应用环境。

黎加厚在《微课的含义与发展》中这样定义微课："微课程"是指时间在 10 分钟以内，有明确的教学目标，内容短小，集中说明一个问题的小课程。

焦建立在《微课及其应用与影响》指出：微课是以阐释某一知识点为目标，以短小精悍的在线视频为表现形式，以学习或教学应用为目的的在线教学视频。

百度百科中的微课定义为："微课，是指运用信息技术按照认知规律，呈现碎片化学习内容、过程及扩展素材的结构化数字资源"。

纵观国内外对微课的定义，我们不难发现不同的学者给出的定义不尽相同，而在发展的过程中却并未引起争执，每位学者从不同的角度对"微课"做了不一样的定义，每一种定义都没有绝对的对错，每一种定义都是一种新的思维和发现事物的角度，正是由于不同的定义才让我们现在认识的概念与轮廓更加清晰的"微课"。

### 6.1.3　微课的特点

尽管学者对微课的定义各不相同，但我们不难发现在各类对微课定义的描述中，短小、视频、教学活动是出现的高频词汇，因此微课应该具有以下特点：

（1）短：教学视频是微课的核心组成部分，短即指教学视频时间短，一般为 5～8 分钟左右，最长不宜超过 10 分钟。

（2）少：相比于传统线下的 45 分钟课堂，微课教学内容集中，一般只涉及对 1 个知识点的讲解，而这个知识点一般选择的是教学中的重点或难点，通过分享教学资源，为学生（教师）解惑，启发教学。

（3）小：从视频大小来说，微课视频较小，包括所有的教学资源一般在几十兆左右，格式为网络在线播放的流媒体格式（如 rm、wmv、flv 等），学习对象可以非常方便地在线观看课例、教案、课件等教学资源，也可以下载到本地，进行移动学习。

（4）精：微课教学主题突出，内容具体；虽然讲解传统课堂上的最精华部分，但是具有完整的教学设计，讲解内容是教师经过对课堂反馈的充分分析，了解学习对象的需求，激发学习对象的兴趣而进行精心设计，通过信息化手段展现出来的教学模式。

（5）好：微课形式多种多样，知识点的传授简单清晰明了，好的微课以学习对象为中心，设计有趣且合理，可以有效提高学习者自学能力，帮助他们更好地掌握知识精髓，因此反馈效果好。

微课基于以上的特点，为学习对象创造了一个多样性、趣味性的学习环境，让学习者不再受时间和空间的限制，能够随时随地进行学习。学习环境宽松，学习成本降低，为学习对象创建了自由轻松的学习环境。

### 6.1.4 微课的分类

目前微课也没有完全统一的分类方式，因此根据不同的参考方向，可以将微课分为不同的种类。

**1. 按照课堂教学方法来分类**

根据李秉德教授对我国中小学教学活动中常用的教学方法的分类总结，同时也为便于一线教师对微课分类的理解和实践开发的可操作性，初步将微课划分为 11 类，分别为讲授类、问答类、启发类、讨论类、演示类、练习类、实验类、表演类、自主学习类、合作学习类、探究学习类，如表 6-1 所示。

表 6-1　微课的分类及适用范围

| 分类依据 | 常用教学方法 | 微课类型 | 适用范围 |
|---|---|---|---|
| 以语言传递信息为主的方法 | 讲授法 | 讲授类 | 适用于教师运用口头语言向学生传授知识（如描绘情境、叙述事实、解释概念、论证原理和阐明规律）。这是中小学最常见、最主要的一种微课类型 |
| | 谈话法（问答法） | 问答类 | 适用于教师按一定的教学要求向学生提出问题，要求学生回答，并通过问答的形式来引导学生获取或巩固检查知识 |
| | 启发法 | 启发类 | 适用于教师在教学过程中根据教学任务和学习的客观规律，从学生的实际出发，采用多种方式，以启发学生的思维为核心，调动学生的学习主动性和积极性，促使他们生动活泼地学习 |
| | 讨论法 | 讨论类 | 适用于在教师指导下，由全班或小组围绕某一种中心问题通过发表各自意见和看法，共同研讨，相互启发，集思广益地进行学习 |
| 以直接感知为主的方法 | 演示法 | 演示类 | 适用于教师在课堂教学时，把实物或直观教具展示给学生看，或者作示范性的实验，或通过现代教学手段，通过实际观察获得感性知识以说明和印证所传授知识 |
| 以实际训练为主的方法 | 练习法 | 练习类 | 适用于学生在教师的指导下，依靠自觉的控制和校正，反复地完成一定动作或活动方式，借以形成技能、技巧或行为习惯。尤其适合工具性学科（如语文、外语、数学等）和技能性学科（如体育、音乐、美术等） |

| 分类依据 | 常用教学方法 | 微课类型 | 适用范围 |
|---|---|---|---|
| 以实际训练为主的方法 | 实验法 | 实验类 | 适用于学生在教师的指导下，使用一定的设备和材料，通过控制条件的操作过程，引起实验对象的某些变化，从观察这些现象的变化中获取新知识或验证知识。在物理、化学、生物、地理和自然常识等学科的教学中，实验类微课较为常见 |
| 以欣赏活动为主的教学方法 | 表演法 | 表演类 | 适用于在教师的引导下，组织学生对教学内容进行戏剧化的模仿表演和再现，以达到学习交流和娱乐的目的，促进审美感受和提高学习兴趣。一般分为教师的示范表演和学生的自我表演两种 |
| 以引导探究为主的方法 | 自主学习法 | 自主学习类 | 适用于以学生作为学习的主体，通过学生独立的分析、探索、实践、质疑、创造等方法来实现学习目标 |
| | 合作学习法 | 合作学习类 | 合作学习（Collaborative Learning）是一种通过小组或团队的形式组织学生进行学习的一种策略 |
| | 探究学习法 | 探究学习类 | 适用于学生在主动参与的前提下，根据自己的猜想或假设，运用科学的方法对问题进行研究，在研究过程中获得创新实践能力、获得思维发展，自主构建知识体系的一种学习方式 |

2. 按照微课表现形式分类

拍摄型：用摄像机或手机将教学过程拍摄下来，然后运用视频软件进行编辑处理而形成的微视频。拍摄型微课教师一般出镜授课，学习过程中可以让学习者感受互动。

录屏型：通过录屏软件将教学过程录制下来，然后再通过视频、音频等后期软件处理而制作的微课，教师一般不出镜，只需要安装录屏软件即可，也可让教师上半部分出镜。

动画型：运用动画制作软件如 Flash、Focusky 动画演示大师、万彩动画大师等软件将教学内容趣味性地呈现，制作成活泼生动的动画课件，此类微课可以有效帮助学习者理解抽象类知识及如图形的变化过程等。

3. 按课堂教学主要环节（进程）来分类

微课类型可分为课前复习类、新课导入类、知识理解类、练习巩固类、小结拓展类。其他与教育教学相关的微课类型有说课类、班会课类、实践课类、活动类等。

### 6.1.5 微课的作用与意义

1. 促进学习者有效自主学习

结合当下信息发展特征，微课利用流媒体形式传播知识，为学习者提供自主学习的环境，充分利用碎片化时间，更好地满足学习者对不同学科知识点的个性化学习，学习者可以按照个人需求进行选择性学习，既可以对知识进行查漏补缺，又可以强化巩固所学知识，同时也可以帮助学习者延伸课外个性化阅读、提升生活阅历知识，对传统课堂学习进行补充拓展，同时，因为互联网可以永久保存学习资源，学习者可以反复查看学习，在网络空间营造可持续的学习氛围。

2. 促进教师提高专业水平发展

微课的设计与录制的每一步骤对教师来说都是考验，涉及教学主题确定、教案设计、脚本撰写、课件制作、视频录制以及后期处理等任务，微课设计区别于传统教学课堂，时间短，内容少，但又等同于传统课堂，因为微课的设计需要具备传统课堂的每一个教学环节，所以这就非常考验教师的基本能力，是否能够完成微课的设计，并且让微课发挥实效，取决于教师对教学知识的了解深度和广度，同时还包括教师对录制微课设备的熟悉程序，对视频后期的处理，如视频去噪、添加字幕等操作，更是体现了教师对于信息化教学软件的驾驭能力。因此，微课在一定程度上促进了教师专业水平的发展，同时提高了教师将专业课程教学与信息技术结合的能力。

3. 促进教学改革

依托网络课程资源，推进"线上—线下"相结合的混合式学习模式是当下教学课程改革的主要路线，而微课因其"短小精悍"的特点可用于教师安排统筹线上资源，教师可将每章节预习内容、课中重难点、课后复习等部分适当制作成微课视频，供学习者课前预习、突破重难点、课后复习所用，从而促进混合式教学改革模式的永久建立。

微课的发展无论对于学习者还是教师，甚至是在课堂教学改革的大背景下都是具有非常重要的作用和意义。学习者可以突破时间空间限制自由学习，且没有身份限制，只要学习者接入了互联网，便可享受知识；对于教师适应新时代的发展，完成教学改革，改变传统教学模式，学会制作微课将是基本的教师素养。

## 6.2　微课录制前的准备

### 6.2.1　微课的构成元素

一个完整的微课是由脚本旁白、图片视频、音乐素材等构成的。

1. 脚本旁白

"脚本"是编剧术语，指的是戏剧表演、拍摄电影等所依据的工作底本。微课拍摄的视频脚本应该确定拍摄主体、教学内容、教学环节等要素。微课制作团队成员根据脚本可以更好地进行拍摄工作，拍摄者可以更专注拍摄任务，主讲教师等可以按照脚本步骤进行工作，根据脚本可以有效地缩短微课拍摄时间。

微课视频的制作不是盲目的，如果是拍摄类，还需要团队成员的相互沟通协调，大家根据脚本进行工作，清晰展示工作内容和步骤，可以提升微课制作的效率，提升团队成员之间的沟通；而对于录屏类的微课，教师根据脚本可以确定各环节需要的时间，提前组织好教学语言，保证录制有序。依据脚本进行拍摄可以提高微课质量，脚本中对于镜头需求、光线要求等会做详细说明，可以便于让团队成员提前做好准备。脚本是对微课教案的细化。脚本的设计一般可以分成 4 个部分：

（1）选择课题。不是一本教材里的所有内容的都适合选来制作一个微课，在制作微课时要结合微课的特点，一个微课一般只含一个知识点，讲解内容不多，这个知识点往往是章节的某个重难点知识，同时选择的知识点是可以进行提炼精华部分，拍摄成微课后学习者的接受度较高，确定课题是微课成功的关键点所在，好的选题受学习者的喜爱，并能真正地带给学习者知识，解决他们在学习上的需要。同时某些知识点是不适合录制微课的，例如一些需要学习者利用特有的实验器材在实验室里面完成的实践课程。

（2）确定类型。选题确定后就可以确定我们所写的脚本类型，一般的脚本类型包括知识原理类、技能操作类、问题解决类、案例故事类四种类型。不同的脚本类型对应不同的设计思路。

（3）理清逻辑。微课的整体逻辑是最关键的，理清整个微课的逻辑有利于学生更好地吸收知识。知识原理类型的微课可以从"是什么""为什么""怎样做"三步入手，引导学生一步步深入了解每一个知识点。操作技能类型的微课则可以用一个操作错误作为引爆点，分析其错误的关键点，继而讲解正确的操作方法，最后进行总结。问题解决类型的微课通常可以直接抛出问题，以解决问题为核心，提出多种解决方案，随后验证各种方案的有效性，最后归纳总结有效解决方案。案例故事类型设计则以故事为主线，根据主题氛围，营造故事对应环境，合乎逻辑的讲述故事，最后总结故事内涵。

（4）活跃气氛。微课与传统线下课堂相比，常出现在网络平台，因此它吸引学习者的目的更加强烈，具有一定的娱乐性质，所以在设计脚本时，教师的教学语言可以适当偏幽默，可以多使用诙谐的语言，引用网络热词（正向积极的），以便拉近与学习者的距离，同时增加知识讲解的趣味性，与严肃的传统课堂教学形成反差。

2. 图片和视频素材

在完成了微课的脚本设计后，接下来根据教学内容和脚本类型需要完成微课件的制作，而如何让微课件魅力十足呢？仅靠对文字的排版是不够的，这个时候就需要用到图片和视频素材，在进行微课件的制作时必然会用到大量和主题相关的图片，注意一定要和主题相关，而不是为了插入图片而放置大量不相关的图片。图片的视觉冲击力比文字强 85%左右，图片可以增加学习者的兴趣，也能更直观说明知识的重点表达部分，方便学习者形成记忆点，找到学习乐趣。微课件中的视频素材往往用于微课的片头和片尾，提高微课的精美度，同时在片头中通常会融入微课主题和主讲人等信息，而在片尾视频中可放置拓展学习资料链接等，供学习者继续后续课程的学习。同时可在微课中插入微视频素材增加媒体课件的多样性。图文并茂的布局依然是微课件的制作最佳选择，它可以提高微课件的吸引力，适当的图片还可以缓解学习者的学习压力，同时扩展学习者的想象空间，恰当的课件布局可达到事半功倍的教学效果，为自主学习打下坚实的基础。一定注意微课中所用到的图片素材和视频素材须紧扣学习主题，契合学习内容。

3. 音乐素材

在微课设计过程中，还需要注意对各个细节部分的素材填充，例如可以通过音乐素材较好地调节微课堂氛围，创设愉悦轻松的学习环境。常规的微课以讲授型为主，这类微课可以不需要背景音乐，而对于没有解说的微课类型，背景音乐就显得尤为重要，并且合适的背景音乐会起到画龙点睛的作用。音乐除了可以增加课堂氛围，同时也是传递信息的一个重要途径。在选择背景音乐时需要清楚一个问题：被选择的音乐内涵是什么？每首音乐都有其创作的独特背景，也有其要表达的特定含义。微课选用的背景音乐应该与微课的内容相匹配，至少不是背道而驰。合适的音乐才可以衬托乃至提升整个微课的品质，相反不合时宜的搭配只会降低微课的质量。当然绝大多数情况下背景音乐起到的仅仅是烘托演示现场的气氛的作用，而与课程的具体内容没有过多的实质性关系。这种情况教师就可以选用一些轻音乐，营造舒适的学习环境即可。

因此，在做微课设计时应该充分发挥各种媒体，包括但不限于文字、图片、音频、动画等的优势，有机结合，合理设计，利用人类的多种感觉通道进行信息的表达与传递，让视觉、听觉相得益彰。

### 6.2.2 微课录制前的准备

录制微课是有计划、有目的、有准备的，因此为了保证微课的录制可以正常有序地进行，所以在正式进行录制前，我们需要做好前期准备工作。

1. 做好材料的准备和收集工作

教师在计划拍摄微课之前，首先要准备并收集好相关材料。教师首先要根据所选内容确定录制时长；然后编写好教案，根据教案设计完成脚本的撰写；再根据脚本的设计，完成微课件的编写。在编写微课件时，应充分运用网络平台资源，如微信小程序、公众号，教育网站等搜索与教学内容相关文字、图片、视频及音频等媒体素材，充实课件内容。同时在制作微课件时要保证图片清晰度、保存格式及大小一致，不宜收集使用模糊不清、带有消极、负能量的媒体素材。

2. 做好拍摄团队的准备工作

拍摄型微课一般需要两部分人员，一部分是微课设计团队，一部分是视频拍摄和后期处理人员，高品质微课需要多名人员的分工与配合。微课课程一般会安排一个专门负责人，由他对拍摄和设计工作进行总体的负责，做好两部分工作的桥梁作用，一边协调课程设计，一边组织摄影与后期处理。在团队成员的选择时，要确保教师们的基本素质达标，如主讲教师、擅长摄像教师、擅长后期处理教师、擅长文本写作教师等，各有所长才能让团队更好。团队成员要根据教学过程的规划设计好各分镜头，安排好镜头切换的时间点。除了对视频拍摄工作的准备，团队成员还需要准备自己的着装和妆面，对于需要出镜的主讲教师，尤其需要注意教师仪表规范原则：整洁、文雅、端庄、大方，镜头前可着淡妆，切忌浓妆艳抹，不可着奇装异服。主讲教师还需要准备训练镜头感，因为之前教师与学习者是面对面的线下授课，而微课的授课对象客观地说变成了"网友"，因此在正式拍摄前教师需要习惯与适应在镜头前讲课，能够不惧镜头，达到像在真正课堂上讲课一样，通过不断地训练，以避免在正式拍摄时出现表情夸张、僵硬等现象。因此，负责教师在进行团队创建时要从教师形象、专业技术等方面充分考虑成员的优缺点，以便为视频拍摄奠定好团队基础。而录屏式微课制作一般只需要主讲人即可完成，做好课件设计，自己训练在屏幕前对着电脑讲课的语气和语态，准备好个人情绪即可开始录制微课。

3. 场地的选择

拍摄型微课对场地的需求较高，因此场地的选择也非常重要，为了更好地呈现微课的效果，在选择场地时主要从声音的效果、光线和机位等相关问题进行考虑，具体包括以下三个部分：

（1）确保现场声音的高质量录入。制作的微课务必保证声音的清晰，不可出现影响学习者观看的噪音，虽然后期可以通过技术手段对部分噪音进行消除和处理，但为了减轻后期处理工作，我们在进行场地选择时尽量选择安静场所，为了防止其他无关人员的打扰，场所至少是可以关闭门窗达到封闭效果，远离闹市街道或正在上课的教室旁边，最好可以选择小型会议室作为拍摄场地。为了最大限度避免噪声录入视频，拍摄时应该要求在场所有人员关闭手机等电子设备，拍摄过程中其他工作人员要注意不要随意走动，不宜大声交流。同时在录制时，注意主讲教师的话筒不可离嘴太近，避免产生电流声影响微课视频的总体效果。

（2）要选择光线充足的场地。无论是哪种微课录制方式，都应选择在光线充足的地方进行，如果光线不充足，势必会影响拍摄视频的色调和清晰度，所以在进行场地选择就需要注意，光线不宜太暗但也不可过于强，太暗不够清晰，太强又会造成曝光过度，如果实在不能选择出绝佳的场地，也可通过打光、补光等方式创造光线条件。

（3）做好机位准备。在选择拍摄场地时除了考虑声音和光线这两个条件外，还需要考虑机位的摆放位置，如主讲教师所处地方，机位的个数以及找出方便机位进行远、近、特写镜头的切换位置。如果是个人录屏式微课，需要教师出镜，同样需要确定电脑的位置，应确保背景干净整洁，无其他人员出现在画面中。

### 4. 做好设备的准备工作

互联网时代的到来，每个学校都应该加强对现代教育信息技术的重视，投入足够的资金，采购专业的录课设备，这样课程建设与改革团队才能够正常有序开展录制微课工作。常用的录制设备包括摄像机、电脑、笔记本、摄像头、麦克风、手绘版或者手机等硬件设备，同时还需要购买一些视频录制的软件设备，如 Camtasia Studio、会声会影、万彩动画大师等软件。在录制过程中教师也要把握住要点才能保证微课视频制作的质量，对于具体的录制设备而言，至少应该做到以下几个方面：

（1）选择合适的录制工具。根据不同的教学内容和教学目标，教师在进行微课录制时一般可以选用以下方式：第一种是摄像机拍摄，第二种是智能手机拍摄，第三种是录屏软件的录制，第四种则为软件合成制作。在进行录制方式选择时，每一种方式具有不同的特征。

摄像机拍摄优点是清晰度比较高，而且质量比较好。缺点是这种方式对设备录制场地以及录制人员的技术要求都比较高，相对应的录制成本随之增高。

智能手机拍摄优点是相对简单而且容易操作，缺点是不是每一部智能手机都可以参与拍摄，智能手机的一些性能参数需要达到拍摄的标准。

采用录屏软件录制方式，优点是对设备要求不高，容易操作，而且能够一个人独立完成，适用的范围比较广。而且录屏软件功能简单，不需要具备多高的录制技术，"傻瓜式"操作即可完成微课的录制。

软件合成制作方式对录制人员的专业素质要求比较高，录制人员要能够充分掌握图像动画以及视频编辑软件的应用技巧，因此难度非常高，不容易普及使用。当下网络上许多微课视频均采用录屏方式完成。

以录屏软件方式为例，教师在录制之前应该准备好一个麦克风，并且连接摄像头，启动软件相关的界面后会出现录制功能。在录制时，教师要对设置的窗口进行调整，录制屏幕的区域大小可以由教师自主选择，教师也可以选择设置录音的方式和确定是否需要出现个人头像在画面中。对软件的细节操作和把控需要教师提前准备好，避免在录制时手忙脚乱，出现录制"翻车"的情况。

（2）掌握录制的技巧。在微课录制的过程当中，如果采用摄像机进行摄像，要保证构图的合理性，在拍摄的过程当中，既要选择好拍摄的角度，又要确定好拍摄的距离，通过对各个镜头进行有效的切换，避免出现单一的现象；同时为了保证录制的高分辨率，教师需要借助网络平台对微课视频资料进行查询和下载，一般采用 16:9 的画幅比例，然后在进行录音时选择相应的录制格式，保证声音和画面都具有高清晰度。

## 6.3 微课的制作流程

### 6.3.1 确定选题

微课作为一种流媒体，内容的设计要适合使用多媒体特性，对于不适合使用多媒体表达的内容，也许使用黑板教学或进行活动实践的教学效果更佳。不合适的选题只会使教学过程平庸无奇，令学习者失去学习欲望。因此科学选题是微课成功的前提和基础。

通常情况下，微课录制教师会选取的内容是一节课中的重点或难点知识，抑或根据线下课堂结束后学生的学习反馈情况，将课上学生较难理解的知识点抽离出来制作专门的微课供学生课后巩固。同时注意选择的知识点应该要足够细，不必太过复杂，力求在 5～10 分钟的时间内可以讲解透彻，一个微课只讲解一个特定的知识点，假如该知识点牵扯到另一个知识点，需详细讲解时应另设一个微课。

选题内容应该适合多媒体表达方式，即微课的选题能够适合加入丰富多彩的图形图像、多姿多态的动画以及声色兼有的音视频，这样才能抓住学习者的眼球，最大限度地激发他们学习的欲望。在保证以上原则后，还要注意微课的中心是学习者，课题的选择还应考虑学习者的需求，同时保证微课作品能被学生看得懂、听得懂。微课不是简单机械地把 45 分钟课堂浓缩成 10 分钟，而是通过教师的教学能力将课堂上重点、难点、疑点、考点以及当下相关热点进行提炼，放在网络平台供学习者学习，绝不是机械重复线下课堂内容。微课的选题坚持"一个中心，五个要点"原则即可。"一个中心"指要以学生为中心，"五个要点"主要是指教学的重点、难点、疑点、考点和当下的热点话题。

### 6.3.2 教学设计

因为微课只有短短的 5～10 分钟，所以更需要我们对教案进行更精美的设计，它不是课堂的浓缩，而是对知识的再创造和设计，用教师自己的

教学设计综合讲解

创新和能动性让知识在互联网上"活"起来，因此良好的微课应该是井然有序的，杂乱无章且随意的微课与微课理念自相矛盾的。微课应该能有效解决实际教学中的问题，具有针对性地解惑、启惑，能调动学习者学习的主动性。故微课教案的编写至关重要。同时在进行教学设计时要注意明确情景定位：微课教学是一对一的教学模式，而不是一对多，所以在设计教学活动时，应是单人教学活动，而非多人。

教学设计的目的是为了确定教学知识呈现的结构，进行微课内容的教学设计，主要解决教学中教师要教什么？如何去教？学生学什么？该如何去学？以及如何判断学习成效等问题。因此在制作微课过程中，分析与设计是前提，开发与实施是核心，评估为保证，这三者互为联

系，密不可分，也是微课设计环节中的重要步骤。通常情况下比较常规也是广大教师喜欢采用的教学设计步骤是：

（1）课题导入：通常以类比、提问、讲述故事、多媒体互动等方式进行课题导入，开宗明义，直接引出讲授的知识点；

（2）层层分解：通过安排 1、2 个趣味教学活动，按照逻辑将知识分解并融入教学活动中，达到教学信息层层展开的目的。当然内容结构还有很多模型，例如 Why-How-What（黄金三环）比较适用于知识原理类的微课。

（3）逻辑递进：确保各个教学活动安排的逻辑性，并能充分体现所讲知识点。

（4）总结归纳：教师总结归纳所教知识点。

（5）试题检测：通常在微课最后还需插入几个试题，一方面让学生自己作答检测学习情况，另一方面教师根据答题情况得到微课效果的数据反馈，以便于根据学情进行"个性化分层"教学，因此试题检测环节在教学过程中必不可少。

### 6.3.3　制作课件与撰写脚本

制作课件前的准备

微课应该尽可能地结合多媒体素材，而结合的地方就是微课课件，在课件中有机融合图、形、声、像、动画等多媒体元素可以辅助教师讲解不容易理解的知识点，因此制作课件也是微课录制过程中必不可少的环节。我们以 PPT 类型课件为例，一般来说制作微课课件要注意以下几点：

#### 1．只放核心内容

PowerPoint 直译为"重要的点""强力的点"，其实无论是不是微课教学 PPT，只要是需要用到 PPT 的地方，我们都强调在 PPT 上只放最重要的内容，对于细枝末节的表述和语句，完全可以通过教师的语言跟动作表达出来。切忌有了 PPT 就照本宣科，这样的课程对学生是没有吸引力的。

#### 2．动静结合

要充分利用 PPT 的动作效果，多角度地应用 PPT 现有的功能带来的视觉效果，如自定义动作、PPT 切换等。把动态画面和静态画面结合起来，增强 PPT 的趣味性，可以给人动态感和空间感的美，同时适当的动画可以调节学习者的心情，缓解学习疲劳，增加课件的灵动性，让学习者更容易接受。但同时要注意，不可使用过多的动作效果，过多动作效果的设计容易喧宾夺主，吸引学习者的注意力，只关注课件动画效果，而忽略了教学的主题内容，因此在设计时 2~5 种动作效果最为合适，既可以调节学习者的心境，又不宜过多占据学习者的眼球，分散注意力。

#### 3．图文并茂

整个 PPT 设计中，不可全部是同一种媒体素材，例如全是文字、全是图片，或者全是视频，这都是不可取的设计方式。一个好的教学课件应该是多种类型的素材结合，根据需要放置适当的媒体素材，而这之中，文字和图片是课件制作过程中必不可少的素材。

图版率控制在 50%~80%之间最为适宜；而图版率在 50%左右，即 50%文字，20%图片，30%空白，会令学习者好感度上升。一旦图版率超过 80%的话，好感度会降低。而对于图片的要求及使用原则，我们应把握以下原则：

（1）插图的视觉冲击力要强于照片，但也显得更随意。所以需要亲和力，营造活泼气氛的时候，插图比照片的效果要好。但是假如表达严肃、专业、高级感的时候，照片要比插图好。

（2）表现力最强的图片：脸部、特写图片。通常用作主题照，但不合适做背景图。

（3）表现力最弱的图片：云海、风景图片。合适用作 PPT 的背景，但不合适做主题图片。

（4）掌握视觉 3B 原则也被称为"ABC 原则"，即 Beast（Animal）-动物、Beauty-美女、Baby（Child）-孩童。3B 原则是由广告大师大卫·奥格威从创意入手提出的，以此为表现手段的广告符合人类关注自身生命的天性，最容易赢得消费者的注意和喜欢。

4. 合理排版

PPT 课件上的文字和图片不可胡乱排版，需根据教学内容认真规划，确定素材出现的先后顺序，同时一张 PPT 上不宜放置过多的素材。8 分钟的教学内容不宜超过 8 张幻灯片，也不可只做 1、2 张，会使内容排版过于紧密。同时颜色搭配、字体搭配也有讲究，不合适的搭配会在视觉上带给人不好的体验。

5. 操作简便

为了教学录制的方便，课件设计时，对元素的操作设计要尽量简便、灵活。最好是在课件操作的界面上设置寓意明确的菜单、按钮和图标。超链接的设置要清楚，不可随意设置，否则可能导致课件播放过程中出现混乱的情况。

6. 其他原则

（1）如果在课件中需要出现介绍微课（如微课名称、作者姓名等信息）和谢幕的板块，假设是用 PPT 制作课件，正文建议最多 5、6 页。

（2）受众定位明确：在制作课件时，微课作者须清楚微课受众，以对课件设计进行定调，如果对象是小学生，设计应该倾向使用卡通类素材。

（3）知识准确无误：作为教师，无论是在线下课堂还是在线上微课里都是不允许出现文字上、语言上、图片上的知识性错误或有误导性的描绘。

（4）知识点（考点）、题目（真题、模拟题）等讲解不应照本宣科，对现有的知识以及教材上对该知识的表述应该有自己的理解和见解，而不是单纯罗列书上的知识，这样的微课不能达到为学生"解惑"的作用。

（5）课件设计要具有视觉美感，如在 PPT 课件设计中，用到的图片要高清，除特殊用处外不建议使用模糊图片。文字内容不建议采用截图方式放置，而是通过文本框的形式进行插入。

（6）课件的字体必须足够大，以保证微课里的字容易识别，同时字体搭配应合理，常规经典搭配有：微软雅黑（标题）+宋体（正文），黑体（标题）+楷体（正文），注意艺术字不可乱用。根据 PPT 整体风格选择对应风格的字体和颜色，根据内容的重要程序选择不同的字号，原则上来说在一个 PPT 课件里，字体不宜超过 3 种。

（7）颜色搭配：一般来讲，除了黑色和白色外，一个 PPT 最多搭配不超过 3 种颜色。

## 6.4　微课的录制

常用的微课制作方法有录屏法、课堂实景拍摄法、场景摆拍法、软件制作法等。

拍摄微视频是微课的核心，视频录制的途径多种多样，既可以通过摄像机或手机拍摄，也可以通过录屏软件录制。老师们可以根据不同的学习对象和教学内容以及现有的条件进行有针对性地选择。

### 6.4.1　实景拍摄法

实景拍摄通常是指通过数码相机、DV 摄像机或者手机拍摄教学活动。录制场地可以是普通教室、微格教室、录播室等。录制现场需要光线充足，环境安静、整洁，避免在镜头中出现与课程无关的内容，分散学生的注意力。因为微课是线上一对一教学模式，所以在拍摄过程中不需要安排学生互动，教师可假想摄像头即为教学对象，所以在录像过程中要注意抓住镜头，与摄像机进行有效的眼神交流，将最好的、饱满的教学热情充分地展现在摄像机前。

目前一般可使用两种类型进行拍摄，一种是智能手机，一种是专用摄像机，接下来分别对两种设备进行简单介绍。

1. 智能手机拍摄法

设备配置：可进行视频摄像的智能手机一台、几支不同颜色的笔、几张白纸、相关主题的教案、多媒体电脑一台、视频编辑软件一套。

制作流程：第一步，根据微课程主题，实施详细的教学设计，形成教案；第二步，用笔在白纸上展现教学过程，边演算边讲解，尽量保证语音明晰，可以用不同颜色的笔书写、画图、标记等行为，演算过程逻辑性强，教授或解答过程明了易懂。在别人和辅助器材帮助下，用手机将整个教学过程拍摄下来，要保证画面明晰、准确、稳定。第三步，进展视频编辑，添加字幕和美化，生成微课程视频。

2. 摄像机拍摄法

硬件要求主要包括摄像机、灯光等设备。教师应该提前试讲，在录制过程中，教师要调整摄像头距离，确保至少能看到整个头部。摄像师应注意调整摄像机的机位、高度和仰俯，多采用中景、近景和特写等小景别画面，多使用固定镜头，以保证视频质量。另外，由于教师的形象要出现在屏幕上，因此教师要仪表端庄，衣着整洁得体，教态自然，举止得当。需要注意的是，教学过程中要利用鼠标的点击和拖动配合解说，适当使用画笔功能。

设备配置：根据条件准备摄像机 1 台或多台，收音麦克风 1 支或多支，翻页笔 1 支、多媒体电脑一台、视频编辑软件一套、补光灯。

制作流程：确定教案与课件，选择录制场地，安设摄像机位，根据场地情况进行补光等操作，主讲教师就位讲解知识，摄像机根据情景与内容切换镜头，完成录制，进行后期处理，添加字幕消除噪声，最后生成微课视频。

### 6.4.2　录屏软件

录屏软件录制是当下采用度高、成本低的一种微课制作方式，深受广大

WPS 录制微课的
方法及步骤

教师的喜爱，采用录屏软件和 PPT 的融合，有利于教师们同步讲解微课中的内容，所以比较适合进行微课的制作。该软件既有录像、视频的剪辑和编辑功能，也有视频的菜单制作以及视频播放等功能，既方便录制，也方便配音剪辑以及添加字幕等，因此使用起来比较广泛。它的软硬件要求非常简单，不需要复杂的软硬件设备，一台电脑再加一个 PPT 软件即可完成微课的录制。录制时教师只需要将精心准备的课件在屏幕上演示出来，选择好录制的视音频格式，软件就会全程录制教师的屏幕操作和讲解，整个过程操作简单，方便易行。常用录屏软件有 Camtasia Studio、Snagit、SyberLink YouCam、屏幕录像专家等。

1. 利用课件录制微课

设备配置：多媒体电脑一台、麦克风一个、录屏软件（如 Camtasia Studio、WPS-PPT）、PPT 课件。

制作流程：第一步，选定教学主题，搜集教学材料和多媒体素材，制作 PPT 课件；第二步，教师打开要讲解的 PPT 课件，戴好耳麦，调整好话筒的位置和音量，点击"录制"按钮，开始录制。第三步，对录制的微课程视频用视频剪辑软件进行适当的编辑和美化。

以 WPS 演示为例，打开课件，在"放映"选项卡中点击"屏幕录制"，弹出屏幕录制面板，如图 6-1 所示。可根据录制需要选择全屏、区域、是否录制系统声音以及是否需要开启摄像头，设置好之后点击"开始录制"即可。在功能界面选择涂鸦笔等工具辅助教学，如图 6-2 所示，录制完成后点击"停止"，并且对文件进行保存，视频格式默认为 MP4 格式。录制结束后可以预览视频，如图 6-3 所示。

图 6-1　屏幕录制面板

图 6-2　录制中的辅助工具界面

图 6-3　视频播放界面

**2. 手写板或交互白板录制微课**

设备配置：多媒体电脑一台、带话筒耳麦一个、手写板或交互白板一块、屏幕录像软件、演示软件（Word、PowerPoint、画图软件、绘图软件、几何画板等）。

制作流程：第一步，选择微课程主题，进行详细的教学设计，形成教案；第二步，安装手写板或交互白板及其配套的专用笔等工具，与电脑连接，使用演示软件对教学过程进行演示；第三步，利用交互白板（或手写板）自带摄录软件或专业录屏软件，录制教学过程和老师的声音；第四步，为增强微课程视频效果，可用视频编辑软件进行后期美化编辑。

### 6.4.3　软件合成微课

通过视频编辑软件将设计制作的教学动画输出合成视频，或通过自动播放的方式内录 PPT 内容（声音可提早录制也可在播放时同步讲解录制），或网上下载视频，或平时教学录像进行编辑合成微课程视频。这种方式的视频素材获取简单，但对于后期的合成需要有一定的计算机基础能力才能完成。常用的软件有 Flash、万彩动画大师等。

利用万彩动画大师
合成微课

我们可以直接进入万彩动画大师官网，点击"立即下载"即可下载万彩动画大师客户端，如图 6-4 所示。同时万彩动画大师也提供在线编辑功能，即不需要下载客户端，就可实现微课的制作。

万彩动画大师的主界面由场景部分、镜头、多媒体素材和时间轨道等构成，如图 6-5 所示。制作者可以自选场景，并在场景中添加多媒体素材（图片、文本、图形、音乐），软件中自带了许多供我们使用的模型。

如何用万彩动画大师制作简单的微课？首先我们通过电脑上的快捷方式打开客户端，进入软件主界面，根据实际教学内容的需要新建场景。点击"新建场景"，软件提供了多种场景供用户选择，如图 6-6 所示，这里选用"演示厅"场景，单击即可看到该场景在镜头上呈现的效果，如图 6-7 所示。同时在镜头右下角呈现了构成整个场景的每一个细节元素部分，我们可以选择相应的部分进行操作调整。

图 6-4　万彩动画大师官网首页

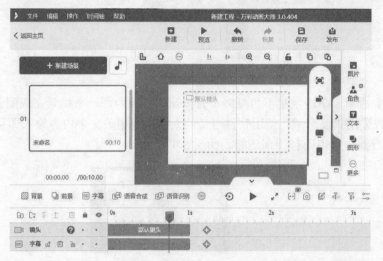

图 6-5　万彩动画大师主界面

图 6-6　场景选择

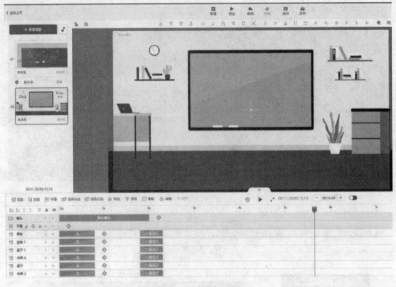

图 6-7　新建场景

场景设置完成后，在场景左下角点击录音按钮，可以为每一个场景完成配音，如图 6-8 所示，同时也可以采用语音合成，使用软件自带的人声，将相关文字内容输入即可合成语音，还可以通过导入音频，实现语音识别功能，如图 6-9 所示。

图 6-8　录音准备

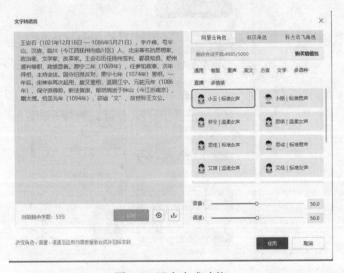

图 6-9　语音合成功能

　　一个场景的布置和音效已完成，根据教学内容需要，可以在场景中增加图片、文字等媒体素材。在场景中的屏幕处插入文本"如何使用万彩动画大师制作微课"，首先需要选择素材-文本，根据需要确定要插入的文本风格，单击"确定"，随后编辑内容，如图 6-10 所示。同时可以在场景中插入相应的人物角色，软件还提供针对不同的人物角色设置不同的表情、走路、坐姿等，效果如图 6-11 所示。

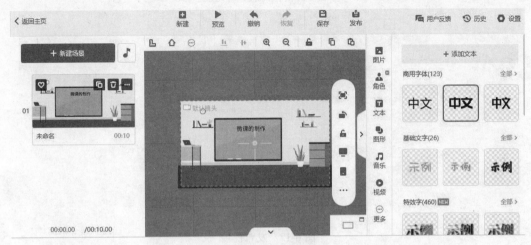

图 6-10　插入文本

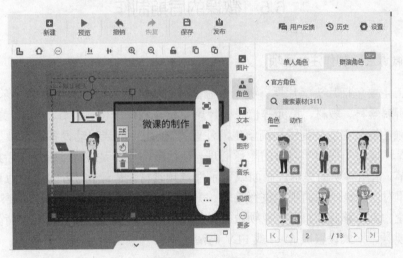

图 6-11　插入人物角色

　　所有的教学内容按以上的设置制作完成后，单击软件右上方的文件-发布，选择"本地视频"，完成动画封面的设置，选择保存视频路径等基本设置后，点击"发布"，如图 6-12 所示，等候生成即可，随后便可通过电脑视频播放器对生成的动画视频进行播放。

　　在制作过程中需要对细节部分不断调整和设置，同时配音的部分也需要考量，教学过程中是只用主讲者的声音，还是需要添加其他的角色音？多音色可以通过声音合成功能来完成，同时一个微课动画中还涉及场景转换，所以还需要进行合理的场景更换设置等。

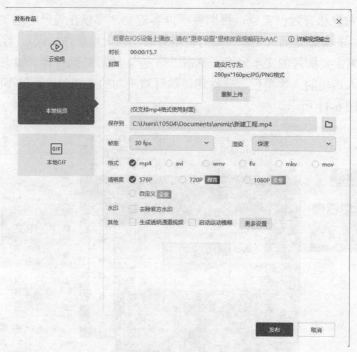

图 6-12　发布视频

# 6.5　微课的后期制作

## 6.5.1　微课后期制作注意事项

后期加工主要包括片头、片尾、提示性画面或音频的插入。片头主要是显示标题、作者、使用对象、所属学科、教材、单元等信息，片尾主要是制作单位、人员、鸣谢、日期等。提示性画面或音频的插入主要是为了提高学生的注意力。使用电脑或移动设备进行微型学习的学习者，由于外界环境的干扰和学习时的随意心理，往往参与度不是很高。所以在后期加工时，要增加督导环节，借用鲜明的提示性画面或警示性音频素材，提高学习者的注意力和强调学习的重要内容，即对已经录制好的视频进行编辑、美化以及保存。此过程中，教师要注意将视频片头和片尾的空白部分移除。如果把视频做得更加精致，可以为片头和片尾配上背景音乐等。最后生成导出视频，格式设置成 MP4 或 FLV 高清，确保视频画面导出后不变形。

## 6.5.2　微课的后期编辑

常用的后期处理软件有 Premiere、会声会影、Camtasia Studio 等。以会声

利用会声会影编辑微课视频

会影为例。会声会影是一款操作简单、功能强大的 DV、HDV 影片剪辑软件，提供了多种可支持最新视频编辑技术的高级功能，集创新编辑、高级效果、屏幕录制、交互式 Web 视频和各种光盘制作方法于一身，教师可以轻松的自制微课视频。

首先进行视频的导入，在界面上点击"捕获"，选择"从视频或外部硬盘导入"，跟踪到放置原始视频的路径。导入成功后，点击"编辑"，即可在素材库找到导入的视频，随后将素

材拖动到时间轴（界面下方），即可播放视频内容，如图 6-13 所示。

图 6-13　会声会影主界面及捕获功能

　　在导入的视频素材中，对于多余的视频内容我们可以进行裁剪。将时间针拖到想要保留的视频的时间位置，随后将鼠标指针移至相应的位置，当鼠标指针形状变成 时，即可向帧所定位的地方拖动，在拖动鼠标的过程即为剪辑的过程，同时会在鼠标右小角显示当前帧所定位的时长，到相应的位置时释放鼠标，即完成了剪辑，这也是最简单的剪辑方式，如图 6-14 所示。

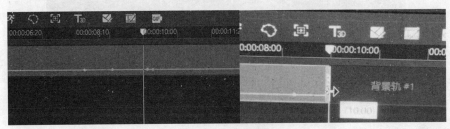

图 6-14　视频剪辑

　　如果要将多个视频剪辑到一起，需要将第二个视频放在刚才剪辑完成的视频素材的时间轴之后，这样时间轴上就有两个视频类型，当帧移动到哪里即播放哪个素材的内容，也可以采用前面的方法对第二个素材进行剪辑，同样的方法也可以剪辑视频的前面部分。但是如果剪辑了视频前面的部分，会声会影会自动将第二个视频素材时间前移，即自然地和前面的素材一紧贴在一起，实现无缝衔接效果，如果需要将第二个素材和第一个素材内容隔开，可以将第二个素材放进叠加轨道中，也可设置"启用连续编辑"选项，如图 6-15 所示，这样就可以随意调控素材二的放置位置。

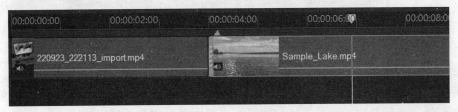

图 6-15（一）　视频的合成

图 6-15（二）　视频的合成

如果需要将视频的前半部分和后半部分的播放内容做时间上的调换，即实现先播放视频的后半部分，再播放前半部分，例如录制微课过程中，当前面的知识讲解部分已录制完成，摄像师要再录一段上课前和同学们问好的画面。首先将视频的帧放在需要分隔的部分，然后在画面预览处的 [ ] ✕ ☐ "剪刀"工具可以被使用，这个时候点击"剪刀"工具（根据滑轨位置分割素材功能），会将素材视频一分为二，然后再将后半部分拖到时间轴的前边即可完成视频播放的顺序调整，如果不需要分割后的某一部分，可以选中要删除的部分，按 Delete 键进行删除。需要注意，如果是有多个叠加轨道，可能使用分割器会将每个轨道上的数据都剪成两部分，如图 6-16 所示。

图 6-16　分割素材

当需要给视频增加一些背景图片的时候，可以将图片素材通过捕获的方式导入到素材库，将图片放入素材的叠加轨道，如图 6-17 所示，即为图片素材和视频素材的合成，两种素材类型可以放在同一轨道，也可放在不同轨道，根据需要产生效果的不同选择不同的方式，选中图片可以进行调节大小的操作。

图 6-17　图片视频合成

在制作微课视频时，除了剪辑准备好视频部分，有时候还需要为微课制作字幕，在会声会影软件中，选中 ☐ 字幕编辑器，打开编辑字幕界面，确定需要放置字幕的开始时间和结束时间，并编辑完成字幕内容，最后确定即可在视频中看到字幕效果，如图 6-18 所示。

图 6-18 字幕编辑器及展示效果

同时，如果需要在视频中插入背景音乐，可以选择 自动音乐，会声会影中封装了部分音乐类型供用户使用，同时也可以通过"导入媒体文件"、插入音频等方式导入本地音频文件，根据素材类型可以选择合适的音频用作背景音乐或其他功能，选定后单击"添加到时间轴"，即可在时间轴的音乐轴上显示当前选中的音乐，再进行画面浏览时即可实现音视、视频、字幕同步效果，如图 6-19 所示。

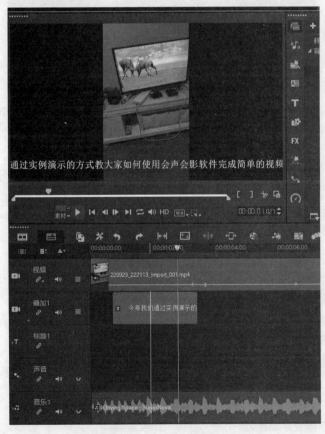

图 6-19 音乐轨道展示

在完成视频的基础剪辑与制作后，需要对制作的作品进行保存，点击界面上方的"共享"按钮，选择需要保存的文件类型，如 AVI、WMV 等类型，完成对文件命名、选择保存路径，单击"开始"，等待软件渲染视频，完成后即视频剪辑制作完成，如图 6-20 所示。

图 6-20　保存视频

## 6.6　微课的技术要求

微课视频需要保证画面清晰、图像稳定、构图合理、声画同步，能全面真实反映教学情景。同时在教学过程中需注意使用规范语言，普通话或英语需标准，声音清晰，语言富有感染力。除以上要求的规范外，在制作过程中还应满足以下条件及要求：

（1）课程时长：每门课程总时长为 5～8 分钟，最长不建议超过 10 分钟。

（2）录制场地：录制场地为课堂、演播室或礼堂等场地。录制现场光线充足、环境安静、整洁，防止在镜头中出现有广告嫌疑或与课程无关的标识等内容。

（3）课程形式：成片统一采用单一视频形式。

（4）录制方式及设备。

拍摄方式：根据课程内容，可采用多机位拍摄（2 机位以上），机位设置应满足完整记录全部教学活动的要求。

录像设备：摄像机要求不低于专业级数字设备，在同一门课程中标清和高清设备不得混用，推荐使用高清数字设备。

录音设备：使用专业级话筒，保证录音质量。

后期制作设备：使用相应的非线性编辑系统。

（5）多媒体课件的制作及录制：使用的多媒体课件（PPT、音视频、动画等）应确保内容无误，排版格式标准，版面简洁清晰，符合拍摄要求。

（6）课程发布及运行要求。

课件可在 Windows XP、Windows 7、Windows 8 等常见操作系统上正常播放，兼容 IE 浏览器 7.0 及以上版本；除 Media Player、Flash 外，原则上不允许安装特殊控件，通过浏览器即可正常播放；在线学习课程在不高于 250Kbps 的网络带宽下能够全屏流畅播放，在保证画质和音质的根底上，尽量降低对网络带宽的消耗；如果使用 js 脚本编写标准，保证不被常见杀毒软件拦截。

（7）课程其他相关要求。具有较强的课程访问认证体系，能够对课程的授权进行管理认证，确保课程的版权不受侵犯。在视频后期处理过程中要保证画质清晰、图像稳定、声音清楚（无杂音）、声音与画面字幕同步。

 知识拓展

"第四届微课大赛作品征集活动网征集活动" 评审标准

| 一级指标 | 二级指标 | 指标说明 |
| --- | --- | --- |
| 教学选题（10 分） | 选题简明 | 利于教学，选题设计必须紧扣教学大纲，围绕某个知识点、教学环节、实验活动等展开，选题简洁，目标明确 |
| | 选题典型 | 解疑定位精准，有个性和特色，应围绕日常教学或学习中的常见、典型、有代表性的问题或内容进行设计，能够有效解决教与学过程中的重点、难点、疑点等问题 |
| 教学内容（30 分） | 科学正确 | 概念描述科学严谨，文字、符号、单位和公式等符合国家标准，符合出版规范；作品无著作权侵权行为，无敏感性内容导向 |
| | 结构完整 | 所提交的作品必须是微课视频，还可以提供与选题相关的辅助扩展资料（可选）：微教案、微习题、微课件、微反思等，便于评审。微教案的设计要素齐全，内容要精确，注重实效。微习题要有针对性与层次性，主观、客观习题的设计难度等级要合理。微课件的设计要形象直观、层次分明、重点和难点突出，力求简单明了。微反思应该真实细致，落到实处，拒绝宽泛、套话 |
| | 逻辑清晰 | 教学内容的组织与编排要符合当前中小学生的认知逻辑规律，设置合理，逻辑性强，明了易懂 |
| 视频规范（20 分） | 技术规范 | 微课视频录制方法与设备灵活多样（可采用 DV 摄像机、数码摄像头、录屏软件等均可）。微课视频一般不超过 10 分钟；视频画面清晰、图像稳定、构图合理、声画同步，能全面真实反映教学情景 |
| | 语言规范 | 使用规范语言，普通话或英语需标准，声音清晰，语言富有感染力 |
| 教学活动（30 分） | 目标达成 | 达成符合学生自主学习、方便教师教学使用的目标，通用性好，交互性强，能够有效解决实际学习及教学问题，高效完成设定的教学目标，促进学习者思维的提升、能力的提高 |
| | 精彩有趣 | 符合创新教育理念，体现新教材教学方法，教学过程深入浅出，形象生动，精彩有趣，启发引导性强，有利于学生的学习积极性和主动性的提升 |
| | 形式新颖 | 微课构思新颖，富有创意，类型丰富（讲授类、解题类、答疑类、实验类、其他类） |
| 网上评价（10 分） | 网上评价 | 作品提交后，将在网上进行展示并提供给学生学习和教师教学应用，根据线上的观看点击率及投票率等产生综合评价分值 |

# 思考与练习题

1．什么是微课？微课的制作步骤包含哪些？
2．微课、慕课、翻转课堂的区别是什么？
3．选择一节小学课程的内容，制作一段 5～10 分钟的微课。
4．一堂好的微课有哪些特征？

# 第 7 章　信息化教学设计与评价

 **本章导读**

　　教学设计所研究的是如何设计教学以及怎样确保效果好、效率高、富有吸引力的教学的实施，以帮助学习者达到教学目标。教学评价是通过一定的手段和方法对教与学的活动过程和结果进行测量，并给予价值判断。

 **学习目标**

- 了解信息化教学设计的基本概念。
- 掌握信息化教学设计的基本过程。
- 能够根据需要正确阐明教学目标。
- 能够编写教学方案。
- 了解信息化教学评价的概念、分类。
- 了解信息化教学评价的原则。
- 能够对学习过程、学习资源进行评价。
- 了解现代教育技术在评价中的应用。

 **知识地图**

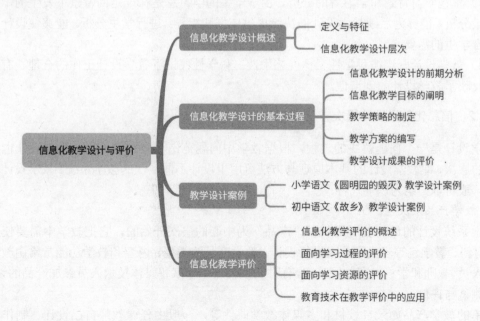

# 7.1 信息化教学设计概述

## 7.1.1 定义与特征

### 1. 信息化教学设计的概念

在实施教学前，教师要对教学行为进行周密的思考和安排，考虑学习者学什么，自己教什么、如何教、要达到什么结果等，也就是必须对教学活动进行计划和安排。为了使教学工作科学化、系统化，教师在工作中必须进行教学设计。教学设计（Instructional Design）又称为教学系统设计（Instructional System Design），是指依据教学理论、学习理论和传播理论，运用系统科学的方法，对教学目标、教学内容、教学媒体、教学策略、教学评价等教学要素和教学环节进行分析、计划并做出具体安排的过程。

伴随着信息时代的来临，教学理念、教学内容、教学手段发生了重大变革，呼唤教师全面提升教学设计能力和水平。信息化教学设计由上海师范大学黎加厚教授提出，是指运用系统方法，以学为中心，充分利用现代信息技术和信息资源，科学地安排教学过程的各个环节和要素，以实现教学过程的优化。

### 2. 信息化教学设计的主要特征

（1）以系统思想和方法为指导。按照系统论的思想，教学系统是为达到一定教学目的，实现一定教学功能的教学组织形式，教学系统设计就是探索优化教学过程的有效方案，目的是实现效果好、效率高和富有吸引力的教学，最终促进学生的学习和个性的发展。

（2）以关于学和教的科学理论为基础。由于这类理论是对教学现实的假设性说明，因此教学设计的产物是一种规划、一种教学系统实施的方案或能够实现预期功能的教学系统。

（3）重视学习背景和学习者的分析。由于学生的学习总是在一定的背景下发生的，进行学习背景分析，能够为后续教学设计的决策提供依据和指导；进行学生分析，能够使设计的方案更符合学生的需要。

（4）教学设计既遵循科学性又体现艺术性。科学性保证了教学设计工作的合理、有效，艺术性反映了教学设计的创造性。

## 7.1.2 信息化教学设计层次

教学设计是一个问题解决的过程，根据教学中问题范围和大小的不同，教学设计也应该有不同的层次，即教学设计的基本原理与方法可用于设计不同层次的教学系统。教学设计的应用层次一般可以归纳为以下几种。

### 1. 教学产品层次

教学系统设计的最初发展是从以"产品"为中心的层次开始的，它把教学中需要使用的媒体、材料、教学包等当成产品来进行设计。教学产品的类型、内容和教学功能常常由教学系统设计人员、教师和学科专家共同确定，有时还吸收媒体专家和媒体技术人员参加产品的设计、开发、测试与评价。

简单的教学产品如录音教材和多媒体教学课件等，一般由任课教师自己设计、制作；比较复杂的教学产品，如录像教材、网络课程、VR 课件等，则需要组织设计开发小组来完成。

### 2. 教学过程层次

教学过程设计范围是课堂教学，涉及对一门课程或一个单元，甚至一节课的教学过程进行的系统设计。教学过程设计包括两方面内容：一是根据总教学目标，对教学内容和教学对象进行认真分析，在此基础上得出每个章节、单元的教学目标和各知识点的学习目标，形成完整的目标体系；二是根据上述目标体系，设计教学策略、教学媒体和教学评价等，形成有效的教学方案。如果教师掌握教学系统设计的有关知识和技能，则整个课堂层次的教学系统设计完全由教师自己来完成。当然，必要时也可以由教学系统设计人员辅助进行。

### 3. 教学系统层次

教学系统设计属于宏观设计层次，它的研究对象可能是一所学校、一个新专业、一个培训系统或者一个学习系统等。这一层次的设计通常包括系统目标的确定、实现目标方案的建立、试行和评价、修改等，设计内容面广、设计难度大。系统设计一旦完成就要投入大范围使用和推广，因此这一层次的设计需要由教育系统设计人员、学科专家、教师、行政管理人员，甚至包括有关学生的设计小组来共同完成。

以上 3 个层次的设计是在教学发展过程中逐渐形成的，三者相互联系、相互作用，不是孤立的。产品、过程、系统 3 个层次都有相应的教育系统设计模式，在具体的设计实践中，可以按照自己所面临的教学问题的层次，选择相应的设计模式。由于教学过程设计是教学设计的主要研究层次，本章下面提到的教学设计就是指教学过程设计，在实践中要注意区别。

## 7.2　信息化教学设计的基本过程

信息化教学设计既是一个系统化的过程，又是一个充满创造性的过程。对于教育工作者而言，只有掌握信息化教学设计的基本过程，才有可能在此基础上不拘泥于基本规范进行创新。一个完整的信息化教学设计过程通常包括以下部分：前期分析、教学目标的阐明、教学策略的制定、教学方案的编写、教学设计成果的评价。

### 7.2.1　信息化教学设计的前期分析

信息化教学设计前期分析的任务主要包括学习需要分析、学习任务分析、学习者分析，旨在为信息化教学设计过程中的其他工作提供充分的依据，以确保教学工作的科学化。

#### 1. 学习需要分析

学习需要在教学设计中是一个特定的概念，是指学习者学习方面目前的状况与新期望达到的状况之间的差距，也就是学习者目前的水平与期望学习者达到的水平之间的差距，用公式表示为：期望达到的学习状况–目前学习状况=差距（学习需要）。期望达到的状况是指学习者应当具备的能力素质。能力是指人才具有应对现实社会的职业、社会生产活动、科学研究活动、社会生活需要的知识、智力技能、动作技能以及相应的态度和情感；素质是指人才具备某种适应社会发展的元机制，学习技能、知识的组织技能、认知策略及相应的态度、情感和价值观念。目前的学习状况是指学习者群体在能力素质方面已达到的水平，其差距指出了学习者在能力素质方面的不足，指出了教学中实际存在的和要解决的问题，这正是经过教育或培训可以解决的学习需要。可以说，没有差距就没有需要，也就无从谈起解决什么了。

学习需要分析是以系统的方式找出学生在学习方面的当前状态与所期望达到的状态之间

的差距。其核心是了解问题以及解决问题的必要性和可行性，并据此提出解决方案。只有先明确问题及其原因，才可能找出合适的解决方案。

2. 学习任务分析

学习任务分析是教学设计中最为关键的一个分析阶段。学习任务不仅是制定教学目标的依据，也是未来教学的核心内容。虽然教师经验是宝贵的，但是它不能代替由学习理论指导的学习任务分析工作。分析学习任务的基本方法有以下三种：

（1）归类分析法。归类分析法主要是研究对有关信息进行分类的方法，旨在鉴别为实现教学目标而需要学习的知识点。确定分类方法后，用图示或列提纲的方法，把为实现教学目标而需要学习的知识归纳成若干类，从而确定学习内容的范围。

（2）图解分析法。图解分析法是一种用直观形式揭示学习内容要素及其相互关系的内容分析方法，用于对认知学习内容的分析。图解分析的结果是一种简明扼要地从内容和逻辑上高度概括学习内容的一套图解或符号。这种方法的优点是，使分析者容易觉察内容的残缺或多余部分及相互联系中的割裂现象。图是运用图解分析方法分析学习内容的实例。

（3）信息加工分析。信息加工分析是由加涅提出的，是将教学目标要求的心理操作过程揭示出来的内容分析方法。这种心理操作过程及其所涉及的能力就构成了学习任务。

3. 学习者分析

学习者分析是以教为中心的教学设计的重要组成部分。如果不进行学习者分析，会导致教学的盲目性。例如，可能出现对学习者已经知道的内容进行详细介绍，或者教学内容超出学习者所能接受的能力范围等情况。因此，在教学设计中必须充分分析学习者的特征，才能使教学真正符合学习者的需求。一般可以从认知能力特征、学习起点水平、学习态度、学习风格等方面来分析学习者的特点。

（1）认知能力特征。根据皮亚杰所提出的认知发展阶段理论，个体从出生到青少年的成长期间，认知发展在连续中呈现出阶段性的特征，同一阶段的学习者的认知发展水平具有共性与平衡性的特点。他将儿童认知发展划分为四个阶段，即感知运动阶段、前运思阶段、具体运算阶段、形式运算阶段。其中后三个阶段与学校教育关系较密切，这里主要介绍后三个阶段的主要内容。

1）前运算阶段（preoperational stage）（2～7岁）。所谓"前运算"是指儿童遇到问题时会运用思维，但思维常常是不符合逻辑的，其思维主要具有知觉的集中倾向性、不可逆性、自我中心主义等特征。在思维方面，他们能进行初级的抽象，能理解和使用从具体经验中习得的概念。

2）具体运算阶段（concrete operational stage）（7～11岁）。这一阶段的儿童思维基本克服了思维的自我中心性，已经具有明显的符号性和逻辑性。例如，儿童能进行如下简单的逻辑推演：如果已知 A 大于 B 且 B 大于 C，则可推演出 A 大于 C。儿童进入具体运算阶段以后的最大收获是具有了心理操作能力。例如，儿童能在心里自如地转换物体的空间排列方式，能找到物体间的某种一一对应关系。但这个阶段儿童的思维活动在很大程度上仍局限于形象思维，缺乏抽象性。

3）形式运算阶段（formal operational stage）（11岁以上）。这一阶段的儿童已具备以下的思维能力：假设—演绎思维，即不仅可以在逻辑上考虑现实的情境，而且能够根据可能的情境进行思维；抽象思维，即能运用符号进行思维；系统思维，即在解决问题时能够在心理上控制若干变量，同时还能考虑到其他几个变量。

认知发展阶段理论为分析学习者的认知能力水平提供了一个有效的参照框架。依据不同的认知能力水平设计教学是达到有效教学的重要前提。

（2）学习起点水平。所谓学习起点水平，是指学生在从事新的学习活动时原有的知识水平和行为能力。学习起点分为学习的逻辑起点和现实起点。学习的逻辑起点是指学生按照课标的规定应该具有的知识和能力基础。把握逻辑起点可以使教学更有计划性，克服教学中的随意性。学习的现实起点是指学生在真正的学习中实际具有的知识能力和情感态度的基础。把握学习的现实起点可以使教学更有针对性，克服教学中的浅层性。

（3）学习态度。学习态度分析，包括学习者对将要学习内容的喜恶情况、喜欢的媒体方式、喜欢的教学风格等的分析。了解学习态度最常用的方法是采用态度量表。此外，观察、访谈等方法也可用于学习态度分析。确定学习者对学习内容和潜在教学传输方式的态度，可以帮助教师设计出切合学习者兴趣的教学方式。从心理学的角度来看，学习者的兴趣是靠后天培养的，并不是与生俱来的，主要通过外界事物的新颖性、独特性而引发兴趣，而信息技术的有效运用正好能使这些因素得到进一步优化，因此教师在教学设计时可借助信息技术的多媒体化优势，激发学习者的兴趣。

（4）学习风格。学习风格由学习者特有的认知、情感和生理行为构成，它是反映学习者如何感知信息、如何与学习环境相互作用并对之做出反应、相对稳定的学习方式。按照不同的分类方式可以把学习风格分成不同的类型，如根据知觉方式的不同，学习风格可以分为场独立型和场依存型；按感知觉通道偏好，学习风格可以分为视觉型、听觉型、触觉型等；按照对学习时间的偏爱，学习风格可以分为百灵鸟型（清晨学习）、上午型、下午型、猫头鹰型（夜晚学习）等。教师分析学生的学习风格，顺应学生的学习特点进行教学，或者培养学生克服自己的弱点进行学习，都将对学生的学习产生积极的影响。

### 7.2.2  信息化教学目标的阐明

在教学设计前期分析的基础上，就可以阐明学生经过教学所要达到的结果性或过程性目标，这些目标的明确化和具体化的过程就是教学目标的阐明。教学目标不仅是编制评价试题的依据，还是教学策略制定、教学设计形成性评价实施的依据。在教学设计中，教学目标的阐明具有十分重要的地位。

1. 教学目标分类

所谓教学目标，就是指经过教学，学生在知识和技能、过程和方法、情感态度和价值观等方面发生的预期的变化。教学目标所阐明的是学生的行为而非教师的行为，教学目标必须明确、具体、可观察、可操作和可测量。

根据布卢姆（Bloom）等人的目标分类理论，教学目标可以分为三个领域：认知领域、情感领域和动作技能领域。在认知领域中，教学的主要目的和任务就是使学生掌握知识，形成运用知识进行理性的、系统思维的能力。认知目标分为知道、领会、应用、分析、综合和评价六个不同层次。情感目标是指情调、情绪或接受与拒绝的程度的目标。情感目标依据受教育者接受的程度分为五个层次，分别为注意、反应、价值评价、组织化和个性化。动作技能涉及骨骼和肌肉的使用、发展和调适，对材料和客体的某种操作。动作技能目标分为知觉、定式、有指导的反应、机械动作、复杂的外显行为、适应和创新七个等级。

在吸收和借鉴布卢姆的教学目标分类的基础上，我国结合基础教育的实际情况，在《基础教育课程改革纲要（试行）》中明确提出"知识与技能""过程与方法"和"情感态度与价值观"三维目标。

知识与技能是课堂教学显性的表现要素。知识通常是"基础知识"，主要是学科的核心概念、基础原理等；技能是指学习技能，是帮助学生掌握知识、理解原理的手段。在此维度要思考"学什么"的问题：学生要了解的知识和初步掌握的技能是什么，学生要理解的核心知识和重点掌握的技能是什么，要培养学生哪些方面的能力。

过程与方法是一个中介目标。过程主要指为达到教学目标而必须经历的活动程序；方法主要指学生的学习方法。此维度要考虑的是"怎么学"的问题，即创设怎样的学习体验环境，用什么学习方式激发学生思考和学习的欲望，学生应经历什么样的学习过程。

情感态度与价值观是人对亲身经历的体验性认识及由此产生的态度与行为习惯。此维度应考虑学生能体验、感受、感悟到什么，这节课能培养学生认知事物的什么态度，可以塑造学生什么样的价值观，能培养学生什么兴趣。

2. 编写教学目标的方法

编写教学目标时应注意以下几点：①教学目标表述的应该是学习者的学习结果，而不是说明教师将做什么；②教学目标的表述应力求明确、具体并可以观察和测量，避免用含糊和不切实际的语言表达；③编写的教学目标应体现学习结果的类型及其层次性。

为了保证教学目标的可操作性，通常采用 ABCD 方法编写教学目标。所谓 ABCD 方法，是指一个规范的学习目标包括了 A、B、C、D 四个要素。

A——对象 A（audience），阐明教学对象。

B——行为 B（behavior），说明通过学习以后，学习者应能做什么。

C——条件 C（condition），说明上述行为在什么条件下产生。

D——标准 D（degree），规定达到上述行为的最低标准。

例如：

<u>小学一年级学生</u>，<u>用心算</u>，<u>解答一位数加法</u>，<u>一分钟内至少能答对 8 道</u>。
　　　　A　　　　　　C　　　　　B　　　　　　　　D

<u>七年级学生</u>，<u>在 3 分钟内</u>，<u>能默写英语课文中的 10 个单词</u>，<u>正确率 90%以上</u>。
　　A　　　　　　C　　　　　　　B　　　　　　　　　D

在实际运用中，往往不可能也没有必要完全机械地按上述要求编写教学目标，可以根据实际情况适当地调整。其中，关键的要素是行为表述，强调用严格的、清晰的行为动词来描述所要达到的教学目标。表 7-1、表 7-2 和表 7-3 分别列出了认知领域、情感领域和动作技能领域教学目标的层次划分及各层次可供选用的行为动词。

表 7-1　认知领域教学目标可供选用的行为动词

| 目标层次 | 目标特征 | 可供选用的行为动词 |
| --- | --- | --- |
| 知道 | 对信息的回忆 | 为……下定义、列举、说出（写出）……的名称、复述、排列、背诵、辨认、回忆、选择、描述、标明、指明 |
| 领会 | 用自己的语言解释信息 | 解释、鉴别、选择、分类、叙述、转换、区别、估计、引申、归纳、举例说明、摘要、猜测、改写、预测 |

| 目标层次 | 目标特征 | 可供选用的行为动词 |
|---|---|---|
| 应用 | 将知识应用于新的情境 | 运用、计算、示范、改变、阐述、解释、说明、修改、制订……计划、制定……方案、解答 |
| 分析 | 将知识分解，找出各部分之间的联系 | 分析、分类、比较、对照、图示、区别、检查、指出、评析 |
| 综合 | 将各部分知识重新组合 | 编写、写作、创造、设计、提出、组织、计划、综合、归纳、总结 |
| 评价 | 根据一定标准进行判断 | 比较、鉴别、判断、总结、评定、证明、说出……价值 |

表 7-2　情感领域教学目标可供选用的行为动词

| 目标层次 | 目标特征 | 可供选用的行为动词 |
|---|---|---|
| 注意 | 愿意注意某事件或活动 | 注意、看出、知道、容忍、接受、赞同、听讲 |
| 反应 | 乐意以某种方式加入某事件，以示作出反应 | 完成、回答、陈述、选择、列举、记录、听从、称赞、欢呼、表现、帮助、遵守 |
| 价值判断 | 对现象和行为做价值判断，以表示接受、追求某事件，表现出一定的坚定性 | 接受、承认、完成、参加、决定、影响、支持、辨别、评价、论证、区别、解释、继续 |
| 组织化 | 把许多不同的价值标准组成一个体系，并确定它们之间的相互关系，建立重要的和一般的价值 | 讨论、组织、判断、使联系、确定、建立、选择、比较、定义、系统阐述、权衡、决定、制订计划 |
| 个性化 | 只有长期控制自己的行为以致发展个性化的价值体系 | 修正、改变、接受、判断、拒绝、相信、继续、解决、贯彻、要求、抵制、认为……一致、正视 |

表 7-3　动作技能领域教学目标可供选用的行为动词

| 目标层次 | 目标特征 | 可供选用的行为动词 |
|---|---|---|
| 知觉 | 运用感官获得信息以指导动作 | 看、听、闻、触摸、品尝、屈身、移动 |
| 定式 | 为某种行动做好准备 | 心理定式：辨别、知道；生理定式：注意、身体做好……姿势情绪定式：尽力从事、渴望熟练操作…… |
| 有指导的反应 | 根据教师指导或标准表现出行为动作 | 模仿、尝试、练习 |
| 机械动作 | 成为习惯的习得反应 | 加工、管理、发布、运用、搭建、安装、测定、测量、绘制、表演 |
| 复杂的外显反应 | 能够熟练从事相当复杂的行为动作 | 熟练掌握、熟练操作、熟练使用、灵活运用、熟练演奏、有效使用、合乎范围地使用 |
| 适应 | 改变动作活动以适应新的问题情境 | 适应、发现、谈起、迁移、联系 |
| 创新 | 创造新的动作模式以适应具体情境 | 改变、新编、创造、创作、提升、拓展、扩展 |

### 7.2.3　教学策略的制定

教学策略通常是指教师在课堂上为达到教学目标而采取的相应的方式或方法，它随着教学情境需要和学生实际情况的变化而变化。

为了帮助学生达到预定的教学目标，需要解决"如何教"的问题，即教学策略的制定。一般说来，适合我国学校教育的教学策略体系主要包括以下要素：教学过程的确定、教学组织形式的确定、教学方法的确定、教学媒体的选择。

#### 1．教学过程的确定

教学过程就是为实现教学任务和达成教学目标，通过对话、沟通和合作，以动态生成的方式推进教学活动的进程。关于教学过程，学者们提出了各种阶段论，认为教学过程主要包括以下几种表现形态：以知识授受为基本理念的教学阶段范型及其变式；以智力发展为目标的教学阶段范型及其变式；以情意为发展动力的教学阶段范型；系统优化观的教学过程阶段范型。

#### 2．教学组织形式的确定

教学活动离不开一定的组织形式，教学组织形式有不同的类型。探究学习、合作学习、自主学习都可以在不同的教学组织形式中根据学生的需要来实施。事实上，教学组织形式与学生的学习方式密切相关，只有教学组织形式与学生的学习方式相匹配，才有可能充分调动学生的学习积极性和主动性。在学校教学活动中，教学组织形式从来都不是单一不变的。根据学生组织方式的差异，通常可以把教学组织形式分为以下三种类型：

（1）班级授课。班级授课是以固定的班级为基础，把年龄大致相同的学生编成一个班级，由教师按照固定的课程表和统一进度，主要以课堂讲授的方式分科对学生进行教育的一种教学组织形式。

（2）分组教学。分组教学是把学生按照一定的标准（如能力、成绩、兴趣、愿望等）编入不同的学习小组来进行教学的一种组织形式，其目的在于以最佳的方式为学生提供多种学习，使教学更好地适应学生的特点和需求。

（3）个别化教学。个别化教学是指试图打破传统的班级教学，采用较灵活的方式，使教学适应学生学习的个别差异并注意个性发展的教学。个别化教学不同于个别教学，后者是指一个教师在同一时间里只教一个学生的教学。

#### 3．教学方法的确定

教学方法是在教学实践中产生并发展起来的，随着教学理论和教学媒体的发展，新的教学方法不断出现。教学方法与教学媒体一样没有优劣之分，但必须考虑其在教学中的适用性。在传统意义上，教学方法被描述为诸如讲授法和讨论法之类的"呈现方式"。现代意义上的教学方法或在教育技术学中讨论的教学方法主要是指与教学媒体使用有关的方法。运用教学方法的目的是帮助学生达成教学目标或内化学习的内容和有关信息。海涅克等人概括了十类与选择和利用教学媒体相关的教学方法。

（1）呈现法（presentation）。信息源可以是教材、录音带、录像带、电影、教学人员等。

（2）演示法（demonstration）。可以利用 PPT、教学视频等方式进行演示或播放。

（3）讨论法（discussion）。包括学生间、师生间思想和观点的交流。该方法可以用于教学过程中的任何阶段，既可以用于小组教学，也可以用于集体授课。

（4）训练和实践法（drill and practice）。学生通过一系列设计好的实践练习提高对新技能的掌握程度或更新已有的技能。

（5）个别指导（tutorial）。指导者以个人、计算机等形式呈现内容，提出问题，要求学生回答或分析问题，并给予适当的反馈，直到学生达到了预设的能力水平。

（6）合作学习法（cooperative learning）。学生不仅可以通过讨论文本或观看媒体进行合作学习，还可以通过制作媒体进行合作学习。

（7）游戏法（games）。在寓教于乐的学习环境中，学生遵循着一定的规则并努力达到具有挑战性的教学目标。

（8）模拟法（simulation）。学生面对按比例缩小的真实事物，进行真实的实践活动。这种方法的成本和风险都比较小。

（9）发现法（discovery）。这是运用归纳或探究进行学习的方法，通过试误的方式呈现将要解决的问题，通过亲身参与，促进学生更深刻地理解所学的内容。

（10）问题解决法（problem solving）。让学生面对真实世界中的问题，并在解决该问题的过程中扮演主动的角色。

以上和利用教学媒体相关的教学方法适用于任何学习群体以及任何教学内容，只是有些教学方法特别适用于特定的学生或特定的教学内容。教师只有在教学实践中不断尝试，才能判断哪种教学方法对于特定的学生和教学内容更好，哪种教学方法与特定媒体结合最有效。

**4. 教学媒体的选择**

（1）教学媒体选择的影响因素。由于影响教学媒体选择的因素很多，学者们提出了很多教学媒体选择模型，人们对于影响教学媒体选择的因素的认识也不尽相同。英国学者罗密斯佐斯基（A.J.Romiszowski）提出了影响教学媒体选择的因素模型，如图7-1所示，从中可以看出，影响教学媒体选择的因素较多。其中，学习任务和学生是最重要的因素，其余因素则可以按照与教学活动关系的密切程度来划分主次，并可以根据实际情况灵活处理。

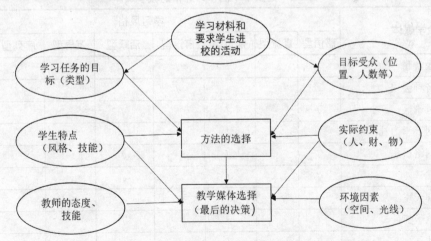

图 7-1 教学媒体选择的影响因素模型

（2）基于学习风格的教学媒体选择。一般说来，学习风格就是学生持续一贯的带有个性特征的学习方式，是学习策略和学习倾向的总和。学习风格具有独特性、稳定性和可塑性的特点。学生学习风格的差异，具体表现为学生在认知方式、学习材料处理、学习方法运用，以及学习的坚持性、责任心和社会性倾向等方面的差异。例如，某些学生认为某种学习方法比其他学习方法对他们更有效；某些学生则偏爱某种学习环境、某个特定的学习座位，或者某种教学媒体等。菲尔德—希尔弗曼（Felder-Silverman）从感知、输入、处理和理解四个维度将学习风格分为四个组和八种类型，即感悟型与直觉型、视觉型与言语型、活跃型与沉思型、序列型与综合型，并发布了相应的学习风格量表（又称为所罗门学习风格量表），以了解学生的学习风格。该量表是一份包含 44 个题目的自我评分网络问卷，其中学习风格的维度、类型及相关问题的描述如表 7-4 所示。

表 7-4　菲尔德—希尔弗曼的学习风格模型

| 维度 | 类型 | 描述 |
|---|---|---|
| 感知 | 感悟型 | 具体的和实际的，面向事实和过程 |
| | 直觉型 | 概念与创新，面向理论和意义 |
| 输入 | 视觉型 | 喜欢视觉表示，如图片、图表、流程图等 |
| | 言语型 | 喜欢于书面和口语解释 |
| 处理 | 活跃型 | 喜欢做中学和协作学习 |
| | 沉思型 | 喜欢独立思考，自主学习 |
| 理解 | 序列型 | 线性有序，学习通过渐进的步骤 |
| | 综合型 | 喜欢整幅蓝图，学习具有跳跃性 |

　　既然不同的学生所具备的学习风格会表现出不同的学习特点，因此可以针对这些特点来选择相应的教学媒体或学习策略，以提升学习效果。有学者给出了适用于不同学习风格的教学媒体的建议，如表 7-5 所示，可在进行教学媒体选择时参考。

表 7-5　适用于不同学习风格的教学媒体

| 教学媒体 | | 学习风格 | | | | | | | |
|---|---|---|---|---|---|---|---|---|---|
| | | 感悟型 | 直觉型 | 视觉型 | 言语型 | 活跃型 | 沉思型 | 序列型 | 综合型 |
| 音频 | 录音带 | | | | √ | | | √ | |
| | 音频会议 | | | | √ | | | √ | |
| 合作 | 讨论区 | √ | | √ | | √ | | | √ |
| | 网上学习社区 | | | √ | | | | | √ |
| | 网络日志 | √ | | | | √ | | | |
| | 维基 | √ | | √ | | | | | √ |
| 交流 | 聊天室 | | | | | | | | |
| | 电子邮件 | | | | | √ | | | √ |
| 图表 | 动画 | √ | | √ | | | | | |
| | 图形 | √ | | √ | | | | | |
| | 图片 | √ | | | | | | | |
| | 模拟 | | | √ | | | | | |

续表

| 教学媒体 | | 学习风格 | | | | | | | |
|---|---|---|---|---|---|---|---|---|---|
| | | 感悟型 | 直觉型 | 视觉型 | 言语型 | 活跃型 | 沉思型 | 序列型 | 综合型 |
| 阅读 | 电子杂志 | | | | | | | | |
| | 电子报纸 | | | | | | √ | √ | |
| | 电子书 | | | √ | | | √ | | |
| | 超文本（网页） | | | √ | | | √ | √ | |
| | 幻灯片 | | | √ | | | | | |
| 查找 | 因特网研究 | | √ | | | √ | √ | √ | |
| 辅导 | 课程传输系统 | | √ | | | | | | √ |
| | 学生反应系统 | | | | | | √ | | |
| | 辅导系统 | | √ | | | | √ | | |
| | 网络探究学习 | | √ | | | | √ | | |
| 视频 | 播客 | | | | √ | | | | |
| | 记录实况新闻 | | | √ | √ | | | | |
| | 视频会议 | | | √ | √ | | | | |
| | 视频 | | | √ | √ | | | | |

### 7.2.4 教学方案的编写

针对不同层次的教学设计，教学设计成果可以表现为不同的形式。宏观层次的教学设计主要面向大型的、复杂的教学系统，其教学成果可以是网络课程、课程与教材、教学资源、题库系统、评价系统等；微观层次的教学设计主要面向某门具体课程中的某个单元或者某堂课的设计，其教学设计成果大多是面向单元教学、课堂教学的教学设计方案，媒体教学材料等。本书所讨论的教学设计成果主要是指基于课堂的教学方案，即"教案"。教学方案既是实施教学的依据，又是教学设计工作的总结。教学方案的形式可以多种多样，不同的学科可以采用不同的表现形式。文本式教学方案、表格式教学方案是教学方案中最基本的两种形式，它们也可以与流程图结合使用。下面分别给出文本式（也称为叙述式）教学方案和表格式教学方案的模板。

1. 文本式教学方案模板

教学方案名称

设计者（姓名，联系方式）

一、概述

适用学科和年级、适用教材和所需课时、学习内容概述。

二、教学目标分析

从知识和技能、过程和方法、情感和态度三个维度对该课题预计达到的教学目标做出一个整体描述。

三、学习者特征分析

说明学生在知识和技能、过程和方法、情感和态度三个方面的学习准备（学习起点），以及学生的学习风格，并说明教师是以何种方式进行学习者特征分析的。

四、教学策略选择与设计

说明本教学设计的基本理念、采用的教学与活动策略，以及实施的关键之处。

五、教学资源与工具设计

教学资源与工具包括：支持教师教学的资源和工具；支持学生学习的资源和工具，如学习的环境、多媒体教学资源、特定的参考资料、参考网址、认知工具以及其他需要特别说明的传统媒体。

六、教学过程

这是教学设计方案的重点，这里需要说明教学的环节及所需的资源支持、具体的活动、设计意图以及教师引导语。这里还需要画出教学过程流程图，并在教学过程流程图中清楚地标注每个阶段的教学目标、教学媒体和相应的评价方式。教学过程流程图中的图形符号如图 7-2 所示。

图 7-2　教学过程流程图中的图形符号

七、教学评价设计

建立评价量规，既可以是教师和小组其他成员进行评价，也可以是自己进行评价。

八、帮助和总结

说明教师以何种方式向学生提供帮助和指导。学习结束后，对学生的学习做出简要总结，或者布置一些思考或练习题以强化学习效果。

**2. 表格式教学方案模板**

表格式教学方案模板如表 7-6 所示。

表 7-6　表格式教学方案模板

| 课题名称 | | | | | |
|---|---|---|---|---|---|
| 科目 | | 教学对象 | | 设计者 | |
| 教材 | | | | 课时 | |
| 一、教材内容分析 | | | | | |
| 二、教学目标分析 | | | | | |
| （知识和技能、过程和方法、情感态度和价值观） | | | | | |
| 三、学生特征分析 | | | | | |
| 四、教学策略的选择与设计 | | | | | |
| 五、教学资源与工具设计 | | | | | |

续表

六、教学过程

| 教学过程 | 教师活动 | 学生活动 | 设计意图及资源准备 |
| --- | --- | --- | --- |
|  |  |  |  |

教学过程流程图：

七、教学评价设计

| 八、帮助和总结 |  |  |  |
| --- | --- | --- | --- |

### 7.2.5　教学设计成果的评价

教学设计成果的评价通常是一种形成性评价，即指对教学设计的过程和成果进行价值判断的过程。评价的目的是获得教学设计成功与否的反馈信息，以便及时修改教学设计成果，提高教学设计成果的质量。结合我国基础教育改革的新理念，对教学设计成果即教学方案的形成性评价的实施过程概括如下。

1. 制订评价计划

（1）确定收集数据的类型，主要包括与前期分析、教学目标、评价试题、教学策略和教学媒体等有关的信息，可以通过教师自己的观察和记录来收集数据，也可以通过运用摄录像设备全程记录课堂实况来收集数据。

（2）确定上述数据的评价标准，应该结合教学目标、学科特点并邀请学科专家、学生等一起制定评价标准。其中，教学目标应该成为制定标准的重要依据。

（3）选择数据收集的对象，即挑选样本，包括学生样本、学科专家的代表、教师的代表等。在实际教学中，也可以只从学生中收集相关数据。确定日程安排。

（4）确定日程安排后要及时通知相关人员，对于需要拍摄课堂实况录像的，还需要在课前与摄像人员就摄像事宜进行详细的交流。

2. 收集数据

根据上述形成性评价计划收集相关的数据，这些数据主要包括与前期分析、教学目标、评价试题、教学策略、教学媒体等相关的数据。收集数据的方法包括访谈法、问卷法、观察法、各类量表（如课堂环境量表等）、各类评价试题等，具体采用哪种方法主要由所需收集数据的类型决定。

3. 整理、分析和归纳数据

教师应该根据评价标准整理数据，既可以分类别整理，也可以运用图表等整理，但必须注意数据整体的科学性。然后，把形成性评价中收集到的数据与学习者分析过程中收集到关于学习者基本情况的数据进行比较，进而确定存在的问题。

4. 形成评价结果

评价结果即评价报告，内容一般包括教学方案的名称、使用的范围和对象、试用的要求和过程、评价的结果、修改的意见和措施、参评者的名单和职务、评价的时间等。该评价报告既可以作为教学方案修改的依据，也可以作为今后进行教学研究的原始数据。

## 7.3　教学设计案例

### 7.3.1　小学语文《圆明园的毁灭》教学设计案例

1.《圆明园的毁灭》教学设计

| 课题名称 | 圆明园的毁灭 | | | | |
|---|---|---|---|---|---|
| 科目 | 小学语文 | 教学对象 | 五年级上册 | 设计者 | |
| 教材 | 人教版义务教育教材小学语文五年级上册第 14 课 | | | 课时 | 2 |

一、教材内容分析

《圆明园的毁灭》是人教版五年级上册第七单元的第一篇课文。本组课文以"勿忘国耻"为专题。本文写出了圆明园过去辉煌的景观和惨遭侵略者抢劫后而毁灭的惨象，字里行间流露着对祖国灿烂文化的无限热爱，对侵略者野蛮行径的无比仇恨，激励我们不忘国耻、振兴中华。本文语言简洁，结构严谨。文章题目是"毁灭"，但是有大量篇幅展现"圆明园昔日的辉煌"，这是本文最大的写作特色

二、教学目标分析

知识和技能：
1．了解圆明园的昔日辉煌、毁灭过程，体会作者是怎样围绕中心服务的。
2．理解重点词语，有感情地朗读课文。
过程和方法：培养学生的归纳抽象能力和网上获取信息、整理、加工信息的能力。
情感态度和价值观：使学生了解圆明园的毁灭是中国文化史上和世界文化史上不可估量的损失，是我国近代屈辱历史的见证，从而唤起学生捍卫祖国神圣尊严的责任感

三、学生特征分析

学生是学习的主体，是意义建构的主动者。该年龄阶段的学生对新鲜事物注意力持久，并已初步掌握了上网浏览、上网搜索信息的能力。同时，从心理学角度上看，他们在一种新的学习环境下，利用一种全新的学习方式，学习的积极性较高，他们善于探索、敢于质疑、敢于创新，因此在网络环境下实施教学对学生真正意义上的建构将起着积极的作用。
当今学生对圆明园知之甚少，为学生提供丰富的信息资源，创设好良好的具有人文的网络环境，使其在图、文、声、像等信息的刺激下充分感知，从而激发学生振兴中华的责任感

四、教学策略的选择与设计

本课主要采用情境教学法，采用因特网，利用专题学习网站，在自主、合作、探究的学习中，引导学生读、思、议、说、写

五、教学资源与工具设计

《圆明园的毁灭》的学习专题网站
圆明园概貌：概括地介绍圆明园的总体面貌。
圆明园风光：通过圆明园四十景、西洋建筑等栏目，为学生提供丰富的信息资源，让学生感受圆明园的至真至善的美。
历史文物：提供了青铜礼器、名人书画、奇珍异宝、遗珍一瞥，采用图文并茂的方式，让学生感受到圆明园昔日的辉煌。
圆明园浩劫：通过视频和图片展现圆明园昔日辉煌的景观和惨遭侵略者肆意践踏而毁灭的景象，激发学生对祖国灿烂文化的无限热爱和对侵略者野蛮行径的无比仇恨，告诫学生们不忘国耻，增强振兴中华的责任感和使命感

六、教学过程

| 教学过程 | 教师活动 | 学生活动 | 设计意图及资源准备 |
|---|---|---|---|
| 创设情景激发动力 | 1. 在学生汇报交流课前了解到的有关圆明园的情况的基础上,播放《火烧圆明园》的片段。<br>2. 教师运用声情并茂的语言同步解说。<br>3. 就是这样一座享有"人间天堂"美称的万园之园却于1860年化为一片灰烬。看了这段录像,你们最想说些什么?问些什么?<br>4. 教师帮助学生归纳三大学习主题 | 1. 学生汇报交流课前通过各种方式了解到的圆明园的情况。<br>2. 看片段,情感体验。<br>3. 问一问:学生质疑:圆明园为什么会被毁灭?为什么说它是园林艺术的瑰宝、建筑艺术的精华?为什么说它是世界上最大的博物馆、艺术馆?<br>4. 学生带着问题,进入学习情境 | 1. 创设情景,准备《火烧圆明园》的视频片段。<br>2. 创设问题情景 |
| 网上学习,自主探究（一） | 1. 教师提供网址并让学生先认真阅读课文。围绕三大问题来写《圆明园的毁灭》。<br>2. 在三大问题中,对哪个问题最感兴趣,从课文中找出相关段落细读,并通过网络去探究这个问题。<br>3. 及时了解学生情况,适时引导学生进行学习,对学生学习中碰到的问题进行个别辅导 | 1. 学生自行输入网址,并认真阅读网上的课文。<br>2. 在学习目标的指引下,选择感兴趣的问题并阅读相关的课文段落,充分利用圆明园网页课件,通过超级链接等方式大量搜索图文、声像资料,转入不同的知识点进行自主探究性学习。<br>3. 学生自主搜索资料,对重点知识做好复制、粘贴或笔记,积极思考自己的学习主题。<br>4. 遇到问题,通过网络,询问老师 | 1. 提供网络资源。<br>2. 网上自主学习。学生能通过网页,理解文章思路,感受作者思想感情。<br>3. 网络创设。以学为中心的建构主义学习环境。利用网络资源,学习者可以不受时空限制,根据自己的学习兴趣与需要,在网上查询文字、图形、影像等信息,为进一步建构学习者新的认知结构和知识系统奠定基石 |
| 网上学习,自主探究（二） | 1. 教师安排分组学习。并选择你们最感兴趣的地方组合一下,可以制作成演示文稿。<br>2. 教师根据学生的要求,参与小组学习,共同准备交流汇报的图文稿、解说词 | 1. 自由组合,围绕共同问题协作学习,同时收集问题,组织讨论、交流,各抒己见,最后整理,准备向全班汇报。（学生在此可利用复制、粘贴等方法自制演示文稿。）<br>2. 小组之间充分交流,听取学生对学生的评价,及时修改、完善自己的探究成果 | 利用网上资源进行自主探究和协同学习,展开小组讨论,集体汇报交流,着重体现了学生对问题深入全面的理解,语言表达能力的加强,思维条理性的提高,同时,也使学生学会了合作,提高了协作学习的能力 |
| 汇报交流 | 适时根据学生要求将有代表性的学生学习结果在屏幕广播 | 小组派代表或采用语言表达等形式并辅助屏幕广播,图文并茂地做介绍。或由学生利用制作好的演示文稿,组织解说词,并作介绍 | 创设这一会话情景:让学生争当导游,感悟辉煌 |

续表

| 发表感受拓展延伸 | 在学生交流的基础上，根据留言板上的话题，布置课后作业 | 1．学生进入网上留言板，进行在线发言交流。<br>2．学生个人留言完成后，认真阅读思考老师和同学的留言。<br>3．作业：选择留言板上你喜欢的话题，课后用自己喜欢的方式收集资料 | 通过网上在线交流，学生可以畅所欲言，一吐为快，把学生的情感推向高潮 |
| --- | --- | --- | --- |

教学过程流程图：

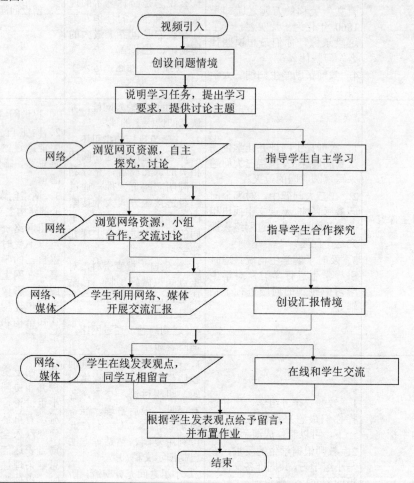

七、教学评价设计

学生合作完成作品

八、帮助和总结

1．提供创设情境资源；

2．提供设备网络等使用帮助；

3．组织学生分组探究，小组汇报；

4．帮助归纳总结，感情升华

## 7.3.2　初中语文《故乡》教学设计案例

### 《故乡》教学设计

教学方案名称：故乡

设计者：

**一、概述**

本教案适用于人教版初中语文九年级上册《故乡》一课的教学。

**二、教学目标分析**

知识和技能：理清线索，把握内容，提炼小说要素，感悟小说主题。学习运用对比的写法来刻画人物，表现主题。

过程和方法：分析人物形象，体会其作用及描写方法；理解鲁迅先生憎恨旧社会、同情劳动人民、渴望创造新生活的感情。了解文中运用对比、议论的方法来突出小说主题。

情感和态度：懂得开拓进取才能创造未来的道理，教育学生要勇敢地开创属于自己的新天地和新生活。感悟作者的情感脉络及探求人生新道路的执着信念。

**三、学习者特征分析**

九年级的学生在学习完文言文单元后走进小说天地，学习兴趣正浓，在语文素养方面已经有了一定的积累和基础，对现代文有了初步的了解，但对于大部分学生，小说主题理解方面还是有一定难度的。但这个阶段的学生有较强的求知欲，只要认真组织研讨，难点还是可以克服的。

**四、教学策略选择与设计**

采用多媒体教室开展课程教学，利用音视频创设情境，让学生开展探究学习。

**五、教学资源与工具设计**

1. 教学环境：多媒体教室。

2. 学习资源：初中语文人教版九年级上册书、《故乡》课件、席慕蓉的《乡愁》朗诵音频。

**六、教学过程**

1. 创设情境，导入新课

（1）课前，出示课件（课题），利用 DVD 播放席慕蓉的《乡愁》朗诵，设置氛围，触发学生的情感，激发学习兴趣。

（2）谈话：俗话说得好，美不美家乡水，亲不亲故乡人。故乡总能引起人们无限的遐思，你能吟诵相关诗句吗？

（3）引入课题：故乡是漂泊游子的归宿，让我们跟随作者的脚步一起回到《故乡》。

2. 进入第一板块的教学：整体感知课文

（1）正确读音、字义：课件（字词略）。

（2）了解作者（图片），顺便回顾其作品，出示课件。

（3）分析理解课文。

1）快速默读课文，然后思考：我是怀着怎样的心情回到故乡的？为什么会有这样的心情？

2）选择适合自己的阅读方式读课文，与同桌讨论并思考。

（4）思考小说的线索，把情节结构：

1）以"故乡、故乡、故乡"来简单梳理，其中横线上添一个动词。

2）用一个动词来归纳全文内容，哪一个词好呢？"变"！自然引出下面的内容。

（课件）板书：渐近故乡——在故乡——离开故乡

（5）学生探究"物非人非事事休"的故乡变化，同桌相互讨论：

1）文中哪些地方形象地写出了故乡的衰败？印象中的故乡是怎样的？在文中找一找，并读一读。

2）学生交流，教师适当引导。

3．进入第二模块的教学：分析人物形象

阅读课文第二部分感受"人非"，思考完成：

（1）文中写了哪些人物？在这些人物中，其中哪些人物刻画得较详细？

文中塑造的人物有闰土、杨二嫂、"我"、"我"母亲、水生、宏儿，其中闰土、杨二嫂、"我"刻画得比较详细。

（2）分析人物的性格特点，然后用一两句生动的话对人物作出评价。说说你的理由。

1）分别用"—"和"＿＿"画出描写闰土和杨二嫂的语句。

2）完成下面表格。

| 部位 | 少年闰土 | 中年闰土 | 对比作用 |
|------|----------|----------|----------|
| 脸 | | | |
| 眼睛 | | | |
| 服饰 | | | |
| 手 | | | |

3）分析造成闰土这些变化的主要原因有哪些 [多子多福的封建意识、天灾人祸（帝、封双重压迫的具体体现）]？

4）小结：表层原因，多子、饥荒、苛税、兵匪、官绅；深层原因，封建礼教、封建等级观念。

（3）用同样的方法分析杨二嫂。

由于长期艰辛生活的磨难，她变得尖酸、刻薄、庸俗、势利。她是一个贪小便宜、自私的小市民，辛苦恣睢的典型。杨二嫂前后的变化说明：在军阀势力和封建势力的统治下，故乡的日趋破产以及城镇市民的日趋贫困。（在小说中，杨二嫂是作为陪衬人物出现的，杨二嫂的尖刻、自私衬托了闰土的憨厚朴实。）

（4）交流评价并小结。

4．进入第三模块的教学：主题的探讨

（1）深入探究：小说中描写的故乡仅仅是我的吗？还是谁的？

（2）齐读最后一段。

（3）结合时代背景（课件出示），合作研讨小说主题。

辛亥革命后，封建王朝的专制政权被推翻了，但代之而起的是地主阶级的军阀官僚的统治。帝国主义不但操纵了中国的财政和经济命脉，而且操纵了中国的政治和军事力量。由于这双重的压迫,中国的广大人民日益贫困化。鲁迅在 1919 年 12 月初回故乡接母亲时亲眼看到故乡的破旧不堪和农民生活的贫困,百感交集,思绪万千,一年后就以这次经历为素材,创作了小说《故乡》。

(4)点拨引导。

(5)主题的探讨(课件出示)。

1)茅盾先生认为这篇小说的主题是"悲哀那人与人之间的不了解,隔膜"。

2)反映辛亥革命前后农村破产,农民痛苦生活的现实,揭示产生这种现实的根源。

3)表达对改造旧社会、创造新生活的愿望与信心。

你是如何理解的呢?请说出自己的见解。

5. 归纳总结,拓展延伸

(1)总结:小说通过对比手法的运用,表现闰土和杨二嫂在二十多年里发生的巨大变化,说明辛亥革命前后农村经济衰败、农民和小市民生活的贫困,封建社会传统观念对人们的精神毒害,人们纯真的人性被扭曲。作者塑造这两个人物形象,真切地抒发了对现实社会的不满,希望有新的生活的炽热感情。

(2)学生总结交流:本科的学习心得及收获。

(3)作业:水生和宏儿以后会有怎样的命运?发挥想象,为他们写一个故事。

(4)积累描写"捕鸟"一段,体会动词运用的准确性。

七、教学评价设计

学生探究交流、评价、总结。

八、帮助和总结

教师指导学生开展合作探究,并要求他们总结交流。课后布置作业,拓展延伸。

# 7.4 信息化教学评价

## 7.4.1 信息化教学评价的概述

信息化教学评价是指在现代教学理念和教学理论的指导下,运用一系列评价技术、手段,对教学过程进行测量和价值判断,为教学问题的解决提供依据,并确保教与学的效果。教学评价具有反馈调节、诊断指导、强化激励、目标导向等功能。

在长期的教学实践中,已经产生了多种不同的评价标准和评价方法。依据不同的分类标准,教学评价的种类可进行不同的划分。按评价基准的不同,教学评价可分为相对评价和绝对评价;按评价功能的不同,教学评价可分为诊断性评价、形成性评价和总结性评价;按评价表达的不同,教学评价又可分为定性评价和定量评价等。

1. 按评价基准分

按评价基准分,教学评价可分为相对评价、绝对评价。

(1)相对评价。相对评价是在被评价对象的集合中选取一个或若干个个体为基准,然后把各个评价对象与基准进行比较,确定每个评价对象在集合中所处的相对位置。

为相对评价而进行的测验一般称为常模参照测验。它的试题取样范围广泛,测验成绩表明了学生学习的相对等级。由于所谓的常模实际上近似学生群体的平均水平，所以这种测验的成绩分布符合正态分布规律。

利用相对评价来了解学生的总体表现和学生之间的差异，或比较不同群体间学习成绩的优劣是种有效的方法。它的缺点是基准会随着群体的不同而发生变化，因而易使评价标准偏离教学目标，不能充分反映教学上的缺点。

（2）绝对评价。绝对评价是在被评价对象的集合之外确定一个标准，这个标准被称为客观标准。评价时把评价对象与客观标准进行比较，从而判断其优劣。评价标准一般是教学大纲及由此确定的评判细则。为绝对评价而进行的测验一般称为标准参照测验。它的试题取样就是预先规定的教学目标，测验成绩主要表明教学目标的达到程度，所以这种测验的成绩分布通常是偏态的。低分多高分少，为正偏态；低分少高分多，为负偏态。

绝对评价的标准比较客观。如果评价是准确的，那么评价之后每个被评价者都可以明确自己与客观标准的差距，从而可以激励被评价者积极上进。但是绝对评价也有缺点，最主要的缺点是客观标准很难做到客观，容易受评价者的原有经验和主观意愿的影响。

2．按评价功能分

按评价功能分，教学评价可分为诊断性评价、形成性评价和总结性评价。

（1）诊断性评价。诊断性评价是在教学活动开始之前，为收集信息和设计一种可以排除学习障碍的教学方案而进行评价。进行这种评价，是为了使教学适合学习者的需要和背景，以确定教学方案的可行性，了解学生的知识基础和学习能力基础，以保证教学活动能有效地得以展开。

（2）形成性评价。形成性评价是在教学过程中，对教学方案实施的情况，以及学生学习情况的评价，依靠反馈信息，并对此做出纠正，以明确下一步如何调节教与学的活动，使教学活动的效果更好，最终达到教学目标。形成性评价的目的是控制教学过程。

（3）总结性评价。总结性评价是在教学活动结束后，对教与学的成果进行评价，从而确定完成目标的程度。

上述 3 种类型的评价有各自的特点，如表 7-7 所示。

表 7-7　诊断性评价、形成性评价和总结性评价的比较

| 类型 | 诊断性评价 | 形成性评价 | 总结性评价 |
|---|---|---|---|
| 实施时 | 教学之间 | 教学过程中 | 教学之后 |
| 评价目的 | 摸清学生底细，以便安排学习 | 了解学习过程，调整教学方案 | 检验学习结果，评定学习成绩 |
| 评价方法 | 观察、调查、作业分析、测验 | 经常性测验、作业分析、日常观察 | 考试或考查 |
| 作用 | 查明学习准备情况和不利因素 | 确定学习效果 | 评定学业成绩 |

诊断性评价、形成性评价和总结性评价都是针对某一个教学阶段、某一种教学活动的评价。对整个教学过程来说，总结性评价也可以看作下一教学阶段的诊断性评价和形成性评价，而诊断性评价和形成性评价也可以看作即时的或前一阶段的总结性评价。

教学设计方案的评价主要是形成性评价。重视形成性评价是现代教育评价的发展趋势。

自其产生至目前，形成性评价与质性评价、定性评价的运用相结合，其运用类型逐渐丰富并发展为真实性评价、表现性评价和发展性评价等。

1）真实性评价。真实性评价指的是在真实的生活环境中评价学生的表现。真实性评价任务都是学习过程中有意义、有价值的重要经历。例如，在真实性评价中，一名学生为了解释发动机的零件，可能需要重新组装一个发动机，相反，传统的评价方法强调的是对发动机零件的记忆。真实性评价暗含的含义是：评价是学习的一部分，是不断发展变化的，成功或失败只能用学生在新的环境中应用知识和技能的能力的具体事实说明。

2）表现性评价。表现性评价关注"我们怎么知道学生知道了什么"；要求定期观察和评价学生的表现。学生应该知道评价的标准，明确的标准不仅可以使学生知道关键信息，也可以给学生确立一个奋斗的目标。表现性评价常常与真实性评价一起运用，并且与真实性评价一样有着以下评价任务特征和评价要求。

真实性评价和表现性评价的任务特征是：情景化、整体化、元认知化（需要学生反思他们的思考过程）、与所教的课程内容相关、灵活性（可以以多种方式展示知识和技能）。真实性评价与表现性评价的要求是：多种形式、自我评价、同伴评价、具体的标准、常规的学习结果和自我反思与个人内心反省。

3）发展性评价。发展性评价是一种形成性教学评价，它是针对以分等和奖惩为目的的终结性评价的弊端而提出来，主张面向未来，面向评价对象的发展。发展性评价着力于人的内在情感、意志、态度的激发，着力于促进人的完美和发展，是以人为本的思想指导下的教学评价。发展性评价强调评价主体多元化，主张使更多的人成为评价主体，特别是使评价对象成为评价主体，重视评价对象自我反馈、自我调控、自我完善、自我认识的作用。发展性评价在重视施教过程中静态常态因素的同时，更加关注施教过程中的动态变化因素。发展性评价更加强调个性化和差异性评价，要求评价指标和标准是多元的、开放的和具有差异性的，对信息的收集应当是多样、全面和丰富的，对评价对象的价值判断应关注评价对象的差异性。发展性评价强调定性评价和定量评价的结合运用，认为过于强调细化和量化指标，往往忽视了情感、态度和其他一些无法量化而对评价对象的发展影响较大的因素的作用。

3．按评价表达分

按评价表达分，教学评价可分为定性评价和定量评价。

（1）定性评价。定性评价是对评价资料进行"质"的分析，是运用分析/综合、比较/分类、归纳/演绎等逻辑分析方法，对评价所获得的数据、资料进行加工。定性评价的结果有两种：一是描述性材料，数量化水平较低甚至毫无数量概念；另一种是与定量分析相结合而产生的，包含数量化但以描述性为主的材料。

（2）定量评价。定量评价则是从"量"的角度，运用统计分析、多元分析等数学方法，在复杂纷乱的评价数据中总结出规律性的结论。由于教学涉及人的因素，各种变量及其相互作用关系是比较复杂的，因此为了揭示数据的特征和规律性，定量评价的方向、范围必须由定性评价来规定。定性评价和定量评价是密不可分的，两者互为补充、相得益彰，不能扬此抑彼。

总体来说，任何一种高质量的评价模式都应当满足以下 10 个关键条件：

1）评价必须与教学目标一致。

2）评价应该包括对学习过程和结果的测查。

3）表现性评价活动不是评价本身。

4）认知学习理论及其知识习得的建构方法都认为，应该将评价方法与教学结果、课程内容整合到一起。

5）学生学习的整合和活动观要求评价综合化和复杂化。

6）评价方案的设计取决于评价的目的，用于评分和监控学生进步的方案与用于诊断和提高的方案之间存在一定区别。

7）一次有效评价的关键是任务和预期的学生学习结果之间的匹配。

8）评价学生表现的标准很重要，没有了标准，评价仍将是孤立的、插曲式的活动。

9）良好的评价能够为学生的学习情况提供大量的反馈信息，教师可以根据这些信息做出决策。

10）最能反馈学生情况的评价系统包括过去一直使用的多种方法。

4. 信息化教学评价与传统教学评价的比较

为了达到信息化教育的培养目标，培养具有处理信息能力的、独立的终身学习者，信息化教学评价必须要与各种相关的教学要素相适应，从而也必然与传统的教学评价迥然不同，其区别可以概括为以下 5 点。

（1）评价目的不同。传统的教学评价侧重于评价学习结果，以便给学生定级或分类。评价通常包含根据外部标准对某种努力的价值、重要性、优点的判断，并依据这种标准对学生所学到的与没有学到的进行判断。为了评价学习结果，传统的评价往往是正规的、判断性的，而在信息化教学中，评价是基于学生表现和过程的，用于评价学生应用知识的能力。关注的重点不再是学到了什么知识，而是在学习过程中获得了什么技能。这时的评价通常是不正规的、建议性的。

（2）评价标准的制定者不同。传统评价标准是根据教学大纲或教师、课程编制者等的意图制定的，因而对团体学生的评价标准是相对固定且统一的；而信息化教学强调学生的个别化学习，学生在如何学、学什么等方面有一定的控制权，教师则起到督促和引导的作用。为此，在信息化教学中，评价的标准往往是由教师和学生根据实际问题和学生先前的知识、兴趣和经验共同制定的。

（3）对学习资源的关注不同。在传统教学中，学习资源往往是相对固定的教材和辅导材料，因而对于学习资源的评价相对忽视，往往只是在教材和辅导材料等成为产品前，才有由特定学生与教师所实施的检验或实验性质的评价出现。而在信息化教学中，学习资源的来源十分广泛，特别是互联网在学习中的介入，更使学习资源呈现了取之不竭之势。因而，在信息化教学评价中，对学习资源的评价受到更广泛的重视。

（4）学生所获得的能力不同。在传统的教学评价中，学生的角色是被动的。他们通过教师的评价被定级或分类，并从评价的反馈中认识自己的学习是否达到预期。然而，在信息化社会中，面对不断更新的知识，指望他人像传统教学中的教师一样适时地对自己的学习提供评价是不可能的。因而，作为一个合格的终身学习者，自我评价将是一个必备的技能，培养学生的这种技能本身就是信息化教学的目标之一，也是评价工作的任务之一。

（5）评价与教学过程的整合性不同。在传统教学中，评价往往是在教学之后进行的一种孤立的、终结性的活动，目的在于对学习结果进行判断，而在信息化教学中，培养自我评价的能力和技术本身就是教学的目标之一，评价具有指导学习方向、在教学过程中给予激励的作用。

因此，评价是镶嵌在真实任务之中的，评价的出现是自然而然的，是一个进行之中的、嵌入的过程，是整个学习中不可分割的一部分。

5. 信息化教学评价的原则

在信息化教学中，以下评价原则将有助于达到评价目的，进而实现整个教学目标。

（1）在教学进行前提出预期。在信息化教学中，学习的任务往往是真实的，而学生又具有较大的自主权和控制权。为避免学生在学习过程中迷途，在教学进行前，预先通过提供范例、制定量规、签订契约等方式使学生对自己要达到的结果有一个明确的认识将是非常有效的。这样一来，学生们就会主动地使自己的工作与任务的预期看齐。

（2）评价要基于学生在实际任务中的表现。在信息化教学中，教学的组织者要尽可能地从"真实的世界"中选择挑战和问题，并在评价时关注学生在实际任务中所表现出来的提问的能力、寻求答案的能力、理解的能力、合作的能力、创新的能力、交流的能力和评价的能力。评价的重点要放在如何使学生的这些能力得到发展和提高上，而不仅仅是判断学生的能力如何上。

（3）评价是随时并频繁进行的。既然信息化教学中的评价是一个进行中的、嵌入的过程，那么它也应该是随时并频繁进行的，目的是衡量学生的表现与教学目标之间的差距，进而及时改变教学策略，或者要求学生改变他们的学习方法及努力方向。事实上，评价是促进整个学习发展的重要环节。

（4）学生对评价进程和质量承担责任。要发展自我评价能力，学生需要有机会制定和使用评价的标准，使他们在思考和反思中发展自身的技能。学生应该知道如何回答和解决诸如"需要解决的问题是什么？""我们怎样才能知道自己已经取得了进步？""我们如何才能得到提高？""我们怎样才能达到优秀？"之类的问题。因此，只要有可能，就要尽量鼓励学生进行自评或互评，并使他们对评价的进程和质量承担责任。

## 7.4.2 面向学习过程的评价

1. 传统评价方法

传统评价所借助的方法通常有测验、调查和观察几种。虽然这几种评价方法已经发展得比较成熟，但随着信息化教育的发展，对教学过程的关注越来越广泛，这就要求对传统的评价方法进行一定的改造，尽可能使之适应信息化教学评价的特点和原则。

（1）测验。测验是了解学生认知目标达标程度的最常用的方法。试卷是实现测验这种评价方法的主要工具之一。试卷中的题目通常可分为两大类，即构答题和选答题。所谓构答题，指的是要求学生用文字、算式等对给定的题目提供正确答案的试题，具体包括作文题、算术题和填充题等。所谓选答题，指的是要求学生在题目所附带的两个以上的答案中选择正确答案的试题，具体包括是非选择、多项选择、配对、组合等类型。这两大类试题各有利弊，较好的做法是将这两类试题相互结合，融为一体，放在一张试卷中同时使用。

（2）调查。调查是通过预先设计问题，请有关人员进行口述或笔答，从而获取所需要的资料。作为教学评价的重要手段，它可以了解学生的学习兴趣和态度、学习习惯和意向，通过了解各方面对教学过程和教学效果的意见及学习资源对学生产生的效果等，从而判断教学或学习资源的有效程度，为改进教学或学习资源提供依据。

调查的主要形式有问卷和面谈两种。在调查过程中，将有很多相关因素相互作用，以面谈为例，谈话时的气氛、谈话人的态度、谈话人的身份、谈话的时间、问题的表述及敏感性等都会影响调查的结果。因此，为保证评价的合理与真实，必须事先对即将付诸实施的调查进行精心设计。

问卷调查表是进行调查的工具之一，它的设计将直接影响到调查的结果。在设计问卷调查表时，首先要明确调查目标，并根据调查目标设计表述简单明了、没有歧义的问题，同时也要考虑调查结束后，这些问题在进行整理评价时的意义。其次，为被调查者的方便起见（也是为了避免草率的问卷填写），应使问卷填写工作尽可能简单。因此，最好将每个问题的答案都设计成选择题的形式，并提供尽可能多的答案，同时在必要的地方也不要忘了设置"其他"项收集意料之外的答案。最后，还要考虑问卷调查表的表现形式，最基本的要求是简洁大方，便于理解，方便填写。

在信息化教学评价中，可以通过问卷调查表发现学习资源对学生的作用，引导学生有目的地进行反思，还可以让学生自行制作问卷调查表，以培养他们收集、处理信息的能力等。

（3）观察。观察是在自然的教育场景下了解观察对象。观察与测验、调查不同的是被观察者像往常一样学习和活动，不会产生或感到任何的压迫感。所有收集的资料自始至终都是被观察者的常态表现，都是自然的、真实的。观察一般要在事前确定观察目的、观察范围，并明确对将观察的某现象需设置哪些变化的情况或场景，使被观察者在这种特定条件下进行活动，以获得合乎实际目的的材料。观察在情境化教学中的评价作用应该引起重视，但需要注意运用量规等评价工具，以便使观察更具目的性，观察结果更具客观性。

2．信息化评价方法

在信息化教学评价中，除了要根据教学目标的不同对传统评价方法进行改造外，还要发展一些新的评价方法（工具）。

（1）学习档案。学习档案也可称为"档案袋评价"或"学生成长记录袋评价"，是按一定目的收集的反映学生学习过程及最终产品的一整套材料。这种学习档案在客观上有助于促进个人的成长，而学生也能在自我评价中逐渐变得积极起来。学习档案中可包含各种形式的学习材料，如录像带、书面文章、图画、计算机编程等。例如，一个艺术家的评定包可包含使用一系列艺术媒体和技术所创造的艺术作品、不断进步的作品、最初的草图和已完成的作品，还有报刊上刊登的教师、学生和同行的评论。学习档案能使学生成为一个更有见识、更善思索／反思的自我评估者。凭借学习档案所提供的具体参考资料，教师能有效地辅导和支持学习者达到学习目的。

在信息化教学中，学习档案的建立和维持可以自动进行，成为电子学习档案。电子学习档案是利用网络和数据库技术，根据一定的学习目的，由学习者负责对学习过程中关于学习目的、学习活动、学习进步、学习成果等情况的记录，以及学生或他人关于学习过程和学习结果的反思及评价的集合体。其要素包括目标、读者、体现能力的证据、测评的标准和反思等，反思是电子学习档案袋必不可少的组成部分，否则学习档案袋就成了作品集。电子学习档案占有较少的存储空间并可长时间保存，其易于备份，通过网络和其中的超文本链接可以方便地浏览、更新、评价其中的内容。最方便的方法是使用 Blog（博客）技术平台建立电子档案袋。利用电子学档进行发展性评价，一方面可以弥补考试机制偏重记忆的弊病，另一方面也可让学生通过持续不断的努力累积建立自我能力，还可以让外界更客观地评估学生的能力。

（2）学习契约。学习契约也称为学习合同，这种评价方法来源于真正意义上的契约或合同。例如，当建筑设计师承担一项设计时，委托人通常要就这项设计的具体要求及交会日期进行详细的说明，并与设计师签订合约。待设计完成后，评价设计是否合格（设计师是否能拿到酬金）的主要依据将是合约。学习契约的意义和实施方法与上例中所说的合约相差无几。在信息化教学中，其基本原则就包括以"学"为主，以"任务驱动"和"问题解决"作为学习和研究活动的主线。为了能够让学生在完成任务和解决问题时有一个具体的目标或依据，也为了客观合理的评价，学习契约这种评价方式是应该得到足够重视的，如契约学习在小学数学教学上的应用。

1）暖身运动。新接班级（或新学年）的第一节课通常不正式上课，而是先玩一两场数学游戏。游戏教学法是让学生在游戏中练习应用数学知识，以避免枯燥无味的反复运算或解题的活动。

2）交心时刻。师生以自由发言的方式说出自己对数学的看法、期望，透过这样的发表过程，可以看出学生对数学的认知程度、学习态度，甚至发现学生数学学习障碍等，其实透过大家的经验分享，有些数学学习上的恐惧感可能不药而愈呢。

3）定出"挑战分数"。为了解学生实际的学科能力，在第二次上课之前编一些评量试题，以确立学生的起点能力，并求出学生前一学期数学学习成绩的平均分数，再与前一年的数学任课教师交换意见，综合这两项成绩及任课教师的意见，教师给每个学生订一个"教师的理想分数"。在第二次上课下课前要学生为自己订一个"数学期望分数"，即自己认为下次定期考查中可以得几分（也可以和家长共同商讨），并要说出是怎么得出这个分数的。然后，利用课余时间分别和学生一对一共同商讨与确认：下次学校的定期考查中数学科的"挑战分数"是多少，接着讨论要达到"挑战分数"所应有的努力。

4）爱的约定。当师生都确认个别的"挑战分数"之后，第三次上课时老师则宣布"挑战成功"者酬赏办法的草案，经大家一一"审查"后定案，并将这些约定分别编制成一张张"数学科学习契约书"，师生分别在学习契约书上签名后，再请家长签名见证；这张学习契约的有效期是到学校的第一次定期考查结束为止。定期考查结束后，师生分别比对学习契约书的挑战分数，对挑战成功者老师则依约给予奖励，而对于挑战失败者，不处罚他，因为没有人愿意创造失败。关于酬赏，学生们比较喜欢的方式有：到老师家包水饺、郊外野餐、看电影、买点心饮料、开"庆功宴"等。当欢乐结束后，师生就开始第二回合的挑战作业。关于学习标准的拟定，当然要参考第一回合的战果，对于达成学习目标者，其第二回合的挑战分数依学生自己的意思提高门槛；对于未达目标者，则分别检讨失败的原因。若发现是因为标准过高的话，则降低挑战分数，若是其他因素，则协助学生一一排除困难，大家欢欢喜喜地向第二目标迈进。

契约学习法的特色在于学生主控整个学习活动，从学习目标的选择、学习计划的拟订，到执行学习活动、评量学习结果等，都由学生担负大部分的责任。它充分提供学生思考的空间，适应个别学生的学习步调，让学生依照其喜欢的方式从事学习。

（3）概念地图。概念地图是一种图表，可用以指示课程、单元或知识领域的组织形态。在确定与某一课题有关的概念后，学生可通过沿着空间等级层次或时间先后顺序的维度，创建心智/思维模式，如图 7-3 所示，以此确定/建立概念间的相互关系。学生可通过手绘或电子工具的方式将概念联系起来，形成他们对这些概念关系的理解，如图 7-4 所示。

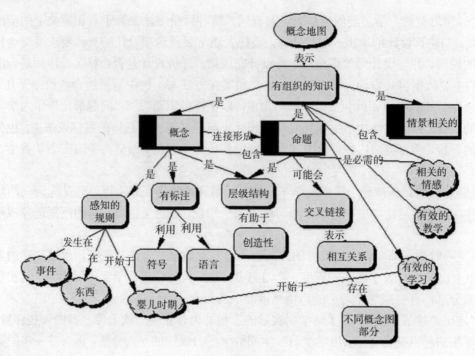

图 7-3　概念地图

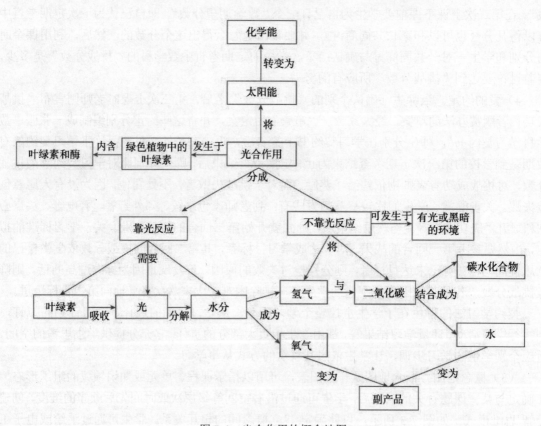

图 7-4　光合作用的概念地图

概念地图中概念关系的判断可以测量学习者有关知识命题的网络特征，因为知识网络中节点或节点多少和节点的关系反映了学习者在一定知识背景或学习环境下对知识重点和疑点的把握。概念地图的建构反映了概念关系的功能作用和它们之间的联想能力，也是学习者对有关知识综合贯通的表征能力。

概念地图能评定学生对某个领域知识的理解，探查学生的内部认知结构。在教学时可评定学生的预备知识、确认学生知识的裂缝，可以反映出学生头脑中的误解、错误观念，还能帮助教师确定学生经过教学后所建立的概念联系的广度与质量等。概念地图注重知识结构和成长过程的评价，其作为一种评价工具，符合素质教育的要求、符合国家课程改革的需要，是一种新型的评价方式。

（4）绩效评估。在信息化教学中，学生个人或小组针对某一主题，独立完成任务，并以成果（如电子作品、解决方案、研究报告等）方式来展示绩效，已成为一种普遍接受的学习模式。在这种学习模式中，绩效评估这种评价方法显得尤为重要。绩效评估涉及学生创造成果或完成所要求的既定任务的过程，并且需要一整套的辅助工作，如学生作业的观察、展现、陈述、访问、学生生成的计划、模仿及角色游戏等。为了绩效的真实性，它们应与真实世界密切联系起来，即要重视知识的应用，而不只是对知识的回忆。好的绩效评估反映了真实世界的复杂性并同时对多方面进行测量。在绩效评估中，学生有机会显示广泛的才能。

（5）量规。量规是一种结构化的定量评价标准。它通常是从与评价目标相关的多个方面详细规定评级指标，具有操作性好、准确性高的特点。虽然从字面上看量规是一个全新的名词，但从内涵上讲并不是全新的。

在评价学生的学习时，应用量规可以有效降低评价的主观随意性，不但可以教师评，而且可以让学生自评或同伴互评。如果事先公布量规，还可以对学生学习起到导向作用。此外，让学生学习自己制定量规也是很重要的一个评价方法。随着教育信息化的发展，越来越多的学习任务是以非客观性的方式呈现的。传统的客观性评价方法已被证明具有较大的局限性，因而，量规的应用逐渐受到重视。表 7-8、表 7-9 和表 7-10 分别介绍了不同类型的评价量规。

表 7-8　信息化教学设计评价量规

| 评价 | 优（32～40 分） | 良（16～31 分） | 一般（0～15 分） |
|---|---|---|---|
| 技术的应用是否有利于提高学生的学习效果（40 分） | 1. 技术的应用和学生的学习之间有明显的关联<br>2. 学习目标明确，表述清楚<br>3. 所有的学习目标都符合该主题的教学大纲和内容标准的要求<br>4. 单元计划已经明确地说明如何变化，以适合不同的学习者<br>5. 应用的技术能激发学生的兴趣，符合学生的年龄特征，有利于学生的学习以及高级思维能力的培养 | 1. 技术的应用和学生的学习之间有一些关联<br>2. 对学习目标进行了界定<br>3. 一些学习目标符合该主题的教学大纲和内容标准的要求<br>4. 单元计划提供少量的变化来适应不同的学习者<br>5. 应用的技术能激发学生的学习兴趣，符合学生的年龄特征，但对于其如何才能提高学生的学习不清楚 | 1. 应用的技术与学生的学习之间关联不大<br>2. 学习目标不明确<br>3. 学习目标与该主题的教学大纲和内容标准之间的关系模糊<br>4. 单元计划不能适应不同的学习者<br>5. 应用的技术不能激发学生的兴趣，不符合学生的年龄特征，不能提高学生的学习效果 |

续表

| 评价 | 优（16～20分） | 良（8～15分） | 一般（0～7分） |
|---|---|---|---|
| 技术与教学的整合是否合理（20分） | 1．技术是使单元计划成功的必不可少的一部分<br>2．把计算机作为研究、出版和交流的工具对单元计划的实施很有帮助 | 1．技术是很重要，但还没有成为单元计划必不可少的一部分<br>2．单元计划中包括了将计算机作为调查、发布和交流工具等条目 | 1．技术在单元计划中的重要性不明显<br>2．单元计划中很少利用计算机进行调查、发布和交流 |
| 评价 | 优（16～20分） | 良（8～15分） | 一般（0～7分） |
| 单元计划的实施是否简单易行（20分） | 1．单元计划可以很容易地进行修改，以便应用到不同的班级<br>2．为单元计划的重复使用提供了一个完善的模式及原则 | 1．单元计划可以应用到其他班级<br>2．提供了一个可以重复使用的模式，但该模式的原则需要完善 | 1．单元计划仅适用于一个班级<br>2．单元计划未能提供一个可供重复使用的模式及原则 |
| 评价 | 优（16～20分） | 良（8～15分） | 一般（0～7分） |
| 是否能够有效评价学生的学习（20分） | 1．单元计划讲解了与教学大纲相适应的知识，并且对学生的成果评估有明确的标准<br>2．学生的学习目标和学习成果评估标准之间有明确关系<br>3．单元计划中包括一些评价工具，用于进行务实的评价和评估 | 1．单元计划中所讲解的知识比较符合教学大纲的要求，并对学生的学习成果有比较明确的评估标准<br>2．目标与评价之间有一些关系<br>3．单元计划包括一些评价工具，可以进行一些评价和评估 | 1．单元计划中所讲解的知识比较符合教学大纲的要求，但对学生的学习成果没有明确的评估标准<br>2．目标与评价之间的联系不明确 |

表7-9　教学资源设计评价量规

| 结构指标 | 单项指标 | 评价等级 | | | | 得分 |
|---|---|---|---|---|---|---|
| | | 优（90%以上） | 良（75%～90%） | 一般（60%～75%） | 差（60%以下） | |
| 选题（20分） | 新颖独特，体现创新性（10分） | | | | | |
| | 具有现实意义与价值（10分） | | | | | |
| 内容（60分） | 内容完备，包含课程（专题）内容、系统结构、功能特色等方面的设计（12分） | | | | | |
| | 课程（专题）内容设计合理，其体系结构科学、具体（16分） | | | | | |
| | 系统结构描述清晰，包括结构图、主要模块说明等（16分） | | | | | |
| | 功能特色定位准确，有创新（16分） | | | | | |
| 表达（20分） | 思路清晰明确，体现教学设计的基本思想（7分） | | | | | |

续表

| 结构指标 | 单项指标 | 评价等级 | | | | 得分 |
|---|---|---|---|---|---|---|
| | | 优<br>（90%<br>以上） | 良<br>（75%～<br>90%） | 一般<br>（60%～<br>75%） | 差<br>（60%<br>以下） | |
| 表达<br>（20分） | 结构组织合理，具有逻辑性与层次性<br>（7分） | | | | | |
| | 语句表述科学、准确，符合规范<br>（6分） | | | | | |
| 总分 | | | | | | |

表 7-10　电子学档评价量规

| 指标 | 优 | 良 | 中 | 差 |
|---|---|---|---|---|
| 技术的创造性使用 | 图形、声音、电子邮件、软件、网络资源的创造性的使用表达出色 | 仅有几处声音、图形和超链接的创造性的使用表达具有吸引力 | 使用了一些有趣的声音和图形，表达的内容具有可预见性 | 缺少个性化的资源表达单调 |
| 内容选择 | 所选择的样本表现了学生学习的进步和知识的增加 | 所选择的样本表现了学生学习的进步和部分知识的增加 | 所选择的样本表现了学生学习的部分进步和知识的部分增加 | 只是对样本进行了随机的选择，丝毫表现不出学生知识的增加 |
| 文字的组织 | 没有语法和标点符号错误布局合理，导航正确 | 存在极少数的语法和标点错误导航正确 | 存在少数语法和标点错误布局不合理，有时易造成访问者迷航 | 存在几处语法和标点错误布局不合理，导航不正确 |
| 自我评价 | 能进行极好的自我评价 | 自我评价正确 | 自我评价显得稍微有些肤浅 | 对自己作品的好坏不关心 |

### 7.4.3　面向学习资源的评价

随着科学技术的普及和发展，学习资源尤其是教学软件和网上学习资源随处可见，甚至到了泛滥的程度。虽然这些资源都声称是依据合理的教学原则设计的，但显然其中很多资源还有待改进。网上的学习资源更是如此，由于任何人或组织都可以在网上发布自己的作品，因而网上学习资源的质量良莠不齐。目前教师和学生面临的主要问题是，如何在资源的海洋中通过有效的评价挑选出有助于师生学习的、高质量的学习资源。

在实际的教学评价中，评价和选择学习资源的任务通常是由教师担当的。同时值得注意的是，信息化教育也要求学生具有评价学习资源的能力，因此教师不但自己要学会评价学习资源，还要引导学生学会正确地评价资源。由此看来，评价时依据相应的标准是非常必要的。目前教育技术界比较关注的是音像教材和教学软件及网上资源的设计、编制和选用，并总结出"五性"的原则，这实际上也是评价这类学习资源的基本标准。

（1）教育性：看其是否能用来向学生传递教学大纲所规定的教学内容，为实现预期的教学目标服务。

（2）科学性：看其是否正确地反映了学科的基础知识或先进水平。

（3）技术性：看其传递的教学信息是否达到了一定的技术质量。

（4）艺术性：看其是否具有较强的表现力和感染力。

（5）经济性：看其是否以较小的代价获得了较大效益。

表 7-11 至表 7-14 分别介绍了具体体现上述"五性"的录音教材、影视教材、教学软件和网上学习资源的基本评价标准。

表 7-11　录音教材的评价标准

| 序号 | 评价指标 | 评价内容 |
| --- | --- | --- |
| 1 | 选题 | 针对性、目的性强，发挥媒体特长 |
| 2 | 朗读 | 读音规范流利，节奏和重复适度，朗读情绪符合教学内容的基调 |
| 3 | 音乐 | 音乐和音响不过荷、不失真、音乐带要双声道、无背景噪音 |

表 7-12　影视教材的评价标准

| 序号 | 评价指标 | 评价内容 |
| --- | --- | --- |
| 1 | 教学目的 | 选题紧扣教学大纲、目标明确，针对教学重点、难点，发挥了媒体的特长，有推广使用价值和保留价值 |
| 2 | 教学内容 | 选用的例证资料符合科学性，对问题的分析、综合、判断、推理符合逻辑性，实验演示、操作规范符合规范性 |
| 3 | 教学方法 | 内容的组织结构和表现风格符合学生的心理特点和认知规律，画面生动活泼、有吸引力，解说词简明扼要、有启发性，节奏适宜课堂插播或个别自学 |
| 4 | 制作技巧 | 画面主体突出，镜头组接流畅，图像色调纯正、清晰稳定，图像和字幕工整、大小恰当，解说语词清楚、语调亲切，声画同步，动画、特技运用合理，音乐、音响恰到好处 |

表 7-13　教学软件的评价标准

| 序号 | 评价指标 | 评价内容 |
| --- | --- | --- |
| 1 | 功能性 | 教学目标适当，内容具有科学性；符合教学规律和因材施教原则；体现计算机特点，发挥其特长；激发学生的学习兴趣和主动性、积极性 |
| 2 | 可靠性 | 不受错误操作影响，并给予学生友好的提示和指正；判断出学生答案正误，并对答案分析处理，使学生可校对自己的答案 |
| 3 | 方便性 | 操作键较少且统一，输入操作简单；随时进入和退出，任意选择章节，自由控制内容在屏幕上的停留时间；屏幕上的操作提示简单明了 |
| 4 | 技巧性 | 综合利用文字、声音、图像，并彼此协调；画面美观，图像有动态效果；算法优化，程序效率高 |
| 5 | 商品化 | 有比较详细的功能说明、使用说明和必要的维护说明 |

表 7-14　网上学习资源的评价标准

| 序号 | 评价指标 | 评价内容 |
| --- | --- | --- |
| 1 | 可靠性 | 网站所提供的信息正确、完整、有用、及时且有意义，没有拼写和语法错误 |
| 2 | 友好性 | 网站的界面友好（即易于理解和使用），主要标题清晰易懂；包括有效且相关的链接，并且链接格式统一、有逻辑、易跟随；下载和浏览的速度较快；用户易于理解网站的信息分类及按钮图标的意义，这包括信息分类合理、相关按钮附有提示菜单（如文本方式）、相关的图标用意义相符的图形表示、按钮和图标的格式与位置统一等 |

续表

| 序号 | 评价指标 | 评价内容 |
|------|----------|----------|
| 3 | 美观性 | 图片与内容相关，能够快速下载且有吸引力；图片格式恰当（如 gif；jpg）。图片位置合适，不影响内容的表现；文本通俗易懂，背景的颜色与文本和图片颜色相辅相成；列表和表格结构合理，位置适当 |
| 4 | 适用性 | 写作风格适合学生的阅读和理解水平；网站作者能从用户角度出发考虑问题，深入浅出地解释复杂概念 |

### 7.4.4　教育技术在教学评价中的应用

以信息技术为核心的现代教育技术为教学评价提供了先进的平台和良好工具，利用现代教育技术系统环境和软件，不仅能够进行大数据量的处理，大大提高评价效率，还能够创新和发展教学评价的方法和技术。

**1．教学过程记录与评价类**

（1）主要功能。教学过程记录也称为工艺学记录，一般是指使用音频、视频、照片等数字化形式对所研究的行为事件进行现场的永久性记录。

利用录音对学生的阅读技能进行记录，然后重放录音。对录音进行反复细致的分析，就可以对学生的成绩进行比较准确的评价。利用录像可以对学生操作性的、动作性的技能进行记录，然后重放录像，对录像进行细致地观察和分析，就能够比较客观地评价学生技能和技巧方面的成绩。教学过程记录不仅为当事者对自己的行为进行观察提供了条件，还使记录的信息可以反复被检查和使用，这是其他任何一种记录方法都无法做到的。但是，课堂观察现场的师生行为稍纵即逝，加之采样频率高，很容易使观察者遗漏观察数据，影响评价结果。

1）记录数据的自我分析。先将教师的教学或辅导、学生的各种学习活动等通过录音或录像如实地进行记录，然后重现原有教学活动过程，使有关师生听到或看到自己的各种表现和作为，犹如一面镜子，帮助师生站在较为客观的立场上审视自我，重新认识自己。像朗读、英语会话、唱歌等都可以利用录音收集资料达到自我评价目的。学习态度、教学态度、理科实验操作以及各种表演则适合用录像作为自我评价的工具。

2）与模型、范例进行比较和分析。自我分析事实上也有比较，只不过是用心目中的形象和尺度进行比较和衡量而已。若与模型、范例进行比较，就有一个确定了的客观的衡量标准。把通过录音、录像获取的被测者资料与相应的客观标准进行比较，就可以得到某种结论。例如，利用英语口语的标准录音进行分析和比较就是一个典型的实例。

（2）过程评价与记录评价类设备。现代教育技术环境为教学过程记录提供了良好的软件和硬件支持环境，除了利用独立的摄录系统进行记录外，学校中的微格教学系统、智慧教室、录播教室等也使得行为事件的记录更加方便和隐秘，使师生能够在一种不知不觉中真实地表现自我。

**2．问卷访谈类**

（1）主要功能。问卷法运用问卷作为搜集各种意见或材料的工具。它具有简便易行、省时、省力、调查面广、信息量大、真实性强的特点。访谈法是教育研究中常用的一种调查方法，通过访问者与被访问者之间的交流和互动，搜集有关态度、情感、知觉或事实性材料。传统的问卷访谈在数据保存、整理、筛选、统计分析上要消耗大量的人力、物力，信息化问卷访谈工具提供问卷或访谈的基本架构，有利于不熟悉的人员快速生成问卷，并能够利用网络快速发放。在收集数据方面，信息化问卷访谈工具具有自动、高效、准确的特点，避免数据量巨大时人工操作可能出现的错误。在分析数据方面，信息化问卷访谈工具具有直观、便捷、兼容的特点，能够自动生成各种图表，直观呈现数据分析结果，并能实现常见的比例、频率等描述性统计分析结果，也支持导出 Excel 或者 SPSS 等软件默认格式的文件类型，供专业数据分析软件进行深入分析。

（2）问卷星简介。问卷星是一个在线调查、测评、投票平台，为用户提供在线设计问卷、采集数据、自定义报表、调查结果分析等系列服务。问卷星平台提供免费注册，注册登录后，使用流程主要分为在线设计、属性设置、发送文件、分析呈现、下载数据 5 个步骤。操作比较简单，上手快，很快就能做出自己所需问卷，进行发放、回收、数据分析，如图 7-5 所示。

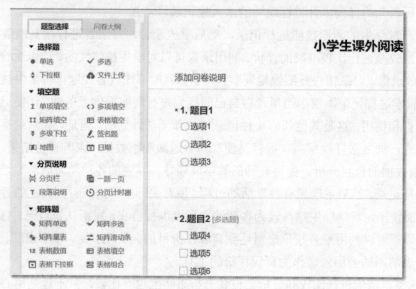

图 7-5　问卷星设置界面

### 3. 课堂管理类工具

（1）主要功能。课堂管理是指教师为了有效利用时间、创设良好的学习环境、减少不良行为而采取的各种活动和措施。所以，教师除了"教"的任务，还有一个"管"的任务，也就是协调、控制课堂中各种教学因素及其关系，使之形成一个有序的整体，以保证教学活动的顺利进行。课堂管理的任务比较复杂，一般认为包括课堂人际关系管理、课堂环境管理、课堂纪律管理等方面。在传统课堂中，教师较为重视知识传授，对学生接受知识的水平、注意力和行为变化不予关心，从而造成课堂管理方式呆板，教学气氛压抑，学生学习积极性不高，教师与学生之间存在距离感。

越来越多的教师意识到课堂的高效管理对学生的学习效果有非常大的促进作用。但大班教学对班级整体的管理和学生个性的评价难以周全，因而需要这样的辅助工具：既能帮助教师搜集学习行为数据，减轻教师负担，又能直观、快速呈现评价结果，激励学生积极参加活动；既能在课上有趣、直观反馈结果，又能在课后多元、形象分析数据；既能体现教师和学生课堂互动，又能体现家校合作，让家长了解学生在校表现。

（2）班级优化大师简介。班级优化大师是一款针对学生课堂行为优化的游戏化课堂管理工具，如图 7-6 所示。这款工具为每一位学生设定了专属卡通角色，通过加减分、随机抽选角色升级，游戏化规则、界面及音效，激发学生的好胜心与创造力。数据可以自动记录、归档和计算，也可一键发送至家长手机端。通常可以以课前、课中、课后 3 个阶段来熟悉班级优化大师的操作，具体操作可参考其使用教程。

图 7-6　班级优化大师网页主页面

#### 4. 考试测验类工具

（1）主要功能。考试的目的既是检验学习者的学习水平，以便更好地制定随后的教学或学习策略，也是为了给予考试者一个公平竞争的机会，以展示具备某个更高层次的能力或技术。因此，采用信息化教学评价中的考试测验工具，可以布置课外作业、假期作业、课后练习等支持附件和多种编辑工具的电子作业；可以组织知识竞赛，安排章节练习、随堂测验、周测验、月考、期中考、期末考等有严格时间限制的网络考试；可以在线出题、智能组卷，进行试题库维护和试题试卷导入导出等电子教务管理。

（2）考试酷简介。考试酷是一个零安装、零维护和零成本的在线考试系统，可以为各类学校和培训机构提供考试系统，包括自测练习、组织统一考试、开展知识竞赛、布置课外作业或假期作业、智能组卷、答卷评阅与成绩管理等众多功能；也可用于政府机构、企事业单位内部的入职考试、员工考核、内部培训考试等，如图 7-7 所示。考试酷的平台提供免费注册，注册有两种身份，选取"老师|主考官"身份注册登录后，才能完成考试的设置和试卷的管理，否则以"学生|考生"身份注册，只能完成在线考试或测试。教师角色的使用，分为班级管理、自测练习、电子作业、班级考试四个主要操作。也可将试卷自动导入辅助程序，设置试卷。

图 7-7　考试酷网页主页面

# 思考与练习题

1. 什么是信息化教学设计？信息化教学设计的过程是怎样的？
2. 试选择你熟悉的一个教学单元，阐明其教学目标。
3. 采用信息化教学设计的方法及过程，设计一个小学教学方案。
4. 传统的教学评价与信息化教学评价有何不同？
5. 信息化教学评价的方法有哪些？

# 第 8 章　信息化教学工具

 **本章导读**

　　信息技术的快速发展和新的教学环境，不断推出的新软件为我们丰富的教学提供了不同的制作工具，满足了多样的教学模式的要求。掌握这些工具不仅使我们的教学更加多样有趣，也让学生对我们的教学方式产生兴趣，增加了学生的求知欲和学习兴趣。信息化教育离不开相应的工具支持，利用相关工具进行教学可以达到事半功倍的效果。信息化教学工具打破了过去常规的教学模式，使培养更具有创造性和创新性的学生成为了可能，同时打破了教育的时间和空间的障碍，借助教学工具和互联网即可进行教学和学习。

　　本章介绍信息化教学工具概念、分类和特点，学科教学工具、知识可视化工具、在线授课工具以及上课辅助教学软件的使用。

 **学习目标**

- 了解信息化教学工具的概念和定义。
- 学科教学工具的使用方法。
- 掌握常用的知识可视化工具。
- 掌握常用的在线授课工具和上课辅助教学软件。

**知识地图**

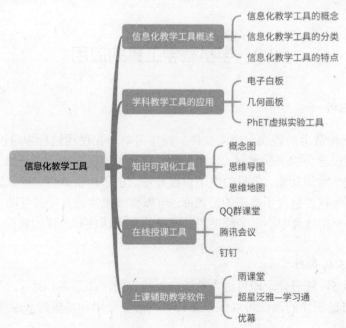

## 8.1　信息化教学工具概述

### 8.1.1　信息化教学工具的概念

信息化教学工具是教师和学生为了与学习环境要素进行有效互动而使用的信息化手段，为学习活动有效进行而使用的具有认知功能的计算机软件或硬件系统。

### 8.1.2　信息化教学工具的分类

根据教学工具在不同的教学场合的使用，我们可以把教学工具分为以下几类：为了便于学生对知识的理解和应用，辅助一些学科教学和实验或展示的学科教学工具，如几何画板；虚拟实验工具是把一些实验通过在虚拟的场景中进行模仿和再现，营造一种三维、逼真的实验情境，打破了实现实验中被某些条件限制的情况，如 Nobook、PhET；用于知识可视化的工具，如 Mindmanager；在线授课工具，如腾讯课堂、钉钉；基于手机端的上课辅助工具，如雨课堂、学习通等。

### 8.1.3　信息化教学工具的特点

信息化教学工具的普及和广泛应用是因为其具有很强的针对性和方便性，具体而言具有以下的特点。

（1）方便快捷。信息化教学工具一般来说体积小、界面简洁、操作简单。

（2）针对性强。信息化教学工具具有针对某一学科、某一方面知识或某种功能而设计的特点。

（3）交互性强。信息化教学工具能够让学生充分地参与对整个学习过程的自我控制和安排。

## 8.2　学科教学工具的应用

希沃电子白板的使用

### 8.2.1　电子白板

电子白板是一种常用的备课、授课软件，操作简单，在使用过程中可以根据需要选择不同的学科，提供相应学科的一些素材。电子白板软件提供课件制作、素材加工、页面管理、演示、互动等多种教学常用功能。常见的电子白板有希沃电子白板软件、智慧黑板、电子白板软件等。希沃电子白板软件包含了丰富的资源库，可以与学生实现良好的互动，同时可以进行课程直播和录制，是一款适合中小学老师使用的便捷的制作课件和上课的软件。下面以希沃白板5进行介绍。

1. 希沃白板5的界面

启动希沃白板5，注册登录即可进入希沃白板的界面，如图8-1所示。

云课件：对自己制作的课件可以保存在云端，需要使用和编辑时登录账号即可以使用相应的课件。

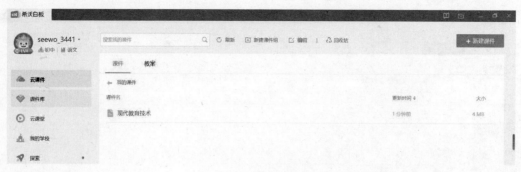

图 8-1　希沃白板界面

课件库：希沃电子白板提供的一些在线的课件资源，可以根据需要下载使用。

云课堂：可以实现课堂直播，可以通过新建课堂选择"语音课堂"或"视频课堂"。

我的学校：可以搜索自己所在的学校并加入。

探索：探索中包含了希沃学苑、知识胶囊、我的班级等内容。

2. 希沃白板 5 的功能特点

希沃白板 5 的功能特点如下：

（1）提供丰富的学科教学资源，包括 5000 多个课程视频、30 多万道习题、800 多个仿真实验、20000 多个教学课件，内容覆盖了小学、初中、高中的主要课程，支持电脑及移动端一键预览及获取课件。

（2）丰富的学科教学工具，包括拼音与古诗词、几何图形、数学公式与函数、化学方程式、星球、乐器等多学科内容的展示与互动工具。

（3）支持双屏互动，多终端无缝切换。电脑端和手机端可以使用同一账号登录，手机可控制课件，进行打开、翻页、批注等操作，电脑端同步显示；手机端还可以实现投屏、拍照上传、实时直播等功能，教师可灵活展示和点评学生的学习成果。

（4）支持云课堂直播。教师可以建立直播课程，一键分享课程海报到微信，学生扫码即可进入在线课堂。

3. 用希沃白板创建课件

在"云课件"界面点击"新建课件"，选择喜欢的模板类型即可进入新课件的界面，如图 8-2 所示。

**T 文本**：文本工具可以在课件页面中输入文字，在"属性"中修改字体、颜色、大小等。

**形状**：形状工具可以绘制相应的形状，在"属性"中修改颜色、边框等。

**多媒体**：多媒体工具可以插入本地的视频、音频或图片，并可在"属性"中进行相应的设置。

**表格**：表格工具可以插入表格，在"属性"中可以对表格样式、文字和排版进行设置。

**课堂活动**：课堂活动工具可以根据需要选择不同的活动，如图 8-3 所示，按照向导一步一步操作即可，最后形成具有良好交互的课堂活动，激发学生的学习兴趣。

**思维导图**：思维导图工具可以帮助教师将思考的过程变得可视化，让学生跟上教师的思路，快速理解知识。选择思维导图工具，在页面中导入思维导图，根据内容输入相应文字，在"属性"中可以设置思维导图的颜色、节点的展开方式并增减节点，如图 8-4 所示。

**汉字**：汉字工具可以输入想要讲解的汉字，并且可以选择连续或者分步演示汉字的书写笔画。

**拼音**：拼音工具可以线上输入拼音并选择拼音对应的声调，如 huang huāng huáng huǎng huàng

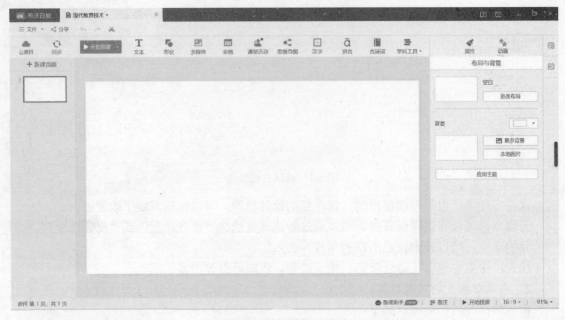

图 8-2 "新课件"界面

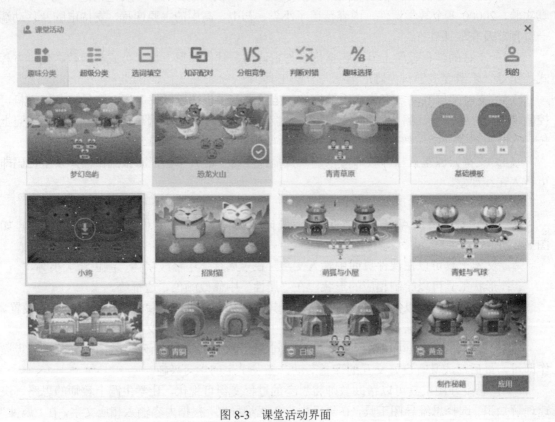

图 8-3 课堂活动界面

古诗词工具可以根据课程内容选择对应的古诗，如图 8-5 所示。插入的古诗包含了古诗的内容、作者的简介、古诗的诵读和古诗的翻译。

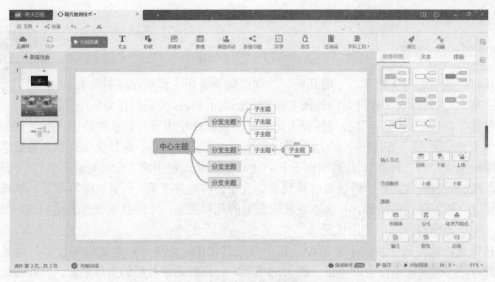

图 8-4　绘制思维导图

图 8-5　古诗词界面

学科工具：学科工具考虑到了不同学科的特点和对教学资源的需求，提供了大多数学科需要的工具，包含几何、公式、函数、统计图表、听写、英汉字典、四线三格、物理线图、化学方程、元素周期、星球；同时还在在线资源，包含题库、课程视频、数学画板、仿真实验。

课件制作完成后，即可保存，在任何时候都可以在线使用。

4. 授课

点击"开始授课"即可进入课件演示状态。在演示状态的下方有对应的工具栏，可以实现与学生的实时互动和演示。通过"录制胶囊"可以根据知识点进行录制，实时保存在"探索"

的"知识胶囊"中并进行分享，还可以及时了解学生的学习情况。

### 8.2.2　几何画板

几何画板的使用

几何画板是适用于数学、平面几何、物理的矢量分析、函数作图的动态几何工具。"几何画板"软件是由美国 Key Curriculum Press 公司制作并出版的优秀教育软件，1996 年该公司授权人民教育出版社在中国发行该软件的中文版。正如其名"21 世纪动态几何"，它能够动态地展现出几何对象的位置关系、运行变化规律，是数学与物理教师制作课件的"利剑"。几何画板工具以运动和变化过程中的"几何关系不变性"为基础，以点、线、面为基本元素，通过对这些元素的变换、构造、度量、计算、动画展示、轨迹跟踪等，准确绘制各种几何图形，并动态地表现图形的几何关系，体现数学概念表达的准确性，在数学、物理等学科教学中应用广泛。

几何画板能实现学生的主体地位，在学习的过程中，学生不仅是知识的容器，而且是一个探索者，几何画板不仅有助于学生能力的培养，而且能完善教师的主导地位。教师通过它能够探索出新的教学模式，不再是知识的灌输者，而是实验情境的设计者与学习过程的组织者、指导者和参与者。

#### 1. 几何画板的功能

几何画板顾名思义是"画板"，能构造出各种欧几里得几何图形，还可以构造出解析几何中的所有二次曲线，也能构造出任意一个初等函数的图像（并给出函数表达式）。利用几何画板还能够对所有画出的图形、图像进行各种"变换"，如平移、旋转、缩放、反射等。几何画板还提供了"度量""计算"等功能，能够对所作出的对象进行度量，如线段的长度，两点间的距离，圆弧的弧长、角度、面积等，并把结果动态地显示在屏幕上。几何画板所作出的几何图形是动态的，可以在变动的状态下保持原有的几何关系。例如：无论操作者如何拖动三角形的一个顶点，任意一边上的垂线总保持与这边垂直。几何画板还能对动态的对象进行"追踪"，并能显示该对象的"轨迹"，如点的轨迹形成曲线，而且这种"追踪"可以是手动的，也可以是自动的。几何画板能把不必要的对象"隐藏"起来，也可以根据需要把它"显示"出来，形成"隐藏"与"显示"的切换。几何画板还能把整个画图工作自定义为工具，从而减轻操作者的工作量，起到加快课件开发速度的效果。

#### 2. 几何画板的特点

（1）动态性。几何画板最大的特色是其具有强大的"动态性"，即可以用鼠标拖动图形上的任一元素（点、线、圆），而事先给定的所有几何关系（即图形的基本性质）都保持不变。

（2）交互性。它是功能强大的反馈工具。几何画板提供了多种方法帮助教师了解学生的思路和对概念的掌握程度，如复原、重复，隐藏、显示，自定义工具，建立动画、移动等，轻而易举地解决了这个令广大教师头疼的难题。

（3）探索性。几何画板为探索式几何教学开辟了道路。师生可以用它去发现、探索、表现、总结几何规律，建立自己的认识体系，成为真正的研究者。它将传统的演示练习型 CAI 模式转向研究探索型。

（4）简洁性。几何画板功能虽然强大，使用起来却非常简单。它的制作工具少，制作过程简单，掌握容易。几何画板能利用有限的工具实现无限的组合和变化，将制作人想要反映的问题自由地表现出来，较容易学习和掌握。

3. 几何画板具体应用

启动几何画板，界面如图 8-6 所示。几何画板的左侧为工具栏，内有"画圆""画线""画多边形"等各类工具，我们可以利用这些工具绘制各类图形。

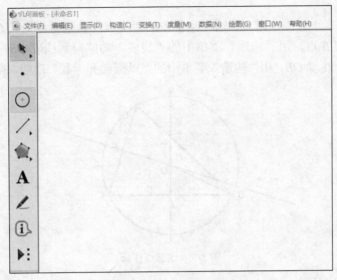

图 8-6　几何画板界面

（1）绘制图形。

1）绘制等腰三角形。

①单击工具栏上的"线段直尺工具"按钮，拖动鼠标在工作区画出一条线段 $AB$。

②选中线段 $AB$，选择"构造"/"中点"命令，得到线段 $AB$ 的中点 $C$。

③单击"选择箭头"工具，同时选中线段 $AB$ 和 $C$，选择"构造"/"垂线"命令，构造出线段 $AB$ 的垂线 $j$。

④单击工具栏上的"点工具"按钮，在直线 $j$ 上绘制点 $D$。同时选中 $A$ 和 $D$，选择"构造"/"线段"命令，构造出线段 $AD$。同法构造出线段 $BD$（图 8-7）。

⑤同时选中直线 $j$ 和点 $C$，选择"显示"/"隐藏对象"命令，将其隐藏（图 8-8）。

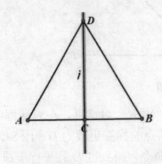

图 8-7　构造 $C$、$j$、$AB$ 和 $BD$

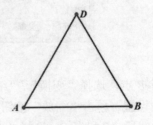

图 8-8　隐藏 $j$ 和 $C$

2）过 $A$、$B$ 和 $C$ 三点作圆并找到圆心和半径。

①用"画线"工具在工作画面内作三角形 $ABC$，分别用"标注"工具定义它们的顶点为 $A$、$B$、$C$。

②分别选定线段 *AB*、*BC*、*CA*，用"构造"菜单中的"中点"功能，得到三个中点，分别定义为 *D*、*E*、*F*。

③选中 *F* 点和 *AC*，用"构造"菜单中的"垂线"功能作 *AC* 的垂直平分线，用同样的方法作 *BC* 的垂直平分线。

④选中两条垂直平分线，用"构造"菜单中的"交点"功能得到交点 *O*，*O* 点为圆心。

⑤选中 *O* 点和 *B* 点，用"构造"菜单中的"线段"功能得到线段 *OB*，*OB* 是圆的半径。

⑥选中 *O* 点和线段 *OB*，用"构造"菜单中的"以圆心和半径"功能，得到圆 *O*（图 8-9）。

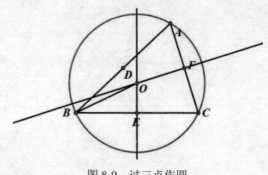

图 8-9　过三点作圆

3）绘制立体几何图形。

可以根据点、直线、圆的位置关系及坐标，通过平移、旋转、反射等操作来构造出立体几何图形。

①选择"直尺"工具，绘制一条水平线段，选择标注工具，标注线段的两个端点为 *A*、*B*。

②选择"移动箭头"工具，双击点 *A*，将点 *A* 设为标记中心。

③同时选中点 *B* 与线段 *AB*，执行"变换"/"旋转"命令，在对话框中键入 45（图 8-10），单击"旋转"按钮得到线段 *AB*′。

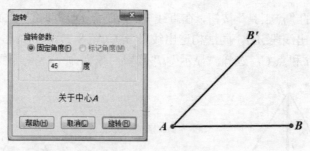

图 8-10　旋转线段 *AB*

④选择 *B*′点，选择"变换"/"缩放"命令，打开"缩放"对话框，在对话框中进行如图 8-11 所示的设置。单击"缩放"按钮，得到点 *B*″，将该点的标签更改为 *D*（图 8-12）。

⑤选中线段 *AB* 和点 *D*，选择"构造"/"平行线"命令，得到过 *D* 且平行于线段 *AB* 的直线 *j*，同法可构造出过 *B* 点且平行于 *AD* 的直线 *k*，同时选中直线 *i* 和 *j*，选择"构造"/"交点"命令，构造出交点 *C*（图 8-13）。

⑥构造线段 *AD*、*DC* 和 *BC*。同时选中直线 *j*、*k*、线段 *A* 和点 *B*′，选择"显示"/"隐藏对象"命令，隐藏所选对象，从而构造出平行四边形 *ABCD*（图 8-14）。

图 8-11　"缩放"对话框

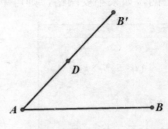

图 8-12　缩放点 $D$

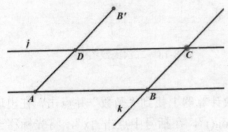

图 8-13　构造直线 $j$ 和 $k$ 及其交点

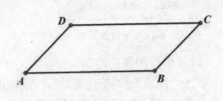

图 8-14　构造平行四边形

⑦选中点 $B$ 和线段 $AB$，选择"变换"/"旋转"命令，将点 $B$ 逆时针旋转 $90°$，绘制线段 $AB'$，并将 $B'$ 的标签修改为 $A'$（图 8-15）。再依次选中点 $A$ 和点 $A'$，选择"变换"/"标记向量"命令，将线段 $AA'$ 设置为标记向量。

⑧选中线段 $AB$、$BC$、$CD$、$DA$ 和点 $B$、$C$、$D$，选择"变换"/"平移"命令，打开"平移"对话框，单击"平移"按钮，得到四边形 $A'B'C'D'$，构造线段 $BB'$、$CC'$、$DD'$。

⑨根据立体透视的需要，将不可见线改为虚线，在需修改的线上右击，选择"线型"/"虚线"，得到需要的立方体（图 8-16）。

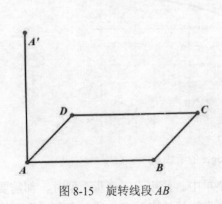

图 8-15　旋转线段 $AB$

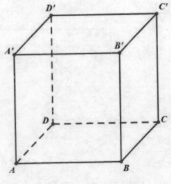

图 8-16　正方体效果图

4）二次函数图像的绘制。

①单击"数据"按钮，选择"新建函数"命令，则弹出一个函数计算器，在弹出的函数计算器中输入二次函数"5x^2-3x-2"（图 8-17），单击"确定"按钮，则在绘图区左上角出现"$f(x)=5x^2-3x-2$"，并呈现被选中状态。

②单击"绘图"/"绘制新函数"命令，则出现平面直角坐标系和函数图像（图 8-18）。画

面是有网格的，如果不要网格，则可单击"绘图"/"自动吸附网格"取消网格。

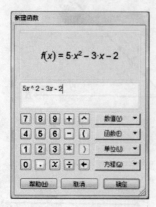

图 8-17　函数计算器

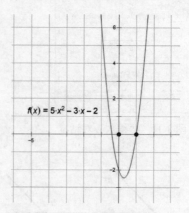

图 8-18　二次函数图像

5）对数函数图像的绘制。

①单击"图表"/"新建函数"，在弹出的函数计算器上找到"函数"并点击，在出现的众多函数中点击"log"，则计算器屏幕上会出现"log()"，在括号中点击"x"，将光标移至括号外，再点击"log"，计算器屏幕上又出现"log()"，在小括号中填上"3"。点击"确定"，在绘图区左上角就出现"$f(x)=\log x/\log 3$"，（此即 $\log_3 x$），并呈现被选中状态。

②单击"绘图"/"绘制新函数"命令，则出现平面直角坐标系和函数 $f(x)=\log_3 x$ 的图像（图 8-19）。

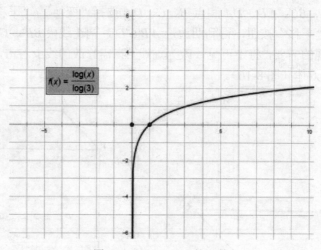

图 8-19　$f(x)=\log_3 x$ 的函数

（2）度量几何图形。度量命令在"度量"菜单中。使用不同度量类型时，都需要一定的度量前提（选中被度量的对象）。例如度量"距离"需要选中两点，或一点和一个盲线型对象（如线段、射线或直线）；度量"周长"需要选中一个或多个多边形、扇形或弓形；度量"角度"需要选中 3 点（选定第二点为顶点）等。

1）度量长度。

①度量两点之间的距离。构造任意两个点 $A$、$B$，选中点 $A$ 和点 $B$，选择"度量"/"距离"，

得到 $A$、$B$ 两点之间的距离。

②度量点到线的距离。在绘图板上构造点 $A$ 和任意一条线段或射线，选中点 $A$ 和线段或射线，选择"度量"/"距离"，得到点到线的距离。

2）度量△$ABC$ 中三个角的度数。

①构造如图 8-20 所示的△$ABC$。

②选中线段 $AB$ 和 $BC$，选择"度量"/"角度"，则可以得到∠$ABC$ 的度数；选中线段 $AB$ 和 $AC$，选择"度量"/"角度"，则得到∠$CAB$ 的度数；同法可以得到∠$ACB$ 的度数（图 8-21）。

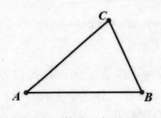

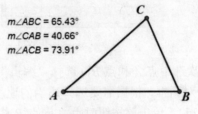

图 8-20　构造三角形 $ABC$　　　　　　　　图 8-21　度量的角度

3）验证四边形的内角和等于 360°。

①单击"点"工具，按顺序绘出 $A$、$B$、$C$、$D$ 四个点，并使四个点处于选中状态，按 Ctrl+L 组合键，绘出四边形 $ABCD$（图 8-22）。

②选中 $A$、$B$、$C$ 三个点，选择"度量"/"角度"，则可以得到∠$ABC$ 的度数；同法，可测出∠$BCD$、∠$DAB$、∠$CDA$ 的角度值（图 8-23）。

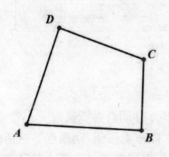

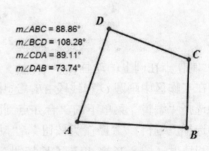

图 8-22　绘制四边形　　　　　　　　　图 8-23　度量角

③选择"数据"/"计算"命令，弹出"新建计算"对话框（图 8-24），单击 $m∠ABC$=88.86°，单击"+"；单击 $m∠BCD$=108.28°，单击"+"……依次选择完四个角，单击"确定"得出结果。

④得出结论：四边形的内角和等于 360°。

（3）构造动态图形。运用几何画板中的"编辑"/"操作类按钮"子菜单下的命令构造动态图形。

1）制作点 $A$ 到点 $B$ 的移动。

通过几何画板的"移动"按钮控制对象的移动，可以演示点到点的直线运动、点在曲线上的运动，还可以演示单个点的运动，也可以演示整个图形对象的运动。

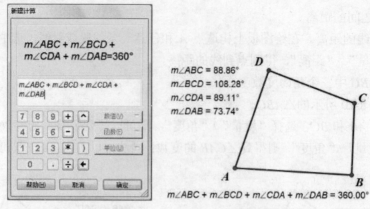

图 8-24  "新建计算"标签及结果

依次选中点 $A$ 和点 $B$，选择"编辑"/"操作类按钮"/"移动"，打开"操作类按钮 移动 $A \rightarrow B$"对话框，根据需要选择适当的速度，单击 OK 按钮后在工作区中生成一个"移动按钮"（图 8-25），单击该按钮时点 $A$ 向点 $B$ 移动，和点 $B$ 重合时停止。

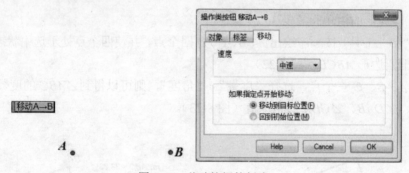

图 8-25  移动按钮的创建

2）制作点在圆上的动画。

①在工作区中画圆 $O$ 和线段 $AB$，选中点 $A$ 和圆周。

②选择"编辑"菜单下的"合并点到圆"命令，点 $A$ 移动合并到圆周上。

③选择"编辑"/"操作类按钮"/"动画"，打开"操作类按钮 动画点"对话框，选择运动方向和速度（图 8-26），单击 OK 按钮，即可通过按钮来控制点 $A$ 在圆上的动画。

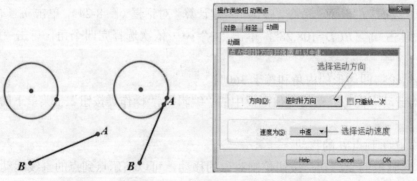

图 8-26  动画按钮的制作

PhET 虚拟实验工具的使用

### 8.2.3　PhET 虚拟实验工具

**1．PhET 简介**

PhET（Physics Education Technology）由诺贝尔奖获得者卡尔·威曼于 2002 年创立，PhET 互动仿真程序计划由科罗拉多大学的团队专项运营，旨在创建免费的数学和科学互动程序。PhET 是基于拓展型教育的相关研究并且激励学生在直观的、游戏化的环境中进行探索和发现。PhET 于 2011 年被美国科技创新博物馆（Tech Museum of Innovation）授予"微软教育科技奖"，于 2014 年获得美国宾夕法尼亚大学沃顿商学院与分析数据提供商 QS（世界大学排名的发布者）联合评选的"重新想象教育·创新教学奖"。PhET 覆盖小学、中学、高中以及大学四个阶段，涵盖物理、化学、生物、地理和数学等模拟实验并免费下载。卡尔·威曼曾在关于 PhET 仿真程序应用于教学的研究中强调了仿真程序的特别之处在于"它可以模糊讲课、作业、课堂活动、实验之间的界限。其原因在于一个仿真程序可以通过类似途径应用于以上所有的教学活动中……同时仿真程序在教师和学生之间提供了一个同等的形象化，这种形象化可以促进交流与教学"。这些虚拟实验以其逼真、准确、交互性强的特点，将信息技术与课程实验高度整合，为弥补传统教学的不足提供了解决方案。通过网址 https://phet.colorado.edu/zh_CN/即可进入 PhET 的界面，如图 8-27 所示。

图 8-27　PhET 界面

**2．PhET 的特点**

（1）开源性好。该模拟实验使用 Java 和 Flash 多媒体软件开发，操作系统适用性强，仅需要下载 Java 程序就可自由、免费使用。网站提供相关模拟实验的源代码。下载后的实验文件小，方便存储和携带，可通过自由平台进行在线操作。

（2）直观性强。PhET 互动式仿真实验案例采用动画、图片、表格等方式呈现学习内容，使教学内容更直观化，且在学习过程中，给予适时的帮助、明显的提示和动态的操作指示，方便教师进行实验指导的同时，也利于学生的自主学习和探究。

（3）仿真性高。该模拟实验模式能提供近似真实的实验情境、仿真的实验器材和测量工具，当改变实验参数时，将发生精确的实验变化，产生真实的实验效果，便于师生的实践操作和今后的实际应用。

（4）互动性强。该模拟实验克服了同类模拟实验仅能演示或少量互动操作的缺点，给师生提供更多互动参与的机会。学生可先根据提示操作实验仪器，使用测量工具，改变实验参数，进行数据采集和整理。操作熟练后，可以根据自己的实际需要进行实验，研究总结，做到真正理解。

### 3. PhET 应用案例

以"斜抛运动"为例，如图 8-28 所示。抛物运动是我们生活中常见的运动，但学生并不能很好地理解其运动过程，通过设置不同的参数和抛物的角度，可以让学生更好地理解抛物运动，并掌握相应的知识点。这种方式打破了课程整合只停留较低层面的情况，实现了信息技术与课程的深度融合。

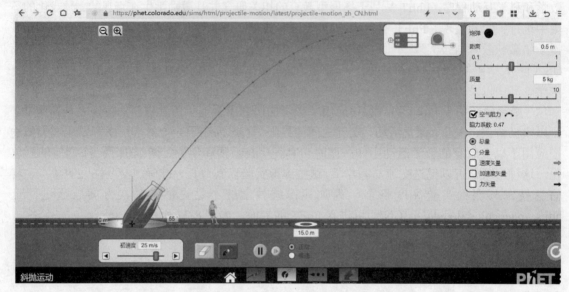

图 8-28　抛物运动实例

教师在 PhET 实践课中可以使用"你发现了什么""你能做什么""在界面中有什么是你可以操作的"等一系列具有启发性和开放性的问题，引导学生进行探究。教学内容的可视化，可以帮助学生理解，使抽象的概念具体化，并通过发现找出规律，加深学生对概念的理解和应用。

## 8.3　知识可视化工具

知识可视化指可以用来构建、传达和表示复杂知识的图形图像手段，除了传达事实信息之外，知识可视化的目标还在于传输人类的知识，并帮助他人正确地重构、记忆和应用知识。可视化工具是学生、教师和领导者使用的非语言符号系统，它以图示的方式关联心理和情感，用于创建或交流丰富的思维模式。这类对理解内容的"视觉-空间-文字"表征形式，能支持所有学习者将静态信息转化为活性知识，从而为传统基于说、写、算的文化能力提供辅助性的表征系统。常用的知识可视化有概念图、思维导图、思维地图。

### 8.3.1　概念图

#### 1. 概念图的概念

概念图又称为概念地图（Concept Map），是一种用节点代表概念、连线表示概念间关系的图示法，概念图通过网状结构来呈现概念和概念之间的关系，是美国康奈尔大学的诺瓦克

（J.D.Novak）博士根据奥苏贝尔（David P.Ausubel）的有意义学习理论在 20 世纪 60 年代提出的一种教学技术。概念图是用来组织和表征知识的工具，它通常将某一主题的有关概念置于圆圈或方框之中，然后用连线将相关的概念和命题连接，连线上标明两个概念之间的意义关系。

2．概念图的作用

（1）运用概念图，诊断学生的前概念。学生在学习相关知识之前，头脑里并非一片空白。学生通过日常生活的各种渠道和自身的实践，对客观世界中的一些现象已经形成了自己的看法，并在无形中养成他们独特的思维方式。这种在接受正规的科学教育之前所形成的概念一般称之为前科学概念（pre-science conception ）或前概念（preconception）。为了克服这种先入为主、凭直觉印象形成的前科学概念对建立科学概念产生的负面影响，在教学中可以采用引发认知冲突的策略，即揭示新知识新现象与学生原有认知结构中的前概念的矛盾，从而动摇其对前概念的确认，进而通过前概念与科学概念的反复对比，揭示前概念的局限性、表面性，逐步形成科学概念。为此，就必须诊断与揭示学生的前概念。概念图技术就可以帮助教师有效地揭示学生的前概念。

（2）运用概念图，促进知识的整合。概念图以简洁明了的图式呈现复杂的知识结构，有助于师生在零散孤立的概念节点间建立新旧知识的联系，深化对概念的理解，国外学者Klausmeir 等通过研究发现，画概念图的策略有利于新旧知识的整合，促进学生进行有意义学习：①对某一概念的新例作出概括，并能辨别出该概念的反例；②通过意义连接，能找到某一概念的上位概念、下位概念及组合关系的概念；③找出某概念与其他概念间的各种对应关系（意义连接）；④解决与某概念相关的实际问题。

（3）运用概念图，改变学生的认知方式。认知方式（Cognitive preference orientations）是个体对外部世界稳定的知觉形式和概念归类模式，它是人对所输入的各种信息的一种处理策略。它赋予个体在感知、记忆、思维和问题解决的常见方式以特征。据研究，学生在学习中优先选择的认知方式有记忆（Recall）、规则（Principles）、质疑（Questioning）、应用（Aplication）。一般认为，选择规则（P）进行认知的学生，比选择其他认知方式的学生，在进行有意义学习时更具优势。因为概念图能形象地展示和说明概念的含义及概念间的意义连接。有人通过实验研究表明，运用概念图策略，学生主要采用以规则（P）为主要认知方式。相反，控制组学生则主要以记忆（R）为主要的认知方式。选择以规则为主要认知方式的学生，在学习新概念时，总是习惯于去分析概念之间的关系，并加以理解与记忆，而选择以记忆为主要认知方式的学生，则总是无数次地去背诵整个概念，用死记硬背的方式来处理新学的概念。

3．概念图的制作步骤

（1）确定中心，列出相关概念。确定利用概念图理解的问题焦点、知识或概念，找出与中心主题相关的概念，并罗列出来。将列出来的概念按照从具体到抽象、从一般到特殊的原则进行排序，将最抽象和最具涵盖性的概念放在最高位置，将其余的概念按层级排放在列表上，形成概念间的层次结构。

（2）确立概念间联系。把一般、最抽象和最具涵盖性的概念放在最高位置（在最高层位置通常只会有一至两个概括性的概念），随后将往下的二、三、四层的子概念放置在概念图上。将相关概念用线连上，并在连接线上写上合适的连接词。连接词必须能够清晰表达两个概念之间的关系，使之成为简单、有效的命题。当大量相关的概念连接起来并形成层次后，可以看到对应某一知识、命题、中心主题的意义架构。

（3）修改和完善。随着学习的持续深入，需要重新整理概念图的结构，包括为概念图进行概念的增减或改变上下层关系等。

4. 概念图制作实例

利用 Inspiration
制作概念图

概念图的制作主要有手工制作和计算机软件制作两种方式。这里，我们只介绍计算机软件制作方法。Inspiration、Cmaptools、Activity Map、Brainstorm、MindManager 等都是人们开发出的制作概念图的软件，此外，所有应用于绘图的软件都可以制作概念图。下面以 Inspiration 为例来介绍概念图的制作。

（1）Inspiration 简介。Inspiration 是一款专用的概念图软件，帮助用户在复杂凌乱的思绪中建立关系，清楚详细地表达自己的想法，方便开展工作。Inspiration 提供两种工作环境：图表形式和大纲形式。

Inspiration 特点如下：

1）在利用 Inspiration 制作出来的概念地图中，除了主题概念（Main Idea）外，它的每一个层级节点和注释（Note）都可以隐藏。

Inspiration 可以对概念地图中的每一个节点进行详细的解释和阐述，使得初学者对该节点（抽象的概念）有一个更形象的认识，在 Inspiration 中叫作注释，标注可以用文字、图片或者其他各种媒体形式。

在 Inspiration 中各个节点都是模仿人脑模型的一种链接，另外各个节点还可以超链接到某一种不易被导入进来的媒体形式、程序或者互联网资源上。

2）界面直观，操作简单，很容易上手。同利用纸笔画概念图类似，用户只需要拖动符号框并输入文字就形成了一个节点，在不同的节点之间拉出箭头连线并在连线上输入节点之间的关系就形成了一个命题，而且利用计算机修改概念图更加容易、便捷。

3）为用户提供了丰富的素材库，包括各种基本图形、数字、艺术、科学、文化、地理、食品、健康、人物、技术以及娱乐等在内的 10000 多种彩色静态或动态图形符号。另外用户也可以自己添加创建和导入新的素材到素材库中。

4）所生成的概念图文件除保存为*.isf 格式外，还可以保存为很多其他的文件格式，具有良好的兼容性。在图表视图中制作的概念图文件可以输出为 GIF、JPG、BMP 以及 WMF 等四种图像文件格式；在大纲视图中制作的概念图文件都可以保存成*.html 文件格式。

（2）概念图制作实例。在制作概念图之前，首先要厘清知识的结构和脉络，然后利用软件绘制出知识点的概念图。以呼吸系统的组成为例。先厘清呼吸系统的组成部分，然后是各部分之间的作用及联系。

1）启动 Inspiration，如图 8-29 所示。

2）确定主题。工作区中央显示一个符号框图"Main Idea"，即"主题"。点击 Main Idea 并输入主题"呼吸系统"。

3）建立分支及之间的连接词。选中"呼吸系统"，点击▦，添加分支"呼吸道"和"肺"。并在连线之间输入连接词。

4）建立其他分支。建立"呼吸道"和"肺"的分支及连接词，当分支出现交叉或网状结构时，使用▱建立连接。最后绘制的概念图如图 8-30 所示。

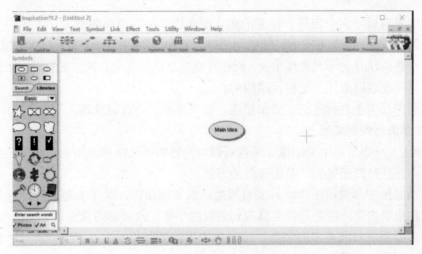

图 8-29　Inspiration 界面

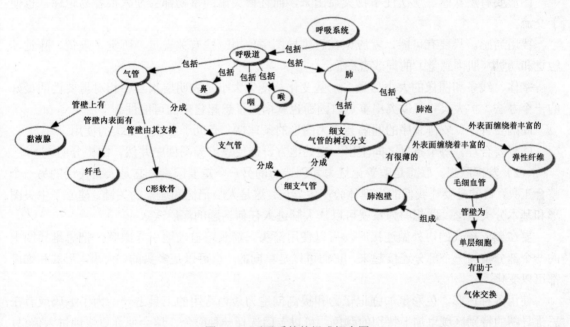

图 8-30　呼吸系统的组成概念图

5）保存概念图。通过 File 可以根据需要将绘制的概念图保存成 PDF 或者 Word 文档。

### 8.3.2　思维导图

#### 1. 思维导图的概念

思维导图是表达发散思维的有效图形思维工具，简单却极为有效，是一种革命性的思维工具。英国记忆之父东尼·博赞是思维导图的创始人，而"思维导图"被称为"瑞士军刀"般的思维工具。思维导图运用图文并茂的优势，把各级主题的关系用相互隶属与相关的层级图表示出来，把主题关键词与图像等建立记忆链接，利用记忆、阅读、思维的规律，协助人们在科学与艺术、逻辑与想象之间平衡发展，从而开启人类大脑的无限潜能。

思维导图具有以下四个特征：注意的焦点清晰地集中在中央图形上；主题的主干作为分支从中央向四周放射；分支由一个关键的图形或者写在产生联想的线条上面的关键词构成，比较不重要的话题也以分支形式表现出来，附在较高层次的分支上；各分支形成一个连接的节点结构，思维导图在表现形式上是树状结构的。

思维导图可以用于教材笔记、知识梳理、读书笔记、会议记录等。

2. 思维导图的绘制规则

（1）技法。一定要用中央图像。图像可以自动地吸引眼睛和大脑的注意力。它可以触发无数的联想，并且帮助记忆的一个极有效的方法。

整个思维导图中都要用图形。只要有可能，就要用图像，除了上述的种种好处，还可以在你的视觉和语言皮层技能之间建立具有刺激性的平衡，改善你的视觉感触力。

中央图像要用三种或更多的颜色。色彩会增强记忆力和创造力，使你避开单色引起的单调，它们会给图像带来活力，使其更为生动。

图形要有层次感。层次使事物突显出来，而任何突出的事物都会使人很容易记住，也便于交流。

要用通感。只要有可能，就应该在思维导图中使用一些有关视觉、听觉、嗅觉、味觉、触觉和动觉（肌肉感觉）的词或者图像。

字体、线条和图像的大小尽量多一些变化。变化大小是表明层次当中相对重要性的最好的一个办法。扩大尺寸可以突出重点，因而也就增大了想起它来的可能性。

间隔要有序。安排有序的间隔会增大图形的条理性，有助于层次和分类的使用。

间隔要合理。每个条目之间空出一定的地方，会使思维导图秩序井然，结构分明。

（2）发挥联想。联想是改善记忆力和创造力的另一个重要因素。它是人脑使用的另一个整合工具，目的是要让我们的生理体验产生异议，这是人脑记忆和理解的关键。建立了中央图形和基本分类概念，联想的力量就可以让大脑进入任何话题的深层次。

要在分支模式的内外做连接时，可以使用箭头。箭头可自动地引导眼睛，把思维导图中的一个部分与另一个部分连接起来，它们可以是单向的，也可以是多头的，大小、形式和维度都可以变化。

使用各种色彩。色彩是加强记忆力和提高创造力最为有用的工具之一。为了编码或者在思维导图的特别区域里加上特别的颜色，可以专门选择一种颜色，这会使你更快地进入信息，改善你对这个信息的记忆效果，并提高创造性想法的数量和范围。

使用代码。代码会让你在思维导图的各个部分之间快速建立联系，不管这几个部分在纸上看起来有多么远，如打钩、打叉，以及画圆圈、三角形或者下划线。代码可以节约很多时间。例如，可以使用很简单的一组代码来代表人、项目、经常反复发生的一些事情或者经过。代码可以通过简单地使用颜色、符号、形状和图形来巩固和强化层次和分类。

（3）清晰明白。每条线上只写一个关键词。每个单独的词都有上千个可能的联想。每条线上只写一个词汇带来联想的自由。

关键词都要写在线条上。线条有助于图像的组织和整洁，使得整个图形条理清楚，有助于记忆。

线条的长度与词本身的长度尽量一样。这个规则容易让词与词尽量靠近，有助于产生联想。

线条与线条之间要连上。把思维导图中的线条彼此连上容易使思维也连接得更紧凑。线条可以变成箭头、曲线、圆圈、圆环、椭圆、三角形、多边形等。

中央的线条要粗些。加以突出以后，较粗的线条立即向你的大脑发出一个信号，让你注意到中心思想的重要性。

边界要能"拥抱"分支轮廓。边界线"拥抱"一个完整的思维导图的分支时，它会定下这个分支的独特外形。这个独特的外形可以激发包含在这个分支里的信息记忆。

图形画得尽量清楚些。外部的条理性会有助于内部的思维条理。

让纸横向放在你面前。横向的格式比纵向的格式给你更多的自由和空间来制作思维导图。

词语尽量横着写。横着写的词语让大脑更容易进入已经表达出来的思想，这个规则对线条角度的要求与对词语本身的要求一样。

3. 思维导图的应用实例

思维导图的应用非常广泛，在很多场合都可以使用思维导图，以达到事半功倍的效果。下面将以 GitMind 软件绘制的思维导图的相关应用为例进行介绍。

（1）用于教学笔记的思维导图。在教学过程中，为了厘清章节结构和知识点之间的关系，可以通过思维导图来构建便于记忆的知识结构。关于"圆"的学习内容的思维导图如图 8-31 所示。

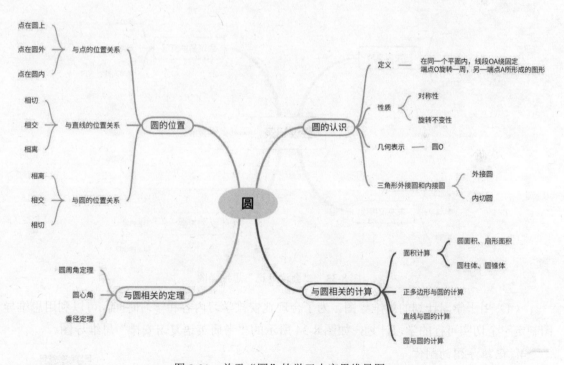

图 8-31　关于"圆"的学习内容思维导图

（2）用于知识梳理的思维导图。对于一本书或者学习的一门课程，可以通过思维导图反映主要的章节、主题、理论和有关这门课的人物或事件，并且自己能够通过绘制的图形准确地回忆出相关的内容，如图 8-32 所示。

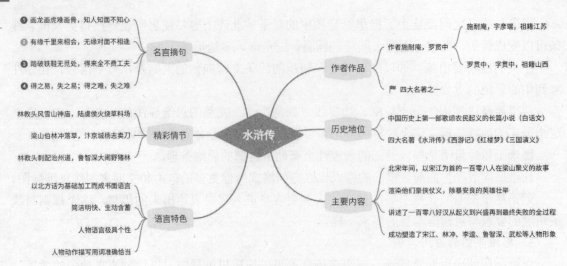

图 8-32　关于"水浒传"知识梳理的思维导图

（3）用于会议笔记的思维导图。会议过程可以是一张条理清晰的思维导图，通过图示可以很清晰地记录整个会议的过程，包括每个人的发言及观点、会议讨论希望解决的问题、未解决的问题、已经形成的观点，如图 8-33 所示。

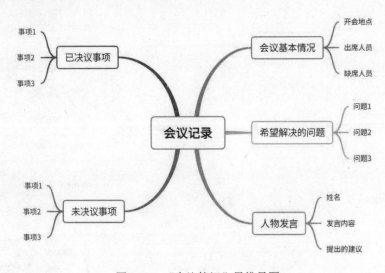

图 8-33　"会议笔记"思维导图

（4）用于学习计划的思维导图。为了合理地安排学习内容和学习时间，可以利用思维导图制定一个切实可行的学习计划，如图 8-34 所示的"考研英语复习安排"思维导图。

4. 思维导图的制作

思维导图的制作有手工制作和计算机软件制作两种方式。这里只介绍计算机软件制作方法。常用来绘制思维导图的软件有 MindManager、Inspiration、GitMind 等软件。下面以 MindManager 为例来介绍思维导图的制作。

利用 MindManager 制作
思维导图

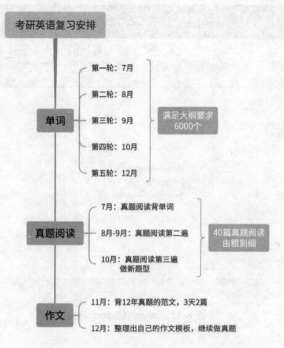

图 8-34 "考研英语复习安排"思维导图

（1）MindManager 简介。MindManager 是一款可视化专业的思维导图工具。MindManager 思维导图软件提供更快的理解想法和灵感，能够提高工作效率，让你更容易思考问题。MindManager 具有以下特点：

1）与 Microsoft Office 集成。同 Microsoft 软件无缝集成，利用它可以创建思维导图和可视化框架，快速将数据导入或导出到 Microsoft Word、Excel、OPML、图像、CSV 电子表格。

2）思维导图可共享。可以将思维导图通过 E-mail 方式发送给朋友或同事，也可以发布为 HTML 并上传到 Internet 或 Web 站点上。

3）可编辑的提纲视图。以提纲形式浏览和编辑 map 图形，直观展现全局。图形中所有的丰富文本和图片变动都被同步。

启动 MindManager，如图 8-35 所示。

（2）MindManager 的具体使用。在制作之前，需要先确定思维导图的主题，并确定与之建立关联的知识点。下面以"辛亥革命"的这一个知识点，来制作思维导图。

1）添加主题。启动 MindManager，选择"辐射状导图"模板。在 [中心主题] 中输入"辛亥革命"。

2）以主题为中心，添加一级副主题。选中主题，按 Enter 键添加节点，点击主题两旁的"+"添加一级副主题，如图 8-36 所示。

3）添加次级的副主题。选中一级副主题，按 Enter 键添加节点，或点击副主题两旁的"+"添加次级副主题，如图 8-37 所示。

4）添加超链接或注释。可为主题或副主题添加超链接或注释。选择要添加超链接的主题或副主题，点击"插入"中的"链接""URL/文件路径"，输入链接的地址即可。链接的可以是网络资源、图像、视频等。

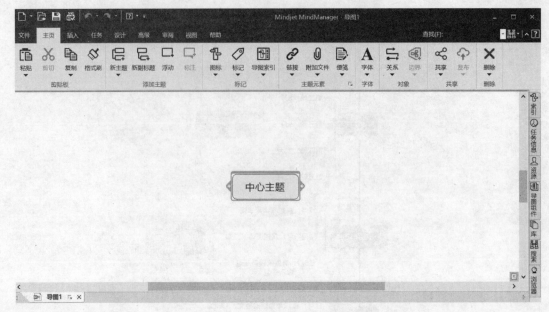

图 8-35　MindManager 界面

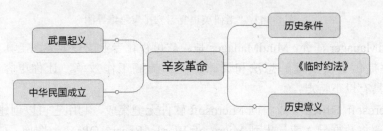

图 8-36　添加一级副主题

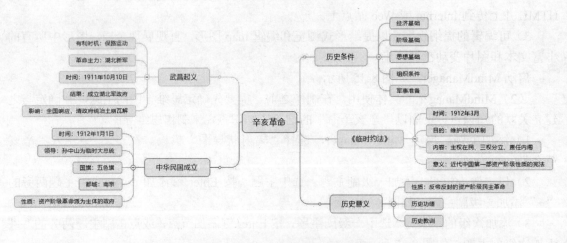

图 8-37　"辛亥革命"思维导图

5) 美化思维导图。为了使思维导图更形象和直观,选择对应的主题或副主题,点击"插入"中的"图像",找到对应的图像并添加即可。同时,可以在"设计"中修改思维导图中的线条、颜色、主题样式等。

6）保存。思维导图可以以多种格式保存，如 PPT、DOC、JPG、PNG 图片等格式的文件。

### 8.3.3 思维地图

**1. 思维地图的概念**

思维地图（Thinking Maps）是大卫·海勒于 1986 年提出的，是一种视觉-语言-空间认知模式工具的语言，由八种地图组成，每种地图都有固定的图式，且具有灵活性，易于学生扩展，以体现所学内容的模式。思维地图作为一门可视化工具语言，八种思维地图都蕴含了头脑风暴网络图的创新特质、组织图具有条理性和一致性的可视化结构，以及概念图中可见的深层处理能力和动态的空间配置。学习者和教师可以发现问题、找到并解决问题、完成任务、回答疑问或写相关短文所需的认知能力，并确定哪一个或最有可能哪几个思维地图有助于解决眼前的问题。

**2. 思维地图的类型**

（1）圆圈图。通过提供相关信息来展示与一个主题相关的先前知识。在圆圈中心，可以使用词语、数字、图画或者其他标志或象征物来表示你尝试理解或定义的事物，在圆圈外面写下或画出与主题相关的信息，如图 8-38 所示。

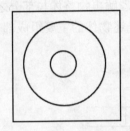

图 8-38　圆圈图

（2）气泡图。使用形容词或形容词短语来描述物体。与圆圈图不同，气泡图主要增强学生使用形容词描述特征的能力。如图 8-39 所示，中心圆圈内可写下被描述的物体，外面圆圈内写下描述性的形容词或短语。气泡图可以让孩子不断地发散思维，因为它希望可以增加更多的泡泡，但同时也提醒孩子不要跑得太远，因为你想的东西是需要跟中心点有关联的。

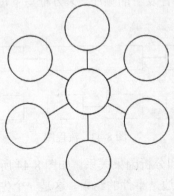

图 8-39　气泡图

（3）双泡图。主要用来进行对比和比较。如图 8-40 所示，两个被比较的术语放在两个中心圆圈内，外面单独连接的圆圈内展示两个被比较的术语间的不同点，中间共同连接的圆圈内展示两个术语通过对比的相同点。

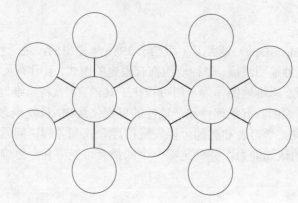

图 8-40　双泡图

（4）树状图。主要用来对事物进行分组或分类。如图 8-41 所示，在最顶端写下被分类事物的名称，下面写下次级分类的类别，依此类推。

（5）括号图。主要用于分析、理解事物整体与部分之间的关系。如图 8-42 所示，括号左边是事物的名字或图像，括号里面描述物体的主要组成部分，帮助学习者理解一个物体整体和其各个部分之间的关系。

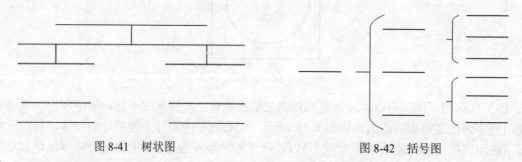

图 8-41　树状图　　　　　　　　　　　　　　　　　图 8-42　括号图

（6）流程图。主要用来列举顺序、时间过程、步骤等。如图 8-43 所示，能够分析一个事件发展过程之间的关系，解释事件发生的顺序。大方框写下每一个过程，下面小方框内可以写下每个过程的子过程。

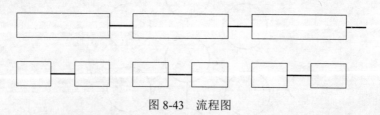

图 8-43　流程图

（7）复流程图。用来展示和分析因果关系。如图 8-44 所示，在中心方框里面是重要的事件，左边是事件产生的原因，右边是事件的结果。这是一个先后顺序的过程，能够看到事件发生的原因和结果，通过考虑原因和结果帮助学生分析为什么，结果是什么。

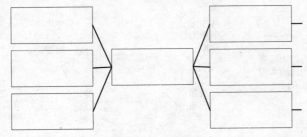

图 8-44　复流程图

（8）桥形图。主要用来进行类比、类推。如图 8-45 所示。桥形左边横线的上面和下面写下具有相关性的一组事物，按照这种相关性，在桥的右边依次写下具有类似相关性的事物，以能够形成类比或类推。

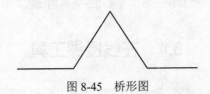

图 8-45　桥形图

**3. 思维地图应用举例**

思维地图可以使用 Word、PowerPoint、ThinkingMaps、Visio 等软件或者手绘完成。

（1）关于"海龟"的气泡图。

1）画一个圆圈，圆圈内填入"海龟"中心词。

2）中心词周围画出线条，线条末端画圆圈。

3）在中心词周围的圆圈里填入描述中心词的词汇，如图 8-46 所示。

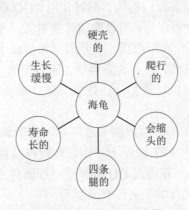

图 8-46　"海龟"气泡图

（2）关于"直角三角形与等边三角形的比较"的双气泡图。

1）画两个圆圈，圆圈内分别填入"直角三角形""等边三角形"。

2）在两圆之间绘制圆，填写相同的属性，并用线连接。

3）在"直角三角形"和"等边三角形"的两边画圈，写出不同的地方，并用线连接，如图 8-47 所示。

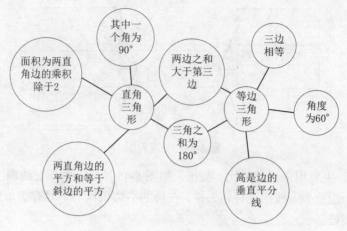

图 8-47 "直角三角形与等边三角形的比较"双气泡图

# 8.4 在线授课工具

在线授课工具打破了传统的教学模式，使教学不再受时空的限制，任何时间、任何地点、教师都可以借助在线授课工具进行教学。目前可以进行在线授课的工具很多，使用较多的有 QQ 群课堂、腾讯会议、钉钉。

### 8.4.1 QQ 群课堂

QQ 群课堂的使用

QQ 是一款由腾讯公司开发的很受欢迎的实时通信工具，它支持电脑端和手机端同时登录。我国至少有 7 亿的人在使用 QQ，因此以 QQ 作为教学工具非常便捷，教师和学生不需要专门的培训即可使用。QQ 群是腾讯公司推出的多人聊天交流的一个公众平台，教师在创建群以后，可以邀请学生进入一个群里。在群内老师与同学之间可以交流、QQ 电话、分享屏幕、演示白板、视频同学和群课堂等功能。其中 QQ 群课堂是基于 QQ 群实现的一种在线教学方式，具有课堂互动、课后管理、学习资料共享等功能，支持教师视频上课或语音上课，教师可以播放影片、分享屏幕、演示 PPT、录制课堂并回放。

1. QQ 群的特点

（1）界面简单，操作方便。QQ 群界面非常简单，易于掌握和使用。

（2）集语音、视频、连麦、PPT 演示于一体。教师可以直接与学生进行 QQ 电话、分享屏幕、视频通话来实现教学，还可以通过 QQ 群课堂进行语音或视频教学，可以通过与学生连麦、在群聊界面发送文字等方式与学生进行交流互动。

（3）可以共享文件和发布作业。通过文件可以共享学习资源供学生随时下载，同时可以发布作业，发布的作业内容支持视频、图片、微课和在线习题等。

（4）支持多人协同管理班级。群主和管理员可以更新群信息。

2. QQ 群课堂的使用

（1）创建班级群。点击 QQ 面板中的"联系人"，点击 ＋，再点击 创建群聊，在弹出的窗口中选择"家校师生"，弹出"创建群聊"窗口，如图 8-48 所示，根据所创建班级设置相关信息，点击"下一步"，在弹出的窗口中可以选择已在教室 QQ 联系人中的学生，再点击"完成创建"，可以将生成的班级群的二维码保存并分享给学生，QQ 群创建成功。

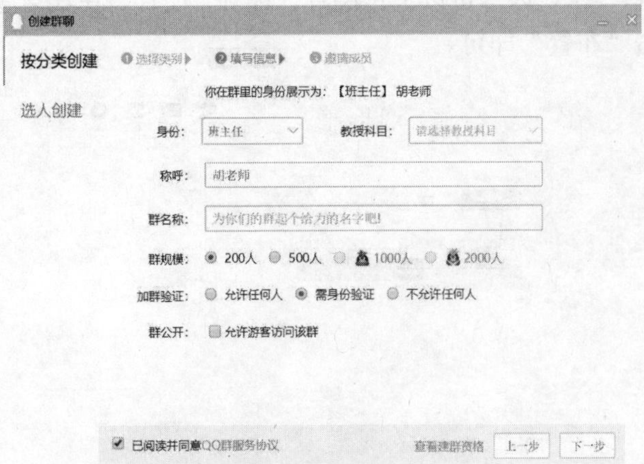

图 8-48 创建班级群聊界面

（2）打卡。在 QQ 移动端，进入班级群聊，点击"打卡"，在弹出的窗口中点击"发布打卡"，然后在弹出的窗口中可以根据需要选择打卡类型，然后进行设置并发布即可。

（3）QQ 群课堂。QQ 群课堂有 3 种模式——自由模式、主持模式和麦序模式，可以在进入群课堂后的窗口中点击◉图标进行选择。自由模式只有群成员可以访问，包含分享和弹幕功能；主持模式下只有群成员可以访问，包含分享、发言申请、音乐和封面设置等功能；麦序模式下群成员和非群成员都可以访问，但非群成员访问，群主需要在后台认证签约后才能对非本群成员开放。

进入 QQ 群课堂窗口，可以选择"录制课程"，点击"开始上课"，然后进入课前调试，调试好之后点击"开始上课"，进入上课界面，如图 8-49 所示。教师可以点击◉图标进行播放影片、分享屏幕、演示 PPT。在右侧的"群聊"列表中可以看到师生之间交流的文字信息，在"在线"列表中，可以查看学生的在线情况。在上课过程中，师生可以实现语音交流。如果学生想参与讨论或提问，可以点击◉图标进行申请，教师点击"同意"即可与学生对话。课程结束后，点击"结束课程"即可。如果在开课前选择了"录制课程"，学生则可以在课程结束后任意时间段进行视频回放。

图 8-49 QQ 群课堂上课界面

（4）作业。课程结束后，可以单击班级群界面中的"作业"进行课后作业发布，如图 8-50 所示。选择对应的学科，作业内容可以上传图片、视频、文件、在线习题，可选择"需要学生在线提交作业"，点击"布置"即可。

图 8-50　作业布置界面

（5）备课。在群应用中提供了"备课"功能，可以根据对应的年级、科目、教材版本选择对应的视频和课件。

QQ 群还提供了一些其他功能，教师可以根据需要进行探索和使用。

### 8.4.2　腾讯会议

腾讯会议的使用

腾讯会议是腾讯公司提供的一款视频会议软件，非企业/商业版账号最多允许 300 人在线，可以通过手机、电脑等使用，在开会过程中可屏幕共享，同时也可以聊天和分组讨论，满足日常教学的需求。

1. 腾讯会议的特点

（1）便捷的登录方式。腾讯会议可以通过微信扫码即实现快速登录，同时也可以使用手机号+验证码实现登录。

（2）支持视频和共享屏幕。腾讯会议支持会议过程中开启视频，并提供了虚拟背景和美颜效果，同时支持共享屏幕，这样保证了教学内容和教师的画面同时出现在屏幕上，最大范围地还原了传统教室中的上课场景。

（3）多样的交互功能。在腾讯会议中参会人员可以直接文字交流、举手申请开麦、弹幕等功能。在教学中使用可以增加课堂的活跃气氛。

（4）人性化的会议管理。会议主持人可以根据需要进行禁言、聊天等设置，保证会议的有效进行。

2. 腾讯会议的使用

腾讯会议支持移动端和电脑端，下载并安装腾讯会议。通过微信或手机登录进入腾讯会议的界面。

（1）快速会议。点击"快速会议"，可立即发起会议，不需要填写会议的相关信息，教师即可马上开展在线教学,如图 8-51 所示。教师可以在弹出的会议界面中点击"邀请",在弹出的会议邀请对话框中复制并分享会议邀请链接,邀请学生加入会议。教师可以云录制/本地录制来录制整个教学过程,可以设置视频中的虚拟背景和使用美颜效果,通过共享屏幕可选择共享屏幕或白板。

（2）预定会议。点击"预定会议",在弹出的预定会议界面设置开始结束时间、入会密码等相关信息,如图 8-52 所示。教师可以把预定会议的相关信息发送给学生。

图 8-51　登录进入腾讯会议界面

图 8-52　预定会议界面

（3）加入会议。点击"加入会议",在弹出的界面中输入会议号即可加入会议。

（4）开展会议。根据预定会议的时间,教师可以提前进入会议,如图 8-53 所示。教师可以提前设置视频的虚化背景和美颜效果、设置共享屏幕等。

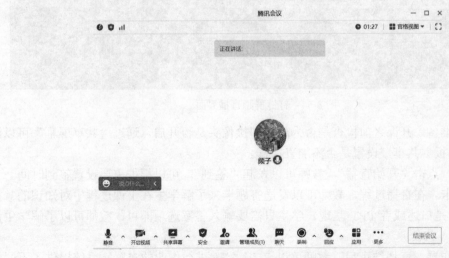

图 8-53　腾讯会议界面

### 8.4.3　钉钉

钉钉的使用

钉钉是阿里巴巴公司提供的免费沟通和协同平台，该软件提供了电脑端、网页端和移动端，通过钉钉的群聊功能即可实现在线教学。

1. 钉钉的功能

钉钉包含的功能较多，书中就钉钉中群聊功能进行介绍。

（1）支持数据统计。钉钉直播结束后会自动生成直播数据报告，了解每位学生的在线学习时长等情况。

（2）录制回放。钉钉直播结束之后，视频能够保存 12 个月，支持回放和下载，学生随时可以通过回放观看视频进行复习，教师也可以通过观看回放视频发现教学过程中的不足。

2. 钉钉群聊的使用

安装并注册钉钉后，登录运行钉钉，在弹出的界面中点击 ，选择"发起群聊"，再选择群聊类型为"班级群"，然后会出现一个二维码，打开手机端的钉钉，扫描二维码，设置班级基本信息，点击"立即创建"。可以通过微信邀请、QQ 邀请、钉钉邀请、二维码邀请班级号邀请几种方式邀请学生进群。

（1）发起直播。进入群聊界面，点击 图标进入在线课堂，可以选择大班课或者小班课，大班课支持多班联播和回放功能，教师可以使用白板授课，小班课使用人数较少的小班课，支持师生在线互动。选择"大班课"，然后点击"创建直播"并进入直播界面，如图 8-54 所示。

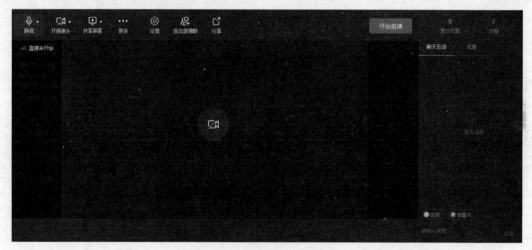

图 8-54　钉钉群聊直播界面

（2）直播准备。开课之前检查是否为静音和摄像头是否开启，通过"共享屏幕"可以设置桌面或者"白板"共享，设置是否添加直播群。

（3）签到。点击"开始直播"，教师可以发起"签到"，可以根据需要设置签到时间。

（4）答题卡。在直播过程，教师可以发送答题卡来了解学生在上课过程中对知识的掌握情况，题目可以是口述或者 PPT 呈现，学生只需要输入答案选项即可，教师可以了解学生作答情况。

（5）作业布置。直播结束后，教师可以点击布置作业进行作业的布置，系统提供了不同学科作业布置的模板，也支持自定义布置作业。若选择"自定义布置作业"，则需完成科目、作业布置对象、编辑作业等设置，设置完毕后，点击发布即可。

（6）直播数据统计与视频回放。直播结束后即可生成相关数据报告。教师可以了解有多少学生观看了直播以及观看时间，同时学生和老师都可以回看直播视频。

## 8.5　上课辅助教学软件

在教学过程中，除了常规的课件等辅助上课教学外，一些方便的辅助教学软件也为我们课程的开展增色不少，解决了传统课件无法解决的问题，使教学变得更简单。目前常用的上课辅助软件有雨课堂、超星学习通。

### 8.5.1　雨课堂

**1. 雨课堂概述**

雨课堂由学堂在线与清华大学在线教育办公室共同研发，旨在连接师生的智能终端，将课前、课上、课后的每一个环节都赋予全新的体验，最大限度地释放教与学的能量，推动教学改革。雨课堂将复杂的信息技术手段融入 PowerPoint 和微信，在课外预习与课堂教学间建立沟通桥梁，让课堂互动永不下线。教师可以将带有 MOOC 视频、习题、语音的课前预习课件推送到学生手机，师生沟通及时反馈；课堂上实时答题、弹幕互动，为传统课堂教学师生互动提供了完美解决方案。雨课堂科学地覆盖了课前、课上、课后的每一个教学环节，为师生提供完整立体的数据支持，个性化报表、自动任务提醒，让教与学更明了。

**2. 雨课堂的特点**

（1）灵活的课前学习：通过雨课堂软件中的丰富资源，可以直接将其插入幻灯片中，能够随时随地将这些资源推至学生的微信上，更加便于资源接收。

（2）快速课堂测试：只需点击一下就可以将练习整合到 PPT 中，这种测试可以在有限的时间内进行，可以在任何时间进行，也可以随时进行测试。

（3）创新的师生互动：弹幕、随机点名、课堂红包、投稿，每个人都可以在课堂上进行直接发言。

（4）雨课堂与腾讯会议深度融合，满足课上远程音视频互动与教学互动需求，学生可在腾讯会议中直接访问雨课堂参与互动，无须在多个应用间切换开会同时自动录制回放，课后复习也能无缝衔接。

**3. 雨课堂的使用**

（1）安装雨课堂插件。登录雨课堂网站，下载雨课堂安装软件，启动 WPS 演示文稿或 PowerPoint，在最上方可以看到已安装好的雨课堂选项卡，如图 8-55 所示。

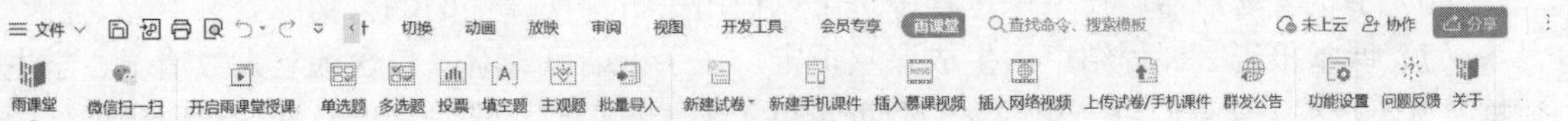

雨课堂的使用

图 8-55　雨课堂选项卡界面

（2）编辑课件。打开需要编辑的课件，切换到"雨课堂"，定位到需要插入内容的幻灯片，点击"单选题"即可创建一页新的幻灯片，并设置题目，每个选项的具体内容，设置正确答案和分数。多选题、填空题、投票主观题的添加方法类似。如果有多道试题可以使用批量导入。雨课堂也提供了慕课和网络视频的插入，可以根据需要选择相关视频插入即可。

（3）开启雨课堂授课。点击"微信扫一扫"，弹出二维码界面，使用微信扫码即可登录，点击"开启雨课堂授课"，设置课程名称、班级以及上课的标题，如图 8-56 所示，点击"开启授课"，弹出如图 8-57 所示界面，学生扫描二维码即可进入课堂。

图 8-56    选择课程和班级界面

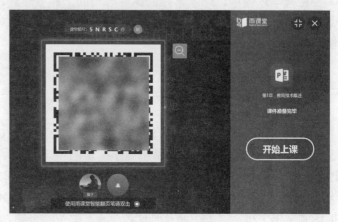

图 8-57    开启雨课堂授课界面

（4）开始上课。点击"开始上课"，在上课的界面中可以通过"课堂互动"实现随机点名、开启直播、弹幕、投稿等，如图 8-58 所示。目前直播和板书只针对会员开放。

（5）作答。课件中的单选题、多选题等，教师可以在对应页面点击"发送题目"并设置作答时间，如图 8-59 所示。点击"发送"，学生即可在手机端作答。完成作答后可以看到全班整体的回答情况。

图 8-58    课堂互动界面

图 8-59    设置答题时间

（6）手机变遥控器。在上课过程中，可以使用手机实现课件的翻页功能。

（7）课堂报告。课程结束后生成课堂报告，在手机端可查看，包含课堂人数情况、学生数据、习题数据、课件数据。通过这些数据可以了解上课的整体情况，以及学生对所讲课件中存在问题的地方。

### 8.5.2　超星泛雅—学习通

**1. 超星泛雅—学习通概述**

超星泛雅平台将教师的 PPT、作业、MOOC、视频、文档等资料轻松存储，并且教师可以通过云端发送信息，学生可以做到实时接收，云端可覆盖多终端设备，使硬件变得更加简单，让教学智能化成为现实。

超星学习通是面向智能手机、平板电脑等移动设备终端的移动学习平台，它包含六大子系统："移动课堂互动系统""移动修学分系统""移动阅读系统""移动开放课程""移动教务系统""移动社交系统"，利用多种功能完美打通课前、课中、课后及课外。本节内容仅研究学习通的移动课堂互动和开放课程。

超星集团研发的智慧课堂系统，利用前沿技术引领课堂教学革新，它以课程为中心、教师为主导、学生为主体，充分关联教室已有硬件，覆盖多种课堂教学模式，老师可以更加便捷地进行签到、选人、抢答、分组教学、主题讨论等教学活动的发放，并与泛雅平台全面对接，做到线上课程及资源的实时调用，将传统课堂变为智慧课堂。通过学习通端的"投屏"，在投屏电脑端输入"x.chaoxing.com"和"投屏码"，即可将课堂活动、课堂内容和资料投放到大屏幕上，将课程教学与学生互动充分结合。

超星泛雅是网络教学平台，超星学习通是移动教学工具。学习通是泛雅的移动端，泛雅是学习通的 PC 端，数据互通。

超星课堂可以实现课堂的在线直播和对课堂进行录制、共享屏幕以及课堂互动。在线课堂互动可以发放签到、投票、选人、抢答、主题导论、随堂练习等十余种课堂活动，支持从云盘或本地共享资源。

**2. 超星泛雅的使用**

（1）注册登录。进入 http://fanya.chaoxing.com，点击"登录"，在登录界面输入信息即可，如没有账号，点击"新用户注册"。

（2）创建课程。点击"课程"，在"我教的课程"中点击"新建课程"，输入新建课程的相关信息，点击"完成"，如图 8-60 所示。

图 8-60　创建课程

（3）编辑课程内容。进入创建的课程页面，如图 8-61 所示，点击"编辑"，如图 8-62 所示，增加相应的章节，在对应的章节中插入视频、课件、章节测验、讨论等。编辑完成点击预览并保存。

图 8-61　创建的课程界面

图 8-62　课程编辑界面

（4）添加班级和学生。点击图 8-63 中的"管理"进入"班级管理"界面，点击"新建班级"创建相应班级并添加学生，也可以通过手机端的班级二维码让学生自行加入对应班级。

（5）作业发布。根据课程内容，教师可以发布作业，作业的类型可以是选择题、多选题、填空题、判断题等，学生提交作业后，教师在手机端即可批改。

3．超星学习通的使用

泛雅中的数据与学习通中的数据是同步的，课程创建等操作相同。

（1）超星学习通。在手机应用中搜索"超星学习通"下载并安装。

（2）登录。登录学习通，进入"首页"，点击"首页"中的"我"，再点击"课程"，进入"我教的课程"，进入"现代教育技术"，如图 8-63 所示，点击"2022 级数学 1 班"，进入班级界面，如图 8-64 所示。

（3）课程管理。在课程界面，可以对课程的章节、教案、资料等进行增加、修改和删除，布置作业、发布讨论，通过统计可以了解学生的学习情况。

（4）班级管理。进入班级空间，可与同学进行文字和语音交流，同时通过"课程""活动""作业"查看课程相关内容并进行学习；进入"讨论"，可以查看每位同学在讨论中的发言；进入"作业/考试"，可以查看学生递交作业的情况并进行批改。

（5）投屏。点击"投屏"，出现如图 8-65 所示的提示。在电脑端的浏览器中输入 x.chaoxing.com，如图 8-66 所示，并输入投屏码并登录，如图 8-67 所示，然后让学生通过扫码或者班级邀请码加入。

图 8-63　课程界面　　　　　　　　　　图 8-64　班级界面

图 8-65　投屏"提示"界面

图 8-66　电脑端投屏界面

图 8-67　投屏登录后界面

（6）上课及互动。点击"更多"，如图 8-68 所示，利用线上资源即可实现上课，通过"互动"，可给学生发布签到、抢答、投票、主题讨论，结果可以实时投在大屏幕上。

图 8-68　"更多"界面

**4. 超星课堂**

下载超星课堂软件，安装后通过手机或微信即可登录，登录界面如图 8-69 所示。通过学习通 App 扫码或通过手机号登录，进入如图 8-70 所示的界面。可以通过"发起"和"我的课程"两种方式创建超星课堂。

图 8-69　超星课堂登录界面　　　　　图 8-70　进入超星课堂界面

（1）发起课程。点击"发起"，输入课堂主题，上传课堂封面，然后进入到课程的"设置"界面，可以根据超星泛雅中的课程进行绑定，然后再绑定班级，设置加入课堂的权限，点击保存，在课堂发起界面点击确认，即出现课堂邀请码和二维码，将二维码和邀请码发送给学生，然后点击"进入课堂"，进入超星课堂界面，如图 8-71 所示。可以通过"活动"实现与学生的互动和上传资料。通过"更多"可以进行"课堂设置""视频设置""虚拟背景和美颜"等。

（2）我的课程。点击"我的课程"创建超星课堂。在出现的课程界面中选择相应的课程，然后再选择班级，进入超星课堂界面，如图 8-72 所示。在课堂中可以直接使用超星泛雅中的课程资源，同时通过"管理"可以对班级管理。通过"活动"可以实现与学生的互动和上传资料，其他的使用与"发起"课堂相似。

图 8-71 "发起"超星课堂界面

图 8-72 "我的课程"超星课堂界面

### 8.5.3 优幕

**1. 优幕概述**

优幕（UMU）是北京优幕科技有限责任公司开发的面向全球教育现代

优幕的使用

化的学习支持平台，面向移动互联网时代重新定义教与学的方式，借助互联网的力量让学习随时随地发生。优幕帮助师生知识分享与传播，连接教室的大小屏幕和每个人的移动手机端，学生以深度思考、充分表达，更好地融入学习过程，从而获得更好的学习资源。优幕还可以将现有的视频、课件转化为在线互动课程，也可以制作微课、进行直播等，让每个人都能融入、分享、收获。优幕面向中国一线教师开展的教育计划，力求用科技的力量创新教育信息化，让广大师生受益。中国教师在优幕平台注册申请，通过身份验证即可免费升级使用。加入优幕教育发展计划，都可以免费获得使用优幕辅助教学的支持。

2．优幕的特点

（1）具有课堂互动和投屏功能。教师可以使用手机随时发起现场提问、讨论，大屏幕同步展示互动结果，实时汇总现场讨论的关键词文字云。

（2）轻松进行微课制作。使用 UMU 应用程序可以轻松地制作专业微课，10 分钟 9 图一小节，一个课程小节数量不限，同时生成二维码课程。

（3）可以进行直播教学。手机生成直播视频课程，学生安装插件或应用程序，打开就能学习。

3．优幕的使用

优幕有网页端和移动端，网页端登录 https://www.umu.cn，移动端在应用商店搜索"UMU"下载安装。网页端与移动端是同步的，操作类似。

（1）注册。进入网页 https://www.umu.cn，点击"注册"，根据提示完成相应操作。

（2）登录并创建课程。点击"登录"，输入首页。在基本功能处点击"创建课程"，如图 8-73 所示。进入"我的课程"，点击右上角的"创建课程"，填写课程的基本信息，如图 8-74 所示，然后点击"下一步"，创建课程完成。

图 8-73　创建课程界面

图 8-74　课程基本信息

（3）课程内容编辑。首先梳理好课程各部分的内容，点击"添加章节"，输入章节名称和章节概述，点击完成。点击"添加课程小节"，出现如图 8-75 所示的内容，可以根据需要添加视频、文档、文章等内容。

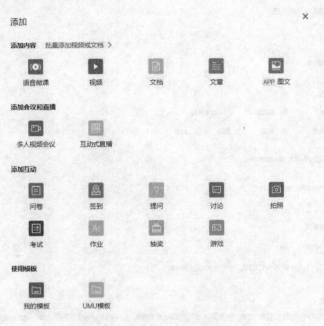

图 8-75　添加课程小节内容界面

（4）微课的制作。点击"添加课程小节"，在弹出的界面中点击"语音微课"，弹出如图 8-76 所示界面，上传制作微课所需要的 PPT、图片或者"添加新讲稿"，添加讲稿后点击"开始录制"，录制完成后点击保存，设置微课的相关信息，点击"完成"。

图 8-76　微课制作界面

（5）添加会议和直播。根据课程内容，可以在课程中添加会议和互动式直播。点击"互动式直播"，设置直播的相关信息，如图8-77所示，对直播的形式、直播的布局，直播的时间及时长等进行设置，点击"下一步"。点击"编辑直播库"，添加直播需要用的课件、互动等内容，点击"完成"，将直播的二维码分享给学生即可。

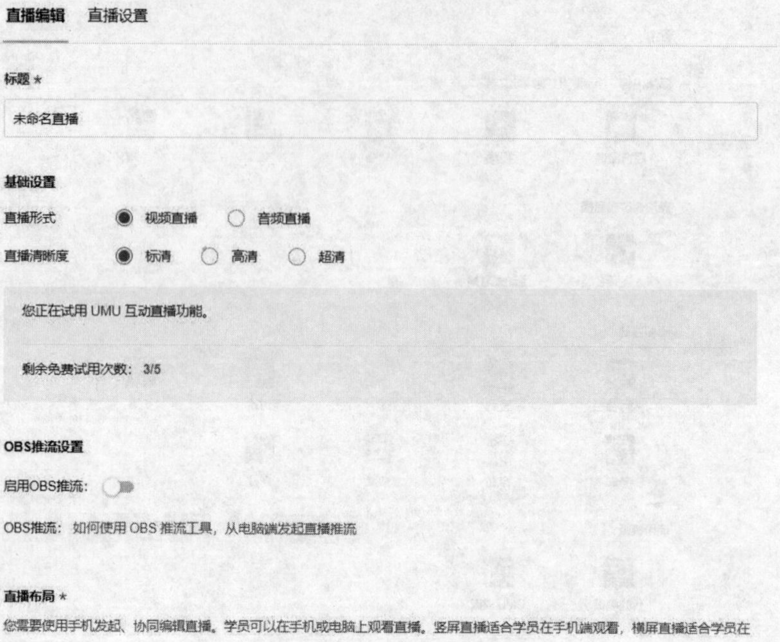

图 8-77　互动式直播参数设置界面

（6）课堂互动。为了保证教学过程中与学生的互动，增加课堂的趣味性，可以在课程小节中增加签到、问卷、提问、讨论、拍照、抽奖、游戏等互动环节，并可将互动结果投屏到大屏幕上。

# 思考与练习题

1．什么是信息化工具？信息化教育工具有哪些特点？
2．掌握电子白板的使用，使用电子白板的相关资源制作一个教学课件。
3．比较几种知识可视化工具的异同，说说他们的应用场景。
4．制作一个以"红军长征"为主题的思维导图。
5．熟悉常用的在线授课工具，使用其中一种工具进行一次在线授课。

# 第 9 章　教育技术新发展

**本章导读**

　　新技术的出现和在教育中的应用促使教育技术也在不断的发展中，掌握新技术在教育中的应用有利于师范生利用新的技术服务于教育，并促进新技术在教育中的应用。

　　本章对互联网+教育、核心素养、计算思维、泛在学习、智慧教育、移动学习、Web2.0技术、人工智能、大数据、5G与物联网等相关概念和教育应用进行了介绍。

**学习目标**

- 理解互联网+教育、核心素养、计算思维、泛在学习和智慧教育的概念。
- 了解互联网+教育、核心素养、计算思维、泛在学习和智慧教育的发展。
- 知道如何正确地将互联网+教育、核心素养、计算思维、泛在学习和智慧教育新理念应用于实际教育教学中。
- 认识并理解混合式教学模式、"三个课堂"教学模式和STEAM跨学科教学模式。
- 认识移动学习、Web2.0技术、人工智能、大数据、5G与物联网。
- 能初步在教学中应用移动学习、Web2.0技术、人工智能、大数据、5G与物联网。

**知识地图**

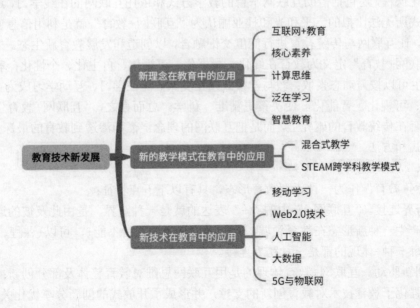

# 9.1 新理念在教育中的应用

## 9.1.1 互联网+教育

### 1. 认识互联网+教育

通俗来讲，"互联网+教育"就是利用互联网平台和信息通信技术，让互联网与传统教育行业进行深度融合，以创造和发展教育。互联网成为变革传统教育的一大契机，但它只是对传统教育的改造升级，其目的不是去颠覆传统教育，更不是颠覆当前学校的体制。在云计算、大数据、移动互联等技术优势的基础上，再加上"免费使用"的互联网思维，互联网犹如一场海啸，席卷整个教育领域，掀起了一场教育改革的浪潮。"互联网+教育"模式下的人机交互、人工智能不仅变革了教育技术，对原有的教育体制、教育观念、教学方式、人才培养也是一次深层次的影响。

"互联网+教育"形成智慧教育。在"互联网+"的时代，一所学校、一个教师、一间教室的传统教育模式在改变；一张网、一个移动终端，几百万学生，学校、教师由你选的新的教育模式不断涌现，这就是"互联网+教育"的魅力。微课、MOOC（慕课）、翻转课堂、智慧教育，都是"互联网+教育"模式下所形成的新的教学形式与方法。互联网教育的本质是为了更加有效地实施教学和学习活动，师生在网络和技术的支持下，在师生分离状态下实行的一种新型教育形式。

国内学者对"互联网+教育"进行了大量研究，并从不同的角度对其进行了定义。李碧武认为"互联网+教育"是在尊重教育本质特性的基础上，用互联网思维及行为模式重塑教育教学模式、内容、工具、方法的过程。他认为"互联网+教育"从本质上看，是对传统教育的重构，从应用形态上来看，"互联网+教育"既包括教育管理信息化，涉及社会和生活、科技和文化的多元化课程，还包括借助互联网平台的教学方式和依托互联网的在线学习，这些优势是传统教育方式所无法比拟的。平和光和杜亚丽认为"互联网+教育"就是利用信息通信技术和互联网平台，让互联网与传统教育进行深度交汇融合，以创造和发展教育新生态。朱月翠和张文德将"互联网+教育"定义为教育在线化、数据化、可视化、自主化、个性化；教育资源无所不在，学生可以按需动态索取；教与学模式发生变革，泛在学习、互动学习成为主流；教育管理数据化、可视化、智能化，使决策更精准、科学。总而言之，"互联网+教育"不是简单地把互联网套在传统教育的躯壳上，而是把互联网的理念浇灌和渗透到教育的最深处，催生出新的教育模式和方法。

### 2. 特点

"互联网+教育"作为一种新型教育形态，具有以下五点特征：

（1）跨界连接。"互联网+"中的"+"表达的就是一种跨界，是由此及彼的连接，在跨界的基础上产生一种新形态在教育领域，互联网可以说是无所不能+，可以+课程、+德育、+教学等等。每一种+体现的都是一种跨界连接。

（2）创新驱动。互联网+教育体现的是用互联网思维对教育整体及部分创新；使教育发生质变。它强化了教育技术对教育创新的支撑，并形成了开放式的创新分享优化关系。

（3）优化关系。互联网+教育打破了原有的各种关系结构使师生关系、教育机构与学习者的关系发生了根本变化，升级到了更高的水平。

（4）扩大开放。互联网+教育使教育走出了学校，跨越地区、国家，全球连成一片，实现了真正的开放。

（5）更具生态性。教育的生态性表现为多元、多样、自然进化等，互联网+教育使上述特性更突出，更具有操作性。

3. "互联网+教育"的具体体现

互联网的普遍应用特别是大数据、云计算和移动互联等技术的发展，正深刻地改变着教育的面貌，推动教育向数字化、网络化和智能化方向发展。从教育视角认识"互联网+"，应当看到这场风潮带来的不仅是教育技术的革新，更是对学习、教学、组织模式的冲击及由此给教育理念和体制带来的深层次影响。

（1）教育资源——从封闭到开放。传统模式下，教育资源集聚在校园这个相对封闭的物理空间里，局限于课堂、图书馆、实验室等场所，仅能满足固定人群的需求。互联网以其强大的存储性能和交互性的技术优势，在短时间内迅速吸纳了海量的知识和信息，成为人类历史上前所未有的巨大"信息库"，并且这个信息库随着人们不断上传、发布新的信息而源源不断地扩容。借助互联网，教育资源可以跨越校园、地区、国家而覆盖到世界每个角落，优质教育资源的平等共享成为可能并且极为便利。风靡全球的慕课就是"互联网+教育"的产物。进入慕课学习基于兴趣而非身份，只要想学都可以进来学，只需注册一个邮箱即可，并且绝大部分课程都是免费提供的。慕课吸引了全球数以百万计的学习者，这样快速的发展最主要得益于其开放性和免费性。

（2）教育机构——从单一到多元。传统教育以学校为主要载体。借助于"互联网+"对教育资源重新配置和整合，社会教育机构、新型教育组织依靠灵活性、免费性等优势给学校教育带来了强烈冲击，教育组织形式呈现多元化的趋势。比如 Udacity、Coursera、edX、中国大学慕课、爱课程等慕课平台通过提供在线课程，挑战传统大学在教育和科研市场中的绝对优势地位，这些慕课平台还通过与大学合作提供课程学习证书。

（3）学习——从被动到自主。传统模式下，人们需要按照学校的课程表安排到教室听课，而在互联网环境下，学习成为无时不可、无地不可的事情，只要连接网络就可以学习，不必再依赖于课堂和书本，学习者突破了校园的局限，真正实现了时空上的自由。例如在线课程的学习就充分体现了学习的自主性。首先，学习者可以自主选择课程；其次，学习者进入课程学习后可以自主选择将学习的经验、体会放到网上与他人分享，最后学习者可以对学习过程和学习成果进行自我评价或者由其他学习者进行评价。自主学习模式的变革给教育带来了两方面的挑战：

1）适应"互联网+"时代"以用户为中心"的思维方式，构建以"以学习者为中心"的教育理念和模式。教育要真正把学习者作为服务对象，有效捕捉和满足他们个性化和多样的学习需求。

2）自主学习也给学习者带来了一些负面影响，如学习碎片化的问题，学习者对大量唾手可得的碎片化信息通常只是浮光掠影、浏览而过，缺乏深度思考；再如学习缺乏强制性的问题。互联网环境下的学习往往追求趣味化、娱乐化的体验，学习者难以有时间和耐心坐下来学习枯燥的基础知识；面对鱼龙混杂的海量信息，尤其是缺乏判断能力的低龄学习者，如果缺乏正确的引导，难以进行有效的知识积累和加工，促进智力发展和能力提升。这些问题都需要教育以新的理念和形式来介入和解决。

（4）教学——从灌输到互动。互联网改变了传统的以教师为中心的学习模式，教师不再是知识的唯一来源，学生对教师授课的依赖性明显减弱。因此，教师的作用要从教学的主导者变成学生学习的辅助者、服务者，教学要从单向灌输知识的"满堂灌"向更加注重互动对话的双主教学模式转变。如何既调动学生的实际参与，及时检查学生的知识掌握情况并给予反馈，又不干预学生的选择，促进学生的自主学习，对教师的理念转变和素质能力都是新的考验。

### 9.1.2　核心素养

2014年，教育部印发了《关于全面深化课程改革落实立德树人根本任务的意见》，提出"教育部将组织研究提出各学段学生发展核心素养体系，明确学生应具备的适应终身发展和社会发展需要的必备品格和关键能力"。

**1. 核心素养基本内涵**

"核心素养"指学生应具备的适应终身发展和社会发展需要的必备品格和关键能力，突出强调个人修养、社会关爱、家国情怀，更加注重自主发展、合作参与、创新实践。正式发布的"中国学生发展核心素养"共分为文化基础、自主发展、社会参与三个方面，综合表现为人文底蕴、科学精神、学会学习、健康生活、责任担当、实践创新六大素养，具体细化为国家认同等18个基本要点，并对其主要表现进行了描述。根据这一总体框架，可针对学生年龄特点进一步提出各学段学生的具体表现要求，如图9-1所示。

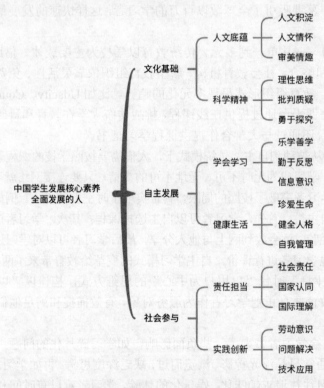

图9-1　中国学生发展核心素养

（1）文化基础。文化是人存在的根和魂。文化基础，重在强调能习得人文、科学等各领域的知识和技能，掌握和运用人类优秀智慧成果，涵养内在精神，追求真善美的统一，发展成为有宽厚文化基础、有更高精神追求的人。

1）人文底蕴。主要是学生在学习、理解、运用人文领域知识和技能等方面所形成的基本能力、情感态度和价值取向。具体包括人文积淀、人文情怀和审美情趣等基本要点。

2）科学精神。主要是学生在学习、理解、运用科学知识和技能等方面所形成的价值标准、思维方式和行为表现。具体包括理性思维、批判质疑、勇于探究等基本要点。

（2）自主发展。自主性是人作为主体的根本属性。自主发展，重在强调能有效管理自己的学习和生活，认识和发现自我价值，发掘自身潜力，有效应对复杂多变的环境，成就出彩人生，发展成为有明确人生方向、有生活品质的人。

1）学会学习：主要是学生在学习意识形成、学习方式方法选择、学习进程评估调控等方面的综合表现。具体包括乐学善学、勤于反思、信息意识等基本要点。

2）健康生活：主要是学生在认识自我、发展身心、规划人生等方面的综合表现。具体包括珍爱生命、健全人格、自我管理等基本要点。

（3）社会参与。社会性是人的本质属性。社会参与，重在强调能处理好自我与社会的关系，养成现代公民所必须遵守和履行的道德准则和行为规范，增强社会责任感，提升创新精神和实践能力，促进个人价值实现，推动社会发展进步，发展成为有理想信念、敢于担当的人。

1）责任担当：主要是学生在处理与社会、国家、国际的关系等方面所形成的情感态度、价值取向和行为方式。具体包括社会责任、国家认同、国际理解等基本要点。

2）实践创新：主要是学生在日常活动、问题解决、适应挑战等方面所形成的实践能力、创新意识和行为表现。具体包括劳动意识、问题解决、技术应用等基本要点。

2. 主要表现

（1）文化基础。

1）人文底蕴。

人文积淀：具有古今中外人文领域基本知识和成果的积累；能理解和掌握人文思想中所蕴含的认识方法和实践方法等。

人文情怀：具有以人为本的意识，尊重、维护人的尊严和价值；能关切人的生存、发展和幸福等。

审美情趣：具有艺术知识、技能与方法的积累；能理解和尊重文化艺术的多样性，具有发现、感知、欣赏、评价美的意识和基本能力；具有健康的审美价值取向；具有艺术表达和创意表现的兴趣和意识，能在生活中拓展和升华美等。

2）科学精神。

理性思维：崇尚真知，能理解和掌握基本的科学原理和方法；尊重事实和证据，有实证意识和严谨的求知态度；逻辑清晰，能运用科学的思维方式认识事物、解决问题、指导行为等。

批判质疑：具有问题意识；能独立思考、独立判断；思维缜密，能多角度、辩证地分析问题，做出选择和决定等。

勇于探究：具有好奇心和想象力；能不畏困难，有坚持不懈的探索精神；能大胆尝试，积极寻求有效的问题解决方法等。

（2）自主发展。

1）学会学习。

乐学善学：能正确认识和理解学习的价值，具有积极的学习态度和浓厚的学习兴趣；能养成良好的学习习惯，掌握适合自身的学习方法；能自主学习，具有终身学习的意识和能力等。

勤于反思：具有对自己的学习状态进行审视的意识和习惯，善于总结经验；能够根据不同情境和自身实际，选择或调整学习策略和方法等。

信息意识：能自觉、有效地获取、评估、鉴别、使用信息；具有数字化生存能力，主动适应"互联网+"等社会信息化发展趋势；具有网络伦理道德与信息安全意识等。

2）健康生活。

珍爱生命：理解生命意义和人生价值；具有安全意识与自我保护能力；掌握适合自身的运动方法和技能，养成健康文明的行为习惯和生活方式等。

健全人格：具有积极的心理品质，自信自爱，坚韧乐观；有自制力，能调节和管理自己的情绪，具有抗挫折能力等。

自我管理：能正确认识与评估自我；依据自身个性和潜质选择适合的发展方向；合理分配和使用时间与精力；具有达成目标的持续行动力等。

（3）社会参与。

1）责任担当。

社会责任：自尊自律，文明礼貌，诚信友善，宽和待人；孝亲敬长，有感恩之心；热心公益和志愿服务，敬业奉献，具有团队意识和互助精神；能主动作为，履职尽责，对自己和他人负责；能明辨是非，具有规则与法治意识，积极履行公民义务，理性行使公民权利；崇尚自由平等，能维护社会公平正义；热爱并尊重自然，具有绿色生活方式和可持续发展理念及行动等。

国家认同：具有国家意识，了解国情历史，认同国民身份，能自觉捍卫国家主权、尊严和利益；具有文化自信，尊重中华民族的优秀文明成果，能传播弘扬中华优秀传统文化和社会主义先进文化；了解中国共产党的历史和光荣传统，具有热爱党、拥护党的意识和行动；理解、接受并自觉践行社会主义核心价值观，具有中国特色社会主义共同理想，有为实现中华民族伟大复兴中国梦而不懈奋斗的信念和行动。

国际理解：具有全球意识和开放的心态，了解人类文明进程和世界发展动态；能尊重世界多元文化的多样性和差异性，积极参与跨文化交流；关注人类面临的全球性挑战，理解人类命运共同体的内涵与价值等。

2）实践创新。

劳动意识：尊重劳动，具有积极的劳动态度和良好的劳动习惯；具有动手操作能力，掌握一定的劳动技能；在主动参加的家务劳动、生产劳动、公益活动和社会实践中，具有改进和创新劳动方式、提高劳动效率的意识；具有通过诚实合法劳动创造成功生活的意识和行动等。

问题解决：善于发现和提出问题，有解决问题的兴趣和热情；能依据特定情境和具体条件，选择制定合理的解决方案；具有在复杂环境中行动的能力等。

技术应用：理解技术与人类文明的有机联系，具有学习掌握技术的兴趣和意愿；具有工程思维，能将创意和方案转化为有形物品或对已有物品进行改进与优化等。

### 9.1.3　计算思维

**1. 认识计算思维**

2006 年 3 月，美国卡内基·梅隆大学计算机科学系主任周以真（Jeannette M.Wing）教授在美国计算机权威期刊 *Communications of the ACM* 杂志上给出并定义了计算思维（Computational Thinking）。周教授认为：计算思维是运用计算机科学的基础概念进行问题求解、系统设计以及人类行为理解等涵盖计算机科学之广度的一系列思维活动。

以上是关于计算思维的一个总定义，周以真教授为了让人们更易于理解，又将它更进一步地定义为：通过约简、嵌入、转化和仿真等方法，把一个看来困难的问题重新阐释成一个我们知道问题怎样解决的方法；是一种递归思维，是一种并行处理，是一种把代码译成数据又能把数据译成代码，是一种多维分析推广的类型检查方法；是一种采用抽象和分解来控制庞杂的任务或进行巨大复杂系统设计的方法，是基于关注分离的方法（SOC 方法）；是一种选择合适的方式去陈述一个问题，或对一个问题的相关方面建模使其易于处理的思维方法；是按照预防、保护及通过冗余、容错、纠错的方式，并从最坏情况进行系统恢复的一种思维方法；是利用启发式推理寻求解答，也即在不确定情况下的规划、学习和调度的思维方法；是利用海量数据来加快计算，在时间和空间之间，在处理能力和存储容量之间进行折中的思维方法。

计算思维吸取了问题解决所采用的一般数学思维方法，现实世界中巨大复杂系统的设计与评估的一般工程思维方法，以及复杂性、智能、心理、人类行为的理解等的一般科学思维方法。

2. 计算机思维的作用

计算思维的作用虽说计算作为一门学科存在的时间不长，但人们已经认识到计算在科学界的影响力。

（1）理解自然、社会等现象的新视角。在许多不同的科学领域，无论是自然科学还是社会科学，底层的基本过程都是可计算的，可以从计算思维的新视角进行分析。其中，"人类基因组计划"就是一个典型案例。用数字编码技术来解析 DNA 串结构的研究是计算思维的一个经典实例，其为分子生物学带来了一场革命。将有机化学的复杂结构抽象成 4 个字符组合而成的序列后，研究人员就可以将 DNA 看作一长串信息编码。DNA 串结构实际就是控制有机体发育过程的指令集，而编码是这一指令集的数据结构，基因突变就类似于随机计算，细胞发育和细胞间的相互作用可视为协同通信的一种形式。沿着这一思路，研究人员已经在分子生物学领域取得了长足的进展，最具代表性成绩就是"人类基因组计划"中包括的人体内全部 DNA 解码、基因测序并绘制人类基因图谱、开发基因信息分析工具等一系列任务的圆满完成。

（2）解决问题的新方法。折纸又称"工艺折纸"，是一种以纸张折成各种不同形状的艺术活动。折纸发源于中国，在日本得到了很大的发展，历经若干世纪，现在的日本折纸已成为一项集艺术审美、数学和计算机科学于一身的新艺术，而且催生了名为"计算折纸"的新领域。该领域通过与折纸算法有关的理论来解答折纸过程中遇到的问题。如在折出某个物品之前事先将这一物品的外形抽象成一张图，这就用到了图论。一旦将某个物体抽象为图的形式就可以得到描述整个折叠顺序的算法，这就意味着该物品对应的折纸过程完全可以实现自动化，运用计算思维的这种抽象和自动化方法还可以做出更多更为复杂的折纸。折纸艺术家可以在完成折纸工序自动化的过程中，从折纸创新的角度向人们更为具体地介绍折纸的基本概念。在美国德保罗大学基于计算思维的教学改革中，已成功地将这种解决问题的新方法及其案例融入课程，特别是人文类课程的教学中。

（3）创造知识。采用计算思维还可以创造大量的新知识。例如，亚马逊的"网上购物推荐系统"就创造了新知识。亚马逊公司成立时间并不长，但通过客户浏览网站的痕迹和购物的历史记录,该公司已经积累了大量的客户信息。传统的统计方法成为亚马逊公司手中的有力工具。借助于这些信息,公司得以及时跟踪客户的喜好和兴趣以及公司的库存产品。但是这些累积信息中可能包含一些无法基于视觉或者手动检测的数据模式,而知识的创造过程就是发现并且明确地表述那些藏而不露但意义深远的数据模式。亚马逊公司利用各种方法对这些数据进行深入挖掘并用于各项决策中,比如给某位顾客推荐某些书。亚马逊的推荐系统正是建立在这些客户留下的数据信息的基础上,比如客户的历史购物记录以及购买了同一件商品的其他客户的购物记录。就是这些规则构成了亚马逊的推荐系统,而它正是该公司商业模式的核心部分,也是 Netflix Prize 算法竞赛中列举的在线商务系统的核心。

(4)提高创造力和创新力。计算思维可以极大地提高人们的创造力。比如在音乐制作领域,依靠计算机的软硬件可以产生大量的合成声音、创作音乐。从最简单到最复杂的任何声音都可以通过计算机的软件来合成。基于声音物理特性的理解以及对这种特性在计算机中存储的认识,人们可以采用计算思维了解声音的合成过程与音乐的制作过程。通过音乐合成软件的研制,人们可以很自然地将编程和作曲思维变成一种平行关系,并采用这些软件产生大量的高质量音乐作品。

### 9.1.4　泛在学习

#### 1.　泛在学习的定义

泛在学习(U−Learning),顾名思义就是指每时每刻的沟通,无处不在的学习,是一种任何人可以在任何地方、任何时刻获取所需的任何信息的方式。就是利用信息技术提供学生一个可以在任何地方、随时、使用手边可以取得的科技工具来进行学习活动的 4A(Anyone,Anytime,Anywhere,Anydevice)学习。

(1)广义的"泛在学习"。广义上讲,学习本身是泛在(无处不在)的。首先,学习的发生无处不在。学习是一种积极的过程而非仅仅是"被教育"的过程。学习本身是无处不在的,只要人们积极投入一种有意识的活动,学习在人们的头脑中就已经发生了,而且即使是无意识的活动,人们的智力以及一些隐性资源(比如态度、兴趣等)也会投入其中。其次,学习的需求无处不在。每个人都需要不断地学习新的知识与技能以提高自己的创造力来解决生活中遇到的不同问题与变化。终身学习是现代社会的要求,也是人们应当养成的一个不可或缺的重要习惯。第三,学习资源无处不在。认知、知识、经验不是仅仅存在于人的大脑中而是广泛地分布在人群中、物理空间、社会空间。就像学习并不局限于在被设计的环境中一样,学习资源也广泛地存在于各种空间。

(2)狭义的"泛在学习"。狭义上,泛在学习(ubiquitous learning)指以泛在计算(ubiquitous computing)技术为核心的信息技术支持下的学习。泛在学习是一种"回归自然"的行为,是一种自然、自发的行为;另一方面,技术加强(technology-augmented)的学习环境使学习回归到现实世界(embedded in real life),学习者可以更充分地体验、更有效地进行知识建构。国外有学者将泛在学习定义为泛在计算技术支持下的 3A 学习,意指任何人(Anyone)可以在任何时间(Anytime)任何地方(Anyplace)进行学习,我们可以将 3A 拓展到 7A 来定义泛在学习:任何人(Anyone)在任何地方(Anywhere)任何时间(Anytime)利用随手可得的学习设备(Anydevice)以自己的方式(Anyway)获取自己所需学习信息(Anycontents)与学习支持(Any learning sup)。

2．泛在学习的特征

（1）情境性（Contextualization）。泛在学习的情境性有两方面含义：一方面指学习本身总是处于一定的情境之中，强调学习的"情境化"而不是"去情境化"；另一方面指以泛在计算技术为核心的信息技术对学习情境的支持，这使得泛在学习的"情境性"与其他学习方式的"情境性"有所区别。

（2）真实性（Authenticity）。泛在学习的"真实性"并不是指完全将学习者带离学校教育环境而回归真实的现实世界（虽然泛在学习往往具有这样的优势），而是指学习的真实性与可靠性，包括：真实的问题情境（问题常常是"真实的"，是"值得解决的"而不是凭空想象的）；学习支持与资源的真实性；学习环境的可靠性；学习行为的真实性；学习评价的真实性；学习者真的学有所获。"真实的学习"强调学生的主动学习，需要学习者全身心投入于问题解决过程。学习者是问题的解决者和意义的建构者，其问题情境非常接近现实世界或真实情景，对学习者有一定的挑战性，能够发展学习者解决问题的技能和高级思维能力，以确保在将来的工作和学习中学习者的能力能够有效地迁移到实际问题的解决中。

（3）自然性（Naturality）。"泛在学习"自然性体现在如下几个方面：第一，泛在学习可以使学习者回归"自然的学习环境"。第二，泛在学习的技术支持具有自然性。在泛在学习中，其核心要义是学习者对技术的应用是自然的，不要求学习者具有繁杂的技术使用经验，学习者甚至意识不到技术的存在。第三，泛在学习的学习者以自然的方式进行学习，学习者是学习的主体与中心。通过以泛在计算技术为核心的信息技术的支持，以泛在的学习支持满足学习者泛在的学习需求，使学习者随时、随地、能够以最适合自己的自然方式获得学习资源与相关学习支持，是泛在学习的重要特点。

（4）社会性（Sociality）。泛在学习离不开技术的支持，但是技术中介的泛在学习空间并不是由技术屏障起来的一个孤岛。作为学习者的个体始终是社会的个体。个人的生存总是离不开与其他社会人和社会情景的交互。每个人都具有社会性，并在社会化的过程中形成自己一定的个性特点。不同的社会个体可能面对着不同的社会情景，而即使是面对同样的社会情景，不同的社会个体因为其不同的心理特性也可能会有不同的反应。在泛在学习环境下，信息技术有望使人类学习变得更为便利，但绝不是通过技术构建来将人类学习从其社会和文化的境脉中剥离出来。作为社会学习个体，必须时常与教师、同伴、专家进行交流、协作，才有可能真正地提高学习效率，达成学习目标。

（5）整合性（Integrality）。泛在学习的整合性包括学习环境的整合、学习工具的整合、学习资源的整合、学习方式的整合、学习过程的整合、学习成果的整合。学习资源、学习过程与学习成果将被有效地整合在一起，使学习者在不同情景和环境中的学习具有连续性。学习方式的整合性是指泛在学习可以整合远程数字学习与面对面的学习，整合正式学习与非正式学习，整合个别化学习与协作学习等多种学习方式。

3．泛在学习在教育中的应用

作为一种新型的学习理论体系，泛在学习的实现需要数字化技术环境、数字化学习资源、复合教学模式和灵活学习支持服务等多方面资源的支撑。从学习模式上看，泛在学习包含以下三类：

（1）正式的课程学习。正式的课程学习，是指基于学习资源和教师的正式学习，如一个专业的课程学习或者一个证书教育的课程学习。专业教育机构（教师）要进行课程设置、编制教学大纲、编制泛在学习资源、安排教学活动、进行学习测评，并不断改进整个过程；学习者则要选择学习的课程、明确学习目标、选择学习方式、参加学习活动、参加学习测评并达到测评成绩。尽管教师和学习者的教学活动是处于"准分离"状态，但二者是密不可分的。

（2）非正式资源学习。非正式资源学习，是指完全基于数字化学习资源的非正式学习。一般的学习过程是：学习者依据自我学习需求，查找合适的学习资源，利用学习资源进行学习，如果资源不能满足自己的需要，学习者会重新查找更合适的学习资源，通过学习，学习者可能会在进行思考、分析、总结后，撰写一些心得、体会，甚至编写一些新的资源，提供到资源系统中，形成生成性的共享资源。可利用的资源可以是一段文本、一张图片、一段视频、一个课件，也可能是一门完整的课程资源。学习的目标、行为、过程、效果均由自己决定，不受任何外部因素的制约。

（3）准正式主题学习。准正式主题学习，是指基于学习资源和教师的、介于正式学习和非正式学习之间的一种学习模式，如"在线学习网"。

主题学习的广义概念是指对社会生活或现象的某一方面内容的学习，如某种职业需要的知识、技能的学习，某种体育、文艺、健身爱好的学习等。之所以称之为准正式，原因是对于这类主题学习，一般是由教育或者培训机构依据学习主题的共性需求，设计主题培训项目，创设泛在学习环境，编制泛在学习资源，设计学习过程，并在学习过程中提供教师的指导、辅导。学习者则是要依据自己的需要，查找并选择适合的培训项目，按照教育或者培训机构创设的环境、条件、过程，并利用编制的资源进行学习、交互。准正式主题学习的学习目标、行为、过程、资源等均会受到教育机构的制约，但是，对学习者的学习评价没有严格的、强制性的规范或者规定性。因而，称之为"准正式"的学习。

### 9.1.5 智慧教育

**1. 什么是智慧教育**

智慧教育至少可以追溯到 IBM 的"智慧地球"战略。2008 年，IBM 在《智慧地球：下一代领导议程》（*A Smarter Planet:the Next Leadership Agenda*）（Palmisano，2008）中首次提出"智慧地球"概念。IBM 对"智慧地球"的良好愿景是：借助新一代信息技术（如传感技术、物联网技术、移动通信技术，大数据分析、3D 打印等）的强力支持，让地球上所有东西实现被感知化，互联化和智能化（Instrumented, interconnected and infused with intelligence）。在新一代技术的支持下，布满技术"神经"的世界将变得更小，更平、更开放，更智能。

"智慧"指"辨析、发明创造的能力"，而"智慧教育"的定义，从目的上而言就是通过构建技术融合的学习环境，让教师能够施展高效的教学方法，让学习者能够获得适宜的个性化学习服务和美好的发展体验，使其由不能变为可能，由小能变为大能，从而培养具有良好的价值取向，较强的行动能力、较好的思维品质，较深的创造潜能的人才（祝智庭，贺斌，2012）。

不言而喻，智慧教育是一个比智慧校园和智慧课堂更为宏大的命题，可以理解为一个智慧教育系统，包括现代化的教育制度、现代化的教师制度、信息化一代的学生、智慧学习环境及智慧教学模式五大要素，而其中，智慧的教学模式是整个智慧教育系统的核心组成。

**2. 智慧教育的主要特征**

（1）智能化。在"互联网+"的大背景下，各种新兴技术和工具应运而生，物联网、大数据、移动智能终端等现代信息技术实现了智慧教育中智能化的"教"与"学"模式。

（2）泛在化。智慧教育的泛在化特点基于网络的泛在化，智慧教育的发展的前提条件是网络的尽可能地全面覆盖，泛在的网络可以实现人与人、人与物、物与物的交流，从而达到"万物互联"的境界。

（3）融合化。智慧教育中，无论是技术与学科的融合还是技术与技术的融合都在加快。比如利用大数据对学生学习成果进行准确评价和教育管理利用云平台实现师生、生生交流。融合化的特点等等，都让智慧教育终能形成一个和谐的无缝连接的教育信息化生态系统，各种功能相依相生，为学生的学习提供有力的稳定的保障。

（4）个性化。智慧教育利用各种学习工具、学习资源和学习活动打造丰富多彩的学习环境，通过学习过程中产生的大数据，为每个学习者分析出自己的特性，快速精确生成适合个人的学习任务并推送针对性的学习资料和资源，为学生的个性化选择提供了条件。

（5）开放协同。近年来，随着 MOOC 和可汗学院等在线学习课堂的实行，全球的优质资源实现了开放共享，突破了教育资源的地域限制，也进一步缩小了地区间的教育质量差别，促进全球性的"智慧教育"发展为全世界学习者的泛在学习提供了便利。

### 3. 智慧教育应用

随着教育数字化改革逐渐深入，很多传统的线下教育场景都开始转到线上，尤其在受新冠病毒影响的 2021 年，全球都兴起了在线教育的风潮，如：在线直播、在线录播授课、在线考试、互动答疑、直播公开课、社区讨论等场景。学生可以通过电脑、手机、平板等终端设备完成在线学习、作业提交，老师和家长可以随时查询学生的学习进度和作业完成情况，课堂上可以使用多媒体课件、在线视频等手段完成教与学，实现无纸化教学。并且，通过在线教育平台，老师可以快速完成试卷的批阅，节省大量时间；学生可以进行课外在线阅读，拓宽知识面。

此外，学生在校安全也越来越受到学校和家长的重视，视频监控、智能卡、智能手环、智能手表等为学校和家长提供了考勤、定位和健康状况的数据。

基于学生的行为数据进行大数据分析，建立学生行为模型；基于学生的考试成绩进行大数据分析，建立学生能力模型。以此对学生进行个性化的差别辅导，建立匹配学生能力的试题库供其练习提升。

## 9.2 新的教学模式在教育中的应用

### 9.2.1 混合式教学

混合式教学，即将在线教学和传统教学的优势结合起来的一种"线上"+"线下"的教学。混合式教学可以优化教学时间分配，拓宽教学空间，丰富教学手段，同时也有利于培养学生的信息素养与数字化学习能力。

### 1. 混合式教学的特征

"混合式"教学具有如下几个方面的特征。第一，这种教学从外在表现形式上是采用"线上"和"线下"两种途径开展教学的；第二，"线上"的教学不是整个教学活动的辅助或者锦上添花，而是教学的必备活动；第三，"线下"的教学不是传统课堂教学活动的照搬，而是基于"线上"的前期学习成果而开展的更加深入的教学活动；第四，这种"混合"是狭义的混合，特指"线上"+"线下"，不涉及教学理论、教学策略、教学方法、教学组织形式等其他内容，因为教学本身都是具有广义的"混合"特征的，在广义的角度理解"混合"没有任何意义；第五，混合式教学改革没有统一的模式，但是有统一的追求，那就是要充分发挥"线上"和"线下"两种教学的优势改造我们的传统教学，改变我们在课堂教学过程中过分使用讲授而导致学生学习主动性不高、认知参与度不足、不同学生的学习结果差异过大等问题；第六，混合式教学改革一定会重构传统课堂教学，因为这种教学把传统教学的时间和空间都进行了扩展，"教"和"学"不一定都要在同一的时间同一的地点发生，在线教学平台的核心价值就是拓展了教和学的时间和空间。

2．混合式教学的优点

（1）混合式教学是多维互动的。混合式教学不仅强调师生的双向活动，还强调教师、学生、资源的相互关联和协同影响，师生双方均具有高度的学习意愿和学习能力，围绕共同目标，降低知识传递的失真效应，高效完成教学活动。

（2）混合式教学是动态开放的。从教学场所来看，混合式教学既需要线下教学，也需要线上教学。从知识传递来看，混合式教学既要求面授，也要求不受时空限制地自主学习。从师生互动来看，混合式教学要求技术工具交流与面授交流的有机融合。从教学优势来看，混合式教学鼓励个性化教学和团队协作。从教学评价来看，混合式教学强调实践性评价。

（3）混合式教学是以生为本的。混合式教学强调线上教育和线下教育的多维度融合，线上教育通过多形式的教学方式，系统化的单元教学和整体性的框架结构，实现教学内容的提前学习和互动交流，线下教学可以考查学生对知识的掌握程度，减少简单知识点的授课时间，集中力量突破教学难点，增加课堂讨论和案例分析的时间。

3．混合式教学的优化策略

混合式教学要充分考虑教师、学生、资源和平台的多维互动关系，同时，学校领导、学生家长、平台技术员的评价也至关重要。

（1）提升教师综合素养。混合式教学的推广需要实践的支撑，也需要理论的建构。技术工具的规模普及为混合式教学实践提供了硬件基础，但软件层面的系统理论仍需要在实践中凝练和探索，特别是教师综合素养需在教学中不断提升。一方面，必须清晰认识到混合式教学是全新的教学策略。另一方面，必须对原有的教学方法进行适当创新，以契合混合式教学理念。同时，学校要多渠道为教师提供混合式教学的指导培训，帮助教师全面掌握混合式教学的理念、方法、过程和评价体系。此外，必须认识到现行教材要根据学科属性分类处置，充分发挥既有教学资源的优势。

（2）整合优化教学资源。混合式教学突破时空限制，能够实现跨地区、跨学校和跨师资的教学资源累积。课前学习素材的遴选优化至关重要。在课堂讲授中，教师亦需要及时更新教学材料，激发学习兴趣。此外，教学资源的优化整合必须充分考量知识产权的重大意义，保障教师合理享有相应权利。在具体操作上，以完善的规章制度鼓励教师互动共享和协同合作，引导教师围绕共同教学目标形成教学共同体意识。

（3）准确定位师生关系。混合式教学强调学生的自主学习，对学习者的自制力和判断力提出了极大要求。一方面，教师在学习组织时必须明确学生的具体学习任务和学习要求，尽可能将学生线上学习的分组、讨论，甚至互动交流进行合理安排，避免学习无效。另一方面，引导学生制定合理的学习计划，学会严格管理时间，鼓励学生自我管理、自我评价和自我检测，提升学习效率。同时，利用技术工具实现无障碍和高效率的师生互动。以动态开放的教学全景实现师生的高效交流，建构教师主导、学生自主的新型师生关系。

（4）构建质量评价体系。混合式教学重视学生的个体差异，需要多元的评价体系调动学生的主观能动性，多元评价体系既包括对教学全过程的评价，也包括对学生知识掌握程度的评价，还包括学生主动参与评价的全过程，培养学生自我评价、自我反思、自我监督的能力。同时，混合式教学重视教学主体的多元互动，实现学生自我评价的多维度和客观性。

混合式教学需要评价方式的多样化，利用技术工具全面记录学生学习全过程，可能为教师指导学生提供参考，促使学生改进学习方法，培养良好行为，实现全方位的教学效果提升。此外，混合式教学需要评价方式的全面性，不仅包括线上线下教育的阶段性测试和全过程测试，还包括学生自主学习能力的提升程度，学习方法的掌握程度。

知识拓展

### 道一云大学混合式教学

传统的教学模式主要分为线上教学及线下面授两种模式，一场培训项目涉及课前调研、报名、课堂材料发放、培训签到、课后考核等流程，工作烦琐，效率低，线上线下数据如何打通也是个难题。以道一云大学为例，它是如何利用混合式教学模式解决培训难题的呢？

（1）打通线上及线下全流程。道一云大学提供了在线报名、报名审核、线上学习、面授课程、考试调研、评分反馈等训前-训中-训后一体化解决方案，用户可以根据具体的培训需求，比如线上培训/线下培训/线上线下相结合等，打造专属的培训体验。如图 9-2 所示为线上线下教学流程。

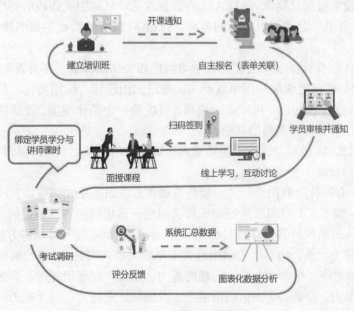

图 9-2　线上线下教学流程

（2）多元化的学习模式，打造全新的培训体验。传统的教学模式拘于场景、空间等的限制，要兼顾培训效果与培训的趣味性，比较具备挑战性，而在混合式教学的场景下，培训的可玩性更高了，比如云大学趣味化学习地图的设计：把游戏的思维融入学习环境中，围绕员工能力发展路径和职业规划设计一系列的学习计划，以闯关的形式完成每一项的培训任务，有一定的挑战难度，完成后可以得到相应的奖励。这种游戏化+系列课程的模式，可有效激发学员的学习热情，让培训更高效。

（3）数字化运营工具，助力培训效果翻倍。混合式教学模式帮助企业降本增效的关键因素就在于有数字化的运营工具加持。比如说，课程资料复用率低的问题，培训效果无法追踪的问题，培训反馈不及时的问题等等，传统教学模式下都极具挑战性，这时候数字化运营工具的优势就体现了。批量上传课程资料，帮助内部讲师沉淀经验知识，搭建课程体系；通过对考试数据、学习数据、课程数据等的统计与分析，快速掌握培训情况等等这些功能，都是传统培训模式难以突破的。

### 9.2.2　STEAM 跨学科教学模式

1．什么是 STEAM 教育理念

STEAM 是科学、技术、工程、艺术和数学五门学科的简称，意在把学到的知识应用到生活中以更好培养创新精神与实践能力。

STEM 教育是用科学、数学知识和先进技术，以工程思维解决现实世界的问题。STEM 教育不是科学、技术、工程和数学知识的简单叠加，其教育的核心是：发现问题—设计解决方法—利用科学、技术、数学知识实施解决方法—将解决方法传达给大家，这种整合具有天然的跨学科性、情境性、实践性、协作性、实证性。

首先 STEAM 本身就是一种教育理念，有别于传统的单学科、重书本知识的教育方式。也是一种重实践的超学科教育概念。STEAM 的教育理念最早是由美国政府提出的，为加强 K12关于科学、技术、工程、艺术以及数学的教育。STEAM 教育的特点也很明显，也突出 STEAM的真正教育理念：

（1）STEAM 教育让孩子学会如何让学习到的相关知识和真实事件发生关联。

（2）STEAM 教育把现学知识串联起来，通过知识迁移，应用转化，最后以某种形式展现出来。可能是一个工程作品，可能是一幅画，可能是一个搭建模型。最终的成果是什么不重要，重要的是他对所有相关东西的联结。

（3）通过 STEAM 教育，让孩子能够进入更深层次的理解，学生可以自主探究知识整理。

2．STEAM 的特质

STEAM 最核心的特质有两个。其一就是教思考方法而不是知识点，发现问题→设计解决方法→利用科学、技术、工程和数学等知识解决问题→运用理性方法验证解决效果。它不追求让孩子掌握做具体东西或解答具体题目的知识点，而是强调掌握一种思考方法。其二就是注重整体而不是单项突出，整合跨界能力效用远大于单项突出。STEAM 模式的核心是培养孩子们的创新意识、发散思维、想象力、发现问题的能力、知识产权意识等等，那么这种模式的教育会锻炼学生的想象力、好奇心、发散思维能力、发现问题的能力、动手能力、运用多学科解决问题的能力、团队合作的能力等。

### 3. STEAM 教育的教学理论

作为现阶段的新型教育方式，他在孩子们的学习过程中影响深远。他符合孩子们成长发育的规律，并根据各个年龄阶段的不同，将课程划分成适合各个年龄阶段孩子所需要的部分，给予孩子在成长上的帮助，能够更好地提高孩子们的学习兴趣，促进孩子们的学习效率，使课堂上的学习效率得到最大化的发展。

（1）玩中学的教育理论。STEAM 教育在对孩子进行学习能力培养时，更加尊重符合孩子的发展规律。例如：裸眼 AR 互动沙盘游戏为孩子们创造一个更大的学习平台，在学习的过程中，培养孩子们的科学思维。每一堂课程的内容都将是以科学思维的方式让孩子们进行学习和思考的，通过提出问题→做出假设→设计内容→进行操作→手机记录数据→说出自己的结论→进行深入研究。这样一个过程使孩子对于自己所学习的内容记忆得更加深刻，同时培养了孩子自主学习和思考的能力，当孩子再次遇到类似问题的时候，便能够有条不紊地进行一步步拆解，用最快的方法找到答案。

学习的过程是一个主动构建的过程，知识是学习者经过同化、顺应机制而构建起来的经验体现，应当在保证儿童学习的主动性和自觉性的同时，使他们积极参与到学习活动中来，认知的发展需要丰富的环境刺激，而此时裸眼 AR 互动沙盘的出现，将为孩子们提供认知发展所需要的环境条件，这既能够满足孩子的需求，又使得孩子的动手操作能力被释放出来，使孩子的思考和学习过程变得更加主动和积极。

（2）儿童的发展理论。儿童在发展的过程中存在两种水平，一种叫现有的水平，一种是即将达到的水平，而在培养孩子学习的过程中，我们的目的就是要让孩子到达那个即将达到的水平，这两个水平之间的区域叫作最近发展区，即儿童独立完成任务所表现出的水平和在同伴或者大人的帮助下能够完成任务达到的水平之间的差异区间。而裸眼 AR 互动沙盘游戏的成绩设计在大小、水量、速度上都体现层次性，满足不同儿童发展的需求，并且课程的设计也强调教育要成为活动的支持者、合作者和引导者。在活动的过程中更加注重儿童与沙盘之间的互动关系，同时教师需要关注孩子参与活动的表现和需求，尽量地去做到满足孩子的需要，使孩子能够更好地在沙盘中尽情地探索和学习。

### 4. STEAM 跨学科教学模式应用

跨学科是 STEAM 课程最典型的特征之一。STEAM 课程在学习任务或问题上的跨学科设计，能够让学生在更贴近真实的情境中综合运用多个学科的知识、技能、方法来完成任务或解决问题，从而起到不同于单一学科课程的教学效果。在各学科的课程内容中，其实也不乏跨学科、贴近生活实际的教学情境设计。毕竟将学科逻辑与生活逻辑相结合，通过跨学科方式促进学生知识和能力的横向贯通代表了当前课程改革理念的重要方向。而从实践层面看，学科课程无论怎样强调贴近生活或跨学科，都仍须立足于本学科，因此其真实情境或跨学科情境的设计必然会受到一定的限制。

比如，物理学科中的生活情境和跨学科情境设计，总体上还是带有"物理味儿"的。我们很难在学科课程中找到一个本学科特征并不明显的教学情境案例。但在真实世界中，不能根据学科特征明显归类为某一学科的综合性问题却十分常见。这类问题对应的教学情境往往更能体现生活逻辑，对学生知识能力的要求也更为综合，并且有着不同于学科课程的核心素养指向性。

STEAM 课程中的情境创设，可以更多地体现学科综合性和真实生活情境。学生在这种相对复杂的学习情境中，获取、分析、整合信息的综合认知，面对复杂情况的问题解决等关键能力都可以获得提升。在跨学科视角下，课程对学生创新精神、文化认知等方面的核心素养，也能起到独特的促进作用。在内容主题上，STEAM 课程可以尝试文理融合，如将科学、数学、信息技术等知识或方法应用于各类艺术问题场景，或者以人文视角去分析解读科技工程的社会影响等，最终目的是使 STEAM 课程更为立体地发展学生的各项核心素养，成为促成学生全面发展的实践支点。

工程实践在基础教育中的应用起源于美国，《K-12 科学教育框架》将"实践的科学"与"探究的科学"并列，并将工程作为主要的实践模式。目前，工程实践既是国内 STEAM 课程所强调的重要学习途径，也是实现课程内容跨学科融合的有效策略。在课程教学实例中，将科学、技术、数学、人文等跨学科内容整合进一个实践性的工程项目，已是 STEAM 课程常见的设计思路。

学生在工程实践的过程中，通过工程规划、理论设计、创作实践、试用验证等环节，能发展直观想象、工程思维、创意表达、物化能力、科学态度与责任等多种素养。尤其是劳动意识、问题解决、技术运用等素养指标，它们在 STEAM 课程的工程实践中能够得到较好的体现。STEAM 课程中的工程实践不同于一般意义上的劳动教育，学生不只是动手做，还要将各种高阶思维、复杂技术深度融入其中，并表现出一定的创造能力。因此，从发展学生核心素养的角度看，STEAM 课程的工程实践在内容设计上可以更为大胆和开放。这得益于 STEAM 课程中的工程有更强的包容性。STEAM 课程中的工程设计可以从个人实践和小组实践，转向更明确分工的团队实践，其工程规模和任务周期受规定课时的制约也比较小。有些 STEAM 课程案例中的一个工程项目往往涉及多个专业领域，由一个十几人甚至更多人的团队，历经一个月至一学期逐步完成。这样的课程设计，无疑会对学生各方面核心素养的发展起到更有力的促进作用。毕竟这样的工程实践不仅更贴近实际，还为学生提供了在其他课程中难以经历的学习过程。

信息技术支撑的 STEAM 课程优化。STEAM 课程中还可以通过信息技术方式促进学生核心素养的发展。面向核心素养提升的信息技术应用方式大致有两类：一类是在 STEAM 课程中的技术部分以现代信息技术为主体，并支持工程实践或人文探索，用以提升学生的信息意识等核心素养；另一类是运用数字媒体教学资源、工具、教学系统等辅助课程实施，优化教学活动中的素养培养，并运用信息技术手段实施素养评价，不断反馈和优化课程设计。

在 STEAM 课程中让学生应用现代信息技术进行工程实践、科学探究，对学生的信息意识、技术艺术、实践创新等核心素养会起到很好的促进作用。目前，国内的 STEAM 课程案例中，以计算机为代表的信息技术应用相当广泛。由于信息技术与社会生活、科学研究等领域早已深度融合，在 STEAM 课程中选用信息技术作为技术部分（即 T 的部分）会更加贴近真实生活。在一些案例中，STEAM 课程中融入自动控制、数字制造、人工智能等更为前沿的技术，从而更加有利于开阔学生视野，丰富学生的实践经验。

综上所述，信息化资源、工具、平台还可以立体化地支持 STEAM 课程的实施。这包括利用媒体技术创设跨学科的学习情境，采用数字化工具辅助工程设计、模型构建，基于信息化教学系统或平台实现课上与课下的衔接、提供学习交流环境、展示探究过程或创作成果等。在基于技术的核心素养评价方面，目前国内涌现出通过大数据、云计算、人工智能等技术促进素养评价的相关探索。部分评价工具已经可以用于评价学生的综合素质和艺术素养等，而这些是传统意义上难以评价的课程目标。总体来看，与各类信息技术的不断深度融合是 STEAM 课程未来发展的重要方向。

# 9.3　新技术在教育中的应用

## 9.3.1　移动学习

### 1. 移动学习的定义

随着移动技术及数字化学习（E-Learning）的广泛发展，移动学习得到快速发展。2000 年，英国伯明翰大学的移动学习（M-Learning）研究专家 Sharples 指出，"先进的移动技术正使得 E-Learning 向 M-Learning 转变"。移动学习（Mobile Learning）是使用移动设备，利用无线通信技术、互联网技术以及多媒体技术，在任何时间、任何地点获取教育信息、教育资源和教育服务的一种新型学习形式。移动学习所使用的移动计算设备必须能够有效地呈现学习内容并且提供教师与学习者之间的双向交流。它的移动性、无限性、便携性和资源的共享性都为移动学习的发展带来了机会。

### 2. 移动学习的特征

移动学习在数字化学习的基础上通过有效结合移动计算技术带给学习者随时随地学习的全新感受。移动学习被认为是一种未来的学习模式，或者说是未来学习不可缺少的一种学习模式。正确理解移动学习的内涵应该从以下几个方面来把握：

首先，移动学习是在数字化学习的基础上发展起来的，是数字化学习的扩展，它有别于一般学习。Sun 公司的 E-learning 专家 Michael Wenger 针对移动学习提出了他独到的见解，他认为移动学习并不是什么新鲜事物，因为在传统学习中印刷课本同样能够很好的支持学习者随时随地进行学习，可以说课本在很早以前就已经成为支持移动学习的工具，而移动学习也一直就在我们的身边。

其次，移动学习除具备了数字化学习的所有特征之外，还有它独一无二的特性，即学习者不再被限制在电脑桌前，可以自由自在、随时随地进行不同目的、不同方式的学习。学习环境是移动的，教师、研究人员、技术人员和学生都是移动的。

最后，从它的实现方式来看，移动学习实现的技术基础是移动计算技术和互联网技术，即移动互联技术；实现的工具是小型化的移动计算设备。

### 3. 移动学习在教育中的主要应用

（1）移动学习在教务管理中的应用。教务管理的作用就是帮助学习者管理学习过程而不提供学习内容。目前，在很多高校，新生在进入学校的时候，都可以进入办公自动化系统完善自己的个人资料以及相关内容，如填写自己的联系方式、贫困补助申请等。每年学期结束的时候，可以通过办公自动化系统了解自己的学习情况。这些都可以通过移动通信工具完成。教师也可以利用设备通知学生参加某些活动，不用教师亲自去通知。这样节约了教师的时间，教师可以更多地支配时间进行学习。

（2）移动学习在图书管理中的作用。学校图书馆是教育信息的重要来源，其为学习者提供了辅助性学习内容。现在的图书管理系统不断完善，这给学习者提供了良好的学习条件。学校为了资源的广度和许多的资源数据库联合起来，如学校和中国知网、万方数据库等相关学术性论文网站合作。图书馆为学生提供查询所借图书的系统，还有电子阅览室为学生提供资源下载地方，这样就可以使学生充分利用图书馆的资源进行学习。为了使图书的流通性提高，图书馆限制了借书的时间。借书的人经常忘记借书的日期，所以需要完善图书馆的借书系统。如果学校图书馆利用移动信息网络，对快到期的学生进行短消息提醒，这也体现了人性化的管理方式。

（3）移动学习在自主学习中的应用。移动学习在自主学习中应用比较广泛。自主学习过程中，通过学生独立的分析、探索、实践、质疑、创造等方法来实现学习目标。

（4）移动学习在课堂教学中的应用。传统的课堂是以班级为单位进行统一教学，它针对的是一个班集体。在教学过程中，与个别化教学相比，传统的教学教育对象比较多、教学进度快和教师的工作效率高。随着科学技术的进步，人们经济水平的提高，移动学习逐渐进入教育者的视野。移动学习作为传统教育的有益补充，它不是一种孤立的学习方式，它不只是一种知识信息的传递，更应关注在驱动高效学习的方法。移动学习的核心特征就是让学习者能够体验学习的愉悦，让学习者能够在最佳的时间进行学习。学习者不再被限制在电脑桌前，可以自由自在、随时随地进行不同目的、不同方式的学习。

（5）移动学习在特殊教育中的应用。移动学习可以在军事教育中应用，如让飞行员在各种模拟环境进行试飞，在各方面都达到要求后才让真机试飞。移动学习也可以在聋哑教育中应用，教学过程主要是从补偿学习者视觉，听觉等相关的缺陷方面进行。

### 9.3.2　Web2.0 技术

#### 1. 什么是 Web2.0 技术

2004 年，戴尔·多尔蒂提出"Web2.0"这一术语，用来指代与 Web1.0 不同的新一类互联网应用。Don 认为"Web2.0 是以 Flicker、Del.icio.us 等网站为代表，以 Blog、Tag、SNS、RSS、Wiki 等社会软件应用为核心，依据六度分隔、XML、Ajax 等新理论和技术实现的新一代互联网应用服务"。六度分隔理论（Six Degrees of Separation，也称小世界现象）假设世界上所有互不相识的人只需要很少中间人（不超过 6 个人）就能建立起联系。1967 年，哈佛大学的心理学教授斯坦利·米尔格拉姆根据这一概念做过一次连锁信件实验，尝试证明平均只需要五个中间人就可以联系到任何两个互不相识的美国人。

Web2.0 概念提出后，得到广泛传播，在此基础上出现的"社会性软件"这一概念也被广泛接受。社会性软件指主要用于支持人与人之间社会关系的建立和维持的软件。典型的社会性软件包括博客（Blog）、维客（Wiki）、播客（Podcast）、微博（Micro-blog）、社会性书签（SocialBookmark）等。

#### 2. Web2.0 的特征

Web2.0 具有以下特征：第一，它必须有一个平台，可以接受并且管理用户提交的内容，并且这些内容是服务的主体。第二，它要提供一个开发的平台，让用户可以在平台上开发自己的应用程序，并且这些应用程序能够提供给其他用户使用。第三，交互性。网站（平台）的内容可读可写，使得用户的参与性更强。第四，非竞争性。即平台本身不提供内容，所有的内容都是用户提供的。第五，自足性。即平台本身构成一个生态系统，用户在平台上可获取所需的内容。

3. Web2.0 技术在教育中的应用

（1）教学演示网络化。Ajax 技术的应用，在网络上像 PowerPoint 一样实现了教学幻灯片的制作、演示，可以做出某些动画特效，而资源素材都是保存在网络服务器中，可以重复利用，不用担心丢失或被病毒感染等问题，教师也更方便在任何联网的电脑上制作或演示课件。

（2）网络协同办公。传统的校园办公软件注重工作流程，而现实中，往往是需要多人协同工作。在 Web2.0 中，通过 Ajax、WiKi、RSS、Tag 等技术的应用，可以轻松地实现多人协同办公，同时处理一份文档资料或数据，甚至能在协同用户之间进行即时的信息交流，而这一切在传统软件中往往需要多种软件配合才能实现。

（3）课题研究等教学网络化。Blog 是个人或集体以时间为顺序做的一种记录，并且允许不断更新，这与 Web1.0 中的论坛有一些不同。它可以用于课题研究、研究性学习、小组讨论等教学过程中。通过 RSS 在 Blog 中的应用，使得 Blog 中的信息更容易共享和使用。在实际教学中，每个成员都可以将自己研究的资料发布到 Blog 中，其他成员很容易通过 RSS 获得 Blog 中的信息，从而得知最新研究情况，以便做出相应调整，相互配合。对比依靠即时通信软件或邮件沟通的传统模式来说，RSS 不但能提供自动获取信息的功能，还能对提供的信息做出一些预处理，节省了信息的处理时间。

（4）家校互通更快捷。在教育管理中，家长与学校、教师之间往往存在沟通困难的问题。在 Web 1.0 时代，很多学校都建立了网站，甚至有些学校还为每个班级建立了网站，从而将一些学校信息和学生信息公布在网站上。但是家长们并不是经常能上网查阅相关信息，而且一般家长只关心与自己孩子相关的信息，并希望与教师直接沟通。在 Web2.0 时代，通过信息定制，可以为每位家长提供个性化的服务，家长登录学校网站，可以方便查阅到与孩子相关的信息，甚至可以使用手机查询，使教师与家长沟通更加方便、快捷。

（5）网络教学，拓展教学的时间和空间。Web2.0 时代，通过流行的"播客"技术，可以方便地将教师的授课过程录制下来，教学不再局限于课堂和多媒体教室。使用新的网络媒体技术，可以实时在线指导教学，学生可以自由选择听课内容和授课教师。教师可以布置网络作业，学生在线即可完成，同时可以在线与教师、同学交流。根据每位学生学习水平的不同，教师可以控制学生学习的进度和内容。

Web2.0 的一个关键原则是用户越多，服务越好。Web2.0 的经验是：有效利用消费者的自助服务和算法上的数据管理，以便能够将触角延伸至整个互联网，延伸至各个边缘而不仅仅是中心。BitTorrent 采用了一种激进的方式来达到互联网去中心化的目的，由此显示出 Web2.0 的一个关键原则：用户越多，服务越好。它们共同的经验是：源于用户贡献的网络效应，是在 Web 2.0 时代中统治市场的关键。

### 9.3.3 人工智能

1. 人工智能技术

（1）人工智能技术。人工智能（Artificial Intelligence，AI）是 20 世纪 50 年代中期兴起的一门新兴边缘科学，它既是计算机科学的一个分支，又是计算机科学、控制论、信息论、语言学、神经生理学、心理学、数学、哲学等多种学科相互渗透而发展起来的综合性学科。

人工智能（Artificial Intelligence），英文缩写为 AI。它是研究、开发用于模拟、延伸和扩展人的智能的理论、方法、技术及应用系统的一门新的技术科学。

人工智能又称为智能模拟，是用计算机系统模仿人类的感知、思维、推理等思维活动。它研究和应用的领域包括模式识别、自然语言理解与生成、专家系统、自动程序设计、定理证明、联想与思维的机理、数据智能检索等。例如，用计算机模拟人脑的部分功能进行学习、推理、联想和决策；模拟医生给病人诊病的医疗诊断专家系统；机械手与机器人的研究和应用等。

（2）人工智能的价值。繁重的科学和工程计算本来是要由人脑来承担的，如今计算机不但能完成这种计算，而且能够比人脑做得更快、更准确，因此当代人已不再把这种计算看作"需要人类智能才能完成的复杂任务"，可见复杂工作的定义是随着时代的发展和技术的进步而变化的，人工智能这门科学的具体目标也自然随着时代的变化而发展。它一方面不断获得新的进展，另一方面又转向更有意义、更加困难的目标。

2．人工智能的特点

（1）人工知识表达和大数据驱动的知识学习技术。

（2）从不同类型的多媒体数据到跨媒体的认知，学习和推理，这里的"媒体"不是新闻媒体，而是界面或环境。

（3）从对智能机器的追求到高级人机和脑机的合作与融合。

（4）从关注个体智能到基于互联网和大数据的群体智能，它可以将许多人的智能整合到群体智能中。

（5）从拟人机器人到更广泛的智能自主系统，如智能工厂和智能无人驾驶航空系统。

3．人工智能对教育产生的影响

人工智能在引发科技革命与产业革命并发的过程中，对人类的生产、生活、思维与学习方式等产生结构性重组，智能制造、个性化定制等推动工业、医疗、交通、农业、金融等各个领域产生体系化革命。教育作为智慧社会的一个子系统同样需要构建适应智慧社会发展的新体系，而智能教育是智慧教育的核心，是机器智能提供的教育服务形态。要充分发挥人工智能的优势，加快发展伴随每个人一生的教育、平等面向每个人的教育、适合每个人的教育、更加开放灵活的教育。人工智能对其他行业的变革作用已经开始显现，但对教育的影响还处于萌芽期，从当前人工智能在教育中的应用现状及未来发展的趋势，可以清晰地看到人工智能对教育产生革命性影响的方向。

（1）学习环境智能化。大数据智能教育应用使用数字教育资源将学习分析技术、知识图谱、能力图谱等进行关联聚合，形成多学科交叉的立体网状知识体系，数字教育资源的多形态实现功能聚合，并依托个性化引擎向学习者提供适应性学习资源环境。感知智能在教育中的应用正在推动虚拟科技馆、虚拟博物馆、虚拟实验室等虚拟仿真学习资源环境与适应性学习资源环境进行融合，开始为学习者提供高沉浸性、临境感与系统化的学习环境。强人工智能将推动智能导学、智能伙伴、智能教师等各种智能代理角色出现，并融合到上述学习资源环境中。学习环境走向智能化，学习者与学习环境的关系将发生根本性的变化，学习者与实体机器人或智能虚拟教师、学伴的交互将成为学生进入虚拟世界的入口，它们将陪伴学习者成长的全过程。在具备深度学习能力的"数字大脑"的支持下，智能体将承担学伴、教师等多重角色。学习者在智能教师、智能学伴的协助下开展泛在学习与个性化学习，获得虚实结合的无缝学习体验，智能学习环境将全面推动教育的公平化。

（2）人智教师协同化。在虚拟学习空间与真实学习空间开展教学成为教师的基本能力，教师角色发生显著变化：在虚拟环境中组织、管理、帮助学生完成基本的知识学习和技能训练；

在真实环境中借助学习者特征、行为、质量等学习分析结果，为学习者提供精准服务，指导、组织、协助学生进行深度学习、知识向能力的迁移。人工智能将推动智能学习引擎发展，能够主动对学习者的学习特征、能力水平、兴趣趋向等数据进行采集与精准分析，理解学习者的个性需求，为学习者提供智能、个性化的学习服务。智能引擎与学习者的交互表现可以是智能学伴、智能导师等，能够协助学习者完成各类复杂的工作或任务，当前的智能音箱、智能讲解机器人等是其实体化的雏形。智能教师将承担知识学习、简单技能训练等任务，而人类教师在实体学校与学生共同设计与开展探究学习、协作学习、项目学习、问题解决等学习活动，促进学生创新能力的发展。在学生学习过程中扮演学习的指导者、辅助者、设计者、调控者等多种角色，重点进行学生人际关系、情感教育、合作能力、创新能力、高级思维、伦理道德、智慧启迪等培养活动。

（3）动态学习常态化。要实现因材施教、个性化发展的教育，首先要承认学生在能力水平、兴趣爱好、个人愿望、体质体能等方面的差异，从而进行规模个性化的教育改革。大数据技术与人工智能技术的融合发展，正在推动互联网教育企业与体制内的教育机构进行在线教育服务供给。学生能够在线选择教师，以一对一或学习共同体的方式获得在线智力资源服务。同一学习共同体中的学习者年龄没有限制，他们可能来自不同的省区甚至不同的国家。智能学习系统能够分析学习者的特征，为学习者推送相应的学习资源。随着互联网企业提供丰富多样的课程服务，有条件家庭的孩子通过互联网企业将获得更多的个性化教育机会，这将倒逼国家教育体制的改革，推动学校教育向网络延伸，跨区域的虚拟班级、虚拟学校得到政府政策支持，以满足差异性与个性化学习需求，使所有学生享受人工智能推动的虚拟网络教育带来的利益。这些措施将全面推动网络学习空间中以个性化发展为核心的动态学习组织的发展，并推动实体学校采用在同年级、不同年级之间，以学生发展水平与需要为前提的动态走班制度、课程选学制度，实体学校的走班制与网络学习空间的动态学习组织进行全面的融合，最终构建系统支撑规模个性化学习需要的虚实融合的动态学习组织方式。

（4）素质评价精准化。当前以知识为核心的考试制度，是制约教育创新发展的重要因素。当没有另外一种制度代替考试制度时，考试制度正在以一种评价方式承担着社会认可的公平的人才选拔任务。随着伴随性智能数据采集方式的完善，利用大数据智能分析技术对学习者学习过程、学习行为、学习水平等进行分析，动态修正与表征，建立学习者的动机能力、爱好、水平、态度、体能、心智水平等要素构成的学习者精准画像，具备大数据智能过程性评价的新制度将从根本上终结当前的考试制度，以学习者动态发展学业水平为基础的适应性双向匹配与选择制度将被建立。人工智能在教育中的全面渗透与应用将推动当前教育体制的解构、重组与再造，建立机器智能与人类（教师）智慧相融合指向学习者的高级思维发展、创新能力培养，启迪学习者智慧的教育新生态。

### 9.3.4　大数据

1. 大数据究竟是什么

大数据不是"数据大"也不是所谓的"4 个 V"（数据体量（Volumes）大，数据类别（Variety）大，数据处理速度（Velocity）快，数据真实性（Veracity）高那么简单，而是涵盖了人们在大规模数据的基础上可以做的事情，而这些事情在小规模数据的基础上是无法实现的。

麦肯锡全球研究所给出的定义是：大数据是一种规模大到在获取、存储、管理、分析方面大大超出了传统数据库软件工具能力范围的数据集合，具有海量的数据规模、快速的数据流转、多样的数据类型和价值密度低四大特征。

**2．大数据的意义**

现在的社会是一个高速发展的社会，科技发达，信息流通，人们之间的交流越来越密切，生活也越来越方便，大数据就是这个高科技时代的产物。有人把数据比喻为蕴藏能量的煤矿。煤炭按照性质有焦煤、无烟煤、肥煤、贫煤等分类，而露天煤矿、深山煤矿的挖掘成本又不一样。与此类似，大数据并不在"大"，而在于"有用"，价值含量、挖掘成本比数量更为重要。对于很多行业而言，如何利用这些大规模数据是赢得竞争的关键。

大数据的价值体现在以下几个方面：为大量消费者提供产品或服务的企业可以利用大数据进行精准营销；中、小、微企业可以利用大数据做服务转型；面临互联网压力之下，必须转型的传统企业需要与时俱进，充分利用大数据的价值。

"大数据"在经济发展中的巨大意义并不代表其能取代一切对于社会问题的理性思考，科学发展的逻辑不能被湮没在海量数据中。著名经济学家路德维希·冯·米塞斯曾提醒过："就今日而言，有很多人忙碌于资料之无益累积，以致对问题之说明与解决，丧失了其对特殊的经济意义的了解"。这确实是需要警惕的。在这个快速发展的智能硬件时代，困扰应用开发者的一个重要问题就是如何在功率、覆盖范围、传输速率和成本之间找到那个微妙的平衡点。

**3．大数据的数据从哪里来**

在现代生活中，大数据的来源无处不在。比如我们最常用的各种手机 App、公交卡、网上订餐、京东购物等都会成为大数据的来源。我们的手机经常会收到一些"电商"发布的广告，所推荐的商品往往还是你感兴趣的；我们打开"今日头条"查看新闻时，手机提供给你的恰恰是你感兴趣的内容。这些都是你以往的活动所留下的数据。

**4．大数据应用**

近几年淘宝、京东等电商发展得特别快，就是因为他们利用了大数据进行分析。什么地方的顾客需要什么样的商品，什么时候应准备什么样的商品，什么样的商品适合什么样的人群。通过大数据的分析得出你喜欢的商品然后推荐给你，从而实现了"精准营销"。

比如你在用百度搜索时，你所输入的关键词就被记录下来成为数据。你在利用 QQ、微信聊天时，这些聊天记录或者是你在注册时所透露的信息也会成为数据。比如腾讯公司曾经通过对 QQ 进行分析来评选出了"办公室劳模"。

在教育领域，我们可以把学生、教师所有获取的相关数据与信息关联起来，从这些关联的数据中去分析，给出学生学习与生活的建议，给出教师教学与研究的建议与指导。例如现在很多学生通过一些在线课程进行学习（比如慕课等）。教师可以通过数据了解到学生在观看哪些课程时进行了反复地观看从而确定学生的学习困难点，进而改进教学方法或加强相应的训练。

### 9.3.5　5G 与物联网

**1．什么是 5G**

5G 是指第五代移动电话行动通信标准，也称第五代通信技术。4G 我们都非常熟悉，让我们的上网速度有了很大的提升，相对于 4G 而言，5G 的速度有了质的飞跃，其峰值速率将增长数十倍，从 4G 的 100Mb/s 提高到几十 Gb/s。与此同时，端到端延时也将从 4G 的几十毫秒减少到 5G 的几毫秒。这意味着 5G 实现之后，我们只需要 1 秒钟就可以下载 10 多部高清电影，极大地提高了我们的上网和通信速度。

### 2. 什么是物联网

物联网是指通过各种信息传感设备，实时采集任何需要监控、连接、互动的物体或过程等各种需要的信息，与互联网结合形成的一个巨大网络。物联网的目的是实现物与物、物与人，所有的物品与网络的连接，方便识别、管理和控制。我们也可以简单地把物联网理解为物物相连的互联网。

### 3. 5G 与物联网之间的关系

5G 给我们带来的不仅仅是更快的网速，而是更多更广以及更深层次的影响。据高通报告预测，到 2035 年 5G 将在全球创造 12.3 万亿美元经济产出，预计从 2020 年至 2035 年间，5G 对全球 GDP 增长的贡献将相当于与印度同等规模的经济体。物联网是 5G 商用的前奏和基础，发展 5G 的目的是能够给我们的生产和生活带来便利，而物联网就为 5G 提供了一个大展拳脚的舞台，在这个舞台上 5G 可以通过众多的物联网应用：智慧农业、智慧物流、智能家居、车联网、智慧城市等真正落到实处，发挥出自己的强大的作用。

因此，5G 和物联网并不是什么竞争对手的关系，而是相辅相成的关系，两者相互作用共同为人类社会的发展谋福利，5G 的实现不仅会给物联网带来深远的影响，也将极大推动我国经济的发展。

### 4. 5G 在教育中的应用

基于 5G 在未来的应用特征，在教育领域的应用可以概括为以下四个方面：

（1）5G 与虚拟现实。5G 来临后，基于 VR 设备技术的发展，实现可随身携带、可穿戴化，就可以让学生边玩边学，突破线下场所的限制，真正实现随时随地、沉浸式、趣味性学习。学生身临其境，学习专注度更高，愿意主动探索知识，在一定程度上也提高了学生的创新能力。5G 其实主要解决网络传输的变化，将网络传输提到了一个新的量级，所以未来在实训实验领域会有更大的突破。将无法复制的实训场景通过 5G 再现，做到更好的智能体验。

（2）5G 与远程教学。2019 年在北京邮电大学西土城校区和沙河校区，通过"5G+全息投影"技术首次实现了跨校区远程互动教学。光电信息学院芦鹏飞教授为两校区师生展示了一堂与众不同的《诺贝尔物理学奖简史》公选课。作为校级"高新标杆课程"之一，通过"5G+全息远程互动"智慧教室实现了优质课堂资源的远程共享。未来凭借 5G 低时延、高速率特性会给远程互动教学带来新的体验。

2020 年，国家发改委及工信部发布了《关于组织实施 2020 年新型基础设施建设工程（宽带网络和 5G 领域）的通知》，提出要基于 5G、VR/AR、4K/8K 超高清视频等技术，打造百校千课万人优秀案例，探索 5G 在远程教育、智慧课堂/教室、校园安全等场景下应用，重点开展 5G+超高清远程互动教学、AR/VR 沉浸式教学、全息课堂、远程督导、高清视频安防监控等业务。

（3）5G 与个人设备。5G 的增强移动宽带将移动端的传输能力增强，这就为个人设备提供了更多的可能，未来的个人终端设备会强大到何种地步目前还不好想象，但是作为数据接收方和学习协作的参与方在学习体验上会有提升，更快的内容接收、更丰富的小组协作、更真的人机交互将会在未来展现，如图 9-3 所示。

图 9-3　5G 与个人设备

（4）5G 与智慧校园。5G 在校园的应用基于 5G 网络是个宏大的应用场景，除了对整体校园网络提升后带来的应用升级之外，狭义智慧校园应用是利用 5G 低功耗、大连接和低时延高可靠场景主要面向物联网业务，作为 5G 新拓展出的场景，网络高带宽、低时延的特点使得无人移动巡检成为可能，通过巡检机器人采集校园内的人、车、设备的监控视频数据，并进行实时分析处理，识别人员身份、车辆信息、设备运行状态，遇突发事件及时报警，实现校园智慧监控管理。

5. 物联网在教育中的应用

为了增加学习经验，先进的技术对教育部门是非常必要的。因此，不同的教育机构试图与不断发展的技术融为一体。使用这些技术的目的不仅限于雇佣专业人员或进行实地工作。物联网技术也有助于找到对教育行业充满热情的人，包括 VR 或 AR 支持、彻底改变教室等。物联网有不同的好处，可以显著提高学习体验。下面介绍物联网在教育中的一些应用：

（1）学生跟踪。自动学生跟踪系统确保学生不需要手动出勤，从而避免在特定时间出现在特定地点。当学生加入自动跟踪系统后，学生将被允许无任何麻烦地继续学习课程。

（2）互动课堂。通过智能电子卡实现单选、多选、简答题的作答和汇总，及时了解全部同学的掌握情况；家长也可根据课堂互动系统及时了解学生学习情况，进行针对性辅导；学校可根据学生整体情况进行数据汇总，实现对教学质量的考评与分析。实现教师的简易教辅、公平教育，达到学生增效减负，主动学习的效果；和家长共享互动教育平台，实现信息共享，互动教育，关注学生成长；学校可实现对学生课堂的高效运营。

（3）校园安全。物联网可以帮助教育机构实施更有效的安全措施。通过安装"一键式"应急预警系统，通过网络组网，由覆盖各大中小校园的报警设备组成，能及时发现可疑、恐怖事件，并自动发出预警，通过监控平台，可实时监控校园内各报警求助设备运行状态、报警信息，还具备手动报警、自动转警功能，全面掌握校园安全状况，保障学生安全。物联网在创造一个既安全又受保护的环境方面也非常有效。

（4）智能空间。在智能教室里，有一些键盘支持 AR，教育者可以播放相关视频，学生可以使用 VR 耳机获得满意的体验。教师和学生都可以将他们的个人小工具连接到设备上。学习过程更简单。

拓展资源

### 华为 5G 技术

在 5G 领域内，技术最先进的厂商就是华为，用华为的话说就是，华为 5G 技术领先世界 1～

2 年的时间，5G 等专利数量全球第一。不仅如此，5G 网络标准制定都绕不开华为，华为最先量产 5G 双模芯片。关键是，华为是全球唯一一家可以提供 5G 端到端服务的厂商。从 2018 年开始，很多国家和地区的运营商纷纷与华为合作建设 5G 网络，即便是美英澳加等运营商也纷纷与华为合作，欲基于华为设备建设 5G 网络。一时间，华为成为全球获得 5G 商业合同数量最多的厂商。但没有想到的是，美国对华为实施了一系列不公平的待遇，不仅限制台积电、三星等企业自由出货，还要求盟国等放弃华为 5G 设备和技术。在这样的情况下，华为海外 5G 运营商就受到了一定的影响，部分运营商就放弃了华为 5G 设备和技术。据悉，一直在 5G 商业合同数量上落后于华为的爱立信，近日却传来了新消息，其目前共计获得 172 个 5G 商业合同。

于是，很多人都想知道华为目前获得多少个 5G 商业合同。其实，华为已经不再将重心放在 5G 商业合同数量上，其表示国内的 5G 网络基本建成，而海外地区的 5G 也陆续开建，未来将是 5G ToB 的天下。早在 2021 年时，华为方面就曾对外表示，华为已经获得了超过 1000 个 5G ToB 合同，并称 2021 年是 5G ToB 的元年。

进入 2022 年，又传来多个与华为 5G 相关的好消息，除了英国正式承认华为 5G 设备和技术是安全的外，多个国家和地区还与华为签订新的 5G 合同。例如，巴西与华为签订 5G 合同，双方将就 5G 智慧城市建设展开进一步合作，未来还将在更多 5G 方面进行合作。另外，土耳其、沙特也纷纷与华为合作，也是建设 5G 智慧城市和第三代 5G 网络。同时，华为还向俄运营商交付了超 1500 万美元的 5G 设备等。华为获得的 5G 合同数量几乎都已经集中在 5G ToB 业务上。

华为目前是拥有技术专利最多的 5G 厂商，同样也是唯一有能力实现端到端服务的设备厂商，而这一切都得益于华为十年来，超过万亿的研发经费投入，即便是在最艰难的 2021 年，华为的研发经费投入依然达到了 1200 亿元。数据显示，按销售额计算，华为在 2021 年占全球通信设备市场 28.7% 的份额，居于首位，同比增长 7%，这是华为连续 4 年保持增长。

## 思考与练习题

1. 准确说出互联网+教育、核心素养、计算思维、泛在学习和智慧教育对教育教学的意义？

2. 列举几个关于互联网+教育、核心素养、计算思维、泛在学习和智慧教育在教育中的应用实例。

3. 任意选择互联网+教育、核心素养、计算思维、泛在学习和智慧教育中的 1 至 2 个新理念来指导你进行教学设计。

4. 请列举几个关于移动学习、Web2.0 技术、人工智能、大数据、5G 与物联网在教育教学中应用的案例。

5. 尝试应用移动学习、Web2.0 技术、人工智能、大数据、5G 与物联网开展 1~2 个学科教学设计。

# 参 考 文 献

[1] 张剑平，李艳. 现代教育技术[M]. 北京：高等教育出版社，2021.

[2] 祝智庭. 网络教育应用教程[M]. 北京：北京师范大学出版社，2001.

[3] 李克东. 新编现代教育技术基础[M]. 上海：华东师范大学出版社，2002.

[4] 张景生，杨凤梅. 现代教育技术概论[M]. 北京：电子工业出版社，2006.

[5] 陈琳. 现代教育技术[M]. 北京：高等教育出版社，2006.

[6] 邹檬，姜忠元，焦景林. 现代教育技术[M]. 北京：科学出版社，2004.

[7] 李兆君. 现代教育技术[M]. 北京：高等教育出版社，2004.

[8] 南国农，李运林. 电化教育学[M]. 北京：高等教育出版社，1998.

[9] 祝智庭. 现代教育技术：走向信息化教育[M]. 北京：教育科学出版社，2002.

[10] 尹俊华，戴正南. 教育技术学[M]. 北京：高等教育出版社，1996.

[11] 吴再扬. 中国电化教育简史[M]. 北京：高等教育出版社，1994.

[12] 柯清超，马秀芳. 现代教育技术应用[M]. 北京：高等教育出版社，2020.

[13] 兰国帅. 现代教育技术理论建构与实践创新[M]. 北京：科学出版社，2021.

[14] 李海峰，王炜，吴曦. AECT2017 定义与评析——兼论 AECT 教育技术定义的历史演进[J]. 电化教育研究，2018（8）：21-26.

[15] 李海峰，王炜. 面向问题解决的在线协作知识建构[J]. 电化教育研究，2018（1）：36-37.

[16] 余胜泉. 互联网+教育. 未来学校[M]. 北京：电子工业出版社，2019.

[17] 何克抗. 如何实现信息技术与学科教学的"深度融合"[J]. 教育研究，2017（10）：5.

[18] 刘俊强. 现代教育技术[M]. 武汉：华中师范大学出版社，2018.

[19] 严月娟，朱怡青. 信息化时代教师职业素养：理论与实训[M]. 武汉：华中科技大学出版社，2021.

[20] 平和光，杜亚丽. "互联网+教育"：机遇、挑战与对策[J]. 现代教育管理，2016（1）：135-137.

[21] 王丽芳. 媒介发展与社会变迁[J]. 新西部：下旬·理论，2013（1）：132-133.

[22] 靖国平. 变革与坚守：信息化时代的教师发展[J]，湖北大学学报（哲学社会科学版），2015（4）：5.

[23] 田友谊，邓兰. 我国当代教师形象变迁：历程、规律及其启示[J]. 当代教师教育，2021（1）：48-53.

[24] 黎加厚，鲍贤清. 现代极简教育技术[M]. 北京：北京师范大学出版社，2020.

[25] 万明高. 现代教育技术理论与方法[M]. 北京：北京大学出版社，2007.

[26] 武志丽. 现代教育技术[M]. 广州：华南理工大学出版社，2009.

[27] 陈列尊．现代教育技术实用教程[M]．北京：中国人民大学出版社，2009．

[28] 张国良．传播学原理[M]．上海：复旦大学出版社，1995．

[29] 何克抗，李文光．教育技术学[M]．北京：北京师范大学出版社，2002．

[30] 罗明东，和学仁，李志平，等．教育技术学基础：现代教学理论与信息技术整合的探索[M]．北京：科学出版社，2007．

[31] 施良方．学习论：学习心理学的理论与原理[M]．北京：人民教育出版社，1994．

[32] 陈华栋．课程思政：从理念到实践[M]．上海：上海交通大学出版社，2020．

[33] 南国农．信息化教育概论[M]．北京：高等教育出版社，2002．

[34] 傅钢善．现代教育技术[M]．北京：高等教育出版社，2015．

[35] 李运林，徐福荫．教学媒体的理论与实践[M]．北京：北京师范大学出版社，2003．

[36] 张剑平．现代教育技术[M]．北京：高等教育出版社，2016．

[37] 黄映玲，黄丹，徐苑．现代教育技术[M]．2版．北京：人民邮电出版社，2020．

[38] 周玉梅，王燕梅．现代教育技术[M]．2版．北京：人民邮电出版社，2021．

[39] 马文娟，闫广军，肖洪云．现代教育技术理论方法与实践[M]．北京：人民邮电出版社，2021．

[40] 高铁刚，王馨，寇海莲．信息技术环境下教学评价的理论与方法[M]．北京：清华大学出版社，2011．

[41] 李彬．形成性评价在初中英语教学中的应用[D]．济南：山东师范大学，2014．

[42] 谷娜，卢叶．真实性评价："寓评于教"的教学评价新方式[J]．新课程研究，2012（10）：43-45．

[43] 张继玺．真实性评价：理论与实践[J]．教育发展研究，2007（2）：23-27．

[44] 黄荣怀，刘黄玲子，李向荣．计算机辅助评价的发展趋势[J]．电化教育研究，2002（5）：15-21．

[45] 宁妹，陈吉利．基于BLOG的电子档案袋在教学中的应用研究——以初中三年级化学教学为研究对象[J]．软件导刊（教育技术），2009（9）：91-93．

[46] 冯建军．从主体间性、他者性到公共性——兼论教育中的主体间关系[J]．南京社会科学，2016（9）：123-130．

[47] 张振虹，刘文，韩智．学习仪表盘：大数据时代的新型学习支持工具[J]．现代远程教育研究，2014（3）：100-107．

[48] 杨婉秋，李淑文．美国信息技术与中学数学课堂教学"深度融合"的实践探索[J]．外国中小学教育，2019（8）：63-72．

[49] 袁维新．概念图：一种促进知识建构的学习策略[J]．学科教育，2004（2）：39-44．

[50] 申灵灵，罗立群．思维地图及其在美国的应用[J]．上海教育科研，2008（1）：58-61．

[51] 大卫·海勒．思维地图：化信息为知识的可视化工具[M]．周丽萍，译．北京：化学工业出版社，2020．

[52] 刘巍，徐鑫．浅谈移动学习[J]．中国现代教育装备，2007（1）：104-105．

[53] 余胜泉．从知识传递到认知建构、再到情境认知[J]．中国电化教育，2007（6）：7-18．

[54] 倪小鹏，张静然．移动学习的发展和趋势[J]．中国电化教育，2009（7）：1-5．

[55] 袁松鹤，刘选．中国大学MOOC实践现状及共有问题——来自中国大学MOOC实

践报告[J]. 现代远程教育研究, 2014 (4): 3-12.

[56] 王文静. 中国教学模式改革的实践探索——"学为导向"综合型课堂教学模式[J]. 北京师范大学学报: 社会科学版, 2012 (1): 18-24.

[57] 何克抗. 从 Blending Learning 看教育技术理论的新发展（上）[J]. 电化教育研究, 2004 (3): 1-6.

[58] 马秀麟, 赵国庆, 邬彤. 大学信息技术公共课翻转课堂教学的实证研究[J]. 远程教育杂志, 2013, 31 (1): 79-85.

[59] ARABASZ P, BAKER M B. Evolving Campus Support Models for E-Learning Courses State of E-Learning Today[J]. Educause Learning Initiative ELI White Paper, 2003, 1-9[66] Garrison D R, Kanuka H. Blended learning:Uncovering its transformative potential in higher education[J]. The Internet and Higher Education, 2004, 7(2): 95-105.

[60] MEANS B, TOYAMA Y, MURPHY R, et al. Evaluation of Evidence-based Practices in Online Learning: A Meta-analysis and Review of Online Learning Studies[M]. US Department of Education,2009, 115(3): 93.

[61] 吴德星. 科教融合培养创新型人才[J]. 中国大学教学, 2014 (1): 4-7.

[62] 刘华. 在线课程融入高校课程教学系统: 障碍及其突破[J]. 高等教育研究, 2016 (5): 68-72.

[63] 李克东, 赵建华. 混合学习的原理与应用模式[J]. 电化教育研究, 2004 (7): 1-6.

[64] BLIUC A M, CASEY G, BACHFISCHER A, et al. Blended Learning in Vocational Education:Teachers' conceptions of Blended Learning and Their Approaches to Teaching and Design[J]. Australian Educational Researcher, 2012, 39(2): 237-257.

[65] 于歆杰, 朱桂萍, 陆文娟, 等. "电路原理"课程教学改革的理念与实践[J]. 电气电子教学学报, 2012 (1): 1-8.

[66] LAM J. A Thematic Analysis of the Blended Learning Experiences of Undergraduate Students in Hong Kong[M]. Technology in Education. Transforming Educational Practices with Technology. Springer Berlin Heidelberg, 2015: 215-224.

[67] 李逢庆. 混合式教学的理论基础与教学设计[J]. 现代教育技术, 2016 (9): 18-24.

[68] 曾晓洁. 美国大学 MOOC 的兴起对传统高等教育的挑战[J]. 比较教育研究, 2014 (7): 32-40.

[69] 管会生, 高青松, 张明洁. MOOC 浪潮下的高校课程联盟[J]. 高等理科教育, 2014 (1): 44-52.

[70] 苏小红, 赵玲玲, 叶麟, 等. 基于 MOOC+SPOC 的混合式教学的探索与实践[J]. 中国大学教学, 2015 (7): 60-65.

[71] 詹泽慧, 李晓华. 混合学习: 定义、策略、现状与发展趋势——与美国印第安纳大学柯蒂斯·邦克教授的对话[J]. 中国电化教育, 2009 (12): 1-5.

[72] 王伟军, 孙晶. Web2.0 的研究与应用综述[J]. 情报科学, 2007, 25 (12): 1907-1913.

[73] 曹良亮. Web2.0 支持下的远程教学系统架构分析[J]. 中国远程教育, 2008 (3): 68-72.

[74] 卿竹. Web2.0 在远程教育中的应用[J]. 重庆广播电视大学学报, 2008, 20 (1): 46-48.

[75] 谭支军. 基于 Web2.0 的网络教学系统结构模式初探[J]. 中国电化教育，2006（9）：96-98.

[76] 陈青. Web2.0 及其在远程教育中的应用[J]. 课程·教材·教法，2009（2）：69-72.

[77] 蒋科蔚，齐玮娜，高志标. 基于 Web2.0 的个人知识管理模型研究[J]. 科技广场，2008（7）：64-66.

[78] 陈慧. Web2.0 及其典型应用研究[D]. 上海：华东师范大学，2006.

[79] 杨静，刘成新. Web2.0 与学习方式的后现代转向[J]. 现代教育技术，2007（1）：69-71.

[80] 蒋宁，李美凤. 智慧教育环境下的知识可视化设计与应用研究[J]. 中国教育信息化，2018（5）：66-71.

[81] 刘洋. 混合式教学的困境与优化[J]. 教学与管理，2020（18）：104-106.